北京大学震旦古代文明研究中心学术丛书之十五

商文明的形成

张渭莲　著

文物出版社

北京·2008

封面设计：张希广

责任编辑：杨冠华

责任印制：陆 联

图书在版编目（CIP）数据

商文明的形成/张渭莲著. —北京：文物出版社，2008.8

（北京大学震旦古代文明研究中心学术丛书）

ISBN 978 - 7 - 5010 - 2377 - 6

Ⅰ. 商… Ⅱ. 张… Ⅲ. 商文明的形成 - 应用 - 青铜

器（考古）- 研究 - 中国 Ⅳ. K876.41

中国版本图书馆 CIP 数据核字（2007）第 176429 号

商 文 明 的 形 成

张渭莲 著

*

文 物 出 版 社 出 版 发 行

（北京市东直门内北小街2号楼）

http://www.wenwu.com

E-mail：web@wenwu.com

北京达利天成印刷有限公司印刷

新 华 书 店 经 销

787×1092 1/6 印张：18.25

2008 年 8 月第 1 版 2008 年 8 月第 1 次印刷

ISBN 978 - 7 - 5010 - 2377 - 6 定价：95.00 元

Aurora Centre for the Study of Ancient Civilizations, Peking University
Publication Series, No.15

The Formation of the Shang Civilization

Zhang Weilian

Cultural Relics Press

Beijing · 2008

序　言

张渭莲博士的这部著作《商文明的形成》，从题目上看，即可以知道这是一个与较宽泛的研究中国古代文明的论著不同，而是一个研究目标具体，同时也就需要做格外深入、系统探考的课题。所以要选择具有上述特点的这样一个题目，不仅是因为商文明在古代中国文明形成与发展过程中有着格外重要的影响，而且与中国早期文明的构成与形成特点有关。在中国黄河流域出现的早期文明，是夏、商、周三个独立的古代民族共同创造的，虽然三者之间彼此有着不同程度的联系，而且都在各自文明化的过程中受到同时期其他考古学文化的影响，但从总体上看，三者所创造的文明各有其自身独特的发展历程。其中商文明步入早期国家与复杂社会发展阶段的过程，有相对较多的考古学文化遗存作为物化表征，对商文明的形成做个案的考察，努力解释其形成的途径与相关因素，无疑对于中国早期文明起源问题的研究有切实的推动作用。但是，这种研究属于一种踏踏实实的、直面的、"无遮挡"的研究，要克服不少困难。困难既有理论层面的，也有资料方面的。所以本课题虽很有学术价值，但同时也有相当的难度。

本书写作的逻辑是经过缜密考虑的。从已为学界公认的商后期文明出发，通过归纳商后期考古学文化的特征，上溯并确认早商文化及其特征，再以此为基础，进而去探寻所谓的先商文化。这种由已知求未知，并依赖"文化基因"系联考古学文化，确定研究对象的思维方式与研究方法是科学的。此外，在具体探讨商文明之形成途径时，则采取历时段考察的方法，注意探讨商文明形成历程的阶段性及其特征，分析每一时段促进商民族共同体内部社会分层的不断加剧，从而促成文明化进展的重要因素。如自然地理环境的影响、迁徙，伴随迁徙的战争与征服，在此过程中不断汇入商文明的多元文化因素，特别是伐夏的成功所造成的文明化的飞跃。这种既努力探寻商文明形成的真实的历史逻辑过程，又综合考虑在此过程中发生影响的时间、空间与人文历史背景诸因素，对建立中国早期文明形成的科学研究构架无疑是很有启示意义的。

多学科交叉研究方法的运用，也是本书比较明显的特点。书中注意将历史文献学、考古学、历史地理学的方法与手段做综汇利用，特别是在分析先商时代商人文明化进程中自然地理环境变迁因素时，引用了属于自然科学范畴的古气候、古地理及生态环境变迁的资料。

依据上述逻辑思维与研究方法，本书取得了明显的学术成绩，择其要者似可以归纳为以下几点：

其一，首次从历史学与考古学角度，系统地、具体而深入地探讨了商文明的形成过程，对这一过程做了阶段性的分析，并指出了在不同历史阶段促进商人文明化进程的诸项人文的、历史的、自然地理与环境的因素，从而为具体阐述中国早期文明形成的途径与原因提供了一个切实的范例。

其二，注意在全书论述中贯穿着一种思索，即在中国黄河下游地区的华北平原，这种内陆式的相对封闭的自然地理环境中，是如何孕育并产生了商文明这种世界史上的早期文明形态，并通过具体的分析，努力地为这种思索寻找答案，说明商文明的形成对于人类文明史的一种模式意义。这是有相当重要的理论价值的。

其三，第一次从考古学角度，具体地归纳出商文化"基因"之内涵，即反映其民族共同体基本文化特质的考古学文化特征，这对于从考古学角度，进一步探寻与发现先商文化是有裨益的。同时本书还通过分析新的考古资料，提出了对先商文化形态及分布区域的新见解。

其四，详细梳理了有关先商历史的文献史料与历史地理学研究成果，对先商时期商人迁徙的原因、过程与地望，做了较前人更为系统、深入的研究，提出了一些新看法。

如果要谈到本书有哪些有待进一步深化的部分，似主要是有关先商文化内容的阐述。探讨商文明之形成，则商文明形成的历史背景、文化基础，自然是至关重要的。本书在这个方面已做了相当的努力，专用了一章从考古资料与文献典籍两个方面相印证，对先商文化进行了考察与分析。但更深刻的认识，显然有待今后在先商文化的考古新发现与研究方面的新进展。

有关中国古代文明起源的研究，在中国乃至国际学术界都是令学者们很感兴趣的大课题，相信本书这样一个做个案研究、颇有特色的著作会受到学术界关注的。也相信作者会在本书出版后，倾听大家的意见，在商文明与相关问题的研究上继续努力，奉献出更新的研究成果。

朱凤瀚

2008 年 7 月

目　录

插图目录

表 格 目 录

前　言

　　文明的发生是人类历史上的重要事件，其意义足以与农业的发明和工业化革命相媲美，正因如此，文明起源与形成相关问题一直以来是学术界探讨的重要课题。中国古代文明是世界文明的重要组成部分，探索其发生历程对于世界古代文明起源与形成的研究具有极为重要的意义。

　　按照中国古代文献记载，夏商周是由不同的族群建立的三个相继的王朝。但与夏相比，商的存在更有着无可争议的事实：有可靠的文字记录，有可靠的考古发现。商文明是世所公认的中国古代文明的典型代表，其发生模式代表着东方古代文明的产生模式，在人类文明史研究中的重要性不言而喻。

　　19世纪末甲骨文的发现和20世纪二三十年代殷墟的发掘，使得商史成为真正的信史，1950年以后殷墟的重新发掘和郑州、偃师等地新的发现，为商文明的深入研究提供了丰富的资料。与商代考古历程相对应，商文明的研究也走过了漫长的道路。1978年张光直先生利用所有能搜集到的资料著成《商文明》一书，将商文明研究的提升到了一个新的阶段，在以后相当长的时间里对此问题的研究产生了重要影响。然而随着新的考古资料不断出土，在一些争议已久的问题得以解决的同时，又涌现出不少新的问题。

　　从纵的方面看，商文明在中国古代文明发展中起着承上启下的作用，它继承了史前以来活动于这一地区的先进文化的诸多内涵，又在多个方面影响了周文明的发展方向。从横的方面看，商以前的文明尽管在许多方面取得了令人惊异的成就，但从来没有哪一个文明像商一样以黄河为中心辐射至大半个中国。商文明尽管如人们所阐述的那样灿烂，但对其形成历程却极少有人注意，本书便是基于此所做的一次尝试。

　　商文明的发生与形成有着其独特的道路。研究商文明形成的途径时，全面把握商文明的内涵极为重要。在处理与商文明相关资料时，立足于考古资料的解读，同时也重视古文字和文献资料的运用以及其他学科最新成果的借鉴。本书的讨论采用了倒叙法，即从对史学界达成共识的晚商文明的分析入手，从考古学上寻找商文明最核心的基因，继而向前追溯，寻找早商和先商时代这种基因所在，在此过程中探求商文明发生的时间和历程。在分别对殷墟文化、二里岗文化和下七垣文化中所体现出的物化表征进行分析后，得出商文明最晚在先商晚期就已形成，经过早商时期的发展，在晚商时期达到鼎盛的结论。

商文明的物化表现特征体现在多个方面，比如至少存在着都城、地方中心和乡村等三级规模不同、功能各异的聚落；不同规模的建筑依其位置、面积、结构、建筑方式的差异形成不同的等级；大中小不同类型的墓葬在墓葬的位置、墓室的构造、葬具和随葬品等方面存在着巨大的差异；青铜礼器和兵器得到广泛使用，并成为区别处于不同地位的人群身份的象征；文字在一定范围内得到运用等。

商人之所以能够迈入文明的门槛，与其所处的自然环境有直接的关系。数百年来商人居住在狭长的太行山东麓走廊地区，东面为蜿蜒流过的黄河和湖沼密布的河北平原，西侧为绵延不绝的太行山，因而数百年来商人只能在狭窄的太行山走廊地区向北或向南迁徙流动。距今 4000 年的时候，中国北部地区气候的突然恶化使得太行山东麓走廊地区不再适于居住，因而商人只能选择南下以求得生存。从这个意义上说，商文明之所以能够发生，与当时太行山东麓走廊地区并不十分适宜生存的自然环境有关。

尽管狭窄的走廊地区从某种程度上限制了商人势力的发展，但走廊地区独特的地理位置又使其成为不同文化交流与碰撞的核心地带。处于这一地带的商人与周边诸多部族，如岳石文化、夏家店下层文化、下岳各庄文化、东下冯文化、二里头文化的创造者毗邻而居，不断受到这些考古学文化的影响。尤其是已进入文明社会的二里头文化给予了它极大的冲击。所以优越的人文环境是商文明得以发生的原因之一。

在世界几大古代文明中，商文明形成模式不同于旧大陆的苏美尔、埃及、克里特岛和印度文明，而与新大陆的玛雅文明较为接近，即均是在较为封闭的环境中独立形成的，很少或基本没有受到其他文明的影响。商文明的形成模式代表了与西方文明所不同的一种模式，正因这种文明是根植于深厚的本地文化土壤之中，同时又不排斥周边其他文化的影响，因而具有强大的生命力。但商文明的模式又与玛雅文明不尽相同。因此，可以说商文明的发生模式是世界文明史上的重要模式之一，其在人类文明史研究中的重要意义不言而喻。

事实上尽管本书对于商文明形成这一重大课题的讨论所得出的结论大体不谬，但也存在一些缺憾。相关资料的缺乏固然是影响部分问题深入探讨的较为客观的原因，但个人能力的约束也是不容忽视的一个方面。所以在接下来的日子里，本人会一如既往地关注它，并希望聆听到来自各个方面不同的声音。

第一章 绪论

第一节 关于文明与文明发生的理论及相关问题研究

没有人怀疑人类最早的文明发生于底格里斯河—幼发拉底河流域，但长期以来学术界对于什么是文明即文明的内涵、文明发生的动因及途径、文明的类型等问题却争议不休。鉴于本书主旨，有必要对上述文明相关理论以及中国文明发生模式等问题的研究状况做一评述。

一 文明的内涵

从"文明"一词产生至今已历几个世纪，由于不同学科的学者从不同的角度对文明进行定义，因而对其内涵的理解到今天仍然未能达到统一。下面从文明与文化、文明与国家以及文明的物化表现等方面对文明相关诸问题的研究成果做一回顾。

（一）文明与文化

文明（civilization）一词源于拉丁文 civis（市民），以后派生出 civitas（城邦）和 civilitas（市民资格）。在拉丁语系或借用拉丁语词根的语言中，文明与文化为同义语，其本意与城市或城邦有关，但直到 18 世纪在英语或德语中，文明却更多地被作为"开化"、"文雅"、"有教养"的代名词而使用。文化（culture）一词源自德语的 kultur 或 cultur，其原始的语义也与教养或修养有关。由于这种原因，在相当长的时期内，文明和文化被混同使用①。迄今为止，虽然社会学界和人类学界一直对文明与文化是否可以等同而争议不休②，但在对文明的定义加以解释时，大多数学者却无法避开文化，单独

---

① 童恩正：《有关文明起源的几个问题》，《考古》1989 年 1 期。
② 主要存在两种截然相反的观点：有些学者认为文明可以等同于原始文化，有的则持反对意见。将文明等同于文化的学者有丹尼尔（Wlison Daniel）、卢伯克（John Lubbock）、道森（Christopher Dawson）、芒福德（Lewis Mumford）等。持反对意见的有库尔伯恩（Rushton Coulborn）、阿尔弗雷德·韦伯（Alfred Weber）、A. 滕尼斯（A. Tonnies）、斯宾格勒（Oswald Spengler）等。转引自童恩正《有关文明起源的几个问题》（《考古》1989 年 1 期）及费尔南·布罗代尔《文明史纲》（广西师范大学出版社，2005 年，25 页）。

对文明的内涵进行界定。

　　到现在为止，西方学者从文化的角度给文明所下定义主要有以下四种：一是以汤因比（Arnold J. Toynbee）为代表，以为"任何一个文明所发射的影响都包括三种成分——经济的、政治的和文化的"，即每一个文明都由政治、经济和文化三个因素构成，其中文化"乃是一个文明的精髓"①；第二种以斯宾格勒（Oswald Spengler）为代表，认为"文明是文化的不可避免的归宿"，是文化的僵化和结束阶段②；第三种以亨廷顿（Samuel P. Huntington）为代表，认为"文明和文化都涉及一个民族全面的生活方式，文明是放大了的文化"③。第四种认为文明是一种先进的文化④。

　　上述诸说中，汤因比的文明形态理论来自于他对英国历史的宏观考察。他强调"文明乃是整体，它们的局部彼此相依为命，而且都互相发生牵制作用……在这个整体里，经济的、政治的和文化的因素都保持着一种非常美好的平衡关系……"⑤然而他的文明理论也存在着明显的缺陷，正如索罗金（Pitirim A. Sorokin）所言，汤因比的文明"并不是什么完整的体系，而只是许多与文明有关的事物和现象的集合"⑥。尽管如此，将文明看做是一个整体，并以此作为历史研究的单位，无疑较以往学者以民族或国家为基本研究单位，从视角上要宽阔得多，也要合理得多。然而遗憾的是，他所称道的文明却是以文化，或者说是以宗教为核心的，他认为"各种文明形态，就是此种文明所固有的宗教的反映……使各种文明产生，使其延续下来的生机源泉，也在宗教"⑦。这种以文化决定政治、经济的文明理论被称做是"用头脑站立的文明"⑧。

　　斯宾格勒将文明作为文化发展的一个特定阶段，也就是说，他仅仅是把文化中的某一部分称为文明，从这一点上看，其文明概念的外延要比文化小得多。在《西方的没落》这本著作中，他以自然界的春、夏、秋、冬四季变换来比喻文化的诞生、成长、成熟和衰落，并将文明视为文化发展的最后阶段。他一再强调："文明，即是文化的结论。文明到来时，已经生成的事物替代了生成变化的过程，死亡跟随着原来的生命，僵化替

---

① 汤因比著，曹未风等译：《历史研究》（中），上海人民出版社，1962年，206页。
② 奥斯瓦尔德·斯宾格勒著，齐世荣等译：《西方的没落》（上），商务印书馆，1963年，54页。
③ 塞缪尔·亨廷顿著，周琪等译：《文明的冲突与世界秩序的重建》，新华出版社，1998年，24～25页。
④ 爱德华·麦克诺尔·伯恩斯、菲利普·李·拉尔夫著，罗经国等译：《世界文明史》第1卷，商务印书馆，1995年，25页。
⑤ 索罗金：《汤因比的历史哲学》，《历史研究》（下），上海人民出版社，1964年，463页。
⑥ 索罗金：《汤因比的历史哲学》，《历史研究》（下），上海人民出版社，1964年，464页。
⑦ 汤因比、池田大作著，荀春生等译：《展望21世纪：汤因比与池田大作对话录》，国际文化出版社公司，1985年，363页。
⑧ 辛向阳、王鸿春：《文明的祈盼——影响人类的十大文明理论》，江西人民出版社，1998年，159页。

代了原来的扩张"①。"文明是一种发展了的人类所能做到的最表面和最人为的状态"②。正是因为他认定文化也属于生物学式的生命有机体，也要像自然界所有的生命一样，经历发生、兴盛和死亡这样一个循环的周期性过程，因而文化最终会走上文明阶段以至于覆没便如生命的死亡一样不可避免。显而易见，至此他已陷入了文化宿命论的歧途。汤因比曾对此提出过批评，认为斯宾格勒是从生物界的生死问题中抽象出某种生命法则，并以"拟喻"的方式将其推及于人类社会③。尽管斯宾格勒一再否认自己是悲观论者，但他从生物学法则引申出来的文化宿命论，却充斥着悲观主义的色彩。此外，他所定义的文明既不是用以表示人类征服自然改造自然所达到的程度，也不是指人类文化创造和历史积淀的积极成果，而是用以说明人类文化进入老境后已丧失其青春活力的僵化状态④，因而这种文明概念带有某种贬义的成分。

亨廷顿虽然强调文明是放大了的文化，"是对人最高的文化归类"，但同时又声称，"文明既根据一些共同的客观因素来界定，如语言、历史、宗教、习俗、体制，也根据人们主观的自我认同来界定"⑤。这种对文明的界定同样适用于文化，也就是说在他的定义中，文明和文化大致是相同的⑥。然而如果对他的文明理论做更进一步地剖析，便会发现其文明的主要因素是宗教和语言，以及能够获得最大认同的价值和观念，因而可以说他对文明的定义更多的是关注精神方面的内容，对于物质文明则绝少顾及。之所以这样界定文明，与他所持的文明冲突理论有密切的关系。他以文明一词来表示拥有独特的宗教、价值观和历史传统、信仰的国家和集团，其主要意义在于，在西方与非西方的文明冲突模式中，让文明能够成为人们进行身份认同的最高标准，以便区分分属于不同文明集团的人群⑦。

持第四种观点的爱德华·麦克诺尔·伯恩斯（Edward McNall Burns）和菲利普·李·拉尔夫（Philip Lee Ralph）在《世界文明史》中阐述了对于文明的看法，他们认为"一个文化一旦达到了文字已在很大程度上得到使用，人文科学和自然科学已有某些进步，政治的社会的和经济的制度已经发展到至少足以解决一个复杂社会的秩序、安全和

①　奥斯瓦尔德·斯宾格勒著，陈晓林译：《西方的没落》，黑龙江教育出版社，1988 年，29 页。
②　奥斯瓦尔德·斯宾格勒著，陈晓林译：《西方的没落》，黑龙江教育出版社，1988 年，54 页。
③　汤因比著，曹未风等译：《历史研究》（中），上海人民出版社，1962 年，6 页。
　　刘莘：《泛自然主义与历史神学——斯宾格勒勒与汤因比历史观念之比较》，《社会科学家》1994 年 1 期。
④　张天曦：《简论斯宾格勒的文化形态学艺术观》，《晋阳学刊》1999 年 6 期。
⑤　塞缪尔·亨廷顿：《文明的冲突与世界秩序的重建》，新华出版社，1998 年，26 页。
⑥　马建民：《亨廷顿的文明观和"文明范式"述评》，《世界民族》1996 年 1 期。
　　王天玺：《多极世界和为贵——兼评亨廷顿"文明冲突论"》，《中国特色社会主义研究》1998 年 4 期。
⑦　塞缪尔·亨廷顿：《文明的冲突与世界秩序的重建》，新华出版社，1998 年，134 页。
　　《亨廷顿的"文明冲突论"》，参见许启贤《世界文明论研究》，山东人民出版社，2001 年，409 页。

效能的某些问题这样一个阶段，那么这个文化就应当可以称为文明。"① 因此，文明是一种先进的文化。巴格比（Philip Bagby）也持类似的看法，他说所谓的文明就是"那些大规模的、复杂的、都市化的（通常是有文字的）文化"②。与上述诸说比较，将文明作为一种先进文化的说法较为全面和客观，虽然我们认为文明不能完全等同于文化，但不可否认二者之间有着千丝万缕的联系，从文化的角度看，将文明作为一种先进的文化是较能被大多数人接受的。虽然此说是从文化的角度给予文明一个定义，但事实上，这一看法与下面将要论及的进化论者的观点有某些相似之处。

（二）作为社会特定发展阶段的文明

与上述从文化的角度定义文明不同，很多学者从进化论的角度给予文明以独特的定义，即文明是指"文化发展的某一阶段，文字及文字记录的保存已经出现，同时也有城市、先进技术、众多的人口以及复杂的社会结构"③。《朗曼当代英语词典》关于文明的解释中，也有类似的说法④。很多学者认同文明是相对于野蛮状态而提出的看法，认为作为人类社会发展的一个阶段，文明显示的是一种进步的状态⑤。把文明作为一个社会发展阶段，与蒙昧、野蛮相对照，是自 18 世纪以来欧洲启蒙学者的设想。对这一理论进行充分论证的是摩尔根和恩格斯。

美国人类学家摩尔根在其《古代社会》一书中，采用 19 世纪后期西方学术界普遍接受的人类社会三段分期法，用"音标字母的发明和文字的使用"作为文明社会到来的重要标志⑥。其后，恩格斯在《家庭、私有制和国家的起源》这部名著中，也认为文

---

① 爱德华·麦克诺尔·伯恩斯、菲利普·李·拉尔夫著，罗经国等译：《世界文明史》第 1 卷，商务印书馆，1995 年，25 页。
② 菲利普·巴格比著，陈江岚译：《文化：历史的投影》，上海人民出版社，1987 年，25～26 页。
③ *Webster's Third New International Dictionary*，1976. 转引自童恩正：《有关文明起源的几个问题》，《考古》1989 年 1 期。
④ "文明是社会发展的一个高级阶段，它具有高水平的艺术、宗教、科学、政府及文字等。"*Longman Dictionary of Contemporary English*，Bath：The Pitman Press，1978.
⑤ 斯潘塞、泰勒、摩尔根和恩格斯均可作为此说的代表。
Herbert Spencer, *Principles of Sociology*, New York：D. Appleton and Company, 1892.
Edward B. Tylor, *Anthropology：An introduction to the Study of Man and Civilization*, New York：D. Appleton and Company, 1898.
路易斯·亨利·摩尔根著，杨东莼等译：《古代社会》，商务印书馆，1977 年。
恩格斯：《家庭、私有制和国家的起源》，《马克思恩格斯选集》第 4 卷，人民出版社，1972 年，172 页。
此外威尔·杜兰、爱德华·麦克诺尔·伯恩斯、菲利普·李·拉尔夫等在著述中也不同程度地赞同这一说法。如威尔·杜兰认为文明表示人类进化到脱离蒙昧和野蛮状态或有历史记载以后的社会状态（杜兰：《世界文明史·文明的建立》，幼狮文化事业公司（台北），1972 年，3 页）；爱德华·麦克诺尔·伯恩斯、菲利普·李·拉尔夫在《世界文明史》中强调文明是一种进步的社会阶段，是一种先进的文化（爱德华·麦克诺尔·伯恩斯、菲利普·李·拉尔夫著，罗经国等译：《世界文明史》第 1 卷，商务印书馆，1995 年，25 页）
⑥ 路易斯·亨利·摩尔根：《古代社会》，商务印书馆，1977 年，11～12 页。

明"是社会发展的一个阶段"①，并明确指出人类"从铁矿的冶炼开始，并由于文字的发明及其应用于文献记录而过渡到文明时代"②，"文明时代是学会对天然产物进一步加工的时期，是真正的工业和艺术产生的时期。"③

20 世纪五六十年代以来，许多学者对摩尔根和恩格斯的这一观点进行补充和修订，如英国考古学家柴尔德（V. G. ordon Childe）将人类学上的三段分期法引入考古学，以新石器时代革命的发生来区分兽性与野蛮，以城市革命的到来象征文明的出现④。

第二次世界大战后出现的新进化论学派，注意到人类文化的相同和变异有着更为深刻复杂的原因，远非单一的进化观点可以解释清楚，因而从多线进化的视角出发，利用新的人类学资料，同时借鉴其他学科的研究成果，对由原始社会进入文明社会的发展进程做了更为具体而接近于真实性的研究，得到了国际学界的广泛认同。其中以塞维斯（Elman R. Service）和弗里德（Morton H. Fried）的研究成果最受瞩目。塞维斯提出游团、部落、酋邦和国家的四阶段社会进化模式，以取代摩尔根的蒙昧、野蛮和文明的文化进化模式⑤，弗里德也提出了类似的平等社会、阶等社会、分层社会和国家四个阶段的社会政治演化模式⑥。其主要贡献是介于部落与国家之间的酋邦观念的提出⑦，在文明起源与形成研究中至为重要。尽管这些学说还存在着一些不尽如人意之处，但这种新的探索无疑具有积极的意义。

总之，从进化论的角度来看，将文明作为相对前一个时期比较进步的一种状态，或人类社会发展的一个较高级的阶段，是国际学术界广泛认可的一种定义。当然这种进步也可以从社会形态上，表述为不同于简单社会的复杂社会。美国考古学家科恩（Mark N. Cohen）曾将复杂社会的特征归纳为 12 项，其中包括首脑人物和等级制的出现，权力的形成，社会成员结构趋于稳定以及地区交流扩大等⑧。英国考古学家伦福儒（Colin

---

① 恩格斯：《家庭、私有制和国家的起源》，《马克思恩格斯选集》第 4 卷，人民出版社，1974 年，170 页。

② 恩格斯：《家庭、私有制和国家的起源》，《马克思恩格斯选集》第 4 卷，人民出版社，1974 年，21 页。

③ 恩格斯：《家庭、私有制和国家的起源》，《马克思恩格斯选集》第 4 卷，人民出版社，1974 年，23 页。

④ V. G. Childe, *Man Makes Himself*, New York：The New American Library of World Literature, 1951, pp. 114 ~ 142.

⑤ Elman R. Service, *Primitive Social Organization*, New York：Random House, 1962.

⑥ Morton H. Fried, *The Evolution of Political Society：An Essay in Political Anthropology*, New York：Random House, 1967. 平等社会、阶等社会、分层社会和国家这四个阶段的译法参考易建平《弗里德的政治社会演进学说》，《古代文明研究通讯》第 16 期，2000 年 3 月。

⑦ 关于塞维斯的"酋邦"和弗里德的"阶等社会"的关系，学者们理解不一，一般认为二者大致相当，事实上今天的人类学家已在实际上把"阶等社会"当作了"酋邦"的同义词（易建平：《部落联盟与酋邦》，社会科学文献出版社，2004 年，216 页）。

⑧ Mark N. Cohen, *Prehistoric Hunter - Gatherers：The Meaning of Social Complexity*. In：Price T. D. And Brown J. A., eds. *Prehistoric Hunter - Gatherers：The Emergence of Cultural Complexity*. New York：Academic Press, 1985, pp99 ~ 119. 转引自陈淳：《考古学理论》，复旦大学出版社，2004 年，240 页。

Renfrew）也明确提出，"对于大多数考古学家来说，'文明'一词指的是更为复杂的社会形态。文明社会应有一个清晰的社会分层体系，通常拥有王职和神职人员，出现了生产出尖端产品的专业工匠，建立了长期有效的中央机构"①。这种"复杂社会特别在其文化的不同方面显示出日益增强的专业化或分化……当这样的专业化和强化发生时，有些人因而变得更富裕并具有比其他人更多的权力——社会地位和等级的差异也就发展起来了"②。因此，复杂社会的内涵直接指出了文明社会的核心问题。

（三）文明与国家

在对文明的内涵进行界定，即讨论文明的定义时，国家是不可回避的一个概念。有学者主张文明与国家是对等的，文明的形成就象征着国家的出现，或者说国家的出现必定伴随着文明的发生。如恩格斯就明确指出："国家是文明社会的概括"③。但也有学者认为二者不是对等的，是从不同角度对一种社会形态的概括。如塞维斯认为国家是文明社会发展的较高形式，文明代表一种人文环境，国家是这种人文环境内特定的政治组织机构④。还有学者从文化与社会的角度对文明和国家做出区分，如罗斯（Irving Rouse）认为文明是指人类生活方式的进步，因此是文化的；国家和城市是制度与机构的发展，因此是社会的⑤。亚当斯（Robert M. Adams）也提出文明是一种广泛和世代延续的文化现象，而国家是一种根据政治和地域界限建立的社会等级机构⑥。

显然，尽管文明和国家的核心内容都是社会复杂化，但二者是两个范畴不同的概念，因而在研究的视角上存在较大差异。在阐释文明的发生与发展的问题时，仅研究国家的形成是不能全面说明促成文明形成的多项社会因素的，故本书在研究中，将着重研究构成文明的多种因素的发展与形成而非仅仅是国家的形成问题。

如此，我们可以从不同的角度对文明进行界定：

文明是一种先进的文化，是一种与复杂社会相适应的文化；

文明是社会发展的一个较高级、较进步的阶段；文明是不同于简单社会的具有高度分层的复杂社会；

---

① Colin Renfrew, *Before Civilization*：*The Radiocarbon Revolution and Prehistoric Europe*, London：Pimlico, 1999, PP. 211～212.

② 科林·伦福儒、保罗·巴恩著，中国社会科学院考古研究所译：《考古学：理论、方法与实践》，文物出版社，2004 年，177 页。

③ 《马克思恩格斯选集》第 4 卷，人民出版社，1972 年，172 页。

④ Elman R. Service, *Origins of the State and Civilization*：*The Process of Cultural Evolution*, New York：Norton, 1975.

⑤ Irving Rouse, "*Settlement Patterns in Archaeology*", in Peter J. Ucko, Ruth Tringham and G. W. Dimbleby ed., *Man*, *Settlement and Urbanism*, London University, London：Duckworth, 1972, pp. 95–107.

⑥ Robert McC. Adams, *The Evolution of Urban Society*：*Early Mesopotamia and Prehispanic Mexico*, Chicago：Aldine Publishing Company, 1966.

文明和国家是从不同角度对复杂社会形态的概括，二者不完全等同。

（四）文明的物化表现

文明的物化表现问题一直是西方考古学界和人类学界、历史学界讨论最多，意见分歧最大的问题之一。

摩尔根认为文明时代"始于标音字母的发明和文字的使用"[1]，是以文字的发明和使用作为文明时代开始的标志。恩格斯发展了这种观点，指出正是"由于文字的发明及其应用于文献记录而过渡到文明时代"[2]。柴尔德也承认"文字是一个重要的，同时也是简便的文明的标志"，但同时又提出"城市生活开始于文明时代"，显然认为城市的出现也可以作为文明开始的标志。在《城市革命》一文中，他提出了十项标准以区别早期城市与普通聚落，这些标准包括城市的规模、城市中居民的结构、城市内巨大的公共建筑的存在、文字的发明和使用，以及对外贸易等等[3]。美国人类学家克拉克洪（Clyde Kluckhohn）首先明确提出了文明起源诸要素的理论，他认为不论任何文化，只要具备了下列三项中的任何两项，就应被纳入到文明的范畴。这三项标准是：拥有不少于5000人的城市居民，并有高墙围绕的城市；已发明和使用文字；存在纪念性的公共建筑和进行礼仪庆典活动的中心场所[4]。

随着讨论的深入，越来越多的因素进入了学者的视野，一般认为只要某一社会出现了城市、文字、金属器和礼仪性建筑，以及水利灌溉业、专职工匠、大规模的家畜饲养、利用车轮的运输工具、长途贸易以及有记载有天文历算等等文明的因素，就可以认为该社会已进入了文明时代[5]。但对于这些因素是全部出现还是只有一两种就可以作结论则存有分歧，有的学者强调城市的作用[6]，有的则以为大规模的灌溉更为重要[7]，还有的重视远程贸易[8]和文字[9]。

其实各文明所处的生态环境不同，社会背景也不尽相同，因此文明的表征不可能完全相同。如城市是两河流域苏美尔文明的崛起的象征，但玛雅文明、高棉文明、麦锡尼

---

[1] 路易斯·亨利·摩尔根：《古代社会》上册，商务印书馆，1977 年，12 页。

[2] 《马克思恩格斯选集》第 4 卷，人民出版社，1972 年，21 页。

[3] V. G. Childe, "The Urban Revolution", Town Planning Review vol. 21, 1950, pp. 3 – 17.

[4] Clyde Kluckhohn, "The Moral Order in the Expanding Society", in Carl H. Kraeling and Robert M. Adams ed., City Invincible: A Symposium on Urbanization and Cultrual Development in the Ancient Near Rast, Chicago: University of Chicago Press, 1960, pp. 391 ~404.

[5] V. G. Childe, Social Evolution, London: Watts, 1951, p. 11.

[6] Roy F. Willis, World Civilizations, vol. 1. Lexington, D. C. Heath and Company, 1982, p. 21.

[7] Karl A. Witttogel, "The Hydraulic Civilizations", in William L. Thomas ed., Man's Role in Changing the Face of the Earth, Chicago: University of Chicago Press, 1956, pp. 152 ~164.

[8] Carl H. Kraeling & Robert M. Adams, City Invincible, Chicago: University of Chicago Press, 1960.

[9] V. G. Childe, Social Evolution, London: Watts, 1951, pp. 26 ~27.

文明以及十八王朝以前的埃及文明，虽然具备了文明时代其他的特征，却没有城市出现①；斯巴达在整个文明形成过程中，以及在国家形成之后很长一段时间内，根本就没有城市。文字是埃及和苏美尔文明中最重要的特征之一，可是在人口一度达到数百万的印加却未见其存在文字系统，当地居民用一种被称为"基普"（quipu）的结绳记事法来记录重大事件，统计赋税和人口。金属器在中东文明中起着很大作用，但中美洲墨西哥的特奥蒂瓦坎文明和玛雅文明却没有青铜器。某些文明中大型神庙是其重要特征之一，在另一些文明中则未发现大型神庙或金字塔一类的宗教建筑存在，如印度文明神庙的数量极少；马耳他地区的古代文明虽然其他方面发展都很落后，但却具备许多的大型庙宇②；公元前 4000 年代的西欧和不列颠的居民尚没有进入青铜时代，但其巨石崇拜的遗迹却非常丰富③。因此可以说，就全世界范围而言，处于不同地域、存有不同文化和社会背景的各个文明，其所表现出来的文明的物化表征自然不应该是完全一样的。此外，文明各因素出现的时间也不相同，在不同系统的文化中发生的作用也不尽相同，因此给文明划定一个完全相同的物化标准是不可能，也是不现实的。因而比较正确的做法应该是，根据不同地区的地理环境和社会背景，以及各个文明所表现出来的特征，归纳各个地区不同文明的物化表征。

二　文明的类型和文明发生的动因

由于自然环境和人文环境的差异，世界上诸文明呈现出纷繁复杂的状态。学者们注意到了这些不同，并对其进行了类型划分，同时对促使这些文明发生的原因也展开了有益的探索。

（一）文明的类型

纵观世界上存在的诸多文明，可以发现不同地域的文明均有其不同的表现方式，学者们在研究过程中对这些文明进行了分类研究，但由于分类的依据不同，所分类别有很大的差异。这些分类的标准主要有以下四种：

第一种是文化或宗教，以汤因比和亨廷顿为代表。汤因比将文明看作是一个整体，并用文明的核心即文化，或者更准确地说是宗教为依据，将人类文明分为 26 个不同的形态，其中 21 个得到发展，5 个陷入停滞④。汤因比的文明形态理论并非他自己的独

---

①　Michael D. Coe , "*Social Typology and the Tropical Forest Civilizations*", *Comparative Studies in Society and History*, Vol. 4, pp. 65 ~ 85, 1961.

②　Colin Renfrew, *The Emergence of Civilization*: *The Cyclades and the Aegean in the Third Millennium B. C.*, London: Methuen, 1972. p. 7.

③　世界上古史纲编写组：《世界上古史纲》下册，人民出版社，1981 年，34 页。

④　汤因比著，曹未风等译：《历史研究》（上），上海人民出版社，1962 年，43 页。

创，而是继承和拓展了俄国社会学家丹尼列夫斯基（Н. Данилевский）和德国历史哲学家斯宾格勒的文明理论。尽管他一再声称对于文明的划分是以宗教为依据，但在具体操作时，却往往随意性极强，常常把相同的文明切割成不同的板块，如把几个基督教文明分开当作几个不同的文明看待，同时又把一些不同的文明统一为一个文明，比如将各大陆上所有的游牧民族的文明统一成为一个文明等①。由于划分标准的不确定性，导致其文明数量一再增加，由最初的 21 个，增加到 22 个、23 个甚至 30 多个。有学者形象地说，"文明形态在汤因比的手中成了随意可以分解和任意进行组合的魔方"②。

亨廷顿对文明形态的划分基本上是脱胎于汤因比的文明形态理论，他所划分的八种当代文明有中华文明、日本文明、印度文明、伊斯兰文明、西方文明、拉丁美洲文明、非洲文明、斯拉夫—东正教文明。由于亨廷顿对文明类型的划分和不同文明间冲突的阐释，目的在于"加强西方文明的凝聚力并在内部排斥其他文明，以应对其他文明的挑战"③，因而他据以划分不同文明的标准也不一致：有些是按宗教来划分，如西方文明实即基督教文明、伊斯兰文明、斯拉夫—东正教文明；有的是按地缘来划分，如日本文明、印度文明、拉美文明以及可能的非洲文明；还有些是按主流文化来划分，如所谓儒教文明实即接受儒家文化和价值观的国家和地区，等等④。

第二种是文明的特征，以巴格比为代表。巴格比对汤因比的亲体—子体模式，以及以宗教作为文明划分的标准提出异议，认为汤因比的文明清单自相矛盾⑤。他以文明的特征为标尺，将文明分做主要文明和次要文明两个层次。在他所确定的九个主要文明中，有八个是一般公认的，即埃及、巴比伦、中国、印度、雅典、秘鲁、中美及西欧文明。第九个文明为近东文明，因其主要存在的大多数地区现在已成为穆斯林国家的领土，也可称作伊斯兰文明。此外还存在相当数量的边缘或次等的文明，这些文明向主要文明借鉴了一些技术发明，甚至采用了接近于主要文明的基本制度、基本观念和价值。与主要文明相比，这种次等文明持续时间较短，缺乏创造性，其基本制度也反映不出主要文明的进程。但他同时认为，"所有现存的文明，无论是主要的还是次等的，在最近200 年中都已成为西欧文明的边缘"⑥。由于巴格比具有人类学的知识背景，因而其分类比汤因比更具科学性，尤其是以地理名称命名的近东文明的提出最为引人注目⑦。

伊东俊太郎的观点与巴格比较为接近，他将从古到今世界上产生的文明分为两种，

① 索罗金：《汤因比的历史哲学》，《历史研究》（下），上海人民出版社，1964 年，468 页。
② 《斯宾格勒的文明理论——读〈西方的没落〉》，《世界文明论研究》，山东人民出版社，2001 年，79 页。
③ 苏浩：《文明在国际关系中的冲突与合作——从亨廷顿的"文明冲突论"谈起》，《世界历史》1998 年 3 期。
④ 《亨廷顿的"文明冲突论"》，《世界文明论研究》，山东人民出版社，2001 年，392 页。
⑤ 菲利普·巴格比著，陈江岚译：《文化：历史的投影》，上海人民出版社，1987 年，215 页。
⑥ 菲利普·巴格比著，陈江岚译：《文化：历史的投影》，上海人民出版社，1987 年，197～210、204 页。
⑦ 阮炜：《文明的表现——对 5000 年人类文明的评估》，北京大学出版社，2001 年，81 页。

即基本文明和周边文明。他定义的基本文明是指自身具有独特的风格，且得到独立发展，寿命长 900 年以上者，据此他确定了 17 个基本文明和若干周边文明①。

第三种是空间或国家，以福泽渝吉和岸根卓郎为代表。福泽渝吉以文明存在的空间作为标尺，把文明分为世界文明、西洋文明或欧洲文明、东方文明等；以国家为标尺，又将文明分为美利坚文明、英国文明、法国文明、中国文明、日本文明等②。岸根卓郎从自然因素角度把人类文明区分为东方文明和西方文明，并认为东西方人脑的差异和东西方自然环境的差异是形成东西方文明对立的重要因素③。

第四种是文明的经济社会形态，以马克思、恩格斯为代表。马克思、恩格斯认为，人类自进入文明时代以后，在世界范围内相继出现了奴隶社会的文明、封建社会的文明和资本主义社会的文明。这三个不同社会性质的文明都曾放射出灿烂的光辉。古代中国、古代印度、古代希腊、古代罗马、古代埃及、古代巴比伦的文明，都对人类文明做出了重要的贡献。随后出现的资本主义社会的文明，无论在物质文明和精神文明方面，都远远超过了以往的时代④。

以上诸种对文明类型的划分是从不同角度、以不同依据进行的。其中第一种到第三种划分方法，虽然注意到了各个文明的特征、文明产生的外在条件、文明延续的时间和影响力，以及文明产生的地域，但忽略了诸文明产生和存在的时间，以及文明的性质。他们所涉及的文明，既有古代文明，也有现代文明；既有延续时间很长、影响极大的文明，也有受其他文明影响而产生、分布范围较小的文明。本书所要分析的只限于古代文明，因此根据诸家对文明的看法，同时考虑相对独立的文明类型所存在的较独特的人文背景和地理背景，将发生于公元前的古代文明分作以下几种，即美索不达米亚文明、埃及文明、克里特文明、印度文明和中国文明。这几种文明由于生存空间不同，文化传统不同，所表现出的文明的特征也不尽相同。

（二）文明发生的动因

一个相对独立的文明为何会发生，即文明发生的动因是什么？长期以来，学者们对此问题给予了极大的关注，形成了不同的说法，主要有地理因素说、战争说、灌溉说、人口压力说、财富说、贸易说等等。

地理因素说者认为，文明之所以在某个地区发生，与这个地区的自然环境有直接的关系。在构成自然环境的地质、地貌、气候、水文、土壤等诸多因素中，有些学者强调气候在文明发生中的作用，卡尔·李特尔（Karl Ritter）、拉采尔（F. Ratzel）、亨廷顿

---

① 伊东俊太郎：《比较文明》，东京大学出版会，1985 年，50、227 页。
② 福泽渝吉著，北京编译社译：《文明论概略》，商务印书馆，1982 年。
③ 岸根卓郎著，王冠明等译：《文明论——文明兴衰的法则》，北京大学出版社，1992 年，37 页。
④ 《马克思恩格斯选集》第 1 卷，人民出版社，1972 年，276 页。

（Ellsworth Huntington）等在其著作中都曾阐述过这种观点，其中以亨廷顿阐发最详，他在《文明与气候》和《人生地理学原理》等著作中探讨了气候对人类文明的决定作用，提出一个民族如果没有理想的气候，就不能到达文化的顶峰的观点①。有些学者则更关注土地资源，如弗·卡特（V. Carter）和汤姆·戴尔（T. Dale）对包括尼罗河流域、两河流域、印度河流域在内的河谷地区考察后认为，肥沃的土壤是这三个地区文明较早发生的主要原因②。与此相类，还有学者直接提出任何环境只要未遭到人类毁坏，都能培育出高度的文化，历史上曾经的庞大帝国之所以崩溃，是由于滥用土地以致地力耗尽，无法为人类供给食物而引起的③。

汤因比对 18 世纪以来哲学家、地理学家提出的环境论的观点提出了批判，认为相似的环境并不能产生相似的文明，而同一种地理环境在不同时期却可以产生不同的文明，所以"环境的因素并不能成为创造'冲积'文明的积极因素"④。因此，他提出了逆境论，认为困难的环境、新地方的刺激、打击、压力和遭遇不幸的刺激等逆境是一个文明得以形成的真正原因，而文明发生发展的过程，就是一系列挑战与应战的过程。这种把自然环境对人类的挑战看做是文明发生的决定性因素的观点，还是带有地理环境决定论的色彩。诚然，地理环境对于文明的发生具有重要的影响，但并非只有逆境才能促进文明的发生，有时顺境即良好的地理环境也能为文明的发生提供有利的必要的支持。此外，虽然地理环境对于文明的产生具有不可低估的作用，但如果没有社会机体内部与特定环境相协和的反应，环境的因素便不会发生作用。

战争说者以战争作为文明产生的动力，如斯宾塞（Herbert Spencer）认为战争不仅是社会内部政治演进的一种途径，亦即战争刺激了社会内部的发展，使得社会内部复杂性增加，而且也是一种对外掠夺的手段，以扩张、征服、吞并为特征的战争，直接促成了社会分层的出现⑤。卡内罗（Robert L. Carneiro）通过对秘鲁沿海地区的考察，提出由于自然环境和社会环境的制约，导致可利用的资源无法满足不断增长的人口的需要，因而战争的发生便在所难免，从而引发了整个社会内部结构的重大变化⑥。马尔科姆·韦布（Malcolm C. Webb）和戴维·韦伯斯特（David Webster）继承和发展了卡内罗的战争学说，认为在社会内部为有限的资源而发生竞争时，等级社会的战争首领很容易控

---

① 埃尔斯沃恩·亨廷顿：《文明与气候》，转引自金其铭《人地关系论》，江苏教育出版社，1993 年，81~93 页。

② 弗·卡特、汤姆·戴尔著，庄峻等译：《表土与人类文明》，中国环境科学出版社，1987 年，9~10 页。

③ 爱德华·麦克诺尔·伯恩斯、菲利普·李·拉尔夫著，罗经国等译：《世界文明史》第 1 卷，商务印书馆，1995 年，28 页。

④ 汤因比著，曹未风等译：《历史研究》（上），上海人民出版社，1962 年，72 页。

⑤ Herbert Spencer & Rober L. Carneiro, *The Evolution of Society*, Chicago：University of Chicago Press, 1967.

⑥ Robert L. Carneiro, "*A Theory of the Origin of the State*", Science, 169, pp. 733~738, 1970.

制这些资源，这种控制为社会分层提供了重要条件①。

灌溉说以魏特夫（Karl Wittfogel）为代表，他从大河流域冲积平原上大规模灌溉的角度解释文明发生的原因，认为在供水不足与不调的干旱和半干旱地区，为使农作物有更稳定更丰硕的收获，必须修建大规模的灌溉工程，而灌溉工程需要大规模的协作和强有力的领导以及特殊的管理集团才能完成，在此过程中，社会结构发生变化便成为可能②。

人口压力说者认为，社会复杂化的动力是人口与资源的平衡失调。当一个地区的人口规模和密度达到一定限度时，便会引起人口与土地之间的矛盾，对这种矛盾的化解过程就是社会复杂化的过程。持此说者有哈纳（Michael J. Harner）③、杜蒙德（Don E. Dumond）④、科恩（Mark N. Cohen）⑤ 和伯瑟洛布（Esther Boserup）⑥ 等。

财富说者将财富的集中视作文明得以发生的决定性因素。如柴尔德提出"由于实物财富的无限积累"，和"财富集中到神或国王及依赖这两者的一个小小阶级的手中"，那些直接生产者，包括农人、牧人、渔人拥有的剩余产品越来越少，大量的剩余产品被少数人——国王、祭司和他们的亲属与倖臣——所占有，这样社会便被划分成了不同的经济阶级⑦。恩格斯也主张财富说，认为私有制以及由此产生的对财富的贪欲，"是文明时代从它存在的第一日起直至今日的动力"⑧。张光直也主张文明产生的前提条件是财富的绝对累积和相对集中⑨，而"财富的高度集中，至少应具备三对范畴或三对对立关系。……在考古学上，文明是下面三对社会对立关系的文化表现：阶级和阶级、城市和非城市，国家和国家。换句话说，经济分层、城市化和国与国之间的关系是文明形成

---

① 转引自乔纳森·哈斯著，罗林平等译：《史前国家的演进》，求实出版社，1988 年，120～121 页。

② 卡尔·A·魏特夫著，徐式谷等译：《东方专制主义》，中国社会科学出版社，1989 年，9～18 页。

③ Michael J. Harner, "*Population Pressure and Social Evolution of Agriculturalists*", *Southwestern Journal of Anthropology*, 26, pp. 67～86. 1970.

④ Don E. Dumond, "*Population Growth and Political Centralization*", in Brian Spooner ed., *Population Growth: Anthropological Implications*, Cambridge, Mass.: The Massachusetts Institute of Technology Press, 1972, pp. 286 - 310.

⑤ Mark N. Cohen, "*The ecological basis for New World state formation: General and local model building*". in Grant D. Jones and Robert R. Kautz ed., *The Transition to Statehood in the New World*, Cambridge: Cambridge University Press, 1981, pp. 105～122.

⑥ 转引自科林·伦福儒、保罗·巴思著，中国社会科学院考古研究所译：《考古学：理论、方法与实践》，文物出版社，2004 年，481 页。

⑦ 柴尔德著，周进楷译：《远古文化史》，群联出版社，1954 年，219 页。

⑧ 《马克思恩格斯选集》第 4 卷，人民出版社，1972 年，173 页。

⑨ 张光直：《从夏商周三代考古论及三代关系与中国古代国家的形成》，《中国青铜时代》，三联书店，1999 年，95 页；《从商周青铜器谈文明与国家的起源》，472～473 页。

的三种社会决定因素。"①

贸易说以威廉·拉思杰（William Rathje）为代表，他以中美洲低地地区的材料为依据，认为当地缺乏盐、黑曜石和用来碾磨谷物的石料等基本生活资料，因此必须依靠同邻近地区有天然资源的居民进行贸易，随着贸易系统的建立，当地社会日益复杂化。与此种地区之间的贸易说不同，亨利·赖特（Henry Wright）和格雷戈理·约翰逊（Gregory Johnson）提出区域内的贸易是文明和国家产生的媒介②。

以上诸说在文明发生的原因方面进行了多方位的探索，但由于具有一定的局限性，因而也受到了不同程度的批评③。

与上述学者强调某种单一的因素不同，有些学者提出在探寻文明得以发生的原因时，有必要同时考虑几种因素。如伦福儒用系统论的方法解释爱琴海地区社会复杂化的过程，认为"导致发展和变化的基本推动力来自于这些不同亚系统通过多元效应运作的相互作用"④。亚当斯的多变量反馈与互动理论与此类似⑤。

尽管学者们对于文明发生的原因持有不同意见，但这些探索都是在试图说明是什么因素导致了社会分层的加剧。在文明发生的动力上，我们更倾向于赞同伦福儒和亚当斯的多元说的观点，即文明的发生是多种因素共同作用的结果。此外，对于某些文明而言，可能某些因素是最为重要的，而对于另一文明来说则不然。但总体而言，不可否认，在文明初始发生时期，由于人类自身的局限和生产力的落后，在某种程度上受到自然环境的约束要大一些，也就是说地理环境对于一个文明的形成至关重要，当然，一个文明之所以发生，与其内部结构的变化以及人文背景的不同，均有很大的关系。事物性质的变化主要取决于内因，外因只是变化的条件，外因只有通过内因才能起作用，因而内因才是变化的根据。可以说，促成一个文明形成的真正原因，当是作为这种文明载体的人群社会内部各种因素在多种外部因素影响下运动的结果。

三　国内外学者对有关中国古代文明的若干理论问题及其发生模式的讨论

对于有关文明的理论问题，中国学术界也进行了广泛而深入的讨论。与此同时，随

---

①　张光直：《古代世界的商文明》，《中原文物》1994 年 4 期；《商代文明》，北京工艺美术出版社，1999 年，342 页。

②　转引自乔纳森·哈斯：《史前国家的演进》，求实出版社，1988 年，124～129 页。

③　Robert McC. Adams , *The Evolution of Urban Society：Early Mesopotamia and Prehispanic Mexico*, Chicago：Aldine Publishing Company, 1966. 乔纳森·哈斯：《史前国家的演进》127 页，求实出版社，1988 年，126～128 页。李祖德、陈启能主编：《评魏特夫的〈东方专制主义〉》，中国社会科学出版社，1997 年。

④　科林·伦福儒、保罗·巴恩著，中国社会科学院考古研究所译：《考古学：理论、方法与实践》，文物出版社，2004 年，484 页。

⑤　Robert McC. Adams, *The Evolution of Urban Society：Early Mesopotamia and Prehispanic Mexico*, Chicago：Aldine Publishing Company, 1966.

着考古新发现的不断涌现，中国古代文明发生的模式也成为国内外学者关注的课题。下面即对这些问题的研究状况做一简单回顾。

（一）中国学者对有关中国古代文明若干理论问题的探索

中国历史和考古学界对文明相关问题的讨论自现代考古学传入之初便开始了。20世纪20年代殷墟的发掘，可以视作是中国学者对中国文明探索的开端。50年代李济先生据殷墟发掘的成果，著成《中国文明的开始》一书①。与此大体同时，梁思永先生发表《龙山文化——中国文明的史前期之一》，明确提出龙山文化时期是探索中国文明起源的重要阶段②。二位先生的研究为中国文明起源的探索奠定了坚实的基础。之后，有关文明理论的讨论日趋热烈，相关论文和专著层出不穷。总体看来，国内学术界对于文明的研究与考古新发现紧密相关。如夏文化的探索、半坡文字的出土、龙山和仰韶时期城址的发现、红山文化祭坛的发现等等，几乎每一项考古新发现都会引起一次文明研究的热潮。

中国学者对文明相关理论的研究涉及文明的定义、文明与国家的关系、文明的物化表现等诸多方面。

就文明的定义而言，中国大多数学者根据马克思主义经典作家的理论，认为文明是指一个社会已由氏族制度解体而进入有了国家组织的阶级社会的阶段③，因而在处理文明与国家的关系上，同意恩格斯"国家是文明社会的概括"等一系列观点，认为"文明的诞生和国家的出现应该是同步的，国家的形成也就意味着文明时代的开始"④，"文明、阶级社会、国家是从不同角度对同一特定社会发展状况所做的概括"⑤。有学者甚至明确提出，文明起源和文明社会形成的实质是国家的起源和形成，因此倾向于使用国家起源和国家形成的概念⑥。但也有学者持反对意见，认为文明与国家是两个既有联系又有区别的概念，文明是对人类社会结构复杂化、社会经济文化呈现出高度繁荣状态的一种综合概括，而国家则是专指政治结构而言的一种社会形态；文明的出现未必与国家

---

① 李济：《中国文明的开始》，《安阳》，河北教育出版社，2000年，462～534页。

② 中国科学院考古研究所：《梁思永考古论文集》，科学出版社，1959年。

③ 夏鼐：《中国文明的起源》，《夏鼐文集》上册，社会科学文献出版社，2000年，403页。邹衡：《中国文明的诞生》，《文物》1987年12期。李伯谦：《中国文明的起源与形成》，《华夏考古》1995年4期。朱凤瀚：《试论中国早期文明诸社会因素的物化表现》，《文物》2001年2期。安志敏：《试论文明的起源》，《考古》1987年5期。陈星灿：《文明诸因素的起源与文明时代》，《考古》1987年5期。

④ 邹衡：《中国文明的诞生》，《文物》1987年12期。

⑤ 李伯谦：《中国文明的起源与形成》，《华夏考古》1995年4期。

⑥ "中国文明起源和早期国家形态研讨会"秘书组：《中国文明起源和早期国家形态研讨会发言摘要》，《考古》2001年2期，90～91页。

同步，它可以出现在国家阶段，也可以出现在酋邦或其他形态的复杂社会阶段①。

对于文明形成的标志②，夏鼐先生从殷墟文化中提炼出作为文明的普遍性特点，即都市、文字、青铜器③。邹衡先生赞同此种观点，认为文字是文明最重要的标志，对金属的进一步加工也是进入文明时代的必要条件，城市的形成与发展应该是文明的主要内容之一，并以此为依据对仰韶文化、龙山文化和二里头文化进行分析，寻找中国文明的源头之所在④。与此类似，有学者以文字、城市、复杂的礼仪中心、青铜铸造为构成一个文明的最基本标志⑤，或提出文明应当包括金属的使用、文字的产生、城市的出现、礼制的形成、贫富的分化以及人牲人殉的发端等内容⑥。可以说，中国学者在具体研究中，参照西方相关理论，对中国文明形成的标志进行的探讨是有益的。但随着考古新发现的出现以及众多研究者的参与，出现了将文明的标志简单化、模式化的做法，有些学者对于一种文化不做分析，只要看到其中有一项或两项所谓的标志，就断定此文化已进入文明时期。对于这种做法，学界多有批评。如李伯谦先生认为文明因素的产生，并不等同于文明社会的开始，主张判定一个时代、一个文化是否已经进入文明时代，不仅要看构成文明的最基本的要素是否已经存在，而且要进行量的分析，看这些因素的发展程度如何⑦。朱凤瀚先生也提出"单独的文明因素之物化表现的存在虽可反映某一种文化所属社会文明化的程度，但未必即能说明文明已形成。""只有文明诸重要社会因素的物化表现在同一时间段、同一地理区域内均以较高的发展水平汇聚为一体，从考古学的角度而言即体现于同一种考古学文化的同一时段中，说该社会已进入文明阶段理由才比较充足"⑧。因此在进行相关研究时，要考虑到世界各古代民族步入文明阶段的历史、地理条件不尽相同，所以其早期文明的物化表征肯定会有所差别，确实不存在绝对、普遍适用的物化的文明标志，但如果完全否认物化表征的存在，那么从考古学角度去探索文明起源便会失去可操作性，因而应当从考古学所提示的中国较早期文明的实际出发，

---

① "中国文明起源和早期国家形态研讨会"秘书组：《中国文明起源和早期国家形态研讨会发言摘要》，《考古》2001 年 2 期，93 页。陈淳也持此观点，见《资源、神权与文明的兴衰》，《东南文化》2000 年 5 期；《中国文明与国家探源的思考》，《复旦学报》（社会科学版），2002 年 1 期。

② 有学者提议用文明因素的物化表现一词，如朱凤瀚先生认为文明的因素应该是指社会因素，诸如社会分工的扩大，社会分层化的加剧，作为贵族集团利益代表的君主的出现，具有超经济强制权力的政治权力机构的形成。文明的物化表现，应该是分别地具体地体现了类似的几种文明社会因素，所以可更直接称为文明诸社会因素的物化表现。见《试论中国早期文明诸社会因素的物化表现》，《文物》2001 年 2 期。

③ 夏鼐：《中国文明的起源》，文物出版社，1985 年。

④ 邹衡：《中国文明的诞生》，《文物》1987 年 12 期。

⑤ 安志敏：《试论文明的起源》，《考古》1987 年 5 期。陈星灿：《文明诸因素的起源与文明时代》，《考古》1987 年 5 期。

⑥ 李学勤：《走出疑古时代》，辽宁大学出版社，1997 年，24~26 页。

⑦ 李伯谦：《中国文明的起源与形成》，《华夏考古》1995 年 4 期。

⑧ 朱凤瀚：《试论中国早期文明诸社会因素的物化表现》，《文物》2001 年 2 期。

归纳出中国早期文明社会在特定的历史、地理条件下所表现出来的具有一定特色的物化表征①。

可以清楚地看出，中国学者对于文明相关理论的研究，取得了相当可观的成就。我们赞成将文明和国家视为既有联系又有区别的两个概念，也同意文明的发生必定与一系列文明的物化表现相关联的说法，所有这些将成为本书研究的基础。然而也应当看到，这些研究也存在着一定的局限。中国学界的研究是建立在中国现有资料的基础上，或是更多利用中国自己的材料，对于相关理论进行探索。造成这种情况的原因，一是在过去相当长的一段时期中国学界处于与世隔绝的状态，二是中国考古新发现层出不穷，相关的理论研究难免在这些新发现的推动下被动前行。在这种情况下，中国学者的研究自一开始便带有自己的特点，当然也不可避免地存在着一定的局限。比如在具体研究方面，多论及文明因素的形成，而对文明形成的相关问题，即文明形成的时间，特别是文明形成的模式、文明形成的条件等鲜有论及，甚至存在着直接借鉴国外相关的理论研究成果，不加分析直接套用的现象。

（二）国内外学者对中国古代文明发生模式的讨论

作为世界上起源较早且连续发展的中国古代文明，自很早就引起了国内外学者的关注。关注的内容包括中国文明的来源、起源的地域和时间、产生模式、发生动力等等。

关于中国文明的来源主要存在着两种截然不同的说法，即西来说和本土说，其中以西来说提出较早。远在17世纪中叶耶稣会教士柯切尔（Athanasius Kircher）便提出中国文明源于埃及的观点②。19世纪末伦敦大学教授拉古别里（Terrien de Lacouperrie）又提出中国文明来源于巴比伦说③。之后又有美索不达米亚、中亚或东突厥斯坦等多种不同的说法问世④。继20世纪20年代安特生（Johan G. Andersson）发掘仰韶村后，西来说者得到了考古资料的支持⑤，其后持此论者不乏其人⑥。随着中国境内考古工作的逐步展开，越来越多的学者对中国文明源自西方的观点产生了怀疑，然而直到1945年夏鼐先生在甘肃半山阳洼湾的发掘，西来说得以成立的考古学基础才开始发生动摇⑦。20世纪50年代以后，大量考古新发现的出现和各地考古学文化序列的建立，西来说赖以存在的考古学基础被彻底否定，正如何炳棣（Ping – ti Ho）在《东方的摇篮》一书里所云，"输入中国的所有文化因子，不仅数量少，就质量和年代上说，无论对任何主

---

① 朱凤瀚：《试论中国早期文明诸社会因素的物化表现》，《文物》2001年2期。
② 转引自何炳松：《中华民族起源之新神话》，《何炳松论文集》第2卷，商务印书馆，1997年，268~269页。
③ 转引自张光直：《论"中国文明的起源"》，《文物》2004年1期，73~82页。
④ 瓦西里耶夫著，郝镇华等译：《中国文明的起源问题》，文物出版社，1989年，43~49页。
⑤ Johan G. Andersson, *"An Early Chinese Culture"*, *Bulletin of the Geological survey of China*, no. 5, 1923, pp. 1~68.
⑥ 详见林惠祥：《中国民族史》上册，上海商务印书馆，1936年，50~57页。
⑦ 夏鼐：《齐家期墓葬的发现及其年代之改订》，《中国考古学报》第3期，1948年。

要的中国文化因素的起源或者整个中国文化的形成，都没有多少关系。"因而他径将中国文明称做东方文明的摇篮①。1983年春夏鼐先生在日本演讲时，也明确指出中国虽然并不完全同外界隔离，但中国文明却是"独自发生、发展，而并非是外来的"②。以何炳棣、夏鼐等先生为代表的学者以为中国文明的若干成分是本地起源的，这便是本地起源说。可以说，关于中国文明起源问题西来说与本地说的争论，最终以中国境内大批考古新发现的出现而宣告结束。

至于中国文明产生的地域，学术界有一元说和多元说两种不同的观点。多数学者持一元说，认为中国古代文明发生于黄河流域；多元说者以苏秉琦先生为代表，认为除黄河流域外，长江、珠江、辽河流域、海岱地区、燕山南北长城地带都是中国古文明的摇篮，中国早期文明呈现多元分布的态势或格局③，张忠培、严文明等先生也持类似看法④。

关于文明产生的时间，学者们的观点也存有分歧。以夏鼐先生为首的学者主张二里头文化的晚期"是够得上称为文明，而又有中国文明的一些特征。它如果不是中国文明的开始，也是接近于开始点了"⑤。以严文明先生为代表的学者则提出"直到仰韶文化后期，即大约从公元前3500年开始，才迈开了走向文明的脚步。进入龙山时代以后则加速了走向文明的步伐，有的地方甚至已经建立了最初的文明社会"⑥，"中国国家的起源和文明的起源应该追溯到公元前第3千年的龙山时代"⑦。唐兰先生通过对大汶口文

① Ping - ti Ho, *The Cradle of the East*, Hong Kong, Chicago：The Chinese University of Hong Kong and the University of Chicago Press，1976，p. 362.
② 夏鼐：《中国文明的起源》，《夏鼐文集》（上），社会科学文献出版社，2000年，402~403页。
③ 《关于考古学文化的区系类型问题》，《苏秉琦考古学论述选集》，文物出版社，1984年，225~234页；《中国文明起源新探》，商务印书馆（香港），1997年，98页。
④ 张忠培：《中国古代文明的形成》，《中国考古学九十年代的思考》，文物出版社，2005年，321~343页。严文明：《中国文明起源的探索》，《中原文物》1996年1期。
⑤ 夏鼐：《中国文明的起源》，《夏鼐文集》（上），社会科学文献出版社，2000年，411页。持此说的学者还有邹衡：《中国文明的诞生》，《文物》1987年12期；李伯谦：《中国文明的起源与形成》，《华夏考古》1995年4期；安志敏：《中国文明起源始于二里头文化——兼议多源说》，《寻根》1995年6期。
⑥ 严文明：《中国文明起源的探索》，《中原文物》1996年1期。
⑦ 严文明：《稻作、陶器和都市的起源》，载严文明、安田喜宪主编《稻作、陶器和都市的起源》，文物出版社，2000年，7页。持此说的学者极多，主要有田昌五：《对中国文明起源的探索》，《殷都学刊》1986年4期。曹桂岑：《我国何时进入文明时代》，《河洛文明论文集》，中州古籍出版社，1993年，93~104页。栾丰实：《丁公龙山城址和龙山文字的发现及其意义》，《文史哲》1994年3期。任式楠：《中国史前城址考察》，《考古》1998年1期。

化的分析，提出"中国有六千年左右的文明史"①。以卜昭文为首的学者提出红山文化已进入文明时代②。此外，还有学者提出中国古代文明发生于晚商时期，对此夏鼐先生曾有过形象的批评："如果认为这是中国文明的诞生，那就未免有点传说中的老子，生下来便有了白胡子"③。

中国文明起源的模式也是学者们讨论的重点，主要形成三种意见：一种以苏秉琦先生为代表，以裂变、撞击与融合为文明起源的三种形式④；第二种以张光直先生为代表，他提出"相互作用圈"的概念，认为中国文明就是在这个相互作用圈的基础上发生的⑤；第三种以严文明先生为代表，在对文明起源的地理环境和史前文化背景深入分析的基础上，提出中国文明起源的模式是多元一体的⑥。

与此同时，也有学者对中国文明的发展阶段进行了讨论。苏秉琦先生认为文明的起源和发展经过了古国—方国—帝国三个阶段，或可径称为"三部曲"⑦。与此类似，有的学者将中国古代文明分作方国、王国和帝国三个时期⑧。严文明先生则提出文明起源和发展经过了准备时期、走向文明、初级文明和成熟文明等几个阶段⑨。张光直先生从社会进化的角度，提出中国古代文明的形成经过了三个阶段，即村落社会、村群社会和国家政制⑩。王震中先生从文明形态演进的角度，将中国古代文明发生的历程分作内外平等的农耕聚落—中心聚落—都邑聚落三大阶段⑪。

---

① 唐兰：《从大汶口文化的陶器文字看我国最早文化的年代》，《光明日报》1977 年 7 月 14 日第 3 版；《再谈大汶口文化的性质和大汶口陶器文字》，《光明日报》1978 年 2 月 23 日第 3 版；《中国有 6 千多年的文明史——论大汶口文化是少昊文化》，《大公报在港复刊三十周年纪念论文集》。
有些学者的观点与此略有不同，如蔡凤书在《关于大汶口文化时期社会性质的初步探讨》中提出："在大汶口文化晚期父系氏族制完全确立，而在晚期之末，创造大汶口文化的人们已踏进了文明时期的门槛了"（《文史哲》1978 年 1 期）。张学海在《城子崖与中国文明》中认为在距今 5000 年左右的大汶口文化中晚期之交进入文明时代（《纪念城子崖遗址发掘 60 周年国际学术讨论会文集》，齐鲁书社，1993 年，13 ~ 25 页）。
② 卜昭文等：《辽西发现五千年前祭坛女神庙积石冢群址》，《光明日报》1986 年 7 月 25 日第 1 版。何贤武：《从红山文化的最新发现看中国文明的起源》，《辽宁大学学报》1987 年 4 期。吴汝祚：《论老哈河、大凌河地区的文明起源》，《北方文物》1995 年 1 期。郭大顺：《辽河文明的提出与对传统史学的冲击》，《寻根》1995 年 6 期。
③ 夏鼐：《中国文明的起源》，《夏鼐文集》上册，社会科学文献出版社，2000 年，402 页。
④ 苏秉琦：《中国文明起源新探》，商务印书馆（香港），1997 年，98 ~ 104 页。
⑤ 张光直：《中国相互作用圈与文明的形成》，《庆祝苏秉琦考古五十五年论文集》，文物出版社，1989 年。
⑥ 严文明：《中国文明起源的探索》，《中原文物》1996 年 1 期。
⑦ 苏秉琦：《国家起源与民族文化传统》，《华人·龙的传人·中国人》，辽宁大学出版社，1994 年，132 ~ 134 页；《中国文明起源新探》，商务印书馆（香港），1997 年，108 ~ 139 页。
⑧ 张忠培：《中国古代的文化与文明》，《考古与文物》2001 年 1 期；《中国文明形成的考古学研究》，《故宫博物院院刊》2000 年 2 期。
⑨ 严文明：《东亚文明的黎明——中国文明起源的探索》，《农业发生与文明起源》，科学出版社，2000 年。
⑩ 张光直：《商代文明》，北京工艺美术出版社，1999 年，337 页。
⑪ 王震中：《中国文明起源的比较研究》，陕西人民出版社，1994 年，432 页。

　　许多学者对中国文明形成的动力问题也进行了探索。他们大多赞同马克思主义经典作家的理论，同意"卑劣的贪欲是文明时代从它存在的第一日起直至今日的动力"[1]，主张"产生文明因素的前提是生产力的发展，是剩余产品的存在，是社会分工的扩大以及由此而引发的社会的分化"[2]。也有学者提出不同意见，如有的学者强调贫富分化和战争的双重作用[3]；有的强调资源与神权的作用[4]；还有学者提出文明发生的"关键在于财富的积累、集中和炫示"[5]。

　　此外，尚有部分学者进行了中外文明的比较研究。张光直先生把中国古代文明与美洲玛雅文明、近东苏美尔文明比较后得出结论，中国古代文明与玛雅文明的形成过程大致相同，而与苏美尔文明存在明显差异，因而提出前二者为连续性的文明，并申明"中国的型态很可能是全世界向文明转进的主要形态，而西方的形态实在是个例外"[6]。蒋祖棣先生亦对中国古代文明与古代玛雅进行了比较研究，认为由于地理环境、生产和生活方式、技术、社会组织和精神生活的差异，"这两个古代文明各有自身的特质"，二者"从农业兴起到文明繁盛所走的道路不一样"[7]。王震中先生将世界诸古代文明划分为六大类型，在此基础上将中国古代文明与其他五大文明进行比较，并归纳出其独特的特点所在[8]。

　　以上是国内外学者基于层出不穷的考古资料对中国古代文明形成相关的问题做出的理论思考。学者们在相关问题的研究上取得了不少成果，为我们进一步探讨中国文明相关问题奠定了基础。但是也应当看到，诸家对于相关的问题，往往是基于相同材料，却常常会得出相去甚远的结论。之所以形成这样的局面，主要是由于各家对于文明内涵的理解上存有分歧所致。比如对于文明因素的起源与文明社会的形成未能做出明确的划分，同时对于中国文明发生过程中至关重要的发生模式、发生动因以及发生时间等诸多问题，多基于一种宏观的角度进行探索，缺乏个例分析。而要解决这些问题，唯一的方法是对世所公认且已有大量资料累积的某个文明的形成过程和原因做一微观分析，从中寻找该文明在不同发展阶段所呈现出的物化表征，以及该文明发生的原因和动力，并将其与世界古代文明进行比较，进而归纳出中国文明的独有特点及其对世界古代文明形成

---

[1]　恩格斯：《家庭、私有制和国家的起源》，《马克思恩格斯选集》第 4 卷，人民出版社，1972 年，173 页。
[2]　李伯谦：《中国文明的起源与形成》，《华夏考古》1995 年 4 期。
[3]　杜正胜：《古代社会与国家》，允晨文化实业股份有限公司（台北），1992 年，102 页。
[4]　陈淳：《资源、神权与文明的兴衰》，《东南文化》2000 年 5 期。
[5]　张光直：《论"中国文明的起源"》，《文物》2004 年 1 期。
[6]　张光直：《从商周青铜器谈文明与国家的起源》，《中国青铜时代》，三联书店，1999 年，483 页；《连续与破裂：一个文明起源新说的草稿》，《中国青铜时代》，487 页。
[7]　蒋祖棣：《玛雅与古代中国》，中国社会科学出版社，1993 年，194 页。
[8]　王震中：《中国文明起源的比较研究》，陕西人民出版社，1994 年，378～445 页。

模式研究的意义。

在中国古代文明中，如果承认夏已进入文明阶段的话，商文明未必是最早的。然而从目前发现的资料来看，商是三代中迄今已证实的最早有文字记载的文明，大量甲骨文集中出土于殷墟，无疑为商文明相关问题的研究提供了第一手资料。此外，在三代考古工作中，商是考古进行工作最早、出土材料最丰富的。自1928年殷墟的首次发掘至今，除了战争时期，对于殷墟及其左近的晚商遗址的发掘工作几未中断，因而积累了大量的资料，足以说明商文明的发生发展过程。因而我们选定商作为个例分析的对象，来阐述中国古代文明发生发展的模式。

第二节　国内外学者关于商文明形成问题的研究成果述评

对于商文明的研究自很早以前就已开始。最初进行研究的历代学者，都是基于有限的古代文献对商代历史相关问题进行疏理和考证。随着1899年殷墟甲骨文的发现和1928年殷墟发掘的开始，许多学者开始利用地下资料——此处的地下资料已不限于王国维提出"二重证据法"时所提到的地下出土的古文字资料①，而包括了通过考古发掘发现的各种文化遗存——与纸上材料即文献史料相结合的二重证据法对商文明进行全方位的研究。近年来随着自然科学的发展，又有学者从孢粉、黄土、古河道变迁等新的角度考察商文明生存的环境。所有这些工作均取得了极大的成就。下面分别从古文献和考古学两方面对以往的研究成果做一回顾和评述。

一　古文献的研究

商人的起源与迁徙问题与商文明的发生历程紧密相关，许多学者依据文献资料对此进行了有益的探索。

关于商人的起源，先后出现过数种说法，其中以西来说起源最早，但以东来说、河北说和东北说影响最大。东来说者以为商人起源于山东半岛或豫东鲁西一带，此说以王国维先生为代表，他在《说商》、《说亳》中考证商在商丘、亳在山东曹县②。徐中舒先生于1930年提出商民族起源于环渤海地区，并由东西渐③；后重申自己的观点，明确指出"山东半岛齐鲁一带是商民族早期活动的地方"，到相土时"商族力量远达北方，可能越渤海而到东北境"④。王玉哲先生从文献资料和田野考古两方面对商族的来源地

---

① 王国维：《古史新证——王国维最后的讲义》，清华大学出版社，1994年，2页。

② 《观堂集林》卷十二，中华书局，1961年。

③ 《殷人服象及象之南迁》，《历史语言研究所集刊》第2卷1期。

④ 《殷商史中的几个问题》，《四川大学学报》1979年2期。

望进行研究，得出"商族最远的祖居地可能是山东，后来才向西北转移，达到河北省的中部，即游牧于北至易水南至漳水等流域，到夏的末叶才把主力定居于河北省南部和山东省的西部"的结论①。

河北说的首倡者为丁山先生，以为商人发祥地在今永定河与滹河之间②。但对此说考证最详者当属邹衡先生，在《论汤都郑亳及其前后的迁徙》一文中，考定商人最早活动地域"在今河北省西南部和河南省北部的一大片平原上，其中心地点应该就在滹沱河与漳河之间。稍后，则渐次向地扩展，直到成汤之时才渡过黄河"③。

东北说者认为商人源于我国东北地区，最早由傅斯年先生提出④，金景芳先生重新考证文献，指出契之子昭明所居的砥石"在辽水发源处，今昭乌达盟克什克腾旗的白岔山"，从而首创辽西说⑤。其后干志耿⑥、蔺新建⑦等人相继著文赞同此说。

此外还有江浙说、晋南说等⑧。

文献载商人屡迁，对于迁徙地望的考证也成为许多学者关注的重点。王国维先生在《说自契至于成汤八迁》一文中，详指八迁地望，以契由亳迁蕃为一迁，昭明居砥石为二迁，昭明复迁于商为三迁，相土东徙泰山下为四迁，后复归商丘为五迁，商侯迁于殷为六迁，殷侯复归于商丘为七迁，汤始居亳为八迁⑨。丁山先生亦对商人立国前后的踪迹进行考证，考证地点包括契所居之蕃、昭明所居之砥石、商、亳、嚣、邢、庇、奄、殷等，得出商人"起自今河北省泒水流域"，后"沿衡漳潢河两故渎，逐渐南下"的结论⑩。此外邹衡⑪、葛毅卿⑫、岑仲勉⑬、杨树达⑭等诸位先生根据文献资料，结合考古

①　《商族的来源地望试探》，《历史研究》1984 年 1 期。
②　丁山：《商周史料考证》，中华书局，1961 年。
③　《夏商周考古学论文集》，文物出版社，1980 年，218 页。
④　《夷夏东西说》，《庆祝蔡元培先生六十五岁论文集》（下），1935 年。
⑤　《商文化起源于我国东北说》，《中华文史论丛》第 7 辑，上海古籍出版社，1978 年。
⑥　《商先起源于幽燕说》，《历史研究》1985 年 5 期；《商先起源于幽燕说的再考察》，《民族研究》1987 年 1 期。
⑦　《先商文化探源》，《北方文物》1985 年 2 期。
⑧　江浙说者是卫聚贤最早提出的，他在《殷人自江浙迁徙于河南》一文中认为商人源于江浙一带（《江苏研究》第 3 卷 5、6 期，1937 年）。持晋南说者有李民、姚政、陈昌远等。李民认为商族最早起源于山西南部，后来才东迁至豫北地区（《关于商族的起源》，《郑州大学学报》1984 年 1 期；《豫北是商族早期活动的历史舞台》，《殷都学刊》1984 年 2 期）。姚政亦持相似看法（《论商族的起源》，《南充师专学报》1987 年 1 期）。
⑨　《说自契至于成汤八迁》，《观堂集林》卷十二，中华书局，1961 年。《说商》，《说亳》，同上。
⑩　《由三代都邑论其民族文化》，《历史语言研究所集刊》第 5 本第 1 分，1935 年；《商周史料考证》，中华书局，1988 年，14～35 页。
⑪　邹衡：《论汤都郑亳及其前后的迁徙》，《夏商周考古学论文集》，文物出版社，1980 年；《内黄商都考略》，《中原文物》1992 年 3 期。
⑫　《说滴》，《历史语言研究所集刊》第 7 本第 4 分，1939 年。
⑬　岑仲勉：《黄河变迁史》，人民出版社，1957 年。
⑭　《释滴》，《积微居甲文说》，中国科学院，1954 年。

资料，对商人的迁徙地望进行了考证。

由以上的讨论可以看出，对于商人起源、迁徙问题的研究经历了几个阶段，早期的研究往往是仅从文献出发对相关问题进行考证，后期的研究不仅重视文献资料的解读，也注意考古资料的引证。众多学者的介入和多种观点的提出反映了对这一问题研究的深入，但以往的研究也存在一些问题：一是学者们的研究都是从文献考证入手，但由于所据文献不同，或者对文献的理解有歧义，以致得出了截然相反的结论，因此首先要对文献进行更进一步的疏理，同时依靠考古资料对文献加以验证。二是虽然有不少学者注意利用考古资料，但由于种种原因，往往对某一考古学文化的年代及特征未加详尽分析，便加以引用，难免出现错误。三是对于此问题的研究有急于求成的倾向，如有人提出"商先"的概念，将商人的源头追溯至5000年之前，事实上据现有资料，对于从汤到契这一段的历史问题尚有很多无法解决之处，所以探索更早的商人的起源显然为时过早。因此，对于这类问题的探讨，应根据现有的资料本着实事求是的原则进行，不可在资料尚不充分的条件下贸然求成。

二　考古学的研究

与商文明相关的考古学研究主要体现在两个方面，一是对于商文化发展谱系的确认，二是对于商文明的来源、特征、形成时间等问题的研究。

1928～1937年历史语言研究所对殷墟的15次发掘，可以看作是商文明研究的开端。大型建筑基址、大型墓葬以及甲骨文的发现，"把历史期间的史料和先史时代的地下材料作了强有力的链环"[①]，证实司马迁《史记》所记不虚，由此晚商文化得到了确认。新中国成立后至今中国社会科学院考古研究所安阳工作队等相关单位对殷墟进行了不间断的发掘工作，积累了丰富的资料，使得晚商文化的研究成为可能。随着考古新资料的不断出土，学者们注意到晚商文化已是一种非常成熟的文化，便推测在此之前一定有一个发展过程，因而把目光转向了对比它更早的商文化的找寻。20世纪50年代郑州商城的发现，以及其后偃师商城、郑州小双桥、洹北花园庄、邢台东先贤等一系列大型遗址的发现，极大地推动了商文化的研究。大型城址、墓葬的揭露以及青铜器、玉器、陶器等大量遗物的出土，为早商文明的探索提供了更为丰富的资料。与此同时，在河南、河北、山东、内蒙古等地不断发现有早于二里岗文化的遗存，不少学者根据考古资料，结合文献记载，对商人立国前的文化遗存进行了探索。至此，商文化由先商到早商、晚商

---

① 李济：《中国文明的开始》，叶公超序，《安阳》，河北教育出版社，2000年。

的发展线索已基本上被勾勒出来①。

自殷墟发现至今已历几十年，其间学者们对商文明进行了多方面的研究，研究内容涉及商文明的来源、特征、文明化程度以及文明产生的时间等诸多方面。

关于商文明的来源，主要存在两种对立的观点，即本土说和外来说。最早利用殷墟发掘所得考古资料，对殷墟文明进行研究的学者是李济先生，他认为殷墟文化来源复杂，"一部分的文化显然受过西方的影响……一部分完全是在中国至少是东亚创始并发展的"②。20 世纪 80 年代初，夏鼐先生也提出殷墟文化为本土产生、但不排除在发展过程中可能会受到外来因素影响的看法③。持外来说者以前苏联学者瓦西里耶夫为代表，他认为在世界诸原生文明中，以晚商文明出现最晚，但"它的发展速度很快，仅在其存在的几百年中就跨越了其他的最初文明中心数千年才能逾越的界限"④，而且在此之前没有一个在本地基础上青铜文化因素逐渐成熟的时期，因此提出晚商文明是由活动于印度—伊朗语草原部落的一支人群到达黄河沿岸而形成的⑤。

至于商文明的特征，许多学者均有论及。如李济先生最早指出文字、龟卜与骨卜、青铜器、农业、蚕桑业、陶业和雕刻均为组成殷墟文化最重要的物质成分⑥。夏鼐先生认为殷墟文化除具有都市、文字、青铜器等作为文明的普遍性特点外，还有玉石雕刻、马车、刻纹白陶、原始瓷、甲骨占卜等独有的特点⑦。朱凤瀚先生将商文明的考古学特征归纳为四点，即以宗庙、宫室等大型夯土台基宫殿建筑群为核心的都城的设立；独立于非王贵族与平民墓地的王陵区的存在、青铜礼器和兵器广泛使用、已能记载语言的文字的应用⑧。

在对商代文明化程度研究方面，学者们的看法比较一致，基本同意商代已是一个文

---

① 相关的研究成果极多，代表性的有《商周考古》（北京大学历史系考古教研室商周组编，文物出版社，1979 年）、《商代文明》（北京工艺美术出版社，1999 年）、《中国考古学·夏商卷》（中国社会科学院考古研究所编著，中国社会科学出版社，2003 年）、《夏商考古》（陈旭著，文物出版社，2001 年）、*The Cambridge history of ancient China*（Loewe, Michael & Shaughnessy, Edward L., New York：Cambridge University Press, 1999）等。

② 李济：《殷墟青铜器五种及其相关问题》，《李济考古学论文集》，文物出版社，1990 年，545 页。

③ 夏鼐：《中国文明的起源》，《夏鼐文集》上册，中国社科文献出版社，2000 年，402～403 页。

④ 瓦西里耶夫：《中国文明的起源问题》，文物出版社，1989 年，292 页。

⑤ 瓦西里耶夫：《中国文明的起源问题》，文物出版社，1989 年，292、360 页。

⑥ 李济：《殷墟青铜器五种及其相关问题》，《李济考古学论文集》，文物出版社，1990 年，544 页。

⑦ 夏鼐：《中国文明的起源》，《夏鼐文集》上册，中国社科文献出版社，2000 年，405～409 页。

⑧ 朱凤瀚：《试论中国早期文明诸社会因素的物化表现》，《文物》2001 年 2 期。

明社会①。但相较而言，学者们更关注晚商文明，认为晚商文明已是一种高度发达的文明②，就连瓦西里耶夫也承认："小屯—安阳综合体是一种很发达的文明"③。对于早商文明，夏鼐先生对二里岗文化进行分析，认为它已具备了都市、文字和青铜器这三个主要标志，"所以二里岗文化够得上称为文明，并且是属于中国文明中的商文明"④。邹衡先生也说，"根据考古材料完全可以证明，商朝从建立开始就已处于文明时代"⑤。但也有学者持反对意见："早殷文化不能算是一种文明，虽然它也有一定的城市化象征"⑥。

关于商文明产生的时间，大多数学者都赞同二里岗文化已进入文明时期⑦，但也有人认为"（早殷文化）它还不是城市类型的文明，虽然在郑州二里岗也发掘出规模宏伟的城墙……文明在殷代是较晚时期出现的，只能发生在安阳阶段"⑧。

在商文明形成相关问题的研究中，科技考古的成果不容忽视。曾有学者对与商文明产生的地理环境等相关问题做过探讨。如谭其骧先生从考古资料、文献资料和历史地理等多方面进行考察，提出"汉以前至少可以上推到新石器时代，黄河下游一直是取道于河北平原注入渤海的"观点⑨。邹逸麟对华北平原诸湖沼的变迁进行分析，认为6世纪以前华北大平原气候温暖湿润，降水量充沛，是当时湖泊发育的主要原因⑩。此外，许多学者对商时的气候也进行过探讨。如竺可桢以冬季温度的升降作为考察气候变动的指标，对我国近五千年来的气候进行研究，指出"从仰韶文化到安阳殷墟，大部分时间的年平均温度高于现在2℃左右"⑪。之后，胡厚宣、董作宾等学者利用甲骨文材料以及殷

---

① 李伯谦：《中国文明的起源与形成》"商代是拥有发达的青铜工业、城市生活、礼仪制度、宗教系统、文字、艺术和国家机构的发展程度较高的早期文明社会。"参见《中国青铜文化结构体系研究》，科学出版社，1998年，38页。

② 夏鼐：《中国文明的起源》，《夏鼐文集》上册，中国社科文献出版社，2000年，402页。邹衡：《中国文明的诞生》，《文物》1987年12期。张光直：《殷商文明起源研究上的一个关键问题》，《中国青铜时代》，三联书店，1999年，98页。

③ 瓦西里耶夫：《中国文明的起源问题》，文物出版社，1989年，347页。

④ 夏鼐：《中国文明的起源》，《夏鼐文集》上册，中国社科文献出版社，2000年，409~411页。

⑤ 邹衡：《中国文明的诞生》，《文物》1987年12期。

⑥ 瓦西里耶夫：《中国文明的起源问题》，文物出版社，1989年，349页。

⑦ 夏鼐：《中国文明的起源》，《夏鼐文集》上册，中国社科文献出版社，2000年，409~411页。邹衡：《中国文明的诞生》，《文物》1987年12期。张光直：《商代文明》，北京工艺美术出版社，1999年，247页。

⑧ 瓦西里耶夫：《中国文明的起源问题》，文物出版社，1989年，358页。

⑨ 《西汉以前的黄河下游河道》，《长水粹编》，河北教育出版社，2000年。原载《历史地理》创刊号，上海人民出版社，1981年。

⑩ 邹逸麟：《历史时期华北平原湖沼变迁述略》，《历史地理》第5辑，上海人民出版社，1987年。

⑪ 竺可桢：《中国近五千年来气候变迁的初步研究》，《考古学报》1972年1期。

墟发掘的动物遗存，对当时的气候变化进行研究①。近年来，许多学者从自然科学的角度，据冰芯、孢粉、古土壤、海平面以及水文河道等资料，来恢复当时的环境。经过研究学者们得出结论，8.5kaBP～3kaBP 为中国的全新世大暖期，其间的气候温暖而湿润，但"4kaBP 前后为一多灾的时期"②。这些研究虽未能直接阐述与商文明形成相关问题，但对我们了解商文明赖以发生的自然环境却具有至为重要的意义。

如上所述，学者们从考古学的角度，对商文明进行的研究取得了一定的成就。一是从考古学上辨识出了晚商文化和早商文化，并对其年代、分布地域和文化特征做了归纳，同时对先商文化相关问题进行了有益的探索。二是在商文明相关问题的研究方面取得了长足的进展，其中学者们探讨较多的是商文明的来源和特征等问题，此外对于其文明化程度也给予了关注。三是有关古地理和古气候等自然科学研究成果的增多，为探索商文明产生的自然地理环境提供了重要参考资料。

当然前一阶段的研究也存在一些不足之处，主要体现在以下几个方面：

一是虽然商代考古工作已取得长足的进展，但所获得的资料仍属有限。殷墟发现的甲骨文已是一种成熟的文字，但迄今为止在早商文化中还未发现更多的文字材料。这种资料的不均衡还反映在晚商时期相关资料最为丰富，早商亦不少，先商则极为欠缺，这种资料的不足在一定程度上影响了对商文明源起阶段研究的进一步深入。

二是虽然在商文明的特征和来源等方面有一定的研究成果，但仍需加强。对商民族来说，人种的因素、地理因素、特定经济生活方式的因素，以及独特的宗教观念，皆会形成独特的文化特征，并由此影响其文明中的一些属于上层建筑方面的特色。考古学的研究在很大程度上是要认识某一种文化（如已进入文明即是文明的物化表征）之独特的内涵。对于商文明化的程度，虽然有部分学者指出，"殷墟文化实在是一个灿烂的文明"，"晚商是一个比较高级的文明社会"，"商代是……发展程度较高的早期文明社会"，"根据考古材料完全可以证明，商朝从建立开始就已处于文明时代"，但多为笼统的表述，表明在这一方面的研究尚处于浅层次的描述阶段，缺乏细致深入的分析。此外，对于商文明产生的时间、文明化的进程、商文明形成的模式等对于探讨中国古代文明来说非常重要的学术问题极少有人论及，反映出在研究的深度、广度与力度等方面的欠缺。

三是研究方法上，对于多学科交叉方法的运用不够重视。研究商文明的形成，必然

---

① 胡厚宣：《气候变迁与殷代气候之检讨》，《甲骨学商史论丛》第 2 集，1934 年。胡厚宣：《卜辞中所见之殷代农业》，《甲骨学商史论丛》第 2 集，1934 年。董作宾：《再谈殷气候》，《华西协合大学中国文化研究所集刊》第 5 卷，1946 年；《读魏特夫商代卜辞中的气象记录》，《华西协合大学中国文化研究所集刊》第 3 卷 1～4 合刊，1942 年。

② 施雅风等：《中国全新世大暖期气候与环境》，海洋出版社，1992 年，9 页。

要涉及多种学科的资料，要采用多学科交叉的研究方法，特别是要注意考古学、历史学、民族学、民俗学、植物学、动物学、气候学、人类学等学科的结合。随着近年自然科学的发展，已有不少相关的研究成果，但学界对于这些成果的综合运用却还很少。

第三节　关于商文明形成研究的重要意义

中国古代文明是世界文明的一个重要组成部分。虽然中国文明的初生有可能是在印度河流域文明结束近千年之后，但自其产生至今却几乎没有间断。以往研究文明史的学者，特别是西方学者，多从两河流域的苏美尔文明入手，探讨文明与文明发生的种种理论，而极少或根本不考虑中国的情形。之所以形成这种局面，与中国古代文明长期以来不为外界所了解有很大关系。如今，越来越多的资料证明，抛开中国的资料谈论所谓的文明法则，所得到的结论自然不能说有全世界范围内广泛的适应性。正如张光直先生生前一直强烈呼吁的那样，"在文明起源上若干西方的一般法则不适用于中国，同时在这方面中国提供它自己的一般规律"[①]。中国古代早期文明的特色体现在多个方面，如城市不是商业中心，而是政治中心；都邑多迁徙；铸有特殊形象的几何花纹和臆想神秘动物图案的青铜器多作为礼器和兵器为上层阶级广泛使用；龟卜、骨卜和构造原则独特的甲骨刻辞等。种种迹象表明，中国古代早期文明在相当长的时段内曾代表着东亚地区文明的最高水平，中国古代文明形成模式的探索对于人类文明的研究具有极其重要的意义。

商人早期处于内陆半封闭地域，北边和西边分别为燕山和太行山所阻隔，东为改徙无定的黄河和由众多湖泊组成的湖沼带，只有南端伸入华北大平原中部和南部，在这种不是很开放的环境中孕育出了文明。这种方式与希腊、两河以及印度均不相同。商文明在形成过程中，始终受到相邻地域其他文化的影响，尤其是二里头文化对其文明的形成影响最大。在与这些不同文化之间的交流和碰撞过程中，商人及时吸收先进文化的营养，促成自己独特文明的发育。因此，可以说商文明的发生模式是人类文明史上文明产生的模式之一，其在人类文明史研究中的重要意义不言而喻。

第四节　本书研究主旨和方法

本书的主旨在于在前人研究的基础上，探讨商文明形成的过程与途径。具体说来，即是通过对史学界达成共识的晚商文明的分析，从考古学上找出商文明最核心的"基因"，继而向前追溯，寻找早商和先商时期这种"基因"所在，在此过程中探求商文明

---

① 张光直：《连续与破裂：一个文明起源新说的草稿》，《中国青铜时代》，三联书店，1999 年，487 页。

发生的时间和历程，同时参照与此相关的文献记载，就商文明形成的原因、对周边文化的影响以及文明发生的模式等问题进行探讨。

研究商文明的形成，可以因不同的研究目的和角度而设计不同的研究方案。作为从考古学上所表现出的物化特征入手对商文明形成相关问题的研究，自然是以考古学资料为基础的。相较而言，晚商和早商时期相关的资料极为丰富，因此本书会比较强调量化统计的方法。先商部分资料较少，所以在具体研究上，会本着不放过一个细节的原则穷尽资料。

商文明的形成研究虽是以考古资料的分析为根本，但也不可忽视历史文献。王国维首倡的以纸上材料与地下材料相结合的二重证据法，在商文明研究中同样重要，相信唯有通过这种方法的正确运用，才可以得出比较接近于真实的结论。

此外，民族学、民俗学的资料亦不可忽视。

近些年来，自然科学的许多学科取得了许多成果，这些成果包括商文明形成的地理环境、气候变迁、动植物分布等。唯有借鉴这些研究成果，方可最大限度地恢复商文明赖以形成的自然环境，也才能在更深层次上理解商文明形成的原因。因此本书在研究中，会尽量吸收各个学科研究的成果，进行多角度综合性的研究。

全书分六章，除本章"绪论"以外，第二章至第四章分别就晚商、早商、先商文化的推定和物化表现特征进行分析，以期从考古学上探寻商文明发生发展的历程。在这一部分中对商文明的分析将从两个方面进行，即商文化发展线索和商文明发展线索。商文化发展线索的论定，保证我们分析的对象是商人所创造的考古学文化而非其他。至于商文明发展线索的考证，意在考察在商人历史发展过程中文明发生和发展的过程。第五章对商文明形成的原因进行分析。最后为结语本书之所以采用由晚商推及早商、先商这种倒叙的方法，是因为甲骨文的发现和殷墟的发掘，使众多学者承认以殷墟文化为代表的晚商文化已进入了文明阶段。大量的证据表明，这种文明已是一种成熟的文明，显然不是文明的初生阶段。而要追寻更早的商文明，首先必须对晚商文明进行充分的分析，然后才可以在早于晚商的诸文化中辨识出早期的商文明，从而理清商文明形成的过程和时间。

此外，文明可以说是一种先进的生活方式，要想追寻它的足迹，只能从考古学上所能看得到的一些物化表现特征去分析，因此本书采取了以文明的物化表现特征来追溯文明发生历程的方法，即在详尽分析了晚商文明的物化表现特征后，从中提炼出商文明的本质所在，再向上追溯到早商和先商，并与文献记载相结合，来考察商文明形成的过程及动因。

最后需要加以说明的是，文中提及的商是一个族群的概念，而不是指某一个朝代。由于商民族在发展过程中，与周边各族频繁接触，其间产生的不同族群间的融合不可避免，因此本书论及的商文明是对于以商民族为主体创造的物质文化的研究，当然不排除在某一时期，几个不同的族群共同创造和使用同一种考古学文化的可能。

第二章　辉煌与荣耀：成熟的晚商文明

殷墟文化被确认为晚商文化，对于研究商文明的形成至少有如下两点意义：一是不仅证实了历史文献中记载的商王朝的存在，而且殷墟发现的大量文化遗存对了解商文明的特质提供了重要的实物资料，同时借此可以归纳出已步入成熟文明社会的商文明的重要物化表征；二是为从考古学文化的角度向上追溯早商文化、辨识早商文化奠定了基础。

第一节　殷墟的发现与晚商文化的确认

据文献记载，商人是个善于迁徙的民族，但自盘庚以后，则定都于殷，未再有变更。虽然司马迁在《史记》中曾明言殷墟在"洹水南"①，而且自宋以降，洹水左近经常出土青铜器，但多年来因种种原因，对于殷墟的地望却一直未能确认。

被学术界视为19～20世纪中国学术史上的四大发现之一的甲骨文，是1899年在安阳小屯发现的。作为商王室占卜记录的甲骨文资料的大量出土，为商史研究提供了最直接的资料，其后王国维运用二重证据法对相关问题的考证，使学界争议多年的商朝存在等问题得以解决②。同时甲骨文的发现最终促成了殷墟遗址的发现和科学发掘的开始。有学者如是说，"安阳殷墟遗址的发现，其重要性可与施利曼对特洛伊城的发现，互相争辉，互相媲美"③，如此高的评价实非过誉之辞。几十年来，考古工作者在以小屯村为中心的洹河两岸东西长6、南北宽5千米的范围内，发现了宫殿基址、壕沟、居址、手工作坊、王陵、贵族和平民墓地等，至此殷墟文化得到了确认。

殷墟文化被确认为晚商文化，是基于以下四个方面的证据。

一是年代。可以说明殷墟文化的年代有两种：相对年代和绝对年代。相对年代的判定来自于考古工作者依据地层学和类型学做出的分析。以殷墟发掘出的数量最多的陶器

① 《史记·项羽本纪》："项羽乃与（章邯）期洹水南殷虚上。"
② 王国维：《说殷》，《观堂集林》卷十二，中华书局，1961年。
③ 李济：《中国文明的开始》，叶公超序引罗杰斯语（《安阳》，河北教育出版社，2000年）。

作为判断殷墟文化相对年代的标尺，是自殷墟发掘之初就采用的方法，但各家的意见并不一致。经过近 30 年的讨论，最后殷墟文化相对年代的分期基本统一于分为四期①（表 2-1）。到目前为止，学者们对将殷墟文化分作四期已无异议，但在某些细节问题上还存有分歧。争议的焦点主要集中在殷墟文化一、二期的划分上。对此问题，目前存在着两种意见：一种将盘庚、小辛、小乙时期的遗存定为一期，认为其年代属于早商，而将武丁、祖庚、祖甲时期的遗存归入二期②；另一种意见认为殷墟一、二期文化当以武丁为界，即将武丁一代分为早、晚两段，将武丁早期归入一期，而将武丁晚期归入二期③。

表 2-1　　　　　　　　　　　　　　殷墟文化陶器分期对照表

期别	盘庚小辛小乙	武丁早期	武丁晚期	祖庚祖甲	廪辛康丁	武乙文丁	帝乙帝辛
邹衡④	第一期	第二期			第三期		第四期
郑振香⑤	一期早段	一期晚段	二期偏早	二期偏晚	第三期		第四期
断代工程⑥	第一期	第二期			第三期		第四期

利用墓葬出土的青铜器进行分期，以确定殷墟文化的相对年代，也是学者们常用的方法之一。但各家的分期结果也不一致，主要分歧在于对少数墓葬出土铜器的分期各执一词。尽管如此，各家对于殷墟青铜礼器发展序列的总看法大体是一致的（表 2-2）。

---

① 最早对殷墟进行分期的是邹衡，他在《试论郑州新发现的殷商文化遗址》中，将殷墟文化分做早中晚三期（《考古学报》1956 年 3 期，77～103 页）。其后中国科学院考古研究所在发掘大司空遗址时，将殷墟文化分为早晚两期（《1958～1959 年殷墟发掘简报》，《考古》1961 年 2 期）。1964 年邹衡对殷墟文化进行全面研究，将殷墟文化分为四期七组（《试论殷墟文化分期》，《北京大学学报》1964 年 4、5 期）。其后发表的大司空遗址发掘简报中也将该遗址分做四期（《1962 年安阳大司空村发掘简报》，《考古》1964 年 8 期）。上世纪 80 年代郑振香等明确提出将殷墟文化分做四期（《论妇好墓对殷墟文化和卜辞断代的意义》，《考古》1981 年 6 期；《论殷墟文化分期及其相关问题》，《中国考古学研究》，文物出版社，1986 年，116～124 页）。
② 邹衡：《试论殷墟文化分期》，《北京大学学报》1964 年 4 期。
③ 中国科学院考古研究所：《殷墟妇好墓》，文物出版社，1980 年，221～224 页。郑振香、陈志达：《论妇好墓对殷墟文化和卜辞断代的意义》，《考古》1981 年 6 期。郑振香、陈志达：《殷墟青铜器的分期与年代》，《殷墟青铜器》，文物出版社，1985 年，27～77 页。郑振香：《论殷墟文化分期及其相关问题》，《中国考古学研究》，文物出版社，1986 年，116～127 页。
④ 《试论殷墟文化分期》，《北京大学学报》1964 年 4 期。
⑤ 中国科学院考古研究所：《殷墟妇好墓》，文物出版社，1980 年，221～224 页。郑振香、陈志达：《论妇好墓对殷墟文化和卜辞断代的意义》，《考古》1981 年 6 期。郑振香、陈志达：《殷墟青铜器的分期与年代》，《殷墟青铜器》，文物出版社，1985 年，27～77 页。郑振香：《论殷墟文化分期及其相关问题》，《中国考古学研究》，文物出版社，1986 年，116～127 页。
⑥ 夏商周断代工程专家组：《夏商周断代工程 1996～2000 年阶段成果报告》（简本），世界图书出版公司，2000 年，50 页。

表 2-2　　　　　　　　　　　　　殷墟文化铜器分期对照表

	盘庚小辛小乙	武丁早期	武丁晚期	祖庚祖甲	廪辛康丁	武乙文丁	帝乙帝辛
邹衡①	一期	二期			三期		四期
张长寿②	一期			二期			三期
杨锡璋等③	一期	二期早	二期中		二期晚		三期
郑振香等④	一期		二期		三期		四期
朱凤瀚⑤	一期	二期一段	二期二段		三期一段		三期二段

表 2-3　　　　　　　　　　　　　晚商绝对年代表

王	年代（公元前）	年数
盘庚（迁殷后）		
小辛	1300～1251	50
小乙		
武丁	1250～1192	59
祖庚		
祖甲	1191～1148	44
廪辛		
康丁		
武乙	1147～1113	35
文丁	1112～1102	11
帝乙	1101～1076	26
帝辛（纣）	1075～1046	30

（引自《夏商周断代工程 1996～2000 年阶段成果报告》88 页）

其次是绝对年代。虽然《史记·殷本纪》正义引《竹书纪年》说"自盘庚徙殷至纣之灭，七百七十三年，更不徙都"⑥，但关于晚商的积年，学界还是存有不同的说法。除 273 年说之外，还有 275 年和 253 年两说，形成歧义的原因在于诸家采信版本的不同。本书从断代工程，采用 253 年之说⑦。这二百多年中，最关键的年代是武王克商之年的断定。多年来，学界对于这一年代的争论极为热烈，先后形成 44 种说法，最早者为公元前 1130 年，最晚者为公元前 1018 年。其中最具代表性的有三说，即公元前 1122

---

① 《试论殷墟文化分期》，《北京大学学报》1964 年 4 期。
② 《殷商时代的青铜容器》，《考古学报》1979 年 3 期。
③ 杨锡璋、杨宝成：《殷代青铜礼器的分期与组合》，《殷墟青铜器》，文物出版社，1985 年，80～83 页。
④ 郑振香、陈志达：《殷墟青铜器的分期与年代》，《殷墟青铜器》，文物出版社，1985 年，38～56 页。
⑤ 朱凤瀚：《古代中国青铜器》，南开大学出版社，1995 年，622～747 页。
⑥ 其中的"七"当为"二"之误。
⑦ 夏商周断代工程专家组：《夏商周断代工程 1996～2000 年阶段成果报告》（简本），世界图书出版公司，2000 年，60 页。

年、公元前 1070～前 1030 年、公元前 1027 年①。断代工程专家组根据文献、考古学资料以及天文学推算，最后确认以公元前 1046 年为武王克商的年代②。并以此为基础，对殷墟各期采集的人骨、木炭和甲骨样品进行了系列标本测试（见附表 1-1、1-2），得出了晚商文化的绝对年代（表 2-3）。

　　第二，殷墟文化的分布地域与晚商疆域大致重合。晚商时期的疆域有王畿和四土之分。关于王畿的地望见于文献者不多，但大致可以确定其范围。《战国策·魏策》载："殷纣之国，左孟门而右漳滏，前带河，后被山。"《史记·孙子吴起列传》也有类似的记述："殷纣之国，左孟门，右太行，常山在其北，大河经其南。"《史记·殷本纪·正义》引《竹书纪年》也说："……纣时稍大其邑，南据朝歌，北据邯郸及沙丘，皆为离宫别馆。"郑玄《诗谱·邶鄘卫谱》云："邶鄘卫者，商纣畿内方千里之地，其封域在《禹贡》冀州太行之东，北逾衡漳，东及兖州桑土之野。"由此可知，王畿在太行山以东、濮阳以西，北逾漳水，南越黄河的范围之内。此范围恰巧与甲骨文提供的证据基本一致③。王畿周围是由与商王朝有密切关系的诸侯国或方国统治的"四土"，其四至大概不出《汉书·贾捐之传》描述的"东不过江、黄，西不过氐、羌，南不过蛮荆，北不过朔方"的范围。在王畿及周围广大范围内分布有密集的殷墟文化遗址，恰好与晚商疆域相暗合④（图 2-1）。

　　第三，文字资料。殷墟甲骨文从发现至今，出土有刻辞的甲骨约 15 万片⑤，这些由商人亲手书写、契刻的文字，内容包括王事、祭祀、田猎、征伐、农业、天象等诸多方面。刘铁云、罗振玉相继在甲骨卜辞上发现了商先公先王的名字，证明其为商代甲骨⑥。其后王国维对甲骨卜辞中所见的王亥、王恒、上甲等商代诸先公进行考证，证实《史记》、《世本》所记载的商王朝世系是可信的⑦。同时根据受祭的帝王有康祖丁、武祖乙、文祖丁（即康丁、武乙、文丁）之称，确定帝乙之世尚建都于此⑧，从而确定

①　夏商周断代工程专家组：《夏商周断代工程 1996～2000 年阶段成果报告》（简本），世界图书出版公司，2000 年，38～39 页。

②　夏商周断代工程专家组：《夏商周断代工程 1996～2000 年阶段成果报告》（简本），世界图书出版公司，2000 年，49 页。

③　宋镇豪：《论商代的政治地理架构》，《中国社会科学院历史研究所学刊》（1），中国社会科学文献出版社，2001 年。

④　宋新潮：《殷商文化区域研究》，陕西人民出版社，1991 年，200 页。

⑤　王宇信、杨升南：《甲骨学一百年》，北京社会科学文献出版社，1999 年，55 页。

⑥　刘铁云在《铁云藏龟》自序中举出祖乙、祖辛、祖丁等，证明卜辞是殷人的刀笔（转引自《殷虚卜辞综述》，陈梦家，中体书局，1988 年，333 页）。王国维：《殷卜辞所见先公先王考》，《观堂集林》卷九，中华书局，1961 年。

⑦　王国维：《殷卜辞中所见先公先王考》及《续考》，《观堂集林》卷九，中华书局，1961 年。

⑧　王国维：《说殷》，《观堂集林》卷十二，中华书局，1961 年。

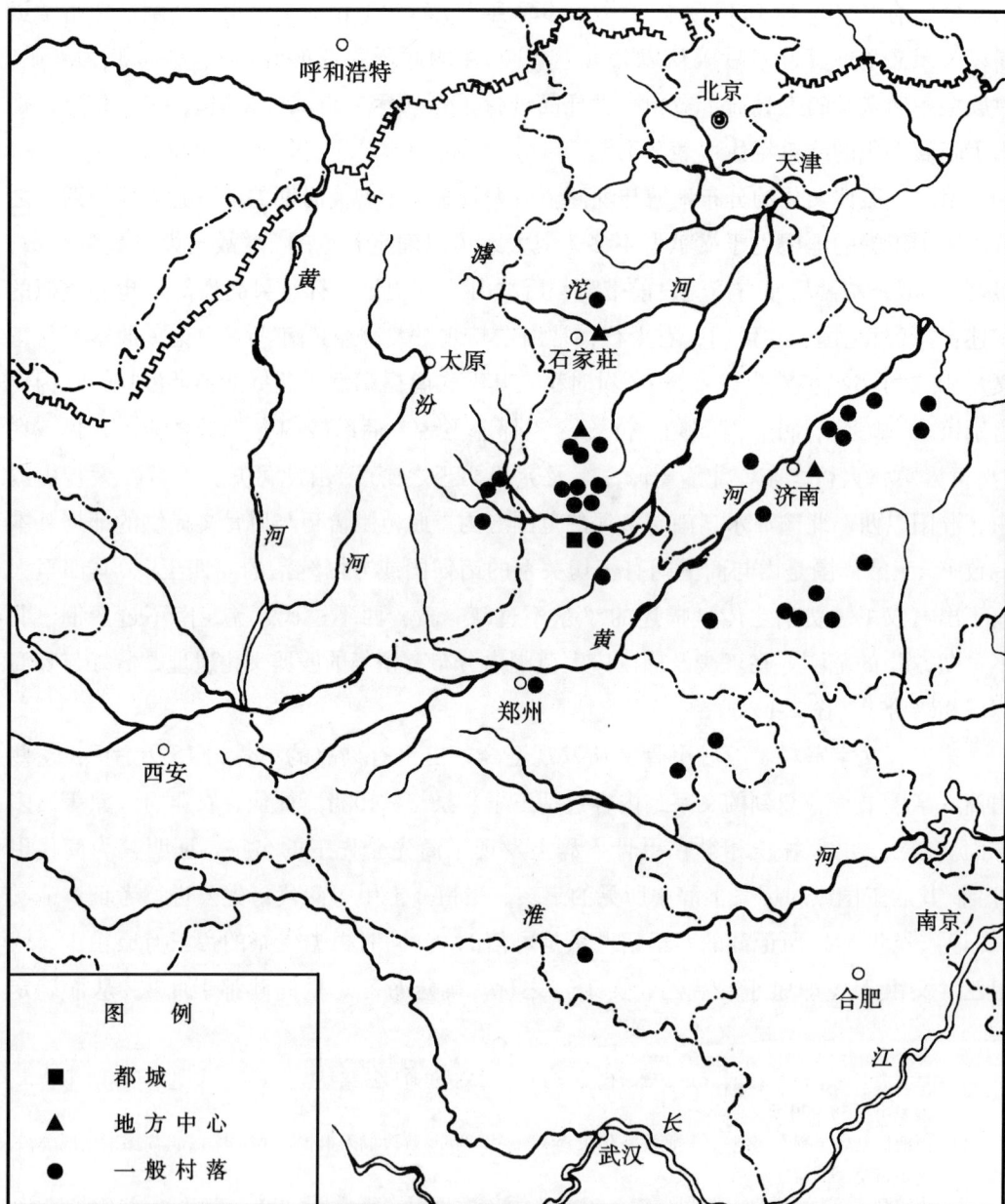

图 2-1　殷墟文化遗址分布示意图

《古本竹书纪年》所记载的自盘庚迁殷至纣之亡"更不徙都"之说符合历史事实。

　　第四，文化特征。在上述殷墟文化分布地域内发现有众多的文化遗址，尤其是安阳一带分布有密集的遗址群，就其年代而论，有早至新石器时代者，也有晚至西周及以后者，但以殷墟文化遗址分布最为广泛。上个世纪末，中美洹河流域考古队曾对洹河流域史前及早期历史时期的聚落分布进行研究，研究结果表明，从空间分布来看，相当于二里岗期白家庄阶段至殷墟一期以前，洹河流域的遗址沿洹河分布，自姬家屯至伯台这一广大区域均发现有遗址，但面积多数并不大，此时最大的遗址为洹北的花园庄。到殷墟一期时，遗址的分布向洹河上游扩展，由原来的姬家屯扩大至阳郡，下游有所退缩，但上一时期大型聚落花园庄消失，代之而起的是面积达 30 平方千米的殷墟。到西周时，洹河两岸不再发现有大型聚邑，而且遗址数量大为减少（图 2-2）。由此可知，殷墟遗址的繁盛期是从殷墟一期开始到西周初期[1]，恰与晚商存在时间相合。多年的殷墟发掘使得数十座宫殿基址、十余座大型陵墓、十多万片带字甲骨，以及数以千万计的铜、石、玉、骨、角、蚌、牙器展现于世人面前，特别是在小屯北地建筑基址出土大量王室与其近亲贵族成员占卜所用甲骨，显示出以小屯北地的建筑基址为中心的这一聚落性质绝非普通聚邑，而是晚商时期的都城所在。

　　多年来学者们深信殷墟为盘庚所迁及其后诸王所居之王都，但近些年来有人对此提出异议。有的以殷墟不见一期遗存为由，而认为盘庚所迁不在殷墟[2]，可能是迁至偃师[3]或郑州[4]。有的提出商末即帝乙帝辛时曾迁都朝歌[5]。还有学者怀疑殷墟不是王都[6]。对于以上观点，已有学者提出反驳[7]。就目前的资料而言，否定殷墟是晚商都城的资料还不够充实。

---

① 中美洹河流域考古队：《洹河流域区域考古研究初步报告》，《考古》1998 年 10 期。

② 关于盘庚所迁，文献有两种不同说法：一种如上所引，即《史记·殷本纪》正义引《括地志》，认为盘庚迁殷，之后未再迁都；一种为《史记·殷本纪》载："帝盘庚之时，殷之都河北，盘庚迁河南……武乙立，殷复去亳，徙河北。"丁山在《商周史料考证》中提出武丁始居小屯说，否定盘庚迁都殷墟。杨锡璋持同样看法（《殷墟的年代及性质问题》，《中原文物》1991 年 1 期；《盘庚迁殷地点蠡测》，《中原文物》2000 年 1 期）。

③ 彭金章、晓田：《试论河南偃师商城》，《全国商史学术讨论会论文集》，《殷都学刊》增刊，1985 年。李民：《南亳、北亳与西亳的纠葛》，《全国商史学术讨论会论文集》，《殷都学刊》增刊，1985 年。

④ 秦文生：《殷墟非殷都再考》，《中原文物》1997 年 2 期。

⑤ 田涛：《谈朝歌为殷纣帝都》，《全国商史学术讨论会论文集》，《殷都学刊》增刊，1985 年。王健：《帝辛后期迁都朝歌殷墟试探》，《郑州大学学报》1988 年 2 期。

⑥ 日本学者宫崎市定主张安阳是殷和其后周代卫国的墓地，而不是殷的国都，并且指出安阳出土的甲骨文等遗物中也包含有殷以后的东西（《中国上代の都市国家とその墓地——商邑は何处にぁったが》及《补遗》，分见于《东洋史研究》1970 年 4 期和 1971 年 2、3 合期）。此外持此观点的还有秦文生：《殷墟非殷都考》，《郑州大学学报》1985 年 1 期；《殷墟非殷都再考》，《中原文物》1997 年 2 期。胡方恕：《小屯并非殷都辨析》，《东北师大学报》1987 年 1 期。

⑦ 孙华、赵清：《盘庚迁都地望辨》，《中原文物》1986 年 3 期。杨锡璋：《殷墟的年代及性质问题》，《中原文物》1991 年 1 期。邹衡：《综述夏商四都之年代和性质》，《殷都学刊》1988 年 1 期。戴志强、郭胜强：《试论帝乙帝辛时期殷都未迁——兼论朝歌在晚商的地位》，《全国商史学术讨论会论文集》，《殷都学刊》增刊，1985 年。朱彦民：《殷墟都城探论》，南开大学出版社，1999 年，44～76 页。

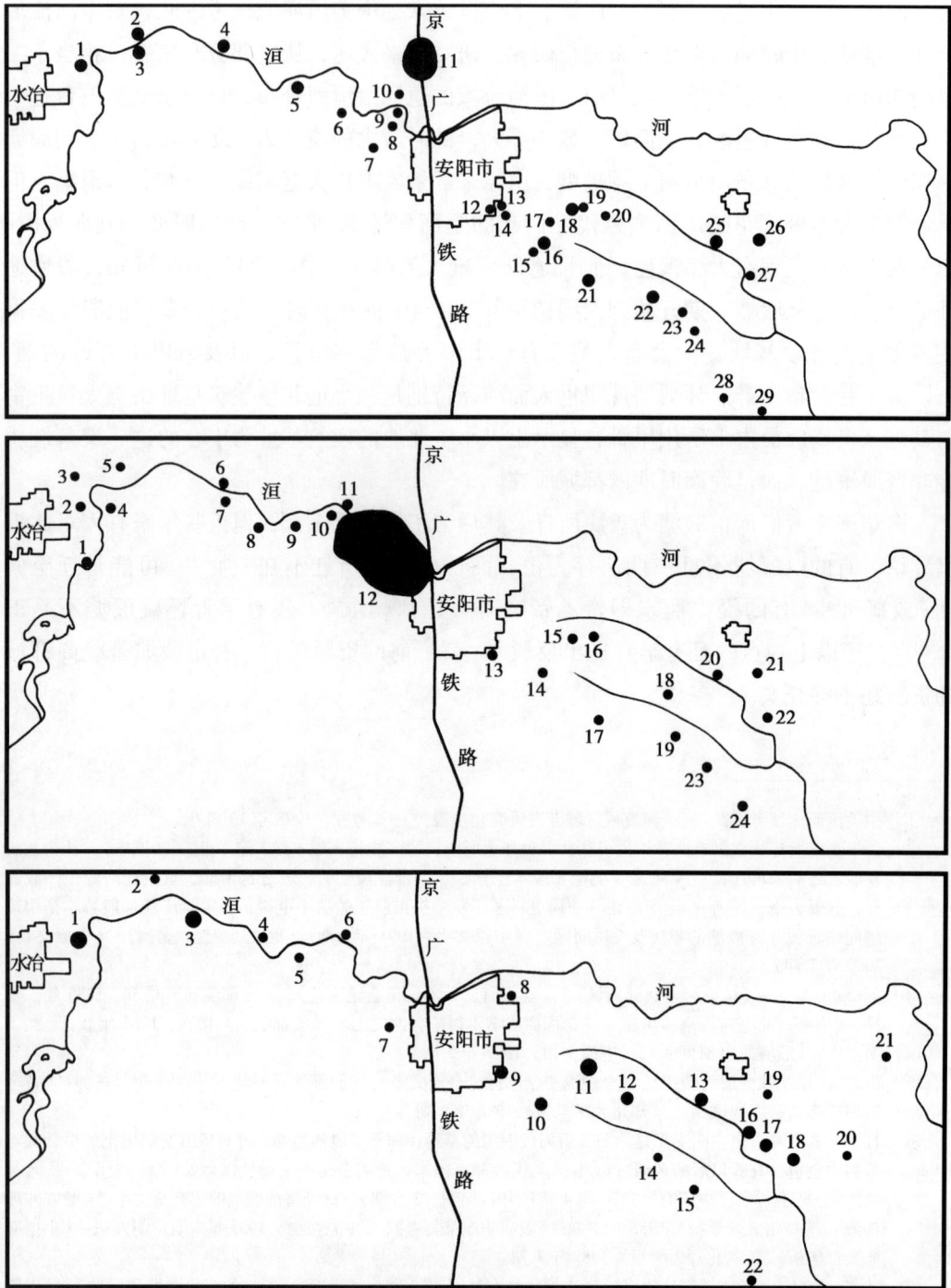

图 2-2　洹河流域聚落分布示意图

上　下七垣文化时期至殷墟大司空村一期以前　中　殷墟时期　下　西周时期

（引自《洹河流域区域考古研究初步报告》）

第二节　晚商文化的文明化程度分析

晚商文化虽已被公认为是进入了文明阶段，但对其文明化程度即文明发展程度如何，学界论者不多。能够反映晚商文明辉煌成就的是殷墟文化的考古学文化特征亦即文明的物化表现特征，包括有聚落形态、埋葬制度、建筑结构、青铜器以及文字等。下面即从这些方面对晚商文明的物化表现特征及文明化程度进行分析。

一　聚落形态

聚落的等级与分化是文明形成的重要标志之一。在对单个聚落的空间位置、规模和内涵的分析，和一定时空框架内聚落群的数量、空间布局和聚落间关系研究的基础上，对不同的聚落进行等级划分，并以此考察社会结构的变化，是当今考古学界广为流行的聚落考古方法。通过聚落结构的剖析可以探讨当时的社会形态和社会组织结构，并以此为依据来判定某一文化的社会复杂化程度即文明化程度。

殷墟文化的聚落至少可以分作三个层次：都城、地方中心、一般村落①。作为都城的殷墟自然为一级聚落，济南大辛庄②、藁城台西③、东先贤—曹演庄④等均为地方中

---

① 殷墟文化的聚落当不止此三个层次。林沄在《关于中国早期国家形成的几个问题》中提出一个简单的国是由一个都鄙群构成的，即在中心大邑即都的周围有一系列农业村落，即为中心大邑的"郊"，郊之外有"野"，因而国的层次由处于中心地位的国都，和比野更远的大都、小都以及其鄙构成（《吉林大学社会科学学报》1986 年 6 期）。宋镇豪也持类似看法，他以为甲骨文中的"商"或"商邑"为商王国的中心，即商王都所在，邑外有"郊"、"鄙"、"奠"。诸侯方国亦有以邑为中心的郊奠势力范围圈（宋镇豪：《论商代的政治地理架构》，《中国社会科学院历史研究所学刊》第 1 集，中国社会科学文献出版社，2001 年）。只邑而言，有王邑，有畿内邑，有诸侯臣属邑，有鄙地群邑，这些类别不同的邑构成了商王朝的行政统治网络（宋镇豪：《夏商社会生活史》，中国社会科学出版社，1994 年，39～47 页）。只是限于现有考古资料的局限，对于殷墟文化的聚落只能划分出此三个层次。

② 山东省文物管理处：《济南大辛庄遗址试掘简报》，《考古》1959 年 4 期；《济南大辛庄商代遗址勘察纪要》，《文物》1959 年 11 期。蔡凤书：《济南大辛庄商代遗址的调查》，《考古》1973 年 5 期。任相宏：《济南大辛庄龙山、商遗址调查》，《考古》1985 年 8 期。山东大学历史系考古专业等：《1984 年秋济南大辛庄遗址试掘述要》，《文物》1995 年 6 期。山东大学东方考古学研究中心：《济南市大辛庄遗址出土商代甲骨文》，《考古》2003 年 6 期；《济南市大辛庄商代居址与墓葬》，《考古》2004 年 7 期。

③ 河北省文物研究所：《藁城台西商代遗址》，文物出版社，1985 年，2 页。台西遗址的年代据发掘者分析，可分为四段，由早到晚依次为早期居住遗存、第一期墓葬、第二期墓葬、晚期居住遗存，其中，早期居住遗存相当于二里岗上层时期，第一期墓葬介于二里岗上层和曹演庄下层之间，第二期墓葬相当于曹演庄下层或殷墟早期，晚期居住遗址的年代相当于殷墟早期一、二之间（依邹衡先生的分期法）。有人对此提出异议，认为该遗址的遗址和墓葬可分为早晚两期，其中早期居住遗址属早期，两期墓葬和晚期居住址均属晚期，见杨锡璋《关于藁城台西商代遗址的分期问题》，刊于《中国考古学论丛——中国社会科学院考古研究所建所 40 年纪念》，科学出版社，1993 年。

④ 河北省文物管理委员会：《邢台曹演庄遗址发掘报告》，《考古学报》1958 年 4 期。邢台东先贤考古队：《邢台东先贤商代遗址发掘报告》，《古代文明》第 Ⅰ 卷，文物出版社，2002 年。

心，其余的小型遗址则为一般村落（见图 2-1）。

不同层次的聚落规模不同，这种规模悬殊的情况反映出不同级别的聚落之间的分化程度。作为中心聚落的殷墟遗址倚河而建，其范围东西长 6、南北宽 5 千米，以小屯为中心，总面积约 30 平方千米①。如此大规模的面积，在同时期的其他地点中尚未见到。作为地方中心的诸遗址面积均在 10～50 万平方米之间②，而普通的村落面积大多在 1～4 万平方米之间。

不同层次的聚落功能和内涵不同。殷墟作为都城级的一级聚落，自然是当时全国政治、经济和文化的中心。从聚落的内部布局来看，整个聚落可分为居住区、生产区和墓葬区。然而若再做更为细致的观察，则可发现居住区有宫殿宗庙区和普通居民区之别，墓葬区也有王陵区和贵族平民墓区之分。这种区别不仅表现在其位置不同，也体现在二者内涵和功能的差异上。以居住区为例，宫殿宗庙区位于洹河南岸的小屯村东北地，这里地处殷墟遗址的中心地带，两面濒临洹河，临近水源，且地势较高，其内排列有成群的大型宫殿基址，此外在小屯村西挖掘有宽 7～21、深 5～10 米的大濠沟，东端与洹河西岸相接，北端直达洹河南岸，环绕在宫殿宗庙区的西、南两面，与东、北两面的洹河这一天然屏障相接，组成了宫殿区的防御设施。普通居民区则散布于宫殿宗庙区周围，在西起北辛庄，东至高楼庄一线均有分布。就墓葬区而言，王陵区位于洹河北岸的西北岗③，也是一处地势较高的地方，王陵区分为东、西二区，其内分布有 12 座大型陵墓和 1400 余个祭祀坑。贵族平民墓区则在后岗④、苗圃北地⑤、高楼庄⑥、花园庄南地⑦、

① 郑振香：《殷墟发掘六十年概述》，《考古》1988 年 10 期。中国社会科学院考古研究所：《殷墟的发现与研究》，科学出版社，1994 年，40 页。
② 济南大辛庄遗址的面积为 30 万平方米，藁城台西遗址面积 10 万平方米，曹演庄遗址 50 万平方米（段宏振：《邢墟考古简论》，《中国考古学跨世纪的回顾与前瞻——1999 年西陵国际学术研讨会文集》，科学出版社，2000 年），东先贤 18 万平方米（东先贤遗址分南北两部分，其中位于村南部分面积约 8 万平方米，村北部分面积 10 万平方米。分别见唐云明：《河北邢台东先贤村商代遗址调查》，《考古》1959 年 2 期。邢台东先贤考古队：《邢台东先贤商代遗址发掘报告》，《古代文明》第 I 卷，文物出版社，2002 年）。
③ 胡厚宣：《殷墟发掘》，学习生活出版社，1955 年。李济：《安阳》，中国社会科学出版社，1990 年，59～73 页。
④ 石璋如：《河南安阳后岗的殷墓》，《历史语言研究所集刊》第 13 本，1948 年。河南省文化局文物工作队：《河南安阳薛家庄殷代遗址、墓葬和唐墓发掘简报》，《考古通讯》1958 年 8 期。中国科学院考古研究所安阳发掘队：《1971 年安阳后岗发掘简报》，《考古》1972 年 3 期。中国科学院考古研究所安阳工作队：《1972 年春安阳后岗发掘简报》，《考古》1972 年 5 期。中国社会科学院考古研究所安阳队：《1991 年安阳后岗殷墓的发掘》，《考古》1993 年 10 期。
⑤ 中国社会科学考古研究所安阳工作队：《1980～1982 年安阳苗圃北地遗址发掘简报》，《考古》1986 年 2 期。
⑥ 周到、刘东亚：《1957 年秋安阳高楼庄殷代遗址发掘》，《考古》1963 年 4 期。
⑦ 中国社会科学考古研究所安阳工作队：《1986～1987 年安阳花园庄南地发掘报告》，《考古学报》1992 年 1 期。

殷墟西区①、三家庄东地②、戚家庄东南地③、刘家庄村南地④及北地⑤、郭家庄⑥等地均有发现，其内的墓葬多为中小型，且多成群成组分布。生产区位于普通居民区的外围，在苗圃北地⑦、薛家庄⑧、孝民屯⑨、大司空⑩和北辛庄⑪等地发现有铸铜、制陶、制骨等手工作坊。此外，在小屯村北和村东北还发现为商王室制造玉石器的场所和铸铜作坊⑫。没有防御设施的中心聚落是不可想象的，迄今为止，虽然在殷墟尚未发现城墙⑬，但将宫殿宗庙区置于聚落的中心地带，并在其四周设置居民区和手工作坊区，以及贵族平民墓地的这种布局，反映出重视防御仍是殷墟布局最显著的特征之一（图2-3）。

　　地方中心有的是某一区域的政治中心，有的是经济中心，还有的是军事重镇。其内涵可以大辛庄为例进行剖析⑭。发现于20世纪30年代中叶的大辛庄遗址，面积达30万

---

① 中国社会科学院考古研究所安阳工作队：《1969~1977年殷墟西区墓葬发掘报告》，《考古学报》1979年1期。

② 孟宪武：《安阳三家庄发现商代窖藏青铜器》，《考古》1985年12期。中国社会科学考古研究所安阳工作队：《安阳殷墟三家庄东的发掘》，《考古》1983年2期。

③ 孟宪武：《殷墟南区墓葬发掘综述——兼谈几个相关的问题》，《中原文物》1986年3期。

④ 安阳市博物馆：《安阳铁西刘家庄南殷代墓葬发掘简报》，《中原文物》1986年3期。

⑤ 安阳市文物工作队：《1983~1986年安阳刘家庄殷代墓葬发掘报告》，《华夏考古》1997年2期。

⑥ 中国社会科学院考古研究所：《安阳殷墟郭家庄商代墓葬》，中国大百科全书出版社，1998年。

⑦ 中国社会科学院考古研究所：《殷墟发掘报告（1958~1961）》，文物出版社，1987年，11~60页。中国社会科学院考古研究所安阳工作队：《1980~1982年安阳苗圃北地遗址发掘简报》，《考古》1986年2期。

⑧ 周到、刘东亚：《1957年秋安阳高楼庄殷代遗址的发掘》，《考古》1963年4期。

⑨ 中国社会科学院考古研究所：《殷墟发掘报告（1958~1961）》，文物出版社，1987年，60~69页。

⑩ 中国社会科学院考古研究所：《殷墟发掘报告（1958~1961）》，文物出版社，1987年，79~85页。

⑪ 中国社会科学院考古研究所：《殷墟发掘报告（1958~1961）》，文物出版社，1987年，85~89页。

⑫ 中国科学院考古研究所安阳发掘队：《1975年安阳殷墟的新发现》，《考古》1976年4期。中国社会科学院考古研究所：《殷墟的发现与研究》，科学出版社，1994年，92~93页。

⑬ 对于殷墟有无城墙的问题，学界存有肯定与否定两派。否定者认为殷墟本无城墙，如殷玮璋、俞伟超等认为中国早期都城往往无城墙，春秋战国时始普遍筑城，而此前的殷墟不筑城墙（殷玮璋：《关于中国古代都市遗址问题的研究》，《光明日报》1985年4月8日；俞伟超：《中国古代都城规划的发展阶段性》，《文物》1985年2期；杨锡璋：《中国文明座谈会纪要》，《考古》1989年12期）。杨锡璋也以为，有无城墙不是决定王都的主要依据，殷墟无城墙，在周边地区设有军事重镇。王畿内血缘关系浓，内部团结，无需修筑城墙（《殷墟的年代及性质问题》，《中原文物》1991年1期）。此外，张国硕、王迅也持类似看法（张国硕：《殷墟城墙商榷》，《殷都学刊》1989年2期；王迅：《从商文化的分布看商都与商城》，《中原文物》1991年1期）。持肯定意见者认为本有城墙，只是因为工作不够未能发现（郑振香：《殷墟的发现与研究》，科学出版社，1994年，471页；《殷墟发掘60年概述》，《考古》1988年10期）。张光直也认为是因为未完全发掘的缘故（《中国古代文明的起源与发展》，《中国考古学》，辽宁大学出版社，1993年，37页）。朱彦民则认为，殷墟本有城墙，甲骨卜辞和文献均有线索，不见城墙是因为征服者的破坏，以及风剥雨蚀的附近居民的破坏（《殷墟城墙问题之我见》，《殷都学刊》1998年1期；《殷墟都城探论》，南开大学出版社，1999年，47~60页）。

⑭ 大辛庄遗址相当于晚商阶段的文化遗存，从总体文化面貌上看与殷墟文化大同小异。以陶器论，大辛庄类遗存的大部分陶器在类和造型上与殷墟完全相同，有地方特色的陶器只占极小的一部分。大辛庄遗址发现的墓葬均为竖穴土坑墓，方向多南北向，墓底多有腰坑。此外，大辛庄遗址的占卜习俗与殷墟极为类似。尽管与殷墟相比，大辛庄类遗存因有某些地方特色而被称为大辛庄类型，但总体而言，它属于殷墟文化分布区还是没有问题的。因此可作为地方中心的代表。

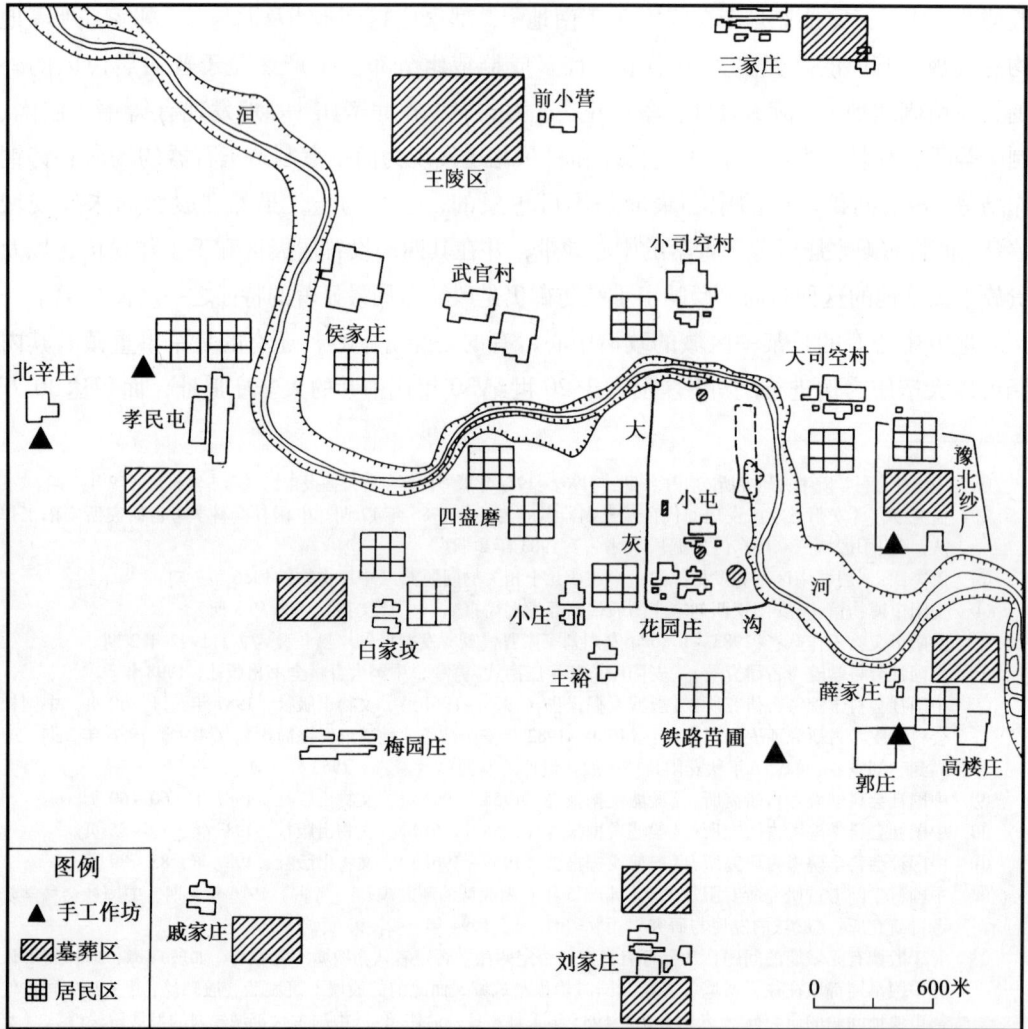

图 2-3　殷墟遗址平面分布示意图

（据《殷墟的发现与研究》41 页改制）

平方米，为迄今在山东省内发现的面积最大的商代遗址。虽然自 20 世纪 50 年代以来对遗址进行过多次调查和发掘，但迄今为止公布的资料还极为有限。以 1984 年的发掘为例，整个遗址可分为居住区和墓葬区，未见生产区。居住区和墓葬区的分界不很严格，但亦有规律可循。如发现的 25 座墓葬中，有 10 座散见于居住区内，15 座集中于一个墓地之内。散见于居住区内的墓葬形制简单，多无随葬品，墓穴亦极浅。墓地之内的诸墓墓室较深，均为南北向，排列整齐，无打破和叠压关系，似经一定规划。2003 年春发现的 11 座墓葬相对集中地分布于两处，组成独立的墓区，各墓区内墓葬头向一致，排列有序，墓内一般有青铜器随葬，腰坑殉狗现象极为普遍，几乎所有的墓葬都有腰坑殉狗，二层台上殉狗数量从4～20不等，个别墓葬甚至有殉人。此外在遗址中还出土有大量的商代刻辞甲骨①。该遗址发现的商代卜辞属殷墟以外首次发现，说明此处绝非普通聚落，可能是某一方国的都邑所在。

一般性村落可以平阴朱家桥为代表②。朱家桥遗址有两个聚居区，二者相距40米。聚居区内排列有密集的房基，可视为遗址的中心区。中心区的南边、北边虽有居住遗迹，但极稀疏。已发掘的21座房基，从结构看有地面式和半地穴式两种，面积多在6～9平方米之间，形状有方形、长方形、圆形、曲尺形等。墓葬分布于遗址的西部和西南部，距村落中心不远。发现的墓葬均为小型竖穴墓，形制、大小相同，葬式亦同。与殷墟、大辛庄等一、二级聚落相比，以朱家桥为代表的普通聚邑面积狭小，结构简单，但仍可看出整个聚落内部有明确的规划。

由以上分析可以看出，如殷墟这样的中心聚落，气势宏伟，内部结构复杂，从居住区有宫殿区与普通居民区、墓葬区有王陵区和贵族平民墓区的分别，可知即便是同一层级的聚落，内部的分化亦极严重。二级聚落虽面积上不及中心聚落，但区内墓葬区和居住区亦有严格的划分，且有随葬大量青铜器的中型墓葬以及规模较大的建筑。而小型聚落面积狭小，结构简单。这种居于不同地位和等级的聚落在规模和功能以及内涵上存在极大的差异，究其差异的形成当与其所控制的资源和财富有关。大中小不同层级聚落的存在，反映出晚商时期社会复杂化的程度。

二　建筑结构

晚商时期的建筑以殷墟揭露出来的最为集中，这些建筑按其功能，可分作宫殿建筑和一般居址两部分。

大型宫殿建筑多有规律地成群分布。解放前由历史语言研究所发掘的位于小屯附近的甲、乙、丙三组基址即是一例。在南北长约350、东西宽约100米的范围内，53座基址分甲、乙、丙三组，由北往南排列③。甲组的15座基址分南北两段，南段的5座较为

---

① 《济南大辛庄商代遗址》，《2003中国重要考古发现》，文物出版社，2004年。方辉等：《中商文化墓地在海岱地区首次发现》，《中国文物报》2003年12月3日。

② 中国科学院考古研究所山东发掘队：《山东平阴县朱家桥殷代遗址》，《考古》1961年2期。

③ 据石璋如云，30年代发掘的甲乙丙三组基址以及穴窖、墓葬、祭祀坑、水沟等遗迹，只是其中的一部分。当时由于受发掘面积的限制，以及时间的影响（1937年抗日战争爆发发掘中断），致使一部分基址并没有全部揭露出来。见《小屯第一本，遗址的发现与发掘·乙编，殷墟建筑遗存》，历史语言研究所，南港（台北），1959年，23页。此外，这一区域的东临洹河，洹河的严重浸蚀损坏了大片夯土基址（《安阳》，中国社会科学出版社，1990年，114～115页）。尽管如此，从现有的资料也可以看出小屯宫殿基址的基本情况。

整齐，北段 10 座以甲四和甲六最大，并列处于全段的中心位置，周围环绕有 8 座较小的基址，主从关系明显。乙组的 21 座基址排列亦有一定的规律，自乙一往南中轴线上有 3 座大型建筑和 5 个大门，在其东西两侧对称分布着众多的建筑，重要基址的门多向南，次要者多面东或西，主从分明，井然有序。丙组的 17 座基址亦排列有序，北为较大的方形基址，南部正中有一面阔三间的建筑，东西两侧有对称的厢房，北有相对的小方台①（图 2-4、2-5）。而一般居址的分布则较为分散。

从建筑的大小和形状来看，等级差异极为明显。大型宫殿建筑建于高大的夯土台基之上，体量巨大，结构复杂。如甲十一为甲组中最宏伟的一座建筑，南北长约 46.7、东西宽约 10.7 米，面积达 500 平方米左右。基址建筑于坚硬的夯土台基之上，台基由灰褐土构成，厚 1~1.5 米。基面上有铜础、石础、夯墩、炭烬共 34 个。以铜为础在殷墟极少见到，反映出此基址用途的特殊性。乙组建筑中最大的乙八也是长方形建筑，南北长约 85、东西宽约 14.5 米，全基分四个部分，其上有柱础 153 个。从复原后的情形看，整个建筑格局对称，堂厅兼备，台阶俱全②。面积不足 280 平方米的甲四遗址是众多宫殿基址中保存较好的一座，复原后的房子由南往北共 7 间，除一间宽 6 米外，其余每间宽度都在 3~4 米左右，进深 6 米，基面上立柱架梁，覆以茅草，房基的南面有五级台阶。石璋如先生对该房址的功用分析后认为，"南端的中三间前面没有檐墙，故堂内光线充足，当为'明堂'，北段的一大间门窗俱全，唯堂内光线较暗，当为'玄堂'，内部的组织，则是二堂五室，四旁五夹"③（图 2-6）。这些大型建筑功能各异。就小屯附近的宫殿基址而言，甲组"全部基址看不出含有宗教意味的痕迹，可能住人的"④。有些较大的可能是商王所居之"寝殿"，略小些的可能是"寝殿"的附属建筑。乙组中有些可能是宗庙，如乙七、乙八⑤，有些可能是塾、观或阙之类建筑，如乙二十和乙二十一⑥。还有些可能为祭坛，如丙三、丙四、丙五、丙六等⑦。

普通居址多为单体建筑，有地面式、半地穴式和地穴式。地面式建筑有的为长方形，有的为方形，墙壁系黄土夯筑而成，门多南向，居住面上多有柱洞，有的中间有隔墙将居址分为两间。居住面中间有瓢形的灶坑，周壁经过火烤，坑内堆积有植物的灰

---

① 石璋如：《小屯第一本，遗址的发现与发掘·乙编，殷墟建筑遗存》，历史语言研究所，南港（台北），1959 年，20 页。
② 石璋如：《殷代地上建筑复原的第三例》，《考古人类学刊》39、40 合刊。
③ 石璋如：《殷代地上建筑复原之一例》，《"中央研究院"院刊》第 1 辑（台北），1954 年。
④ 石璋如：《殷墟建筑遗存》，历史语言研究所，南港（台北），1959 年，326 页。
⑤ 石璋如：《河南安阳小屯的三组基址》，《大陆杂志》第 21 卷 1、2 期合刊，1960 年。
⑥ 石璋如：《殷墟建筑遗存》，历史语言研究所，南港（台北），1959 年，268 页。
⑦ 石璋如：《殷墟建筑遗存自序》，历史语言研究所，南港（台北），1959 年，10 页。石璋如：《小屯丙组基址及有关的现象》，《历史语言研究所集刊外编第四种》下册，1961 年，801 页。

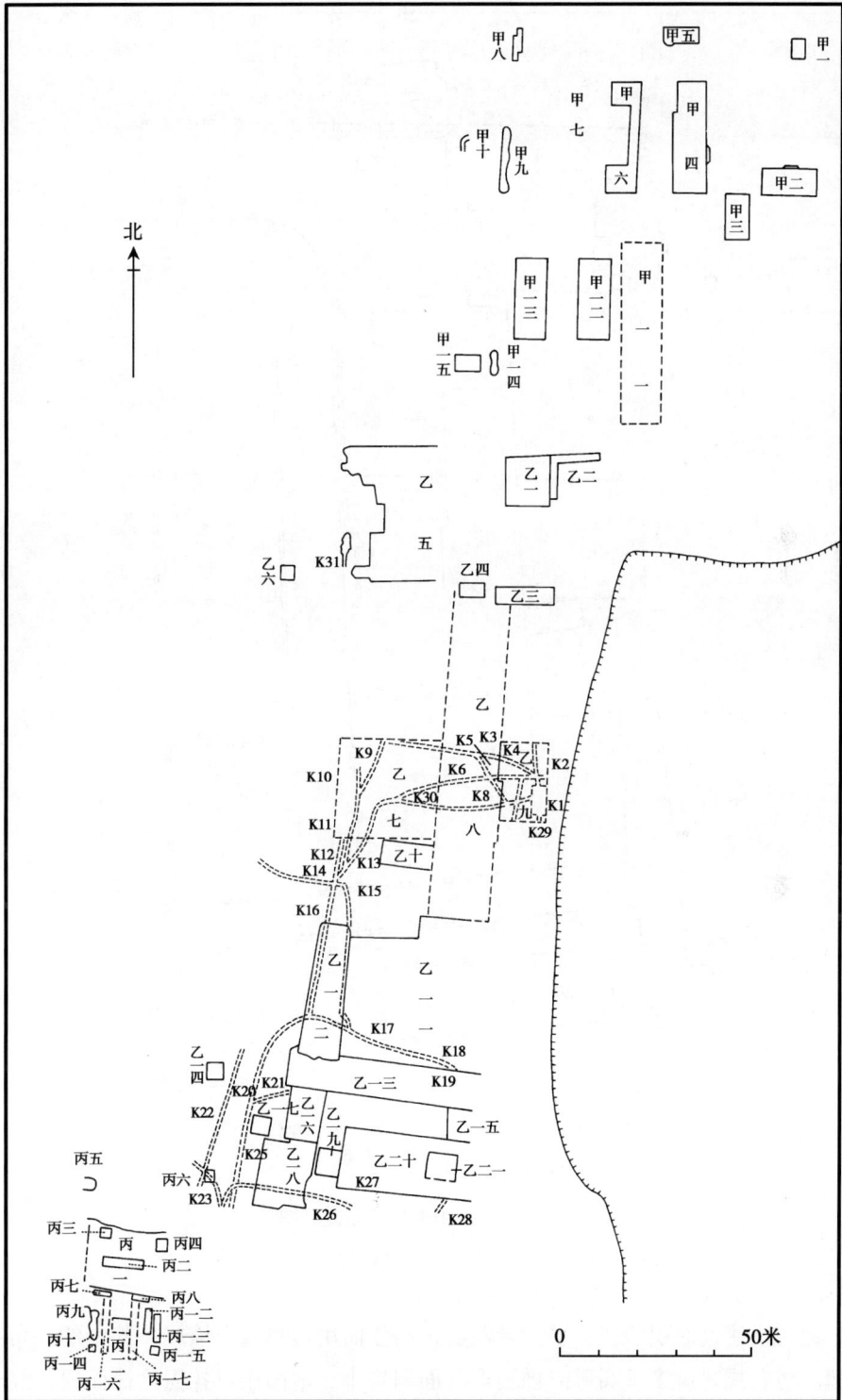

图 2-4　殷墟小屯宫殿区甲乙丙基址分布图

（引自《殷墟建筑遗存》）

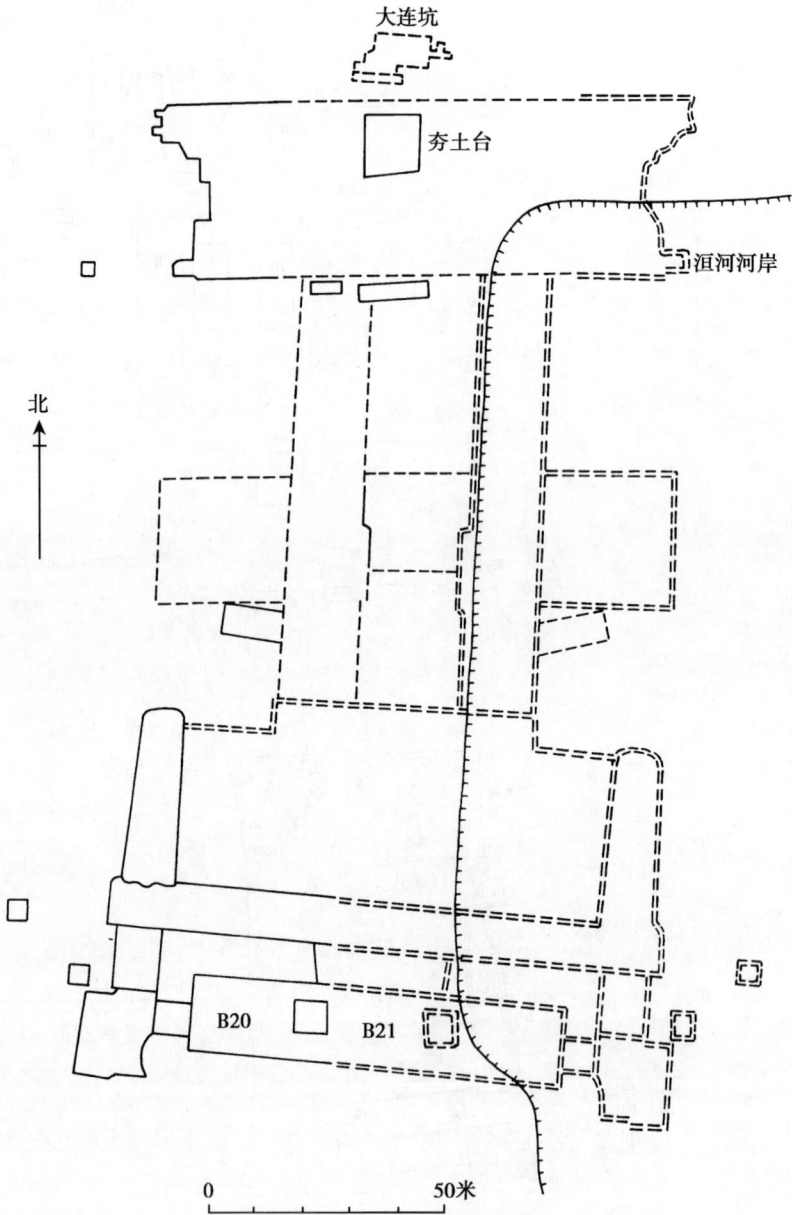

图 2-5　乙组基址范围复原图

（引自《安阳》）

烬。半地穴式建筑面积多在 4 平方米左右，居住面用黄褐色土铺成，其中的一角有一片烧土面。地穴式建筑多呈圆形或椭圆形，面积狭小，地面用草拌泥涂抹而成，经台阶式或斜坡式门道通往地面。

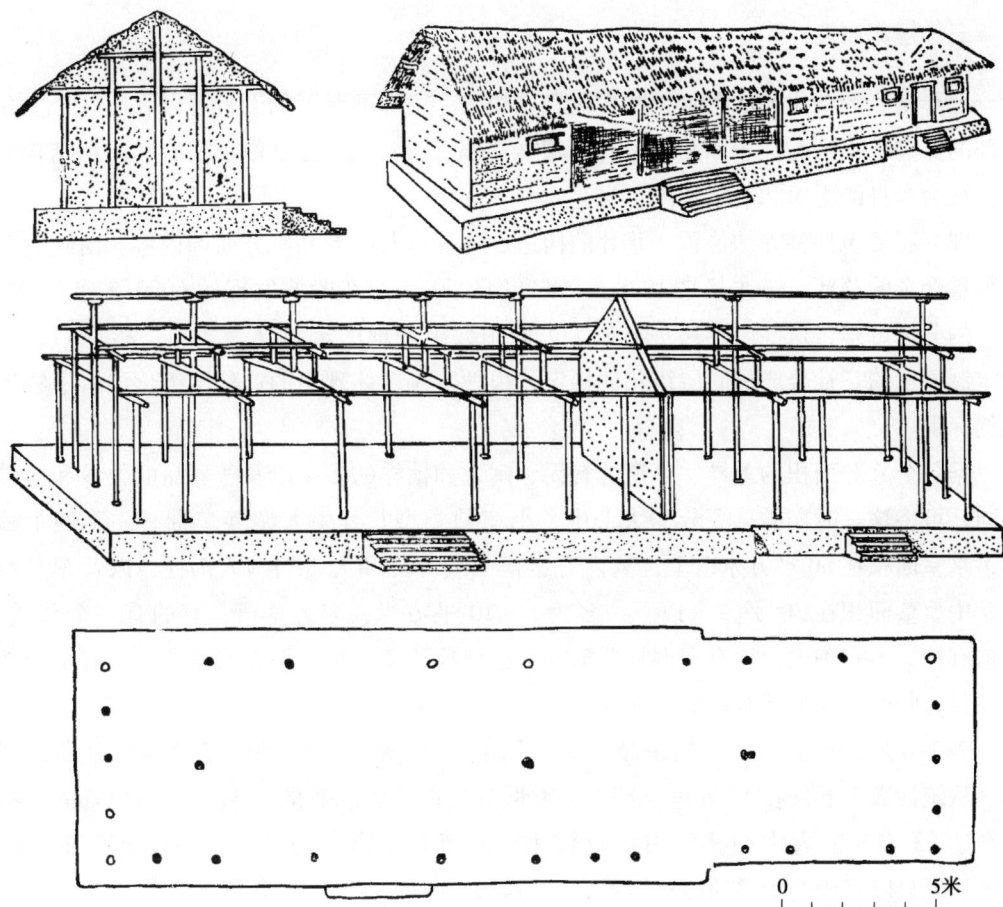

图 2-6　甲四基址复原图

（引自《殷代地上建筑复原之一例》）

　　如上所述，大型宫殿建筑建于高大的夯土台基之上，这些规模宏伟的建筑，从选址到地基处理、置础、立柱、架梁、筑墙、盖顶，要经过多道工序，从结构看更是堂室俱备，功能各异，且在建筑过程中以众多的人或牲奠基。而大多数建筑面积狭小，结构简单。这种建筑等级的分化早自仰韶文化时期便已出现，但与殷墟相比，当时不同等级之间的建筑差异还不是很大。虽然有一些面积较大的建筑，但结构还是比较简单，未有殷墟时期这种功能划分极为细致、规模宏伟的建筑。但引人注意的是，自仰韶文化时期至晚商，普通的中小型建筑无论从面积还是从结构一直没有太大的变化，晚商时期习见的地穴式和半地穴式建筑与仰韶文化时期所见毫无二致，因此大型建筑的这种变化更令人深思。

三　埋葬制度

埋葬制度的变化与社会组织的变化息息相关，由埋葬制度的剖析可以看出一个文化内部的社会组织情况，正如美国考古学家宾福德所云："社会埋葬制度的形式和结构取决于社会本身的组织和复杂程度"[①]。

埋葬制度包括墓葬的位置、墓葬的构造、葬具以及随葬品等方面的内容。由晚商时期数量众多的墓葬——尤其是 1928～1987 年的 60 年间在殷墟发现的 6000 多座墓葬[②]——的分析可知，这些内容几乎形成了可以用数字表现的定制（表 2-4～表 2-6），这种定制显示的是社会成员间层级化的稳定，由埋葬制度体现出的这种层级化已有了物质化的标识。

据各个墓葬面积的差异、墓道的有无、殉人和棺椁的多少以及随葬品的数量和质量不同，可将这一时期的墓葬分为大、中、小三种类型。其中大型墓多带有一至四个墓道，墓室面积在 30 平方米以上，墓内有丰富的随葬品和大量的殉人殉牲，以及车马坑等。中型墓面积在 30 平方米以下，多为 5～10 平方米，多无墓道，有的有一个墓道。有棺有椁，多有殉人，均有青铜礼器随葬。小型墓墓室面积 2 平方米左右，多有棺，随葬品只有陶器。此外还有一些无随葬品、无棺的小墓。

表 2-4 所统计的是西北岗王陵区[③]、后岗[④]、殷墟西区[⑤]、郭家庄[⑥]四处墓葬的资料。从统计数字看，在 1226 座墓葬中，大型墓只占墓葬总数的 1.31%，小型墓的比例则高达 93.71%。大中型墓所占比重较小，但拥有丰富的随葬品，小型墓占总数的 90%，但只以极少的陶器随葬，显示出不同等级的墓葬主人身份等级的差异。

① 转引自唐际根：《文明起源研究的核心问题与中国文明进程的基本估计》，《古代文明研究通讯》第 15 期，2002 年。

② 据《殷墟的发现与研究》，材料截止于 1987 年。

③ 胡厚宣：《殷墟发掘》，学习生活出版社，1955 年。李济：《安阳》，中国社会科学出版社，1990 年，59～73 页。

④ 石璋如：《河南安阳后岗的殷墓》，《历史语言研究所集刊》第 13 本，1948 年。河南省文化局文物工作队：《河南安阳薛家庄殷代遗址墓葬和唐墓发掘简报》，《考古通讯》1958 年 8 期。中国科学院考古研究所安阳发掘队：《1971 年安阳后岗发掘简报》，《考古》1972 年 3 期。中国科学院考古研究所安阳工作队：《1972 年春安阳后岗发掘简报》，《考古》1972 年 5 期。中国社会科学院考古研究所安阳工作队：《1991 年安阳后岗殷墓的发掘》，《考古》1993 年 10 期。

⑤ 中国社会科学院考古研究所安阳工作队：《1969～1977 年殷墟西区墓葬发掘报告》，《考古学报》1979 年 1 期。

⑥ 中国社会科学院考古研究所：《安阳殷墟郭家庄商代墓葬》，中国大百科全书出版社，1998 年。

表 2-4　　　　　　　　　　晚商时期大中小型墓葬数量统计表

面积 m² / 地点	大型墓		中型墓		小型墓		小计
	100 以上	30 – 100	10 – 30	5 – 10	2 – 5	2 以下	
王陵区	10	3					13
后岗		3	4	17	47	17	88
殷墟西区			8	13	499	416	936
郭家庄			4	15	115	55	189
小计	10	6	16	45	661	488	1226
百分比	0.81	0.49	1.31	3.67	53.92	39.80	100
合计	16		61		1149		1226
百分比	1.31		4.98		93.71		100

表 2-5　　　　　　　　　　晚商时期墓葬墓道情况统计表

数量 / 地点	大型墓				中型墓			小型墓	小计
	4	2	1	无	2	1	无	无	
王陵区	8	3	1	1					13
后岗		3			2	1	18	64	88
殷墟西区						5	16	915	936
郭家庄						1	18	170	189
小计	8	6	1	1	2	7	52	1149	1226
分类小计	15			1	9		52	1149	
分类百分比	93.75			6.25	14.75		85.25	100	

表 2-6　　　　　　　　　　晚商时期墓葬殉人情况统计表

分类 / 地点	大型墓			中型墓			小型墓①		
	墓葬总数	有殉人墓葬数	百分比	墓葬总数	有殉人墓葬数	百分比	墓葬总数	有殉人墓葬数	百分比
王陵区	13	8②	61.54						
后岗	3	3	100	21	8	38.09	64	3	4.69
殷墟西区				21	11	52.38	915	7	0.77
郭家庄				19	5	26.32	170	3	1.76
小计	16	11	68.75	61	24	39.34	1149	13	1.13

---

① 小型墓中有殉人者，面积均在 2.5 平方米之间，2 平方米以下的小墓未见有殉人。

② 西北岗王陵区共有大墓 13 座，其中 M1567 未完工，M1217 未挖到底（梁思永、高去寻：《侯家庄·1217 号墓》，南港（台北），1968 年）。M1400、M1443、M1129 三墓的情况未见正式报告，故而统计的 8 座墓有殉人属不完全统计，估计有殉人的墓葬数量当不止此。

表 2-7　　　　　　　晚商时期墓葬数量、殉人数量示意表

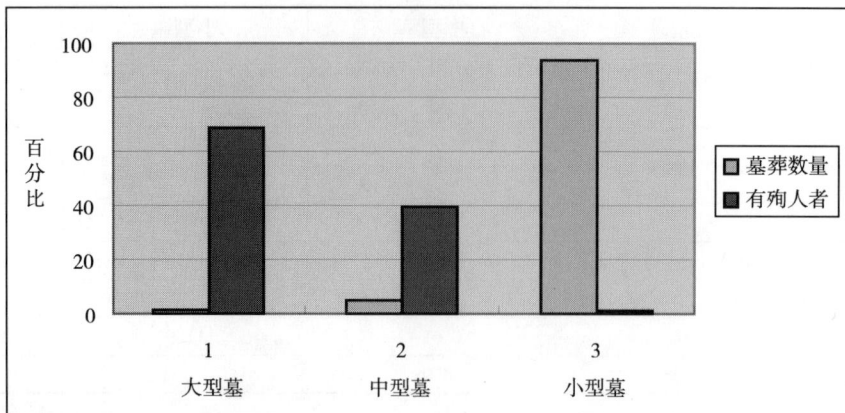

不同规格的墓葬间的等级差异也可由墓葬中有无墓道反映出来。从表 2-5 的统计结果看，大型墓中有墓道者占大墓总数的 93.75%①，中型墓中有墓道者占 14.75%，小型墓均无墓道，显然墓道的有无与墓室面积大小之间已有了较为程式化的约定。

三种不同类型的墓葬，殉人的有无和殉人的数量也有一定的规律。表 2-6 的统计结果显示，大型墓中大多有殉人，中型墓中有殉人者超过 1/3，小型墓中有殉人者仅占 1% 左右。

这三类等级不同的墓葬，其墓主的等级亦完全不同。这些埋葬规格较高的大中型墓的墓主显然占据了社会的较高地位，拥有相当大的政治权力和财富，大型墓的墓主应该是当时的统治阶级，或者说是王室成员，中型墓的墓主是有一定政治地位和特权的贵族阶层，而小型墓的主人则可能是数量众多、但却拥有极少资源的平民。在上述大中小型墓葬之外，在小屯西地、大司空、苗圃北地等地还存在着无墓室的灰坑葬和灰层葬，这些灰坑或灰层中的人骨架没有葬具，也没有随葬品，有的甚至身首异处，与前述三种类型的墓主相比，其身份最是低微，他们生前一无所有，死后被随意掩埋，其身份当为奴隶。大、中、小不同规格的墓葬以及灰坑灰层葬的存在，反映了死者生前所处的社会地位和拥有财富不同的情形。

即便同属大墓，在墓葬的规格上也还存在着等级差异。若以墓道来分，可将带有墓道的大墓分作三级，即带有四条墓道者、带有两条墓道者和一条墓道者。带有四条墓道的大墓墓室呈"亞"字型或长方形，墓内有数目众多的殉人和殉牲，且墓中出土有制作精美的青铜器，以及寻常墓葬罕见的大理石雕刻、白陶以及大量的绿松石饰、牙饰和

---

① 事实上，大型墓中无墓道的是西北岗 M1567，此墓未完工，因而没有墓道。如果将此墓忽略不计的话，大型墓中有墓道者可达到 100%。

雕骨。在大墓之间和大墓附近，还发现有大量的祭祀坑和陪葬墓。带有两条或一条墓道的大墓与四条墓道者相比，这类墓葬的规模略小一些，但亦有大量殉人和丰厚的随葬品随葬。中型墓也是如此。殷墟发现的为数不少的中型墓中，有的有两条墓道，有的有一条墓道，大多没有墓道。虽然面积较大型墓小得多，但依然有殉人，并有多重棺椁和丰富的随葬品随葬。这些带有四个墓道的大墓的墓主被认为是当时社会的最高统治者商王，而带有两条或一条的大墓和中型墓的墓主，应是当时的王室成员和贵族。可以看出，当时的社会政治组织相当复杂，并已呈现出金字塔式的等级结构。

　　埋葬制度中所体现的这种等级差异不只反映在单个墓葬的规模上，还体现在不同规模的墓葬的分布上。不同规模的墓葬分布于不同的墓地之中。带有四条墓道的大墓集中分布于西北冈王陵区，在东西长450、南北宽250米的范围内分布有8座带四个墓道的大墓（图2-7）。其中西区有7座，分别为M1500、M1003、M1004、M1001、M1002、M1550和M1217，东区1座，即M1400。这8座大墓加上1567号未完工的墓葬，正好与从武丁到帝辛9位商王相应，这种为王陵特设兆域，并有着巨大墓室和丰厚随葬品的墓葬，体现了商王作为"余一人"的至高无上的地位和权力①。与此形成对照的是，贵族和平民集中埋葬于氏族墓地中。

　　晚商时期大中小型墓葬的等级差异，反映出死者生前所处的社会地位和拥有财富不

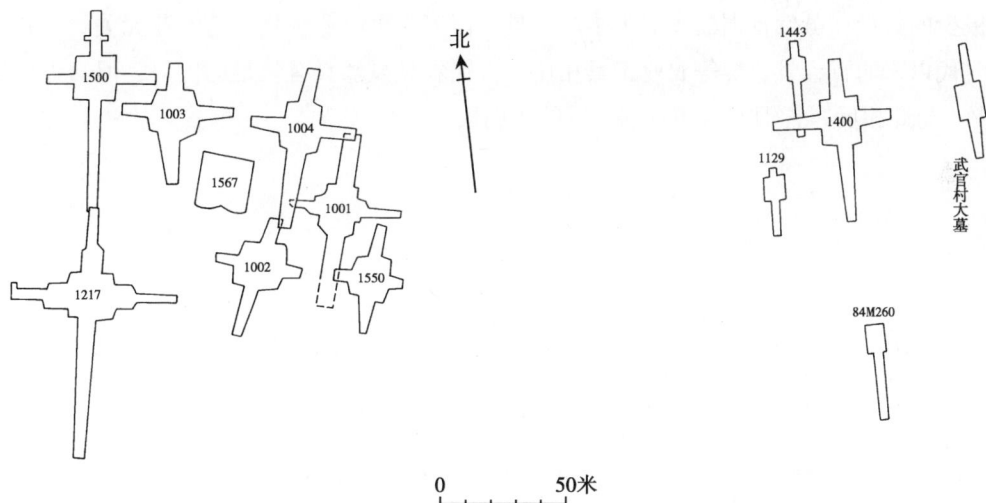

图 2-7　侯家庄西北岗大墓分布图

（引自《殷墟的发现与研究》102 页）

---

　　① 杨锡璋：《商代的墓葬制度》，《考古》1983 年 10 期。

同的情形，而大中型墓葬间规格的不同，是上层社会内部等级分化的体现。王陵区独立于普通墓区之外，与贵族平民分别埋葬，反映出晚商时期社会阶级分化发达的程度。

四　青铜礼器与兵器

中国最早的青铜器发现于甘肃东乡林家属于马家窑文化马家窑类型的地层中，其^{14}C年代为公元前 3000 年左右①。之后在齐家文化的不少遗址和中原地区的登封王城岗②、淮阳平粮台③和临汝煤山④等地不断出土，但所见多为青铜工具。虽然在王城岗遗址出土有青铜容器的残片⑤，但完整的青铜容器最早是在二里头遗址发现的⑥，尽管为数极少。与二里头相比，晚商发现的青铜器数量极多，虽然没有精确的统计数字，但历年来出土的晚商青铜容器总数可达数千件之多，其他的兵器、车马器、工具等更是数以万计，如果加上商朝亡国以后历代流失、毁坏的铜器，数目更不止此⑦。数量众多的青铜器多出自墓葬中，但殷墟发掘的墓葬多被盗。小屯五号墓⑧、郭家庄 160 号墓⑨和近年发掘的花园庄 54 号墓⑩，以及刘家庄北 1046 号墓⑪，是几座未被盗掘的为数甚少的中型墓葬，因未被盗掘，且随葬的青铜器数量极为丰富，故原组合形式保存完整，可以借此了解商人铜器组合的情况。

由表 2-8 中可以看出，在青铜器中，礼器和兵器占绝大多数，工具、乐器和杂器仅占极少的数量。虽然青铜器发端于生产工具，但多为手工业工具，与农业无关。与新石器时代以来的石、骨、蚌等农业工具相比，青铜农具显然具有长足的优势，但却极少见到⑫。与此相反，青铜容器和青铜兵器的比例极高。

---

① 北京钢铁学院冶金史组：《中国早期铜器的初步研究》，《考古学报》1981 年 3 期。
② 河南省文物研究所等：《登封王城岗遗址的发掘》，《文物》1983 年 3 期。
③ 河南省文物研究所等：《河南淮阳平粮台龙山文化城址试掘简报》，《文物》1983 年 3 期。
④ 中国社会科学院考古研究所河南二队：《河南临汝煤山遗址发掘报告》，《考古学报》1982 年 4 期。
⑤ 河南省文物研究所等：《登封王城岗与阳城》，文物出版社，1992 年，99 页。
⑥ 中国科学院考古研究所二里头工作队：《河南偃师二里头遗址三、八区发掘简报》，《考古》1975 年 5 期；《偃师二里头遗址新发现的铜器和玉器》，《考古》1976 年 4 期。
⑦ 北京大学历史系考古教研室商周组：《商周考古》，文物出版社，1979 年，45 页。
⑧ 中国社会科学院考古研究所：《殷墟妇好墓》，文物出版社，1980 年。
⑨ 中国社会科学院考古研究所：《安阳殷墟郭家庄商代墓葬》，中国大百科全书出版社，1998 年。
⑩ 中国社会科学院考古研究所安阳工作队：《河南安阳市花园庄 54 号商代墓葬》，《考古》2004 年 1 期。
⑪ 中国社会科学院考古研究所安阳工作队：《安阳殷墟刘家庄北 1046 号墓》，《考古学集刊》第 15 集，文物出版社，2004 年。
⑫ 佟柱臣：《二里头文化和商周时代金属器代替石器料器的过程》，《中原文物》1983 年 2 期。

表 2-8-1　　　　　　　　　　晚商墓葬随葬青铜器组合统计表

	礼器	兵器①	工具	乐器	杂器
小屯 M5	210	134	41	5	61
	46%	29%	9%	1%	13%
郭家庄 M160	41	232	7	3	8
	14%	79%	2%	1%	3%
花园庄 M54②	43	170	100		
	14%	54%	32%		
刘家庄北 M1046	33	63	7		20
	27%	51%	6%		16%

表 2-8-2　　　　　　晚商墓葬随葬青铜器组合示意表

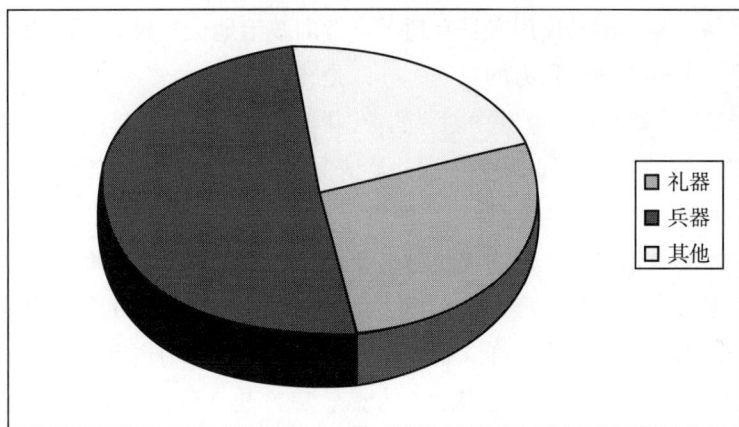

就容器而言，多集中出土于大中型墓葬中，以妇好墓为例，在近 2000 件随葬品中，青铜器就有 460 件，其中属容器的占到近一半，从器类看，有瓿、爵、斝、鼎、甗、甑、簋、盂、尊、盉、彝等。据发掘者估算，这些青铜器的全部重量达 1625 千克。而妇好墓的面积不过 22.4 平方米，仅仅是一座中型墓，便有如此丰富的青铜器随葬③。由此可以推知，若大型墓未被盗掘，出土青铜器的数量当庞大惊人。

晚商时期的青铜容器不仅数量惊人，且时有巨型器出土。1938 年在安阳武官村发现的司母戊鼎，通高 133 厘米，重量竟达 832 公斤。经光谱定性分析和化学分析，器内含铜 84.77%、锡 11.64%、铅 2.79%，证明它是用铜、锡、铅三种元素所熔成的铜合

---

① 兵器的统计中，镞按束或堆计，即一束或一堆计为 1。如妇好墓出镞 37 件又 2 束，其中每束 10 枚，计做 39 件。郭家庄 M160 出土镞 906 件，共 9 堆，以 9 件计。刘家庄北 M1046 出有镞 6 堆计 183 件，按 6 件计。

② 材料据简报，统计数字不完整。

③ 中国社会科学院考古研究所：《殷墟妇好墓》，文物出版社，1980 年，15 页。

金铸成①。铸造这样的一件巨型铜器，所需矿石的数量也是惊人的。《中国古代冶金》一书如是说："在古代即使选用最富的矿石，每炼一百斤铜恐怕也要用三四百斤或者更多的矿石。"② 而有关学者认为这个数字尚嫌乐观，因为受当时技术管理等方面的局限，以及矿石质量参差不齐的影响，"5∶1"恐怕更合乎实际③。如此算来，只司母戊大鼎一器需要的矿石重量便达 4 吨以上，而妇好墓所出青铜器所需的矿石更多达 8 吨。对于采矿、运输等所需要的人力物力姑且不计，一件青铜器的铸造尚需经过制模、翻范和浇铸等工序。当时用来熔铜的是一种名为"将军盔"的容器，这种容器一次只能熔铜 12.5公斤，以司母戊大鼎 832 公斤的重量，至少需要 70 个将军盔同时进行熔化，如果每个将军盔旁有三四人进行工作，则共需 250 人左右，但灌注铜液只是铸铜过程中的一个工序，若再加上制模、翻范、拆范后的修饰，以及运输、管理等，总共需要的人数至少在300 人以上④。以如此多的人力物力投入青铜容器的生产，足以说明青铜容器已不是一种简单的日用品，显示出其使用者具有超乎寻常的政治地位和权力，故而青铜容器便成为象征某一特定人群身份和权力的象征，亦即是礼器。

这些礼器多出自墓葬中。墓葬中随葬的青铜器的组合形式应当与墓主人生前能够使用的铜礼器情况有一定关系，因此墓葬中铜礼器情况可以视为当时礼器制度的一种表现，是商人内部等级制度的反映⑤。晚商青铜器的组合中反映的等级制度表现在以下两点：

一是青铜器的数量多少、器物大小与墓葬规模有直接关系，墓葬面积越大者，随葬大型青铜器越多，青铜器的器形种类也越多⑥。妇好墓随葬的 460 多件青铜器中，有近一半为铜礼器，器物种类齐全，样式繁多。即便是同一种器物也有不同的样式，如鼎有方鼎、圆鼎之别，方鼎中又有大方鼎、小方鼎、扁方鼎之分，圆鼎有大圆鼎、中圆鼎、小圆鼎、兽足鼎等等。此外还有偶方彝、三联甗、四足觥、鸮尊等珍品随葬。方形器的有无与墓葬规格紧密相关，妇好墓、小屯北 M331⑦、郭家庄 M160 均随葬有较多的方形器，尤以郭家庄 M160 出土方形器最多，有方尊、方罍、方觚、方鼎和方形器共 17 件，占整个铜礼器的 41%⑧。

① 杨根、丁家盈：《司母戊大鼎的合金成分及其铸造技术的初步研究》，《文物》1959 年 12 期。
② 北京钢铁学院《中国古代冶金》编写组：《中国古代冶金》，文物出版社，1978 年，28 页。
③ 张光直：《关于中国初期"城市"这个概念》，《中国青铜时代》，三联书店，1999 年，38 页。
④ 北京大学历史系考古教研室商周组：《商周考古》，文物出版社，1979 年，47 页。
⑤ 朱凤瀚：《古代中国青铜器》，南开大学出版社，1995 年，643 页。关于这一点，《商周考古》（北京大学历史系考古教研室商周组，文物出版社，1979 年，88 页）、《夏商社会生活史》（宋镇豪，中国社会科学出版社，1994 年，278 页）、《中国风俗通史·夏商卷》（宋镇豪，上海文艺出版社，2001 年，234 页）等著作中亦有提及。
⑥ 朱凤瀚：《古代中国青铜器》，南开大学出版社，1995 年，643 页。
⑦ 李济：《记小屯出土之青铜器》，《中国考古学报》第 3 册，1948 年。
⑧ 中国社会科学院考古研究所：《安阳殷墟郭家庄商代墓葬》，中国大百科全书出版社，1998 年，154 页。

二是在整个青铜礼器组合中，酒器占有重要地位，而酒器中，觚和爵为最常见的器类，其数量多少与墓室面积有直接关系。随葬爵觚件数越多，墓主人等级身份越高①。如下表所示，墓室面积在 5.5 平方米以下的 24 座墓葬中，有 18 座墓为 1 觚 1 爵；面积在 5.6～10 平方米之间的墓葬 13 座，其中 9 座为 2 觚 2 爵，3 座为 3 觚 3 爵；面积在 10 平方米以上的大型墓葬，随葬多套觚爵，其中面积最小者小屯 M18，随葬 5 套觚和爵，面积最大者小屯 M5，随葬爵 40、觚 53。

鼎的多少虽不如觚爵固定，但亦有规律可循，墓室面积越大，鼎的数量越多。面积在 5.5 平方米以下的 24 座墓葬中，一半左右有鼎，多为一鼎；5.6～10 平方米之间的 13 座墓葬中，均有鼎，但数量不等，少者 1 件，多者 6 件；面积在 10 平方米以上的大型墓葬，随葬鼎的数量由 3～31 件不等。此外，乐器铙亦是如此。一般多出在面积较大的墓葬中，如花园庄 M54 和郭家庄 M160 均为一套 3 件，小屯 M5 为一套 5 件。10 平方米以下的墓葬中，偶尔也有铙的出现，如戚家庄 M269 和郭家庄 M26，但大多数墓葬中未见（表 2-9）。

表 2-9　　　　　　　　　晚商墓葬面积与随葬爵、觚、鼎、铙数量统计表

墓号	墓室面积（m²）	爵	觚	鼎	铙
小屯 M5	22.4	40	53	31	5 件一套
郭家庄 M160	13.3	10（角）	10	6	3 件一套
花园庄 M54	16.5	9	9	6	3 件一套
小屯 M18	10.4	5	5	3	
刘家庄北 M1046②	9.2	5	3	6	
小屯 M388	8.6	2	2	1	
小屯 M232	7.9	2	2	1	
郭家庄 M26	7.9	2	2	2	3 件一套
郭家庄 M26	7.9	2	2	2	3 件一套
武官村 59M1	7.5	2	2	2	
高楼庄 57M8	6.9	2	2	3	3

① 关于商人青铜礼器的组合为重酒的组合，以及酒器数量与墓主身份的关系等等相关问题，学界论著颇多。如《商周考古》（88 页）、杨锡璋等《殷代青铜礼器的分期与组合》（《殷墟青铜器》，文物出版社，1985 年，79～102 页）、《夏商社会生活史》（286～303 页）、《中国风俗通史·夏商卷》（234～261 页）等。尤其是后二书对墓葬中觚爵套数与墓主身份地位高低的关系进行了详尽分析论证，唯未能对时间和地域加以更进一步地区分。朱凤瀚先生在《古代中国青铜器》一书中，对 1993 年以前发掘的保存完整组合形式的晚商时期墓葬进行统计与分析，得出觚爵等酒器的数量与墓葬面积大小有直接关系的结论（南开大学出版社，1995 年，643 页）。本文在此基础上加入 1993 年以后发表的资料，并对墓葬面积大小与觚爵套数的关系略做调整，制成表 2-9。

② 另：墓中还出有角 2 件。

（续表2-9）

墓号	墓室面积（m²）	爵	觚	鼎	铙
小屯 M331	6.7	3	3	1	
大司空 M663	6.6	2	2	2	
戚家庄 M269	口4.6、底6.5	2	3	4	3件一套
西区 M613	6.4	1	1	1	
刘家庄 M9	6.0	3	3	3	
大司空 M539	口4.8、底6	2	2	1	
小屯 M333	5.6	2	2	2	
西区 M875	5.4	1	1	1	
郭家庄 M50	5.4	1	1	2	
小屯 M17	5.3	1	1	1	
苗圃北地 M105	5.1	1	1		
刘家庄 M1	5.0	1	1		
83 郭家庄 M1	5.0	1	1		
西区 M2579	4.8	2	2（明）	1（明）	
西区 M1713	4.7	3	2	4（明3）	
郭家庄 M1	4.6	1	1	1	
西区 M161	4.6	1	1		
薛家庄东南 M3	4.5	1	1	1	
三家庄 M3	4.4	1	1	1	
郭家庄北 M6	4.3	3	3（明2）	6（明）	
大司空 58M51	4.3	2	2	2	3
苗圃北地 M172	4.2	1	1	1	
大司空 62M53	4.1	2	1		
郭家庄 M202	4.1	1	1		
西区 M269	4	1	1		
郭家庄 M135	3.0	1	1		
郭家庄 M53	2.9	2（明）	2（明）	1	
郭家庄 M203	2.8	1	1		
郭家庄 M289	2.6	1	1		
小屯 M188	1.9	1	1	1	
郭家庄 M247	1.7	1	1		

　　可见，虽然大中型墓多随葬有青铜礼器，但由于墓主身份的不同，随葬青铜礼器的数量和质量还是存在着一定的差别。这种差别与埋葬制度和建筑结构一样，是因墓主所

控制资源的不同，以及权力的大小不同而形成的。这些有青铜礼器随葬的墓葬的墓主显然构成了当时的特权阶层。

青铜兵器是晚商时期大中型甚至小型墓葬中习见之物。以 1953 年大司空村发掘的资料为例，发掘的 166 座墓葬中有 48 座随葬青铜器，其中 33 座随葬有青铜兵器[1]。殷墟西区也是如此，以青铜兵器随葬的墓葬占所有墓葬的 17.5%[2]。与青铜礼器一样，不同规格的墓葬随葬青铜兵器的数量是不同的，一般而言，面积越大，随葬青铜兵器的数量越多，反之亦然。如郭家庄 160 号墓随葬的青铜器总计 291 件，兵器就有 232 件，占整个青铜器群的 79%。刘家庄北 1046 号墓出土的 123 件青铜器中，兵器达 63 件，占51%。戚家庄 269 号墓共计随葬青铜器 58 件，兵器占 30 件，达 52%[3]。花园庄 54 号墓中随葬青铜器 310 件，兵器占到 170 件，也超过了半数。面积较小的墓葬随葬青铜兵器者虽不及大中型墓葬多，但也为数不少。值得注意的是，在这些小型墓葬中，随葬青铜兵器的多数是墓室面积相对较大者，这些墓葬的墓主虽是平民，但他们所拥有的社会地位和政治地位显然要高于普通平民[4]。

在晚商墓葬中，这些兵器多与其他器物共出。仅就兵器而言，有的以同一类兵器随葬，有的则以成套兵器随葬。用同一类兵器者，有戈、矛、镞等，数量多在 1~5 件之间。随葬成套兵器者，多为戈、矛相配的组合，也有戈与镞、矛与镞的组合。大中型墓葬中兵器多成套出土。如妇好墓出土戈 91、钺 4、镞 37、弓形器 6、镖 1。殷墟西区M1713 出有戈 30、矛 30、钺 2、大刀 2、马头刀 1[5]。西北岗 HPKM1004 出有戈 72、矛731、镞 4、铜盔 141、盾 4、皮甲 2。

兵器的主要用途有二：一是对外战争，用以获取更多的资源；二是对内震慑，以维护部分特权阶层的地位。晚商时期大批兵器在大中型墓葬中尤其是中型墓葬中的普遍出土，意味着武士贵族阶级的形成，而小型墓葬中随葬有兵器者之所以能拥有较高的社会地位，与当时整个社会中的尚武习俗有关。

五　文字系统

迄今为止，在中国发现的已可确识的最早的成系统的文字是殷墟甲骨文。由于它是刻在占卜的牛肩胛骨和龟甲上而得名。刻字的甲骨一般都是为王或王以外的上层贵族占卜后，由专门负责占卜的机构中专人所刻，因此中国最早的文字便显示出为上层贵族服

---

① 马得志等：《1953 年安阳大司空村发掘报告》，《考古学报》1955 年 9 册。
② 中国社会科学院考古研究所安阳工作队：《1969~1977 年殷墟西区墓葬发掘报告》，《考古学报》1979 年 1 期。
③ 安阳市文物工作队：《殷墟戚家庄东 269 号墓》，《考古学报》1991 年 3 期。
④ 朱凤瀚：《商周家族形态研究》（增订本），天津古籍出版社，2004 年，128~130、596~597 页。
⑤ 中国社会科学院考古研究所安阳工作队：《安阳殷墟西区 1713 号墓的发掘》，《考古》1986 年 8 期。

务的特点。

在山东邹平丁公属于山东龙山文化晚期的遗址中发现有陶文，也应是成系统的文字之一种，但现在尚不认识。这说明在龙山时代之后，在中国大陆上可能有不止一种文字流行，但可能唯有殷墟甲骨文系统与今日汉字有直接的渊源关系。

自甲骨文发现至今，殷墟出土的有刻辞的甲骨约 15 万片左右[①]。虽然到现在为止，识读出的仅 1000 多个单字，但已能基本读通其内容。

占卜的内容极其丰富，其主要内容可按陈梦家先生的分类方法分作六类：

一、祭祀　对祖先与自然神祇的祭祀与求告等，

二、天时　风、雨、啓、水及天变等，

三、年成　年成与农事等，

四、征伐　与方国的战争、交涉等，

五、王事　田猎、游止、疾病、生子等，

六、旬夕　对今夕来旬吉凶的卜问。[②]

这些甲骨文分属不同的时期，可证明年代的最早的为武丁时期，最晚的为帝乙时期[③]。1933 年董作宾据世系、称谓、贞人、坑位、方国、人物、事类、文法、字形和书体等十条标准，将殷墟发现的甲骨文分为五期[④]。其后陈梦家[⑤]、李学勤[⑥]、彭裕商[⑦]、黄天树[⑧]等又有补订。目前学术界仍大多采用董氏的五期分法，或采用先将卜辞分类、再确定各类主要存在时间的办法来对其进行年代划分。

甲骨文的字形结构相当成熟，已体现指事、象形、会意、形声等造字方法，并已运用假借方法使用文字，是目前最早较成熟而有系统的文字。近年来济南大辛庄甲骨文的发现[⑨]，更是说明这种成熟的文字体系已在殷墟周围相当大的地域范围内被使用。占卜和甲骨文的书写由贞人等与占卜有关的专业人员承担，这些人从事宗教、天文和历法活

---

① 王宇信、杨升南：《甲骨学一百年》，北京社会科学文献出版社，1999 年，55 页。

② 陈梦家：《殷虚卜辞综述》，中华书局，1988 年，42 页。

③ 目前学界对早于武丁的卜辞和帝辛时期的卜辞是否存在还有疑问，详见朱凤瀚：《近百年来的殷墟甲骨文研究》，《历史研究》1997 年 1 期，10 ~ 11 页。

④ 第一期相当于盘庚、小辛、小乙、武丁时期；第二期相当于祖庚、祖甲时期；第三期相当于廪辛、康丁时期；第四期相当于武乙、文丁时期；第五期相当于帝乙、帝辛时期（董作宾：《甲骨文断代研究例》，《历史语言研究所集刊外集刊第一种：庆祝蔡元培先生六十五岁论文集》，商务印书馆，1933 年）。

⑤ 陈梦家：《殷虚卜辞综述》，中华书局，1988 年，135 ~ 206 页。

⑥ 李学勤：《论"妇好"墓的年代及有关问题》，《文物》1977 年 11 期；《小屯南地甲骨与甲骨分期》，《文物》1981 年 5 期；李学勤、彭裕商：《殷墟甲骨分期研究》，上海古籍出版社，1996 年。

⑦ 彭裕商：《殷墟甲骨断代》，中国社会科学出版社，1994 年。

⑧ 黄天树：《殷墟王卜辞的分类与断代》，文津出版社（台北），1991 年。

⑨ 方辉：《山东大辛庄遗址发现殷墟时期甲骨卜辞》，《中国文物报》2003 年 4 月 18 日 1 版。山东大学东方考古研究中心等：《济南大辛庄遗址出土商代甲骨文》，《考古》2003 年 6 期。

动，直接为商王服务。这种脱离生产的知识阶层的形成，从另一个角度反映出当时社会复杂化的程度。

综上所述，晚商时期中心聚落与二、三级聚落之间在规模、功能和内涵上的差异，大小不同、结构各异的建筑等级的分化，大中小不同类别的墓葬所显示出的墓主身份与地位的差异，以及青铜礼器和兵器的大量生产和使用，无不反映出整个社会复杂化的程度，尤其是殷墟甲骨刻辞的内容更揭示了一个强大王朝的存在，反映出这种文明早已摆脱了文明初生的阶段，已是一种相当成熟的文明。

第三节　晚商时期商民族文化特征分析

一个民族自其产生及至消亡，不论生存的自然条件和人文环境发生怎样的变化，除了自身的体质特征外，在文化方面总有一些不同于其他民族的特征性的东西存在，且贯穿始终。这种特性也可称之为"文化基因"。晚商民族文化基因的析出与确定，是进一步探讨和追溯更早的商文化来源的基础。

一　建筑的形状、结构、方向与建筑习俗

建筑是社会习俗观念在环境方面的一种表现，作为生者所居，建筑的形状、结构、方向以及在建筑过程中施行的习俗最能体现一个民族特有的物质生活方式。

就建筑物的形状而言，有长方形、方形、椭圆形、曲尺形、瓢形等。但从统计数字看，无论是大型宫殿基址，还是中小型房屋，建筑物最常见到的形状为长方形，占全部建筑的60%以上（表2-10、2-11）。

这些建筑有地面、半地穴和地穴式三种不同结构。从间数看，有多间、双间和单间三种，而以单间为最多。据对殷墟普通中小型房基的统计，单间房基占全部建筑的67.9%，双间数量也不少。此外，双间的房屋大多为地面建筑，半地穴和地穴式房屋多为单间（表2-11）。

不论是宫殿基址还是普通房屋，建筑的朝向（此处指门向）以南向最为多见。小屯宫殿基址中，南向的比例接近50%（表2-12）。普通中小型建筑中，南向的数量也不少。将房门方向朝向南方，便于抵御冬季的寒风，同时利于采光和取暖，是居住于北半球的居民们自古至今一直通用的做法。然而在对殷墟南向房基的资料进行统计时，却发现这些建筑的方向并非正南方，而是南略偏西。在普通房址中，属于地面建筑的苗圃北

表 2-10　　　　　　　　　　　　小屯宫殿基址平面形状统计表[①]

	长方基	长联基	近方基	凸形基	凹形基	条形基	圆墩基	残形基	总计
甲组	11				1	3	1	2	18
乙组	9	2	6	1				2	21
丙组	8	1	7					1	17
总计	28	3	13	1	2	3	1	5	56
%	50	5.4	23	1.8	3.6	5.4	1.8	8.9	99.9

表 2-11　　　　　　　　　　　　普通基址形状和方向统计表[②]

结构	遗址	形状				间数			门向				
		长方	方形	椭圆	其他	双间	单间	不清	南	东	北	西	不清
地面	苗圃北地	7	1			4	3	1	1				3
	小屯西地	1					1				1		
	白家坟西地	1						1					1
	小屯西北地	5					3	2	1	2			2
	小屯南地	2					2						2
半地穴	苗圃北地		1				1						1
	北辛庄	1					1		1				
	小屯西地			2			2		1				1
	小屯村北		1				1				1		
地穴	苗圃北地			2	2		4				2	2	
	大司空	1					1			1			
	小屯村北	1				1							
小计		19	3	4	2	5	19	4	4	3	4	2	10
%		67.9	10.7	14.3	7.1	17.9	67.9	14.3	17.4	13.0	17.4	8.7	43.5

地 F4[③] 和小屯西北地 F29[④] 的门向为南偏西，属于半地穴结构的北辛庄 H3[⑤]、小屯西地 H405[⑥] 也采用了南偏西作为建筑的门向。巧合的是普通房址中还有相当一部分门向朝北，这部分向北的房屋亦不是正北向，而是北略偏东，如小屯西地 F201 的方向为北偏东 3°[⑦]。此外，在苗圃北地、小屯等地还发现为数不少的双间房屋，这些双间的建筑凡门开在南墙上的，其方向必为南略偏西；凡开在北墙上的，必为北略偏东。不仅普通

---

① 据石璋如：《殷墟建筑遗存》，历史语言研究所，南港（台北），1959 年，19 页。另 20 世纪 80 年代中国社会科学院考古研究所在乙二十基址东南发掘出南、北、西面各一排、整体呈"凹"字形的建筑群，见《殷墟的发现与研究》64 页，因无图无法判定其形状，推测是长方形。统计资料来源于石璋如《殷墟建筑遗存》58、163、200 页。

② 统计表中所用资料来自《殷墟发掘报告》14～26、79～80、86～87、96～102、118 页；《殷墟的发现与研究》71～81、84～86、93、95 页。因受报告中资料所限，表中的统计为不完全统计。

③ 中国社会科学院考古研究所：《殷墟发掘报告（1958～1961）》，文物出版社，1987 年，16 页。

④ 中国社会科学院考古研究所：《殷墟的发现与研究》，科学出版社，1994 年，73～74 页。

⑤ 中国社会科学院考古研究所：《殷墟发掘报告》，86 页；《殷墟的发现与研究》，95 页。

⑥ 中国社会科学院考古研究所：《殷墟发掘报告》，100 页；《殷墟的发现与研究》，79 页。

⑦ 中国社会科学院考古研究所：《殷墟发掘报告》，96～98 页；《殷墟的发现与研究》，79 页。

居址如此，小屯宫殿基址同样有这样的规律。根据石璋如公布的相关资料进行统计的结果显示，小屯基址中面南者占42.9%，南西向者占3.6%（表2-12）。然而若对小屯甲、乙、丙三组建筑的示意图加以观察，便会发现整个宫殿宗庙区的建筑方向，无论门向何方，建筑的总体方向均为北偏东或南偏西（图2-4）。同样的情况在殷墟以外的地点也能见到。藁城台西遗址属于殷墟晚期的12座房屋多为双间或多间，这些房屋亦存在明显的北偏东或南偏西的现象。多间或双间房屋中，只要有门向北者，均采用北偏东向，向南者均采用南偏西向。这些建筑有规律地排列在一起，结构接近，方向一致，组成一处大的居址群（图2-8）①。由此看来，在商人的方向定位观念中，是以北偏东即南偏西为正方向的，因而在建筑规划和建设中，凡朝北者均为北偏东，凡朝南者皆为南偏西。这种方向定位构成了商人建筑的一大特色。

晚商时期的建筑在建造过程中还流行一系列特殊的习俗②。这种习俗在大型宫殿建筑中表现得最为完整，即自建筑物动工到完成期间，要举行一系列的仪式。这些仪式中

表2-12　　　　　　　　　　　小屯宫殿基址方向统计表③

	北	南北	南	南西	西	东西	东	不明	总计
甲组	1	2	2			5	6	2	18
乙组			13	2		1	4	1	21
丙组			9		4		4		17
总计	1	2	24	2	4	6	14	3	56
%	1.8	3.6	42.9	3.6	7.1	10.7	25	5.4	100.1

的一部分已经在考古发掘中被发现出来。在小屯宫殿基址发掘中，常会在建筑内部和附近发现一些特殊的坑穴，石璋如将这些坑穴称之为墓葬，并将其分为奠基墓、置础墓、安门墓和落成墓等几大类。

所谓奠基墓是指"在基址的最下层，即基坑挖成之后，基址未建之前，而埋入的墓葬"④。具体而言，就是在台基筑成后，在其上挖一长方形竖穴，其内放置人或牲畜，然后再填土并加以夯打。以乙组发掘的21座基址为例，在7座基址下发现有奠基墓，墓中殉狗的9处，殉人的6处。其中人牲为头向朝北的儿童，殉狗的头向多向东或南，

① 河北省文物研究所：《藁城台西商代遗址》，文物出版社，1985年，17～31页。
② 关于商代建筑仪式，《商周考古》、《夏商社会生活史》、《中国风俗通史·夏商卷》等论著均有论及（分别见70页、69～81页、88～105页）。以宋镇豪先生后二书中论述最详。他以为建筑仪式虽始自史前的仰韶文化时期，但真正繁复而系统地施行则是在夏商时期。
③ 统计资料来源于石璋如《殷墟建筑遗存》57～58、162、199～200页。因书中的建筑未公布具体方向，故只能据原来较模糊的南、南西、南北等方向对小屯三组建筑基址进行统计。
④ 石璋如：《殷墟建筑遗存》，历史语言研究所，南港（台北），1959年，281页。

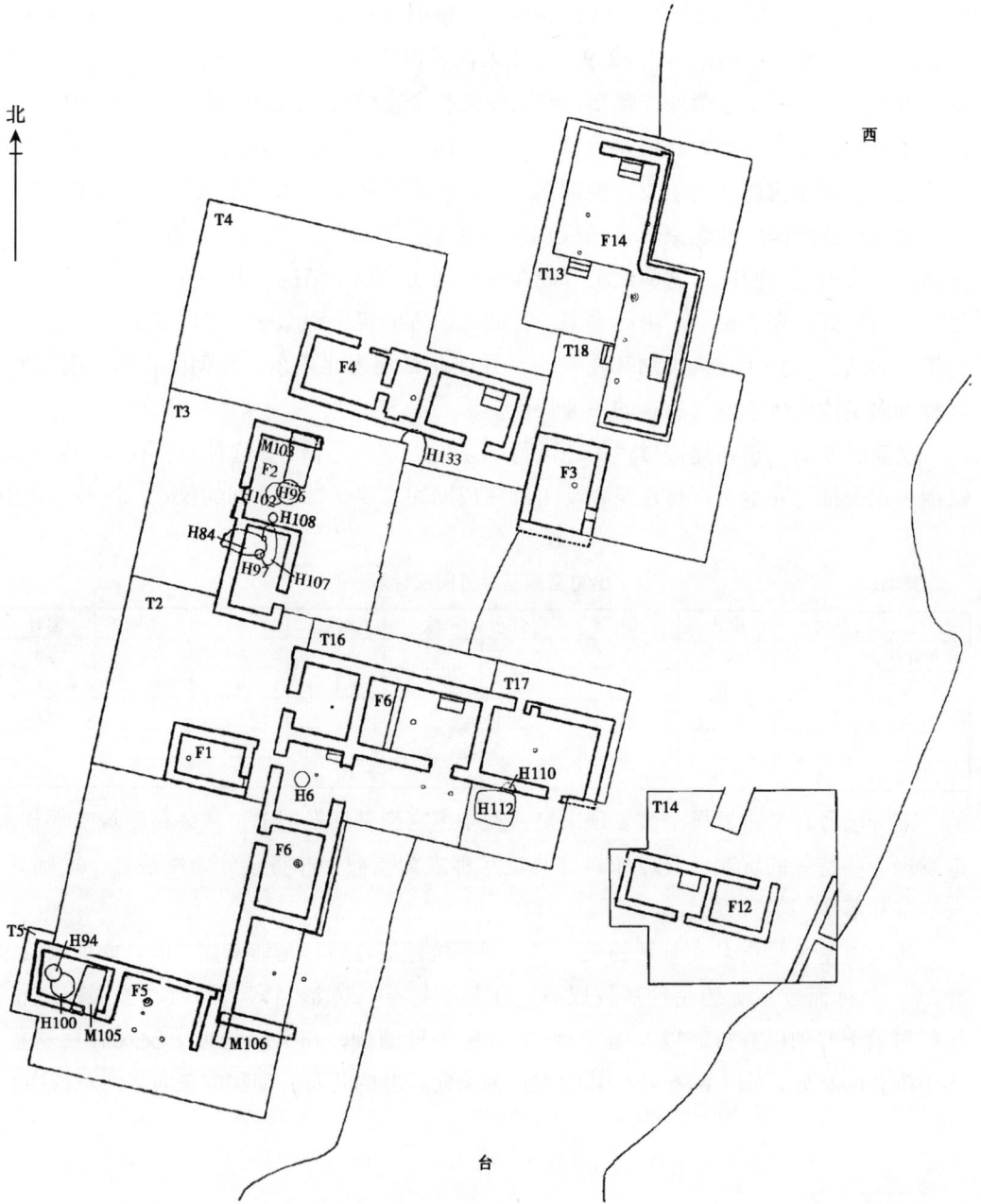

图 2-8 藁城台西遗址房址平面分布示意图

（据《台西遗址遗迹分布图》改制）

与建筑物的朝向一致①。

置础墓是指"建筑基址到达一个阶段，停止下来，再在基址的南面另辟一部埋入的墓葬，排上础石然后随着本基址一齐向上建筑"②。置础墓在乙组基址中仅发现 3 处，其中的乙七和乙十三均发现有 8 个兽坑和 1 个人坑，乙十六仅发现一个兽坑。

安门墓"是在基址建筑完成之后，又来挖破基址而埋入的墓葬，这些墓葬大部分都在基址门的附近"③。安门墓在乙组的 6 座基址有发现，有的在基前门外，有的在门内，还有的在基后，有的在基址左右。安门时，所用人牲多为武装侍从，分置于门的两侧和当门处，多手持戈作跪坐状（表2-13）。

基址在落成时商人有举行落成典礼的习俗。民国时在小屯乙七基址之南和乙十二基址北面和西面发现有一大片排列整齐的排葬坑，石璋如以为这些坑穴均是在建筑物落成之后埋入，因而称之为"落成墓"④。"这个用意固然在庆祝房屋的落成，同时也希望这

表 2-13　　　　　　　小屯乙组基址奠基、置础、安门基所用人牲统计表⑤

	乙五	乙七	乙八	乙九	乙十一	乙十三	乙十六	乙十九	乙二十	乙廿一	乙二十东南	小计
奠基		3 墓 狗 3	2 墓 狗 8	2 墓 狗 2	3 墓 人 3	1 墓 人 1		1 墓 狗 1		1 墓 狗 1		13 墓 人 4 狗 15
置础		9 墓 牛 10 狗 20 羊 6 人 1				9 墓 牛 30 羊 101 狗 78 人 1	1 墓 羊狗?					19 墓 牛 40 羊 107 狗 98 人 2
安门	5 墓 人 15	7 墓 狗 2 人 18	2 墓		12 墓 人 13				4 墓人 4 狗 1		2 墓 人 6⑥	32 墓 狗 3 人 56
总计	5 墓 人 15	19 墓 狗 25 牛 10 羊 6 人 19	4 墓 狗 8	2 墓 狗 2	15 墓 人 16	10 墓 牛 30 羊 101 狗 78 人 2	1 墓 羊狗?	1 墓 狗 1	4 墓 人 4 狗 1	1 墓 狗 1	2 墓 人 6	54 墓 人 62 狗 116 羊 107 牛 40

① 石璋如：《殷墟建筑遗存》，历史语言研究所，南港（台北），1959 年，282 页。
② 石璋如：《殷墟建筑遗存》，历史语言研究所，南港（台北），1959 年，283 页。
③ 石璋如：《殷墟建筑遗存》，历史语言研究所，南港（台北），1959 年，285 页。
④ 石璋如：《殷墟最近之重要发现附论小屯地层》，《中国考古学报》1947 年 2 期。
⑤ 表中数字来源于石璋如《殷墟建筑遗存》281～282 页表 111、283～284 页表 112、285～286 页表 113。
⑥ 中国社会科学院考古研究所：《殷墟的发现与研究》，科学出版社，1994 年，64 页，此为 1981 年发现、1989 年发掘的位于乙二十东南的三排基址，只看到北排有安门墓，其余未见报道。

些武装的灵魂保护着住在宗庙内的祖宗们的灵魂的安全"①。这批"落成墓"分北、中、南三组。事实上，所谓的南组墓仅 M232 一座墓葬。这是一座面积较大的中型墓，墓内有棺椁和殉人，且有不少青铜礼器随葬，其年代早于乙七、乙十一和乙十二，当与这些建筑无关。北组和中组墓由众多的小葬坑组成，其中北组有 47 座墓葬，葬有 198 人、5辆车、14 匹马、9 只羊、1 条狗、5 套兵器，以及若干铜器、陶器、石器及装饰品②，中组共 79 墓，葬有 378 人③（图 2-9）。这些小葬坑的延续时间较长，最早的为武丁，最晚的可到帝乙帝辛时期④。从其数量和年代来看，可能有一部分确为建筑物建成之后举行的落成典礼所遗留，但也有相当一部分可能为祭祀坑，与附近建筑物的功用有关。

虽然这些建筑物在奠基、置础和安门以及庆祝房屋落成时均会使用牲或人牲，但不同场合所用人和牲的种类不同。一般来说，在奠基时多用狗，如乙组有奠基墓的 7 座基址，共有 13 个奠基墓，用狗 15 只。置础时多用牛、羊、狗，乙组有置础墓的 3 座基址，共发现 19 个墓，总计用牛 40、羊 107、狗 98。安门时则多用人，有安门墓的 6 座基址共发现 32 个墓葬，用人达 56 个。

从小屯三组基址的资料看，建筑物在建造过程中是否采用这一系列特殊习俗，似与建筑物的功用有关。如甲组的 15 座基址中，仅甲十二南端有一墓，内有一人一兽，没有发现随葬品，其余基址附近均未发现类似的人坑或兽坑，因而石璋如说"全组基址看不出含有宗教意味的痕迹，可能住人的"⑤。乙组的 24 座基址中，有 11 座基址分别有奠基、安门和置础的遗存。丙组基址虽然在丙一之北和乙十二西南分布有 70 多个窖穴、兽坑和人坑，但是否与房屋建筑有关尚不清楚，可能这些遗存更多地与祭祀有关。从进行这些仪式的建筑物来看，仪式的有无与建筑物的面积关系不大——有些建筑物如乙十二尽管面积较大，但不举行相关仪式，有些建筑物面积较小，也会举行相关仪式，如乙十九——但和建筑物的朝向直接相关，以乙组为例，面东或面西的基址多不举行相关仪式⑥。

普通建筑中也发现有相关仪式的遗留。在苗圃北地 F8⑦ 和小屯村北 F10⑧ 发现的奠

---

① 石璋如：《殷墟建筑遗存》，历史语言研究所，南港（台北），1959 年，300 页。关于这批排葬坑的性质，石璋如的看法有些游移不定，除认为是落成墓之外，还认为可能代表着军事的组织（《殷墟建筑遗存》299 页）。后来又认为北组的墓葬群是以车为中心的完整组织，可能是一个告庙献车的典礼（《北组墓葬》（上），414 页），中组墓葬的东边十一行组成了一个方阵，这个方阵由右、中、左三队合成，显然是将其看作了一个军事组织（《中组墓葬》336 页）。

② 石璋如：《殷墟建筑遗存》，历史语言研究所，南港（台北），1959 年，292 页。

③ 石璋如：《殷墟建筑遗存》，历史语言研究所，南港（台北），1959 年，297 页。

④ 邹衡：《试论殷墟文化分期》，《北京大学学报》1964 年 5 期。

⑤ 石璋如：《殷墟建筑遗存》，历史语言研究所，南港（台北），1959 年，326 页。

⑥ 石璋如：《殷墟建筑遗存》，历史语言研究所，南港（台北），1959 年，282 页。

⑦ 中国社会科学院考古研究所：《殷墟发掘报告（1958～1961）》，文物出版社，1987 年，19 页。

⑧ 中国社会科学院考古研究所：《殷墟的发现与研究》，科学出版社，1994 年，77 页。

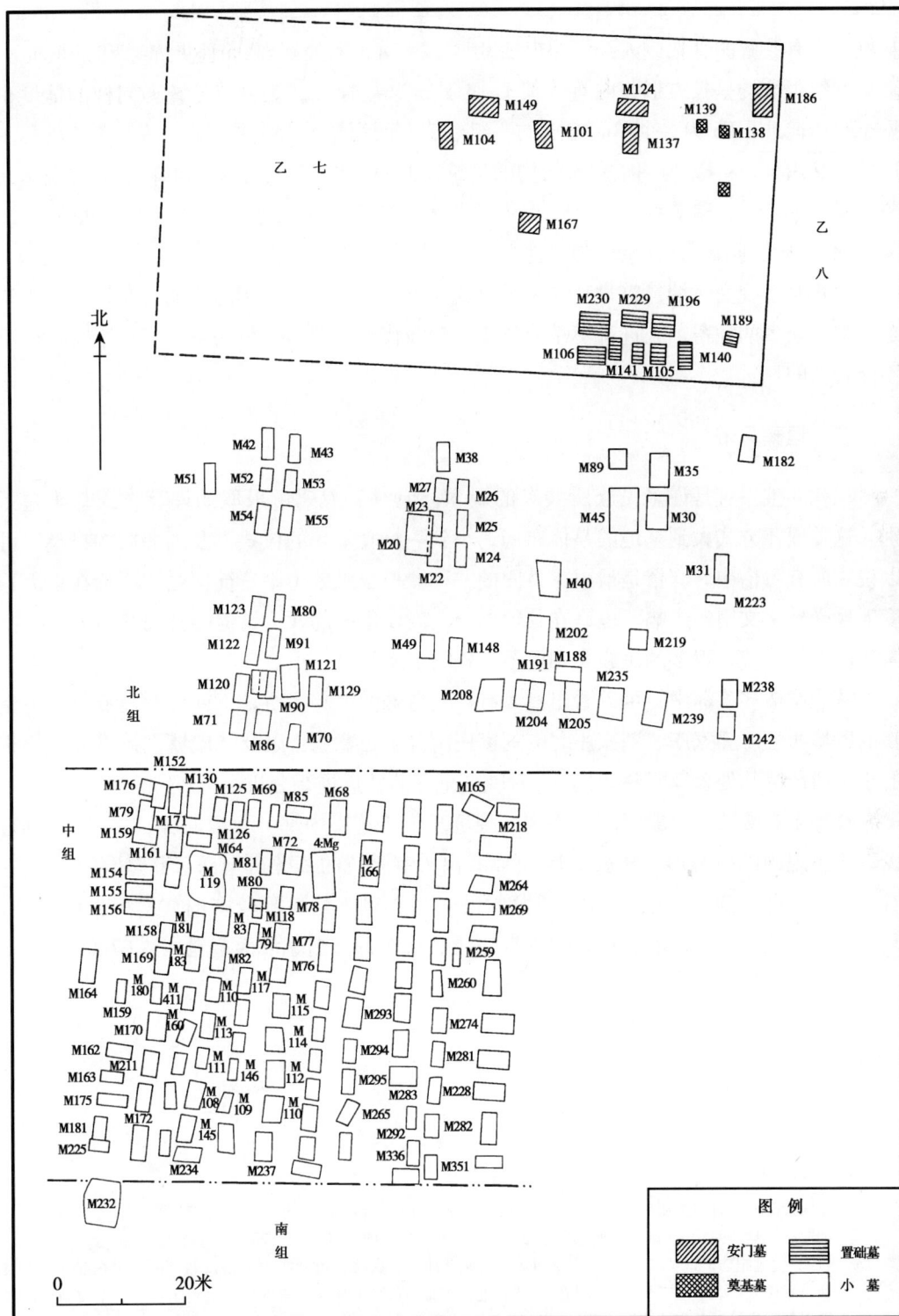

图 2-9　乙组基址与有关墓葬

（引自《殷墟建筑遗存》293 页）

基坑，内有肢解的骨架或人头。小屯西北地 F29 南 5 米处有 10 余座儿童墓和祭祀坑①，墓葬和祭祀坑均呈长方形，内有人架 1～3 具，这些骨架都是身首分离。同样的情形也见于台西遗址，F6 为 6 个单间组成的一组建筑，面积超过 150 平方米，发现有 4 处奠基遗迹，共用 5 人；F2 为一座双室结构的建筑，面积不足 40 平方米，但却有 10 处奠基遗迹，除用牛、羊、猪等牲畜外，还有人牲 8 个，其中年龄最小者不满 3 岁，最大者 35 岁，除一具性别未知，其余均为男性②。

尽管对于晚商时期建筑过程中相关仪式的有无与建筑物功用之间的关系还不是很清楚，但以众多的牲畜、人进行奠基或祭祀，为商代建筑习俗中较为重要的一个特点却是不能否认的。

二　埋葬习俗

视死如生一直是许多民族所共有的观念，但对于人死后采取的埋葬方式却千差万别。这种埋葬方式大到墓地的整体布局，小到一整套下葬的仪式以及入葬后的祭奠。可以说在所有习俗中，葬俗是最根深蒂固的一种。一个民族不论迁徙何处，不论在多大程度上接受外来文明的影响，也许在其他方面会发生很多的改变，但唯独在葬俗方面保持着其固有的传统。很多的民族学和民俗学资料证实了这一点。

从殷墟诸多墓葬中，可以看出商人有一套特殊的埋葬习俗。下面以发表资料较为完整的殷墟西区、郭家庄、刘家庄北、刘家庄南等 4 处墓地，以及《殷墟发掘报告》公布的小屯西地等几处墓葬资料为例③，对晚商墓葬的特点进行分析。

墓葬多有腰坑。以殷墟西区为例，腰坑多位于墓底中部，少数略偏，多呈长方形，少数为不规则的椭圆形。从表 2-14 可以看出，有腰坑的墓葬占全部墓葬总数的 50% 左右，最多者可占到 79%。据《殷墟发掘报告》中对 4 处墓葬较多的墓地所做的统计，墓地中有腰坑者至少占墓葬总数的 30% 以上，最多的如白家坟西墓地高达 67.6%④。

---

① 中国社会科学院考古研究所：《殷墟的发现与研究》，科学出版社，1994 年，74～75 页。
② 河北省文物研究所：《藁城台西商代遗址》，文物出版社，1985 年，17～20、23～25 页。
③ 《殷墟发掘报告》204～205 页对小屯西地、苗圃北地、张家坟、梅园庄、王裕口西、白家坟东北、白家坟西、孝民屯、北辛庄、后岗、大司空、武官北地等地 302 座竖穴土坑墓的情况进行了统计，下文所引的殷墟发掘报告统计数字即来源于此。
④ 李鲁滕：《略论前掌大商代遗址群的文化属性和族属》，《华夏考古》1997 年 4 期。

表 2-14　　　　　　　　　　晚商墓葬腰坑统计表

	墓葬总数	有腰坑者	有腰坑者所占比例
殷墟西区	939	454	48%
刘家庄北	34	21	62%
郭家庄	184	124	67%
小屯西地等	302	102	34%
刘家庄南	62	49	79%
小计	1521	750	49%

表 2-15　　　　　　　　　　晚商墓葬殉狗统计表

	墓葬总数	殉狗墓葬数量	殉狗墓葬所占比例	腰坑内殉狗数量	填土殉狗数量	二层台殉狗	腰坑和填土都殉狗	总计殉狗数
殷墟西区	939	339	36%	197	105		91	439
刘家庄北	34	15	44%	13	4			17
郭家庄	184	86	47%	67	19	6		92
小屯西地等	302	70	23%					82
刘家庄南	62	?		29	18			47

表 2-16　　　　　　　　　　晚商墓葬殉人统计表

	墓葬总数	殉人墓葬数	殉人墓葬所占比例	殉人数量
殷墟西区	939	18	2%	38
刘家庄北	34	2	6%	2
郭家庄	184	8	4%	15
小屯西地等	302	4	1%	14
刘家庄南	62	13	21%	20
小计	1521	45	3%	89

　　殉狗亦极为普遍。统计的几处墓地中，有殉狗的墓葬占墓葬总数的40%左右（表2-15）。大多在墓底腰坑中，有的在填土中，有少数在二层台上。有的填土和腰坑中都殉有狗。不少狗的颈部系有铜铃。殉狗的大小与腰坑的大小基本相当，当是有意识按照殉狗的大小挖成的。值得注意的是，绝大多数墓葬中，不论是殉狗位于腰坑中，还是在填土中，或是在二层台上，殉狗的头向与墓主头向相反，只有极少数与墓主头向一致。此外还发现有少数墓有殉马、猪、牛、羊、鱼等现象。有的在填土中、二层台和腰坑中还随葬有狗头、羊头、猪头、牛头或牛腿、猪腿、羊腿、鸡腿等。

　　不少墓有殉人。殉人在大型墓和中型墓中比较普遍，但小型墓中也有发现。由表2-16可以看出，尽管这几处墓地的墓葬以小型墓为主，只有个别中型墓，但也发现有殉人现象。从统计数字看，有殉人的墓葬占墓葬总数的6%以下，个别墓地占到21%。一般而言，大型墓殉葬人数较多，如侯家庄 1001 号墓殉人 164 个，武官村大墓殉人 79 个[①]。中型墓有三分之一有殉葬人，小型墓较少。这些殉人多放置在二层台上，有墓道的墓多放置在墓道北端，此外还有的放置在填土和腰坑中。殉人的葬式以俯身葬为主，也有蹲葬或跪葬，还有相当一部分看不出葬式，可能是随便弃置的。这些殉人大多数为生殉，未见葬具和随葬品。极少数的殉人有随葬品，但多为陶器，未见以青铜礼器随葬者。从殉人的年龄看，多为未成年人，也有青壮年。从性别上看多为男性。对于殉人的性质，一直存在两种不同的意见，即奴隶说和非奴隶说[②]。不论殉人的性质如何，殉人这一现象是殷墟埋葬制度的一个显著特点是勿庸置疑的。

从墓主的头向看，以南北向为主，其中北向多于南向。由表 2-17 可以看出，5 个统计数字中，有 3 个地点的头向是以北为主，两个是向南和向东居多。北向居多的几处地点，采样的墓葬数均在 100 以上，应该说，北向为大多数墓葬采用的方向。当然也不排除有些地方在某些时段采用其他头向的情况。

表 2-17-1　　　　　　　　　　　　**晚商墓葬墓主头向统计表**

	北	南	东	西	方向不明	合计
殷墟西区	399	328	104	107	1	939
	42%	35%	11%	11%	0.1%	
刘家庄北[③]	9	12	9	3	1	34
	26%	35%	26%	9%	3%	
郭家庄	76	44	33	31		184
	41%	24%	18%	17%		
小屯西地等	140	45	58	27	32	302
	46%	15%	19%	9%	11%	
刘家庄南	3	10	5			18
	17%	56%	28%			
小计	627	429	214	173	34	1477
	42%	29%	15%	12%	2%	

---

① 黄展岳：《殷商墓葬中人殉人牲的再考察》，《考古》1983 年 10 期。他将墓中的殉人分作人殉和人牲两类，他的统计是侯家庄殉人 90、牲人 74，武官村 1 号墓殉人 45、牲人 34 人。

② 持奴隶说者以郭沫若为代表，他认为殷墟发现的殉人绝无人身自由，除少数近亲者外，余均为奴隶无疑。文见《读了〈殷周殉人之史实〉》，《奴隶制时代》，科学出版社，1956 年版；《光明日报》1950 年 5 月 24 日 3 版。持此看法者还有陆懋德、杨向奎、李景春、彭适凡等。持非奴隶说的代表为郭宝钧，他认为并非所有殉人都是奴隶，文见《记殷周殉人之史实》，《光明日报》1950 年 3 月 19 日 3 版。同意此说者还有杨绍萱等。

③ 孟宪武在《殷墟南区墓葬发掘综述——兼谈几个相关问题》一文中，提及刘家庄北墓主头向以向北的居多，部分向东、南、西面。文见《中原文物》1986 年 3 期，80 页。但《1983～1986 年安阳刘家庄殷代墓葬发掘报告》发表的数字，却是头向以南向者居多，文见《华夏考古》1997 年 2 期，9 页。此外，《综述》一文所记录的殷墟南区戚家庄东头向以向南为多、刘家庄南以东向为多，梅园庄南、苗圃北地、刘家庄北、梯家口西以北向多。其中戚家庄、刘家庄北、梯家口西未发掘报告，为新发表的资料。

表 2-17-2　　　　　　　　　　　**晚商墓葬墓主头向示意表**

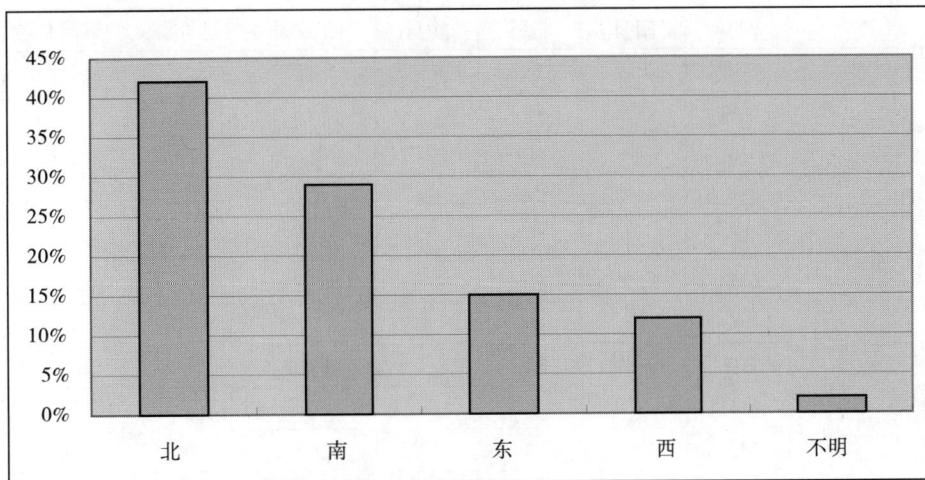

表 2-18　　　　　　　　　　　**晚商北向墓葬墓主头向统计表**

	北偏东	北偏西	小计
殷墟西区	363	36	399
	91%	9%	
郭家庄	71	5	76
	93%	7%	
小屯西地等	126	14	140
	90%	10%	
小计	560	55	615
百分比	91%	9%	100

　　北向的墓葬中，大多为北偏东，即多在 0°～25°之间，其中又以 5°～15°最多。北偏西者极少。表 2-18 中对殷墟西区、郭家庄、小屯西地等三处地点的北向墓葬进行了统计，三处墓地中，取东北方向的墓葬均占北向墓葬的 90% 以上。因而，可以肯定地说，殷人的墓葬方向以北为主，或者更准确地说，是以北偏东为主。有学者对西北岗王陵区等地带墓道的 32 座墓葬的方向进行研究，发现其中有 30 座墓为北偏东，进而得出"殷代王室和高级贵族的墓的方向，绝大多数是北偏东的"结论①。由此看来，不仅普通的竖穴土坑墓多取北偏东作为主要的墓向，连王陵及高级贵族的墓向也采用同样的方向。

---

① 杨锡璋：《殷人尊东北方位》，《庆祝苏秉琦考古五十五年论文集》，文物出版社，1989 年，309 页。

表 2-19-1　　　　　　　　　　**晚商墓葬墓主葬式统计表**

	仰身	俯身	屈肢	侧身	二次葬	已知葬式的墓葬总数
殷墟西区	348	142	21			511
	68%	28%	4%			
刘家庄北①	10	8	1	1		20
	53%	42%	5%	5%		
郭家庄	65	33	5			103
	63%	32%	5%			
小屯西地等	147	54	6		1	208
	71%	26%	3%		0.5%	
刘家庄南	14	3	1			18
	78%	17%	5%			
小计	584	240	34	1	1	860
	68%	28%	4%	0.1%	0.1%	

表 2-19-2　　　　　　　　　　**晚商墓葬墓主葬式示意表**

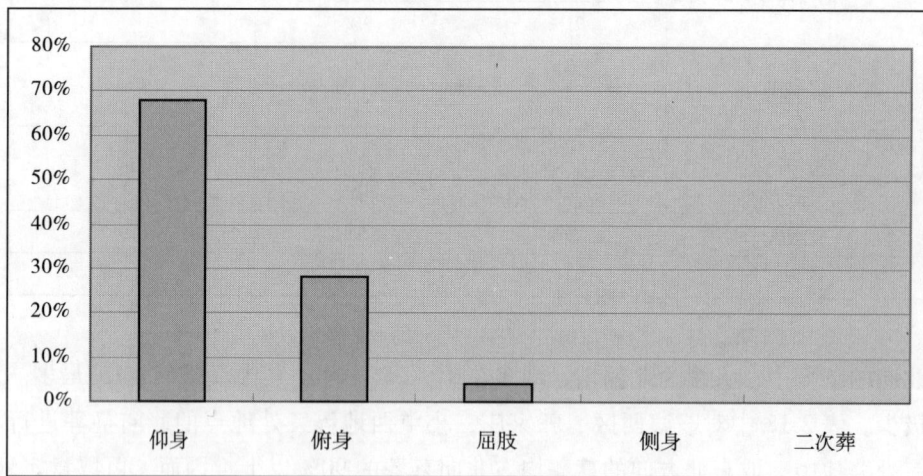

　　从葬式看，以仰身为主，采用仰身的墓葬占全部墓葬的 60% 以上，其次为俯身葬，所占比例从 17% 到 42% 不等。此外还有一定数量的屈肢葬和少量的侧身葬以及二次葬（表 2-19）。对于殷墟墓葬中的俯身葬问题，多年来学界争议较大，有民族习惯说②、奴

---

① 注：M9 为合葬，仰身、侧身各一。

② 最早对俯身葬进行研究的李济在《俯身葬》一文中，对殷墟发现的俯身葬进行分析，认为这是商民族所特有的一种特殊习俗（《俯身葬》，《安阳发掘报告》第 3 期，历史语言研究所，1931 年）。

隶说①、性别说②等不同说法。其中二、三两说皆不能成立。"奴隶说"因俯身葬与仰身葬同样适用于家族墓地平等成员之事实而没有意义，"性别说"亦因已有的人骨性别鉴定资料也被否定③。虽然到目前为止，对于殷墟存在大量俯身葬的原因还难以做出解释，但有一点可以肯定，这是一种在殷墟较为流行的特殊习俗。

三 青铜器

如前所述，墓葬中青铜礼器的组合既有标志墓主身份等级的意义，也能体现出商人的民族特色。在晚商青铜礼器组合中，酒器占有重要地位④。有人对殷墟20世纪50年代以来未被盗掘的145座随葬有青铜礼器的墓葬进行统计，发现随葬觚爵的墓葬占所有墓葬的80%以上，个别时期甚至占到了90%～100%，尤其是早期墓，凡随葬铜器者必有觚爵，到晚期逐渐减少。而出有鼎簋的墓葬由早到晚递增，约占30%⑤。根据对这145座墓葬中随葬的青铜礼器数量的统计可知，酒器占整个铜器群的76.5%，食器占22%（表2-20）。妇好墓、郭家庄M160和刘家庄M1046三墓的统计数据与此相类，酒器数量占整个青铜礼器总数的70%以上，反映了殷人在所使用的青铜礼器中尤重酒器这一特色（表2-21）。在酒器中，觚和爵为最常见的相配器类，此外属于酒器的青铜器还有斝、盉、尊、卣、瓿、觯、罍、方彝等。

---

① 有人认为俯身葬是针对奴隶才实行的特殊葬法，仰身者为自由民（郭宝钧：《1950年春安阳武官村发掘报告》，《考古学报》第5册，1951年；赵光贤：《关于殷代俯身葬问题的一点意见》，《考古通讯》1956年6期）。但也有人对此说提出怀疑，如马得志认为俯身葬是在平民和更高身份的人中都实行的一种葬式，因此不能将之视为奴隶身份特有的葬式（马得志等：《1953年安阳大司空村发掘报告》，《考古学报》1955年9册；《我们对殷代俯身葬的看法》，《考古通讯》1956年6期）。还有人根据此种葬式在小屯殷代文化早中期流行、晚期减少的现象，提出俯身者不能一概视为奴隶，但奴隶有俯身葬的看法（吴汝祚：《安阳大司空村的殷墓是否全属晚期》，《考古通讯》1958年3期）。

② 孟宪武则认为俯身葬是商人男性中流行的一种葬俗，对女性只采用仰身葬，实行不同葬法的原因在于性别不同（《谈殷墟俯身葬》，《中原文物》1992年3期）。

③ 韩康信对俯身葬与性别有关的观点提出质疑，在《殷墟人骨性别年龄鉴定与俯身葬问题》一文中，公布了殷墟西区和新安庄的人骨鉴定材料（1969～1977殷墟西区墓地中，可以确定葬式性别关系的共22个个体，其中，15个男性中有6个为俯身，占40%，9个为仰身，占60%，其余7个女性均采用仰身式。新安庄墓地殷代平民墓葬中，可用于判定性别和葬式关系的共48个，其中男性或倾向男性18个，女性或倾向女性30个。18个男性中，俯身者12个，占67%，仰身4个，占22%，侧身屈肢2个，占11%，30个女性全为仰身。在对祭祀坑中的骨骼进行鉴定时，发现在仅有的少数女性祭祀坑中有女性采用俯身葬式的现象，此外儿童也发现有俯身葬。《中国商文化国际学术讨论会论文集》，中国大百科全书出版社，1998年）。在这两个墓地，可以确定为男性的葬式多为俯身，但也存在一定数量的仰身，而女性无一例外为仰身。但在祭祀坑中存在女性俯身葬的现象，此外在儿童中也发现有俯身葬。因此他提出，所谓葬式与性别有关说难以成立。

④ 郭宝钧先生首次提出商人铜器组合为重酒器组合的观点（《商周铜器群综合研究》，文物出版社，1981年，122～123页）。

⑤ 刘一曼：《安阳殷墓青铜礼器组合的几个问题》，《考古学报》1995年4期。

表 2-20　　　　　　　　　　晚商墓葬随葬青铜礼器器类统计表

	觚	爵	斝	尊	瓿	卣	觯	罍	彝	盉	觥	斗	壶	盘	鼎	簋	甗	箕形器	方形器	小计
数量	213	202	44	37	11	29	18	9	9	9	8	17	8	7	121	33	23	3	2	803
%	26.5	25.2	5.5	4.6	1.4	3.6	2.2	1.1	1.1	1.1	0.9	2.1	0.9	0.9	15.1	4.1	2.9	0.4	0.2	100
合计	614													7	177			5		
%	76.5													0.9	22			0.6		100

表 2-21　　　　　　　　　　晚商墓葬随葬青铜礼器组合统计表

数量/墓葬	食器	酒器	水器	其他	青铜礼器数量
小屯 M5	47	155	4	3	209
	22%	74%	2%	1%	
郭家庄 M160	8	31	1	1	41
	20%	76%	2%	2%	
刘家庄北 M1046	9	23	1		33
	27%	70%	3%		
小计	64	209	6	4	283
	23%	74%	2%	1%	

　　青铜器外表的一些极具特色的纹样题材及其表现方式也充分展现了商文化之特色。

　　青铜器外表的纹样题材可分两大类，即几何形纹和兽面纹。前者包括各种样式的几何形纹，主要用来做辅助纹饰，最常见的是以直线和圆点构成的平行线、圆点、圆圈和三角纹等，以及由曲线构成的变化多端的云雷纹。后者包括据神话传说幻想出来的动物和现实中存在的动物形象，以饕餮纹、夔纹为代表，常用作主纹饰（图2-10）。

　　所有纹饰中以饕餮纹和夔龙纹最为多见，也最具特色，二者多作为主题纹饰，装饰在器物的显著位置。常见的饕餮形象多种多样，有的形象极其具体，用单层或双层、三层花纹表现头、身、尾部的轮廓，以器物扉棱为鼻梁，眼球作半球状突起。有的只能见到头部各个局部的器官，多看不到身躯的形状。无论哪种方式，饕餮纹均是以正面形象出现，或者说是一个左右两侧面相和正面相的拼合，因此面颊特别横宽，正面的形象长着两个侧面形的嘴（图2-10：8、15～16、19～20）。

　　与饕餮纹不同，夔纹（即龙纹之一种）则多是以侧面的形象出现在青铜器上，而且其变化更加繁复多样（图2-10：5～7）。

　　此外，鸟纹也较多，有长卷尾鸟纹、大鸟纹和小鸟纹等多种样式。其中长卷尾鸟纹和大鸟纹始见于殷墟晚期。但最有特色的是小鸟纹，因这种小鸟的鸟身与尾部均较短，形体较小，所以被称为小鸟纹。在青铜器上小鸟纹往往作为辅助纹饰，多饰于器物的颈、肩部，或穿插于主纹饰间作为补白。小鸟纹流行于殷墟中晚期，其中最富个性的是

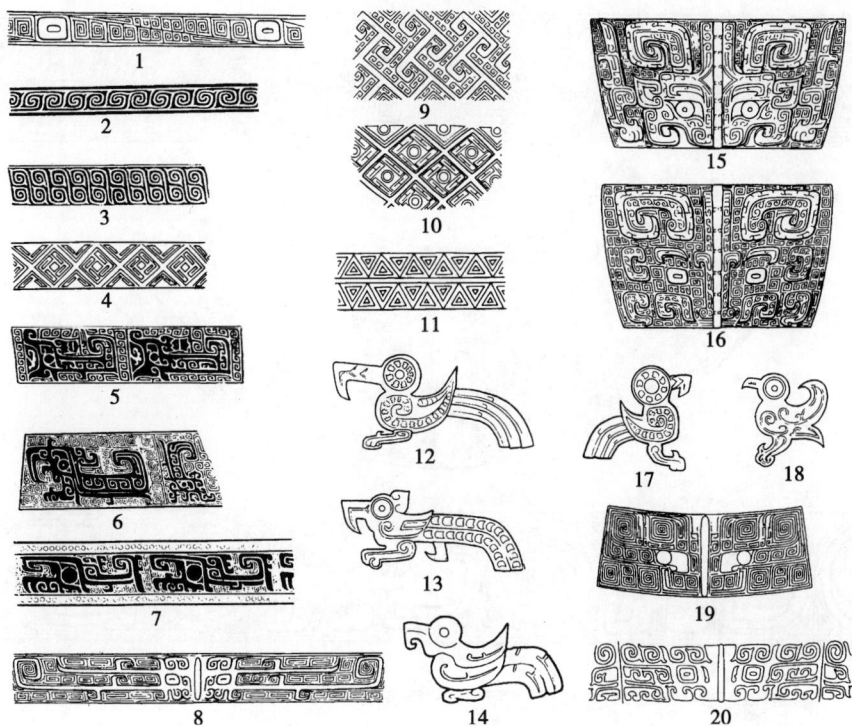

图 2-10　晚商青铜器纹饰

1. 目纹　2、3. 云雷纹　4. 斜方格云雷纹　5、6、7. 夔龙纹　8、15、16、19、20. 饕餮纹　9. T 形勾连纹
10. 斜方格雷乳纹　11. 网格三角纹　12、13、14、17、18. 鸟纹（1. 2. 小屯 M188：R2055 瓿　3. 小屯 M：
R1075　4. 小屯 M18：14 盘　5. 小屯 M331：R2064 甗　6. 小屯 M238：R2076 罍　7. 小屯 R11021　8. 小屯
M18：14 盘　9.59 武官 M1：5 瓿　10. 小屯 M5：836 鼎　11. 小屯 M5：803 觚　12. 小屯 M5：791 彝　13. 小
屯 M5：823 彝　14. 小屯 M18：5 簋　15. 小屯 M5：792 尊　16. 小屯 M5：806 尊　17. 小屯 M5：791 彝
18. 小屯 M5：791 彝　19. 小屯 M5：674 爵　20. 小屯 M5：808 鼎）

有着宽大的钩喙、头部"秃顶"而无冠羽、尾部羽较短，多呈弧状下垂而末梢平齐，或上下分叉内卷的形象（图 2-10：12～14、17、18）。

晚商青铜器外表纹样的组织方式主要有两种，即轴对称式和二方连续式①。其中最常见的为轴对称式，即纹样单元的排列以直线为轴左右对称。此时盛行的饕餮纹均采用这种排列方式，以凸起的扉棱为对称轴，两侧对称分布着双目及身体。此外，由夔纹、鸟纹组成的纹饰带也同样采用在对称轴的两边两两对称的形式（图 2-11：4～5）。

二方连续式也是晚商时期较常见的纹样组织方式。所谓的二方连续是指由一种或几种

---

① 张孝光：《殷墟青铜器的装饰艺术》，《殷墟青铜器》，文物出版社，1985 年，110～113 页。朱凤瀚：《中国古代青铜器》，南开大学出版社，1995 年，411～412 页。

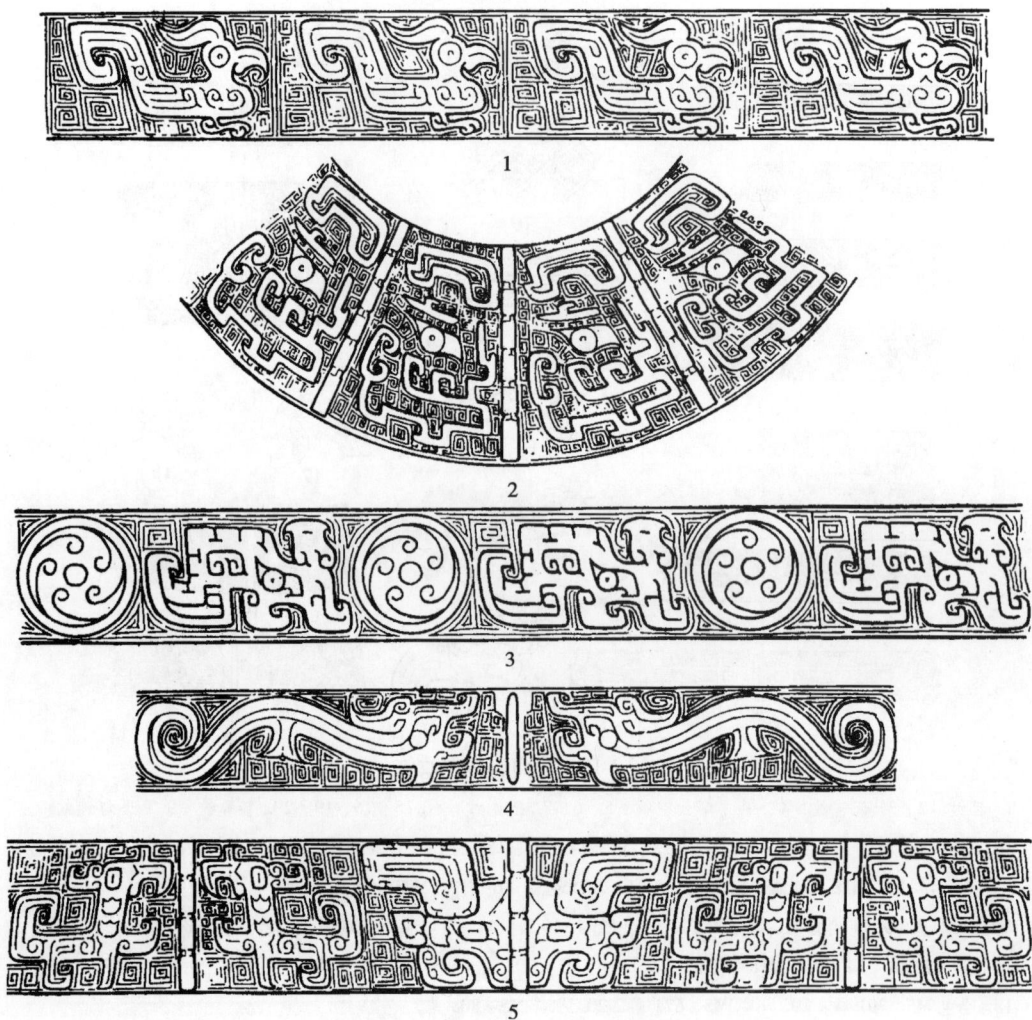

图 2-11　晚商青铜器纹饰排列

1、2、3. 二方连续式　　4、5. 轴对称式

（引自《殷墟青铜器的装饰艺术》）

不同的纹样单元，以头尾相接或颠倒的顺列反复方式组成带状的图案（图 2-11：1～3）。

　　晚商时期的青铜器无论是其器类组合，还是器物外表的纹饰题材和排列方式，均体现出有别于其他文化的独有特点，从而成为商文化中最具特色的民族文化特征的重要组成部分。

　　四　陶器

　　陶器的发明一向被视为新石器时代革命的重要内容之一。陶器的出现，直接改变了人类的饮食方式，由于它取材方便、易于制作，所以自其发生伊始，就成为日常生活中不可或缺的器物。从殷墟发现的数量巨大的陶器，可以推知当时生产的规模，因此可以说制陶业是当时手工业中最大宗的部门，在殷墟文明中占有重要的地位。

种类丰富、造型别致的陶器是最能体现商民族特色的文化遗物之一。这些陶器包括炊器、食器、盛贮器等不同种类，其中，鬲和甗为最多见的炊器，二者皆系夹砂陶制成，分裆袋足，外表饰有整齐的绳纹。此外，大口平底盆、小口鼓腹罐、簋等亦极富特色，它们一起构成了晚商陶器群的主干（表2-22、图2-12）。这些陶器的陶质，以泥质灰陶最多，其次为夹砂灰陶，另有少量的泥质和夹砂红陶，以上这些占全部陶器群的90%以上，此外尚有为数较少的白陶、硬陶和釉陶（表2-23）。器物外表的纹饰以绳纹为主，约占全部陶器的70%以上，此外还有少量的划纹、斜方格划纹、三角划纹以及饕餮纹等（表2-24）。

在晚商时期所有的陶器中，鬲和甗大概是最能代表其特点的，尤其是陶鬲。鬲原本源于龙山时代，广布于黄土高原及其周围地区，但到商时达到了登峰造极的地步，成为那个时期最具时尚性的代表器物。因其使用范围极为广泛，上至商王，下至平民均大量使用，在某个层面上其意义甚至超过了青铜器，因而可以说无鬲不商，这在中国考古学文化中是除了周之外而仅见的。器表一般饰有整齐绳纹、下有分裆的鬲和具有相似特征的甗一起构成了商文化陶器中最具特色的因素。

表2-22　　　　　　　　　苗圃Ⅱ期陶片器形统计表[①]

	鬲	甗	甑	簋	豆	釜形器	盂	盆	罐	红陶罐	瓮	圈足尊	圜底尊	盖	将军盔	总计
数量	886	20	43	394	98	8	14	789	976	69	292	4	368	11	54	4026
%	22.0	0.5	1.1	9.8	2.4	0.2	0.3	19.6	24.2	1.7	7.3	0.1	9.1	0.3	1.3	100

表2-23　　　　　　　　　苗圃Ⅱ期陶片陶系统计表[②]

	泥质灰陶	泥质红陶	夹砂灰陶	夹粗砂红陶	釉陶	总计
数量	3316	341	554	40	45	4296
百分比	77.2	7.9	12.9	0.9	1.0	100
小计	3657		594		45	4296
百分比	85.1		13.8		1.0	100

---

①　表中数字来源于《殷墟发掘报告》329页附表四三。
②　表中数字来源于《殷墟发掘报告》328页附表四一。

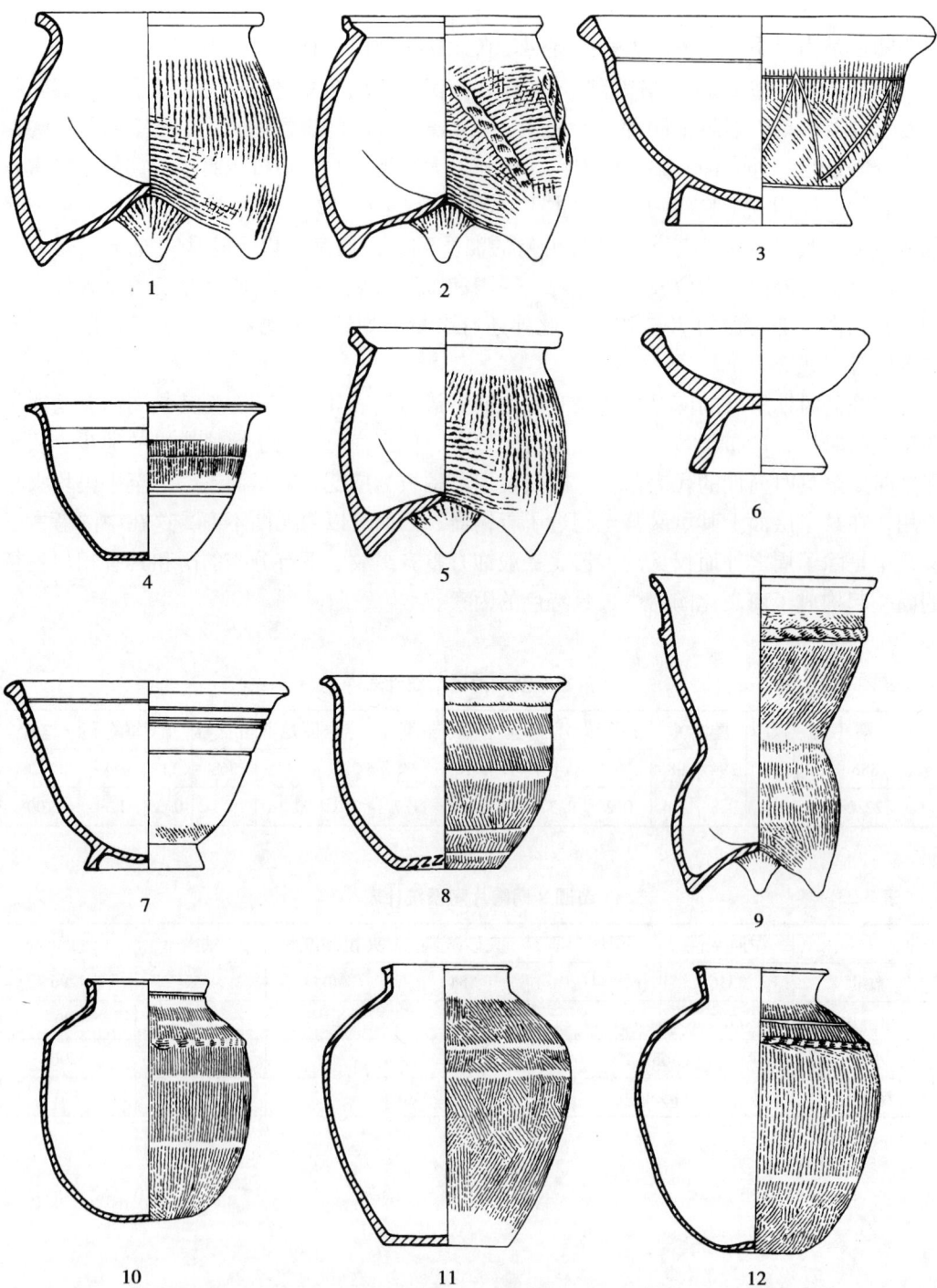

图 2-12　晚商陶器

1、2、5. 鬲　3、7. 簋　4、8. 盆　6. 豆　9. 甗　10、11、12. 罐

(1. T250⑥：40　2. H94：41　3. H10：26　4. H10：24　5. H94：39　6. H94：43　7. H94：33　8. H10：25

9. H4：2　10. H10：21　11. H10：16　12. H10：23　1.2.5.6.7.9 苗圃北地，3.4.8.10.11.12 后岗圆祭坑)

表 2-24　　　　　　　　　　　　苗圃 II 期陶片纹饰统计表①

	素面	弦纹	绳纹	附加堆纹	三角划纹	方格纹	篦纹	划纹	总计
数量	932	383	2907	36	8	16	2	7	4296
百分比	21.7	8.9	67.7	0.8	0.2	0.4	0.05	0.2	100

五　祭祀

《礼记·表记》载，"殷人尊神，率民以事神，先鬼而后礼"，意即在商人看来几乎每一种与人关系密切的自然物或自然现象，都有主宰它们的鬼神存在，因而不论遇到大事小事都要进行祭祀，以求得鬼神的护佑。商人所崇拜的神祇很多，既有日月星辰山川河岳等自然神，也有风雨雷雪云虹等气象神，此外还有超自然的神——上帝，以及祖先神。

晚商时期商人在祭祀方面最为突出的特点是大量而广泛的使用人牲，具体体现在以下几个方面：

一是次数频繁。有学者对与祭祀有关的卜辞做过统计，发现相关的卜辞多达 1350 片，卜辞 1992 条，祭用 13052 人。一次祭祀活动中所用人牲，少者数人，多者几十人，最多的可达三五百人②。可见次数频繁、规模庞大为晚商时期祭祀活动的特点之一。

二是用人为牲祭祀之方式多种多样。建筑房屋，流行在奠基、置础、安门以及房屋落成时举行相关祭祀仪式的习俗，这一点前文已述及。此外还有其他的方式。在后岗和大司空等地均发现有祭祀活动遗留的遗迹。1959 年和 1977 年，考古工作者两次对在后岗的一个圆形坑进行发掘，在坑内挖出了三层人骨架，共计埋有 73 个个体的人骨，其中多数为全躯，少数有首无身或有身无首。这些人骨架没有固定葬式，有的俯身直肢，有的侧身屈肢，还有跪卧、抱头等，似为被捆绑或杀死后抛入，个别头骨上有砍痕。大部分为男性青壮年及儿童，少数为青年女性及婴儿。上层与人架一起还葬有青铜器、陶器、贝、谷物、烧焦的丝麻织物等③（图 2-13）。大司空也发现类似的祭祀坑，坑口呈椭圆形，内有人躯体骨 26 具和头颅骨 31 个，均为男性，有青壮年，也有幼童，大多为砍头后弃入④。

三是王室有专门的祭祀场。这类祭祀场所在宫殿区和王陵区均有发现。王陵区的祭祀场位于西北岗王陵区内，在此发掘的祭祀坑约 1400 多个⑤，主要排列在东区几个大

---

① 表中数字来源于《殷墟发掘报告》328 页附表四二。
② 胡厚宣：《中国奴隶社会的人殉和人祭》（下篇），《文物》1974 年 8 期。
③ 中国社会科学院考古研究所：《殷墟发掘报告（1958~1961）》，文物出版社，1987 年，265~279 页。
④ 安阳市博物馆：《安阳大司空村殷代杀殉坑》，《考古》1978 年 1 期。
⑤ 据《殷墟的发现与研究》（科学出版社，1994 年）一书提供材料。

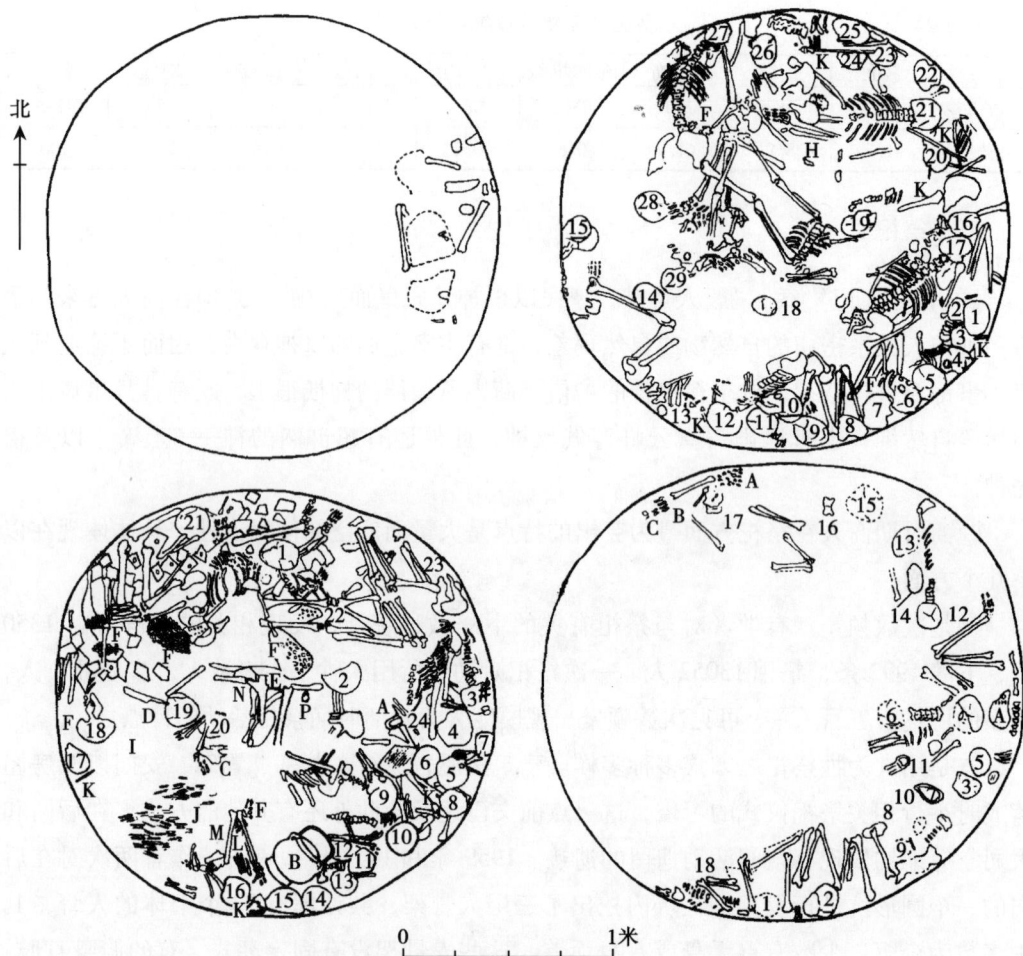

图 2-13 后岗圆形祭祀坑

左 第一层人骨架平面图 右 第二、三层人骨架平面图

（引自《论安阳后岗殷墓》，《中国商文化国际学术讨论会论文集》）

墓的南部和西部。这些祭祀坑分组排列，一组坑的数量从一个到几十个不等（图2-14）。祭祀坑分三类，即人坑、动物坑及器物坑。动物坑中，有的单埋动物，有的与人埋在一起。所用动物有象、马、犬、猪、羊、猴及鸟等。人坑中的骨架有的为全躯，有的身首分离，多为俯身。坑中的人数，少者 1~2 个，多者 39 个。这些人骨架有的属于男性，有的则属于女性，还有个别属于儿童。一般来说，被砍头者多为男性，年龄多在 15~35 岁之间。女性和儿童多为全躯，女性人骨的年龄在 20~35 之间。大部分器物坑内埋有人骨。从祭祀坑的分布排列和分组看，祭祀是在不同时期进行的，祭祀坑也不全

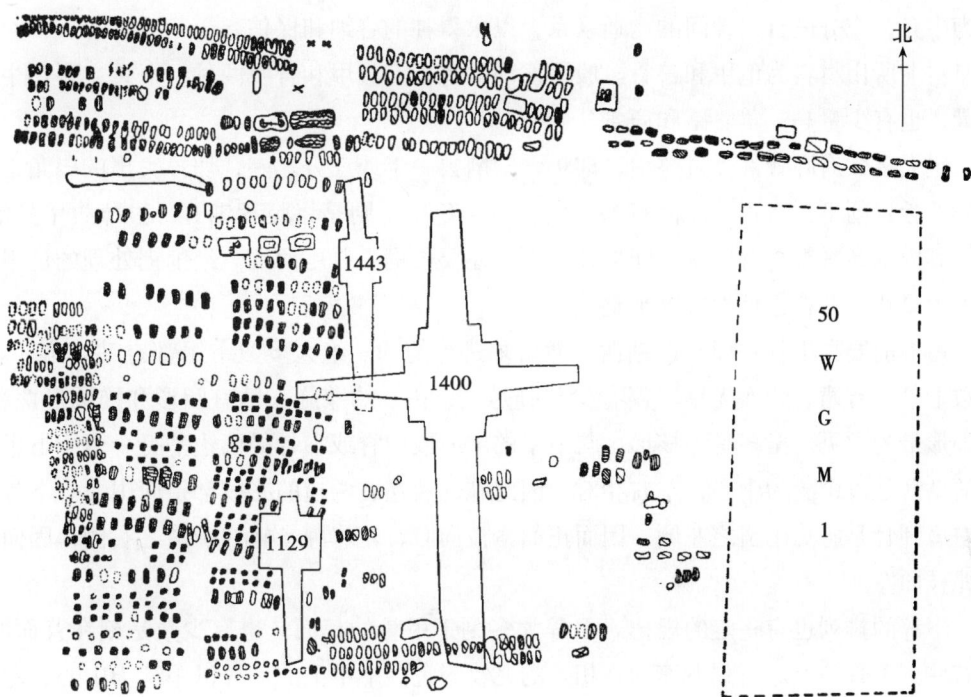

图 2-14　侯家庄西北岗东区祭祀坑分布图

（引自《殷墟的发现与研究》113 页）

是分属于某个大墓，因此西北岗东区应是商王室用于祭祀其先祖的一个公共祭祀场所①。

六　占卜方式

关于占卜的源起与本质，宋镇豪先生如是说，占卜源于原始宗教中的前兆迷信，属于巫术占验范畴。人们在与自然世界交往中，常把一些无因果关系的事象的偶合，视为神所示征兆，久之用占具为中介，进行人神间的沟通，人为制造兆象，以测未来的吉凶祸福②。

占卜最早发现于新石器时代，然而到了商代，占卜数量之频繁，占卜仪式之复杂却达到了前所未有的地步，这一切体现在对甲骨材料的选择和整治、钻凿的形态以及甲骨上的刻辞方法和内容等诸多方面。从殷墟卜辞可知，商人每事必卜、每日必卜，以甲骨

---

① 杨锡璋：《从商代祭祀坑看商代奴隶社会的人牲》，《考古》1977 年 1 期。
② 宋镇豪：《夏商社会生活史》，中国社会科学出版社，1994 年，514 页。又《中国风俗通史·夏商卷》，上海文艺出版社，2001 年，680 页。

作为中介，充分进行人神间的沟通联系，以求得神的容纳和保佑。

占卜所用材料为龟甲和兽骨。殷墟发现的龟甲有腹甲和背甲两种，卜骨主要用牛肩胛骨，也有少量马、羊、猪和鹿骨。

绝大多数肩胛骨都经过整治，即将骨臼削去一半或三分之一，切掉突出的臼角，将背部的骨脊削平，将正反两面打磨光滑。对于龟甲，则是将腹背锯开，去掉腹甲外沿，并将其内刮磨平整。背甲从中间剖开，有些还要再锯去首尾两端。经削锯处理的龟甲都要去掉鳞片，并将正反面打磨平整。

占卜前要在甲骨背面施以钻凿，然后才进行烧灼。绝大多数卜甲都有钻、凿、灼，多数卜骨只有凿、灼而无钻，仅有少部分是钻、凿、灼兼施。钻有圆形和椭圆形两种，以圆形最为常见。凿多呈枣核形，与卜甲的中缝或中脊或卜骨的两边平行。由于卜甲背面的钻凿是以中缝为中心，左右相对，因此施灼后左右两边的兆枝都指向中缝。卜骨中的右肩胛骨是施灼于凿之左侧，因而正面兆枝向右，左肩胛骨施灼于凿之右侧，因而正面兆枝向左。

卜辞的排列也有一定的规律。卜辞大多刻于甲骨的正面，也有少数是刻在背面的，还有些刻于骨臼上。所刻卜辞均在相关的兆纹附近。卜甲上的刻辞以中缝为中心，左右对称契刻，刻辞与龟长平行，均为直行契刻。卜骨上的刻辞，一般是以骨臼一端为上，刻辞与骨长平行，亦为直书①。

综上所述，晚商文化中所显现出来的属于商民族的独有特征体现在以下方面：

1. 建筑的形状以长方形为主，方向多为南偏西。建筑物在建造过程中流行奠基等习俗。

2. 晚商时期的墓葬多有腰坑，殉狗习俗极为普遍，此外大中型墓流行殉人。墓葬的方向以北偏东最为多见。葬式以仰身直肢为主，但亦有一定数量的屈肢葬。

3. 觚爵等酒器在青铜礼器中最为多见，青铜器的组合表现为重酒器的组合。青铜器外表的纹饰以饕餮纹、夔龙纹和鸟纹最具特色，单元纹样的布置方式多采用轴对称式。

4. 以鬲和甗为代表的陶器反映出晚商文化陶器最主要的特点。

5. 在祭祀方面大量和广泛地使用人牲。

6. 有一套独特的占卜方式，包括用料、整治方法、钻凿形态以及刻辞形式。

以上这些特征中有些本非商人发明，如建筑过程中的奠基、安门、立柱、落成等习

---

① 陈梦家：《殷虚卜辞综述》，中华书局，1988 年，9～19 页。

俗①、墓内殉狗的习俗②、占卜习俗③、以灰陶为特色的陶器以及青铜容器的发明等，但在晚商时期被商人所吸收利用并加以发挥，成为具有商人特色的文化特征；有些则属于商人的独创，如墓室内设腰坑、以北偏东或南偏西为正方向的方向观念等等。所有这些共同构成了有别于其他族群的晚商民族文化的独有特征。

---

① 奠基仪式始见于仰韶文化时期，龙山时除奠基外，立柱、落成等仪式亦极为流行，但以商代最为繁复系统。详见宋镇豪《夏商社会生活史》69～81页、《中国风俗通史·夏商卷》88～105页。

② 有学者认为商人以犬为牲的习俗来自东方海岱地区（高广仁、邵望平：《中国史前时代的龟灵与犬牲》，《中国考古学研究》，文物出版社，1986年，66页）。

③ 占卜所用甲骨最早在新石器时代早期遗址中就已发现，其中龟卜主要流行于江淮和东部滨海地区，骨卜在中原和北方地区较为流行（宋镇豪：《夏商社会生活史》，中国社会科学出版社，1994年，515页；《中国风俗通史·夏商卷》，上海文艺出版社，2001年，680～681页）。

第三章　稳定与繁荣：进步的早商文明

晚商文明已被证实是一种成熟的文明，那么考察由晚商文化中归纳出的若干民族文化特征在早商文化中是否存在，确认早于晚商的早商文化，并分析其文明化的程度与发展过程，便成为必须要解决的问题。下文便就早商文化的确定、早商民族文化的特征以及文明化程度做一分析。

第一节　二里岗文化的年代与分布

20 世纪 20 年代殷墟的发掘，使得具有高度文明的殷墟文化见于天日。可是在研究过程中，学者们发现殷墟文化并不是商文化的源头，推测在如此繁荣的文明前面，必定有一个发展的过程。于是学者们开始了多方寻找：有的将城子崖发掘所得与殷墟文化相比较，认为后者最重要的成分源自前者①；有的将后岗二期文化与殷墟文化进行比较，以为前者是后者的直接前驱②；有的在豫东进行调查和发掘，认为造律台和黑孤堆与商有关③。但令人惋惜的是，多年的找寻均无结果。直到 20 世纪 50 年代二里岗遗址和郑州商城的发现，才使这一问题的解决出现转机。总面积达 25 平方千米的郑州商代遗址，为迄今为止所见到的面积仅次于殷墟的商代遗址。遗址内发现有城址、墓葬、窖藏等遗迹和青铜器、玉器、陶器等大量遗物，以二里岗发现的最早、最具代表性而被称为二里岗期商文化④。虽然学者们对二里岗文化是早商文化还是中商文化尚存有分歧⑤，但就二里岗文化为殷墟文化的前身这一关键性问题却达成了共识。其后的 50 多年里，偃师

---

① 李济：《中国考古报告集之一——城子崖发掘报告序》，《李济考古学论文选集》，文物出版社，1990 年，189～193 页（原载于《东方杂志》第 32 卷第 1 号，1934 年）。

② 梁思永：《龙山文化——中国文明的史前期之一》，《考古学报》第 7 册，1954 年。

③ 李景聃：《豫东商丘永城调查及造律台黑孤堆曹桥三处小发掘》，《中国考古学报》第 2 册，1947 年。

④ 河南省文化局文物工作队：《郑州二里岗》，科学出版社，1959 年。

⑤ 持二里岗文化中商说者以安金槐为代表，文见：《试论郑州商代城址》，《文物》1961 年 4、5 期；持二里岗文化早商说者以邹衡为代表，文见：《郑州商城即汤都亳说》，《文物》1978 年 2 期。

商城①、郑州小双桥②、洹北花园庄③、邢台东先贤④等一系列新的考古发现，为这一问题的最终解决提供了重要而丰富的资料。

二里岗文化年代的确定，需要从相对年代和绝对年代两个方面进行。就相对年代而言，在郑州人民公园发现二里岗期遗存被叠压在殷墟文化层之下，证明二里岗文化的年代要早于殷墟文化。此外在南关外、洛达庙、偃师等地，还发现了南关外期或洛达庙期以及二里头文化遗存被叠压在二里岗文化之下。虽然到目前为止，学者们对二里岗文化的上限和下限问题还存在争议（表3-1），但对于二里岗文化晚于以南关外和洛达庙为代表的遗存以及二里头文化，早于殷墟文化却已基本达成了共识。

从绝对年代看，夏商周断代工程开始后，对郑州商城、偃师商城、小双桥、花园庄和东先贤等遗址进行了系列 ^{14}C 测年，数据见附表 2-1 ～ 2-6。其中年代最早者为距今 3292 ± 42 年，最晚者为距今 3053 ± 41 年。如果用断代工程拟合后的日历年代计算的话，

表 3-1　　　　　　　　　　　　　　二里岗文化分期表⑤

	第一期		第二期				
	第一段		第二段		第三段		第四段
邹衡⑥	第Ⅱ组 H9 南关外 H62	第Ⅲ组 H17	第Ⅳ组 H2 乙	第Ⅴ组 H1	第Ⅵ组白家庄上层	第Ⅶ组台西中期白 M3	第Ⅷ组殷墟一期
安金槐⑦	二里岗下层		二里岗上层				
	一期	二期	一期		二期		

---

① 中国社会科学院考古研究所洛阳汉魏故城队：《偃师商城的初步勘探与发掘》，《考古》1984 年 6 期。中国社会科学院考古研究所河南第二工作队：《1983 年秋季河南偃师商城发掘简报》，《考古》1984 年 10 期。中国社会科学院考古研究所河南第二工作队：《1984 年春偃师尸乡沟商城宫殿遗址发掘简报》，《考古》1985 年 4 期。中国社会科学院考古研究所第二工作队：《河南偃师尸乡沟商城第五号宫殿基址发掘简报》，《考古》1988 年 2 期；《偃师商城第Ⅱ号建筑群遗址发掘简报》，《考古》1995 年 11 期；《河南偃师商城东北隅发掘简报》，《考古》1998 年 6 期；《河南偃师商城小城发掘简报》，《考古》1999 年 2 期；《河南偃师商城Ⅳ区 1996 年发掘简报》，《考古》1999 年 2 期；《河南偃师商城宫城北部"大灰沟"发掘简报》，《考古》2000 年 7 期。

② 河南省文物研究所：《郑州小双桥遗址的调查与试掘》，《郑州商城考古新发现与研究（1985 ～ 1992）》，中州古籍出版社，1993 年；《1995 年郑州小双桥遗址的发掘》，《华夏考古》1996 年 3 期。

③ 中国社会科学院考古研究所安阳工作队：《安阳殷墟三家庄东的发掘》，《考古》1983 年 2 期；《河南安阳市洹北花园庄遗址 1997 年发掘简报》，《考古》1998 年 10 期；《河南安阳市洹北商城的勘察与试掘》，《考古》2003 年 5 期；《1998 ～ 1999 年安阳洹北花园庄东地发掘报告》，《考古学集刊》第 15 集，文物出版社，2004 年。

④ 邢台东先贤考古队：《邢台东先贤商代遗址发掘报告》，《古代文明》第Ⅰ卷，文物出版社，2002 年。

⑤ 表中涉及的遗址有郑州二里岗、郑州南关外、郑州白家庄、藁城台西、安阳殷墟。表中未标明遗址者均为二里岗。

⑥ 《试论夏文化》，《夏商周考古学论文集》，文物出版社，1980 年，95 ～ 182 页。

⑦ 《关于郑州商代二里岗陶器分期问题的再探讨》，《华夏考古》1988 年 4 期。

二里岗文化的开始时间为公元前 1600 年，结束时间为公元前 1300 年左右①，其下限恰好与盘庚迁殷之年一致。许多文献记载的商代积年在 496 ～ 600 之间②，以此年数减去晚商存在时间（273 年），可知自汤灭夏至盘庚迁殷这一时期，即早商时期大约持续了300 年左右。如此，从绝对年代的数值看，二里岗文化的开始年代正好与早商起始之时相吻合。

然而要从相对年代上确定早商文化的开始时间，即二里岗文化的哪一期为早商文化的开端，长期以来学界却存在着较大的分歧。从现今的考古学资料来看，郑州商城和偃师商城是迄今为止发现的二里岗文化时期年代最早的两座城址。虽然二城的修建年代不一定能与汤灭夏的时间完全吻合，但至少这两座城址的始建年代与此政治事件的发生最为接近，因此二城的始建年代可视为早商文化的开始年代。经对相关资料分析后，我们认为不仅郑州商城与偃师商城大城的始建年代大体同时③，而且偃师商城的小城和郑州

---

① 夏商周断代工程专家组：《夏商周断代工程 1996 ～ 2000 年阶段成果报告》（简本），世界图书出版公司，2000 年，73 页。

② 主要的记载有：《左传》宣公三年："桀有昏德，鼎迁于商，载祀六百。"《孟子·尽心下》："由汤至于文王，五百有余岁。"《史记·殷本纪》集解引《汲冢纪年》："汤灭夏以至于受，二十九王，用岁四百九十六年。"《易纬稽览图》："殷四百九十六年。"

③ 我们认为，郑州商城和偃师商城大城的始建年代大致相同，即最晚在二里岗下层偏晚时期郑州商城和偃师商城的大城筑成。郑州商城的年代判定根据以下资料：

1. 1956 ～ 1974 年采用横截城墙的方法开挖探沟 22 条（河南省博物馆等：《郑州商代城遗址发掘报告》，《文物资料丛刊》第 1 集，1977 年），在 11 个探沟发现属二里岗下层晚段的文化层堆积直接覆盖着城墙夯土，此外还有一些房基、窖穴和墓葬叠压或打破城墙，这些遗迹中年代较早者为二里岗下层晚段，因此城墙修筑年代最晚不会晚于二里岗下层偏晚阶段。城墙的夯土层内包含着较多的洛达庙期陶片和少量的二里岗下层早段的陶片，说明修建城墙时二里岗下层早段的文化堆积已经存在，因此城墙的始建年代只能定在二里岗下层早段。

2. 1973 ～ 1978 年对宫殿区的夯土基址试掘（河南省文物研究所：《郑州商代城内宫殿遗址区第一次发掘报告》，《文物》1983 年 4 期），发现 C8T39、C8T43、45、C8G9、C8G15、C8T55、T60、T61、C8T62 等基址坐落于洛达庙期灰坑和生土上，被属于二里岗下层的文化层或灰坑、墓葬叠压或打破，夯土层内含有洛达庙期和二里岗下层陶片，这些叠压或打破夯土基址的单位中，年代最早者为二里岗下层晚段。由此可以确定，郑州商城的始建年代最晚不晚于二里岗下层晚段，或者可以早到二里岗下层早段。

可以说明偃师商城大城的始建年代的资料有如下几条：

1983 年西二城门发掘时，在城墙内侧道路上发现属于二里岗下层晚段的 M7、M18 打破路土（中国社会科学院考古研究所河南第二工作队：《1983 年秋季河南偃师商城发掘简报》，《考古》1984 年 10 期）；1984 年在东二城门发现有属于二里岗下层晚段的 M11 打破城墙基部夯土（赵芝荃等：《偃师尸乡沟商代早期城址》，《中国考古学会第五次年会论文集》，文物出版社，1988 年）；1996 ～ 1997 年商城东北隅发掘时，发现大城城墙附属堆积下面叠压着属于二里岗下层早段的 H8、H9、H10，在城墙附属堆积上面，叠压有几层路土，有两组二里岗下层晚段的墓葬开口于一、二层路土下（中国社会科学院考古研究所河南第二工作队：《河南偃师商城东北隅发掘简报》，《考古》1998 年 6 期）。如此，可以确定偃师商城的始建年代与郑州商城基本同时，即不晚于二里岗下层晚段，也不早于二里岗下层早段。

商城内北大街宫殿的始建年代也大体相同或略有先后①，因此可将早商文化的开始时间定在二里岗下层偏早阶段，即以二里岗 H9 为代表的时期②。也就是说，二里岗文化的开始时间，大约便是早商文化的起始时间。

对于早商文化的结束时间，学界也存在两种看法。一种以为结束于殷墟文化第一期以前③，一种将殷墟文化第一期归入早商④。从文化特征来看，以三家庄为代表的殷墟文化第一期遗存，与殷墟文化第二期紧密衔接，其间没有中断，而与二里岗文化差距较大。因而，将早商文化的结束时间确定在殷墟文化第一期之前较为合理一些。

二里岗文化的分布范围极广，在西起关中西部、东至山东中部，北迄拒马河，南逾江淮的广大范围内，均发现有该文化的遗存（图3-1）。

---

① 偃师商城在大城修建之前先修建了小城。1997 年发掘小城时，在小城西北城角发现大城城墙在修建时曾对小城西北角的西、北城墙进行切割，并将小城西墙包在了大城西墙之中，由此可知，小城的修建早于大城。在对小城北城墙中段发掘时，在城墙内外发现有 22 座墓葬分别打破城墙内侧的附属堆积和城墙外侧的路土，其中以 M16 为最早。此外被城墙及附属堆积叠压的 G2 内包含有相当于二里岗下层早段的遗物（中国社会科学院考古研究所河南第二工作队：《河南偃师商城小城发掘简报》，《考古》1999 年 2 期）。打破小城城墙的 M16 出土的陶器，形制介于二里岗下层早段与晚段之间，因此可以说，偃师商城小城的修建年代最晚不会晚于大城的始建以及打破小城城墙的 M16 为代表的时期，也不会早于二里岗下层早段。

与偃师商城小城发现的时间略晚，在郑州商城东北部的管城区北大街发现了 20 多处宫殿基址（河南省文物考古研究所：《郑州商城北大街商代宫殿遗址的发掘与研究》，《文物》2002 年 3 期）。这些基址分布密集，存在多组叠压和打破关系，有的是基址间相互叠压或打破，有的是晚段的灰坑打破基址。如 H112、H153、H154 打破夯土Ⅲ，夯土Ⅲ又打破夯土Ⅵ和Ⅶ，夯土Ⅵ和夯土Ⅶ下面又叠压有 H232、H233、H230、H231，同时夯土Ⅵ又打破Ⅶ。从打破夯土Ⅲ的 H112 出土陶器看，其形制介于二里岗下层晚段与早段之间，而被夯土Ⅵ和Ⅶ叠压的四个灰坑，均为洛达庙晚期。此外，夯土Ⅵ和Ⅶ垫土中包含有一部分洛达庙晚期和少量二里岗下层早段偏早的遗物。因此，可以断定这几座基址的年代不会晚于 H112 代表的时期，也不会早于洛达庙晚期。尤其是Ⅵ和Ⅶ两座基址的年代可早到二里岗下层早段，即 H9 阶段。最早宫殿的出现意味着郑州商城始建的开始，同时也意味着早商文化的开端。与偃师商城相比，郑州商城的始建时间略早一些，因而可以之作为早商文化的起始年代。

② 类似的遗存在偃师和郑州多有发现，如郑州商城 CWM7、M8、M9（河南省博物馆等：《郑州商代城遗址发掘报告》，《文物资料丛刊》第 1 辑）、C8H44（河南省文物研究所：《郑州商代城内宫殿遗址区第一次发掘报告》，《文物》1983 年 4 期）、95 铭功路东 H3（郑州市文物考古研究所：《郑州市铭功路东商代遗址》，《考古》2002 年 9 期）、偃师商城 83YSⅢM18（中国社会科学院考古研究所河南二队：《1983 年秋季河南偃师商城发掘简报》，《考古》1984 年 10 期）、H25 井下（中国社会科学院考古研究所河南二队：《河南偃师尸乡沟商城第五号宫殿基址发掘简报》，《考古》1988 年 2 期）、97YSⅣM16（中国社会科学院考古研究所河南第二工作队：《河南偃师商城小城发掘简报》，《考古》1999 年 2 期）等，都是属于这一时期的遗存，因此可将这批遗存所代表的时间作为早商文化开始的上限。

③ 夏商周断代工程专家组：《夏商周断代工程 1996～2000 年阶段成果报告》（简本），世界图书出版公司，2000 年，62～73 页。

④ 邹衡：《试论夏文化》，《夏商周考古学论文集》，文物出版社，1980 年。

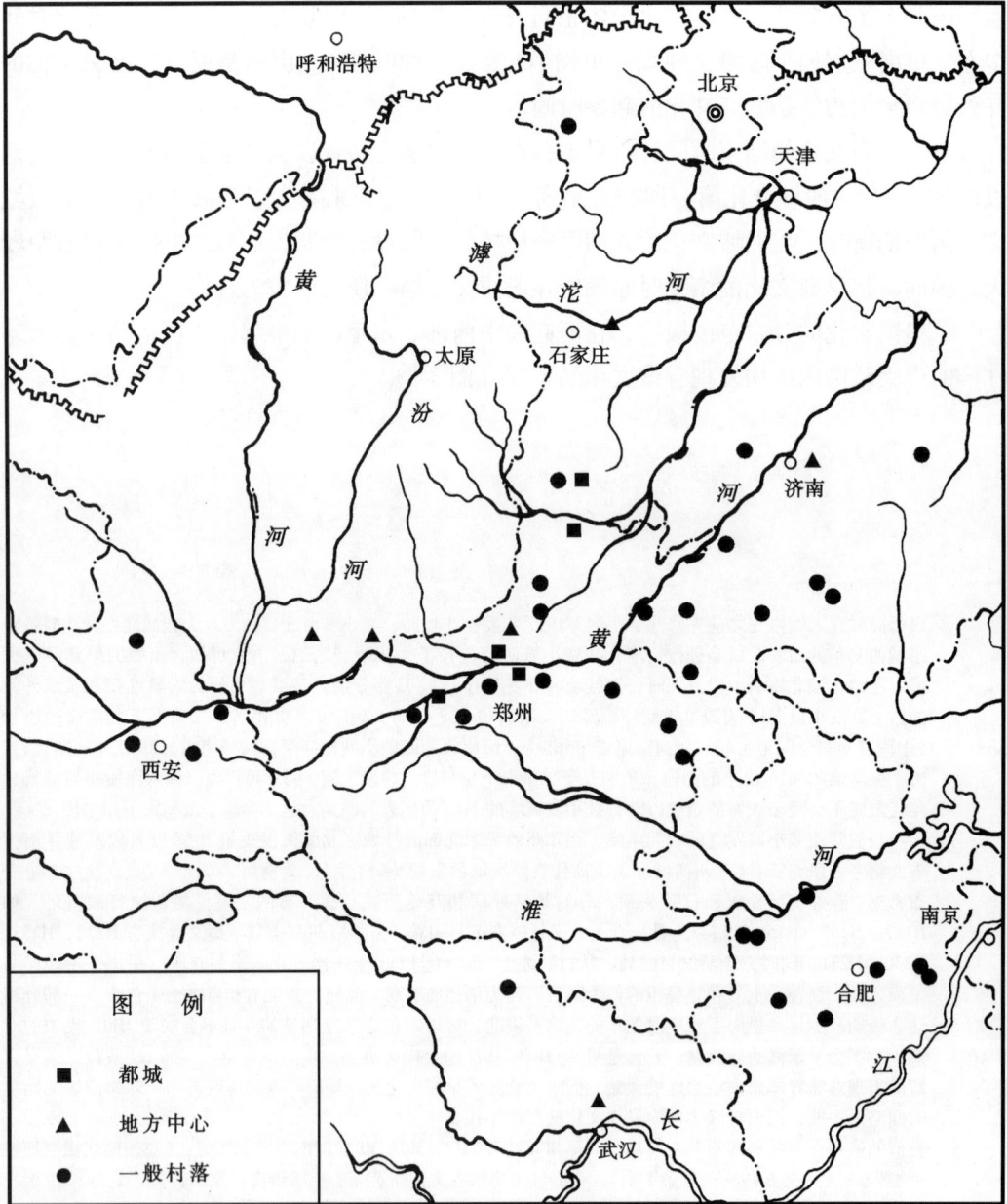

图 3-1　二里岗文化遗址分布示意图

第二节　二里岗文化特征分析

二里岗文化被确认为是早商文化，除了上述时间与地域两个方面的因素外，在晚商文化中析出的商民族的文化基因在二里岗文化中是否存在，则是确定二里岗文化是否即是殷墟文化的前身，亦即二里岗文化的创造者是否与晚商文化的使用者属于同一民族的关键，欲解决这些问题，就必须对二里岗文化所具有的独特的文化特征进行细致分析。同时，商文化特质的进一步论证，也将为从考古学上追溯先商文化奠定科学的基础。

一 建筑的形状、方向与建筑习俗

二里岗文化建筑物的形状有长方形、方形、圆形、不规则形等。从下表的统计可以看出，不论是宫殿基址，还是地面式或半地穴式建筑，最常见的形状还是长方形，约占所有房址的88%以上。从间数看，有单间、双间和多间三种，但以单间最多，约占81%（表3-2）。这些特点与晚商文化的建筑完全相同。

建筑物的方向（此处指门向）有南、北、东、西四种，虽然许多基址因保存不好，

表 3-2　　　　　　　　　二里岗文化的建筑基址形状和方向统计表①

结构	遗址	形状					间数			方向				
		长方	方形	圆形	其他	不清	双间	单间	不清	南	北	东	西	不清
宫殿	郑州商城②	23		1	3									
	偃师商城	5								2		1		
	洹北商城	30												
地面	铭功路制陶作坊	4						4		1	1		1	1
	紫荆山铸铜作坊	6					4		2	4	1			1
	郑州商城城墙内侧	3	4		1			8		4				4
半地穴	铭功路制陶作坊	12	1					13		7	1	1		3
	郑州商城城墙内侧		1					1				1		
小计		83	6	1	3	1	4	26	2	17	3	3	2	9
百分比		88.3	6.4	1.1	3.2	1.1	12.5	81.3	6.2	50	8.8	8.8	5.9	26.5

① 统计表中所用数字来源：《郑州商城》146～148、243～287、369～376、393～404、427～433 页；《郑州商城北大街商代宫殿遗址的发掘与研究》，《文物》2002 年3 期；《郑州商代城遗址发掘报告》，《文物资料丛刊》第1 辑，1977 年；《河南安阳市洹北商城的勘察与试掘》，《考古》2003 年5 期；《1984 年春偃师尸乡沟商城宫殿遗址发掘简报》，《考古》1985 年4 期；《河南偃师尸乡沟商城第五号宫殿基址发掘简报》，《考古》1988 年2 期；《偃师商城第Ⅱ号建筑群遗址发掘简报》，《考古》1995 年11 期。

② 由于郑州商城的宫殿区位于市区内，这些宫殿基址和房屋基址受后期破坏严重，另外由于受建筑单位内的发掘面积所限，虽然在多数夯土基址面发现了一些零星的柱础坑或柱础石，但多数柱础坑连接不起来，也看不出原来宫殿基址或房屋基址的基本形状（《郑州商城（1953～1985 年考古发掘报告）》，文物出版社，2001 年，242 页）。

已不知其方向，但就已知方向的建筑中，仍是以南向最多，约占50%左右。而南向中又以南偏西最为常见，个别向北或向东。同样的情形亦见于藁城台西遗址。在台西属于早期的文化遗存中，发现的两座房址均为双间，一座只有一门，南向，另一座有两门，一南一北。这两座向南的房址的方向，均为南偏西；其余北向的为北略偏东。

不仅如此，以郑州商城为代表的一大批早商城址的方向亦不是正南北，而是北偏东或南偏西向（表3-3）。而这些城址内的宫殿也与城址一样多为北偏东或南偏西向①。以偃师商城为例，以西墙为准，城墙的方向为7°，城内的宫殿、祭祀场、水池等大型建筑也采用南偏西或北偏东向（图3-2）。黄陂盘龙城发现的三座宫殿基址方向与城垣一致，其中F1为面阔四间的大型建筑，北面有二门，门向为北偏东，南面开有四门，门向为南偏西②。焦作府城的城址和城内最大的一号宫殿基址的方向均为4°，也是北偏东③。由此看来，二里岗文化的建筑与晚商文化一样，采用同样的方向，即以南偏西即北偏东为正方向。

二里岗文化的建筑流行在建造过程中及建成之后举行各种祭祀礼仪的习俗④。其中以大型宫殿基址表现得最为清楚。洹北商城一号基址发现的与祭祀有关的遗迹分布于主殿、西配殿和门塾等处。主殿前的9个台阶前均埋有羊的骨骼；6个台阶东挖掘有长方形坑穴，内各有殉人一；两间主室内各有一坑穴，内埋有殉狗一；西配殿台阶前分别埋有猪、羊等动物；门塾附近有20多处祭祀遗迹，其中除有一个为长方形人葬坑外，其余均为方形空坑。其中位于主室之内的坑穴应该是宫殿奠基时举行相关仪式的遗留，至于门塾附近的方形或长方形坑穴则与安门仪式有关，而主殿和西配殿台阶附近以及庭院内的坑穴则可能与落成礼有关⑤。

表3-3　　　　　　　　　　　　　　　　早商城址方向统计表

城址	郑州商城	偃师商城	洹北商城	垣曲商城	焦作府城	盘龙城
方向	5°	7°	13°	5°	4°	20°

1985～1986年考古工作者在偃师商城五号宫殿上层基址的庭院北边地面下，发现8个狗坑顺正殿基址南部边沿分布于一条直线上。狗坑为长方形，每坑各有一只狗骨架，

---

① 高炜等：《偃师商城与夏商文化分界》，《考古》1998年10期。
② 湖北省博物馆等盘龙城发掘队：《盘龙城1974年度田野考古纪要》，《文物》1976年2期。
③ 袁广阔等：《河南焦作府城遗址发掘报告》，《考古学报》2000年4期。
④ 北京大学历史系考古教研室商周组：《商周考古》，文物出版社，1979年，71页。宋镇豪：《中国风俗通史·夏商卷》，上海文艺出版社，2001年，96～97页。宋镇豪：《夏商社会生活史》，中国社会科学出版社，1994年，76～78页。
⑤ 1号宫殿只发掘了西部的三分之二，东部因故未掘，因此相关情况无从知晓。见中国社会科学院考古研究所安阳工作队：《河南安阳市洹北商城宫殿区1号基址发掘简报》，《考古》2003年5期。

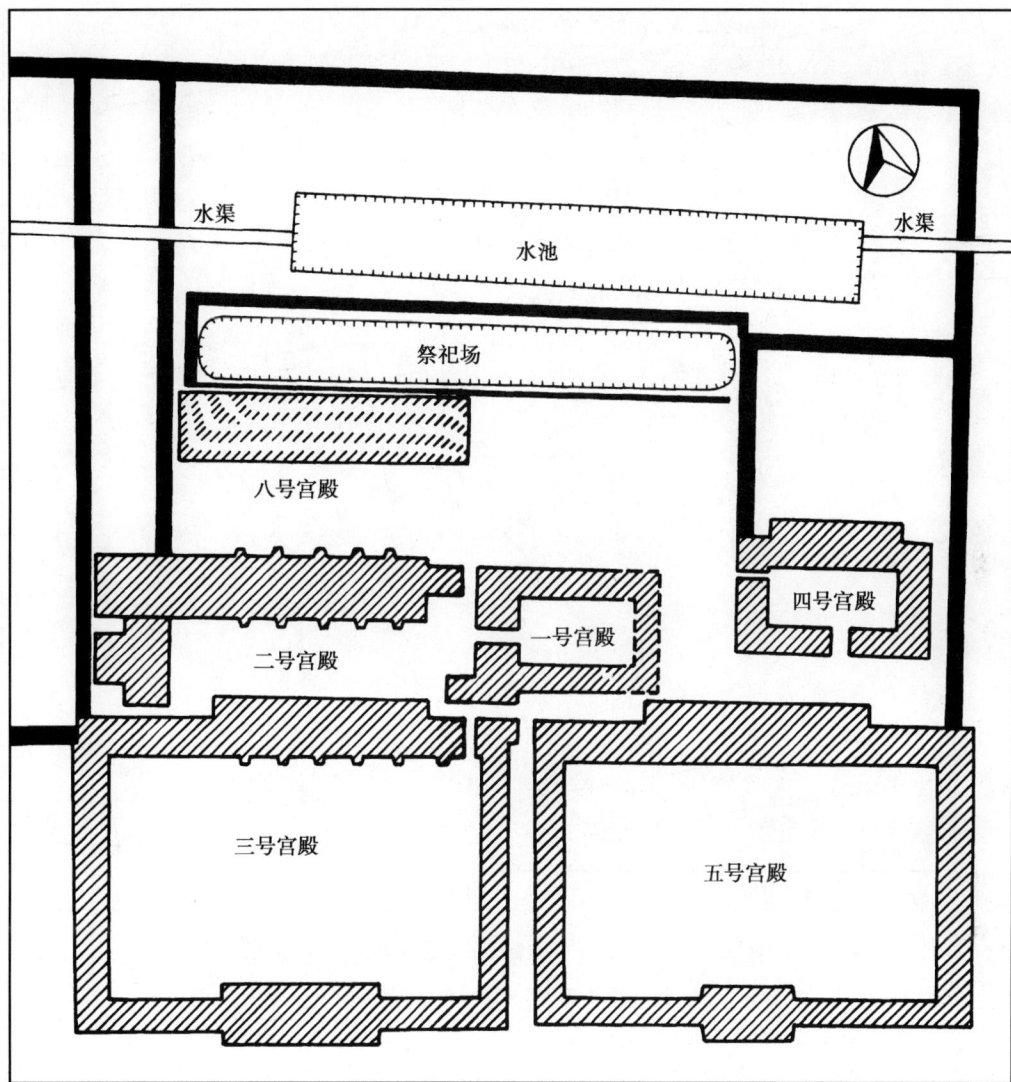

图 3-2　偃师商城宫殿等遗迹方向示意图

（引自杜金鹏《偃师商城王宫池渠的发现及其源流》）

头皆向南，与建筑物方向一致（图 3-3）①。这些狗坑亦当与宫殿建筑过程中举行的祭祀仪式有关。

　　在郑州商城属于二里岗上层的一座房基附近也发现有狗坑 8 个，呈三行排列，其内

_____

① 中国社会科学院考古研究所第二工作队：《河南偃师尸乡沟商城第五号宫殿基址发掘简报》，《考古》1988年 2 期。

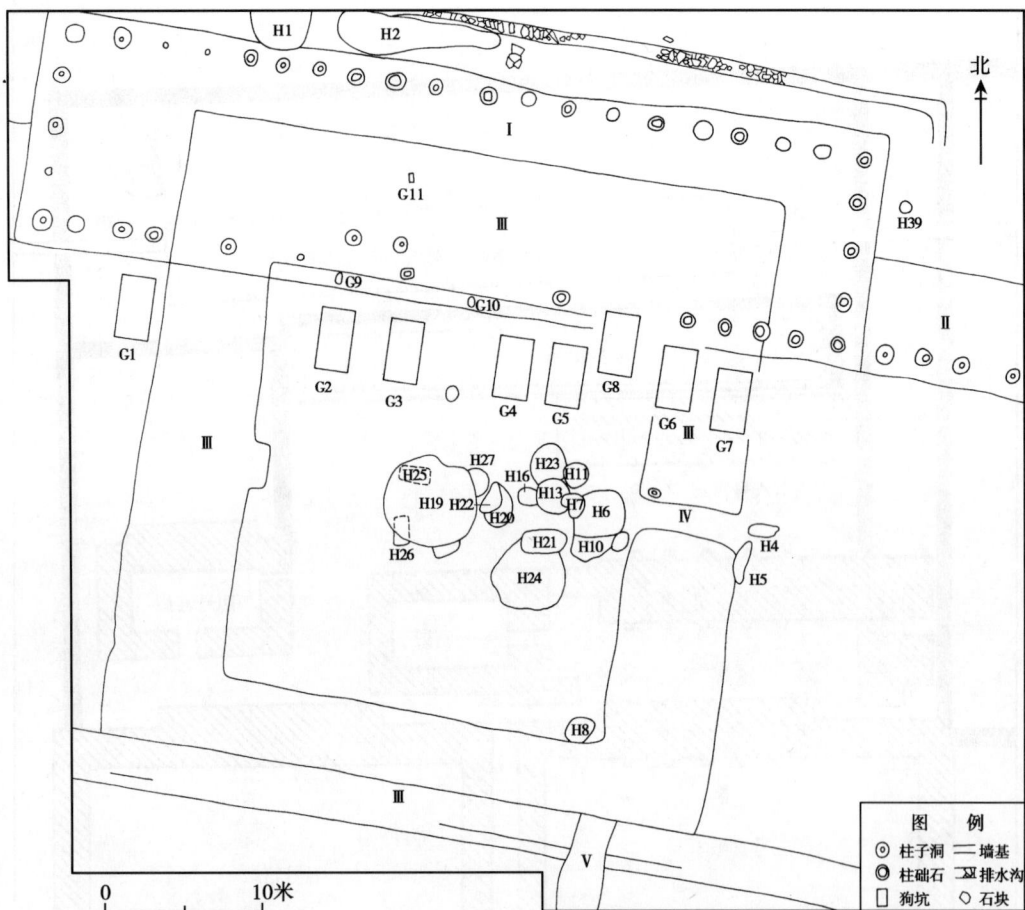

图 3-3 偃师商城五号宫殿上层基址狗坑位置示意图
（据《河南偃师尸乡沟商城第五号宫殿基址发掘简报》改制）

殉有狗 92 只（表 3-4）。其中，狗坑 15 底部还堆埋有 2 具人骨架，狗坑 18 内也夹杂有零乱人骨[1]，这些狗坑可能是为庆祝某一大型基址的落成而挖成的。

　　普通的房屋在建筑过程中，也有举行奠基仪式者。位于郑州铭功路西侧制陶遗址中部的 F102 是一座东西长 8.4、南北宽 3.7～3.9 米的长方形房屋。房屋的地面先后经过六次铺垫。在这座房基的数层地面下，分别叠压有 6 座小型墓葬，墓内的死者既有成年人，也有少年或儿童。除打破最上层地面的 M131 属房基废弃后埋入外，其余的 5 座墓葬均是埋在房基内铺垫的各层地面之下，墓内的死者当是在铺设室内地面时作为奠基被

---

① 河南省博物馆等：《郑州商代城遗址发掘报告》，《文物资料丛刊》第 1 辑，1977 年。

表 3- 4 　　　　　　　　　　郑州商城 C8T27 商代殉狗坑统计表

坑号	方向	形制	大小（长宽高 m）	殉狗数量	备注
狗坑 15	37°	长方竖穴	2 × 0.9 × 0.37	6	坑底有两具人骨
狗坑 18	35°	椭圆形	2.3 × 0.9 × 0.5	16	狗骨零乱并杂有人骨
狗坑 20	35°	长方竖穴	1.8 × 1.05 × 0.75	10	
狗坑 21	36°	长方竖穴	1.85 × 0.8 × 0.65	8	
狗坑 23	35°	长方竖穴	1.7 × 0.8 × 0.4	9	
狗坑 24	45°	长方竖穴	1.66 × 1.03 × 0.6	14	夔纹形金片 1 件
狗坑 25	37°	长方竖穴	1.38 × 0.5 × 0.25	6	
狗坑 30	35°	长方竖穴	2.46 × 1.17 × 0.29	23	

埋入的①。

郑州商城 CWF1 为面积不到 5 平方米的近正方形半地穴式房屋，在房基北壁下埋有一具猪骨架，房基中部叠压着一座商代墓，墓内埋有一完整的人骨架和一个人头。人骨架俯身屈肢，似被捆绑。此人骨架和猪骨架应该为房基建筑时的牺牲（图 3- 4）②。

紫荆山 C15F1 为东西两间并列的房子，房基经过两次改建，西间中部挖有一坑，内置一狗的头骨，可能为改建时举行奠基仪式的遗留③。

在建筑过程中及建筑落成后举行各种仪式以期趋吉避凶

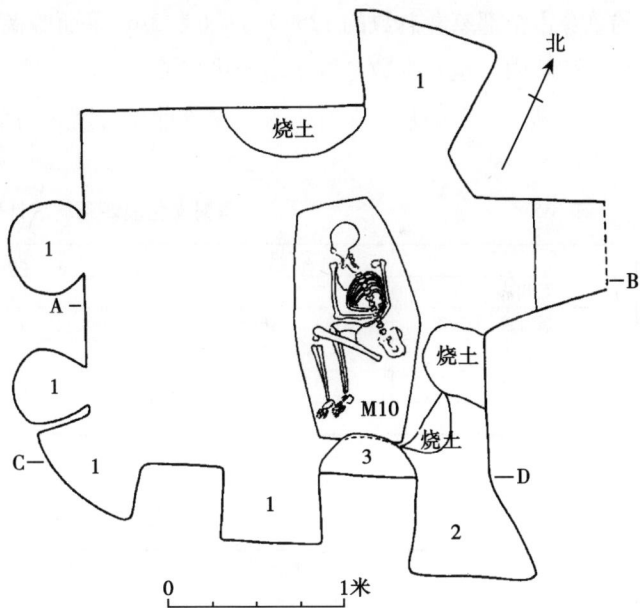

图 3- 4 　郑州商城 CWF1 平面图
（引自《郑州商城》208 页）

---

① 河南省文物考古研究所：《郑州商城（1953～1985 年考古发掘报告)》，文物出版社，2001 年，398～399 页。
② 河南省博物馆等：《郑州商代城遗址发掘报告》，《文物资料丛刊》第 1 辑，1977 年。
③ 河南省文物研究所：《郑州商代二里岗期铸铜遗址》，《考古学集刊》第 6 集，1989 年。

的习俗，与晚商时期如出一辙，反映出二者所具有的共同的习俗传统。

二 埋葬习俗

二里岗文化的埋葬习俗可由已发现的数量不菲的墓葬中窥得一斑。下面以发表材料较为集中的郑州商城①、偃师商城、藁城台西、垣曲商城、黄陂盘龙城等墓地为例做一分析②。

二里岗文化的埋葬习俗与晚商文化有若干相同或相近之处，一是墓底多有腰坑。腰坑位于墓底中部，从形状看有长方形，也有方形，还有的呈椭圆形。腰坑内多埋有狗的骨架。唯从统计数字看，二里岗文化墓葬中有腰坑的墓葬数量不及晚商多。由下表可以看出，除了盘龙城有腰坑的墓葬数量较多，占墓葬总数的2/3外，其他墓地均不多，如台西、郑州商城和偃师商城分别为25%、13.4%和6.3%。而晚商文化中有腰坑者占全部墓葬的49%左右（表3-5）。

二是墓葬内流行殉狗习俗，但是二里岗文化中有殉狗的墓葬数量略低于晚商，殉狗的墓葬占全部墓葬总数的12%左右（表3-6），而晚商占到40%。绝大多数墓葬的殉狗置于腰坑内，也有少数是置于填土中或二层台上。腰坑内狗的头向与墓主头向一致。

三是较大型的墓葬多有殉人。据统计，有殉人的墓葬约占全部墓葬总数的3%左右

表3-5 二里岗文化墓葬腰坑统计表

	墓葬总数	有腰坑者	百分比
郑州商城	164	22	13.4%
偃师商城	16	1	6.3%
台西	20	5	25%
盘龙城	6	4	66.7%
小计	206	32	15.5%

表3-6 二里岗文化墓葬殉狗情况统计表

	墓葬总数	殉狗墓葬数量	百分比	总计殉狗数
郑州商城	164	15	9.1%	15
盘龙城	6	2	33.3%	4
台西	20	6	30%	11
小计	190	23	12%	30

---

① 《郑州商城》汇集了1953～1985年历年郑州发现的早商墓葬的情况，下面的统计数字主要来源于此。此外尚有资料见于河南省文物研究所：《郑州商城新发现的几座商墓》，《文物》2003年4期。

② 需要说明的是，下列统计数字中以郑州商城资料最为详备，其他地点受公布资料的限制，文中所用的统计数字不完整，因此多为不完全统计。尽管如此，亦可看出早商墓葬的特征所在。

（表3-7），与晚商时期的比例基本相同。此外不论是早商还是晚商，多将殉人置于二层台上，采用与墓主不同的葬式——或为俯身屈肢，或为仰身屈肢——的习俗是一样的。

四是墓葬中死者的头向以北向最为多见。二里岗文化的墓葬中，偃师商城、盘龙城、垣曲商城三地采取北向头向的墓葬占墓葬总数的50%～60%左右，郑州商城亦接近40%。从平均数看，二里岗文化中北向墓葬占墓葬总数的39%，这一数字与晚商时期的比例大体相同。此外，与晚商一样，南向的墓葬亦较常见，此外还有东、西向者。但个别墓地以南向为最多，如台西墓地头向为南者占墓葬总数的60%。但从墓葬总的数量而言，仍以北向为主（表3-8）。

表3-7　　　　　　　　　　　二里岗文化墓葬殉人统计表

	墓葬总数	殉人墓葬数	百分比	殉人数量	
郑州商城	164	2	0.9%	2	
台西	20	2	10%	3	
盘龙城	6	1	16.7%	3	
垣曲商城①	8	1	13%	1	
小计	198	6	3%	9	

表3-8-1　　　　　　　　　　二里岗文化墓葬墓主头向统计表

	北	南	东	西	方向不明	合计
郑州商城	63	57	22	16	6	164
	38.4%	34.8%	13.4%	9.8%	3.7%	
盘龙城	4	2				6
	66.7%	33.3%				
偃师商城②	11	3	2			16
	68.8%	18.8%	12.5%			
台西	2	12	3	3		20
	10%	60%	15%	15%		
垣曲商城	4	2	1	1		8
	50%	25%	12.5%	12.5%		
小计	84	76	28	20	6	214
	39.3%	35.5%	13.1%	9.3%	2.8%	

① 中国历史博物馆考古部等：《垣曲商城（1985～1986年度勘察报告）》，科学出版社，1996年。中国历史博物馆考古部、山西省考古研究所：《1988～1989年山西垣曲古城南关商代城址发掘简报》，《文物》1997年10期。统计资料包括商城报告中的2座灰坑葬。《文物》1997年10期中言有二里岗时墓葬11座，但无统计资料，仅用两座墓即M16、19。

② 偃师商城西二城门发现墓葬13座，但仅有4座墓做了介绍；东北隅发现墓葬17座，仅有2墓有材料；小城发现墓葬22座，仅4座有材料，因此统计数据按有材料者计算。但小城K99-2在介绍墓葬总体情况时，说发现的22墓，南向者1，北向者19，东西向者2，因不明是东还是西，故在统计时按一东一西计算。因而偃师商城的所有资料的统计是不完全统计，只可作参考。

表 3-8-2 　　　　　　　　　二里岗文化墓葬头向示意表

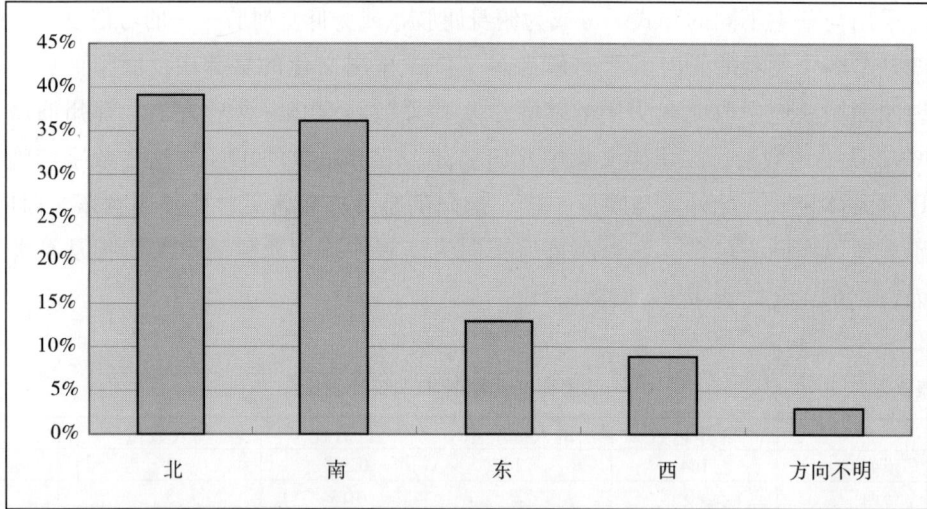

表 3-9-1 　　　　　　　　　二里岗文化墓葬北向头向统计表

	北偏东	北偏西	正北	小计
郑州商城	45	11	7	63
	71.4%	17.5%	11.1%	
偃师商城	9	2		11
	81.8%	18.2%		
台西	2			2
	100%			
垣曲商城	2	2		4
	50%	50%		
盘龙城	4			4
	100%			
小计	58	15	7	80
百分比	72.5%	18.8%	8.8%	100.1%

北向的墓葬中，大多为北偏东，即多在 0°～25°之间，其中又以 5°～15°为最多。北偏西者极少。表 3-9 中对郑州商城、偃师商城、台西、垣曲商城和盘龙城等 5 个地点的北向墓葬进行了统计，发现取东北方向的墓葬均占北向墓葬的 70% 以上。因此可以说，二里岗文化的墓葬方向以北为主，或者更准确地说，是以北偏东为主。晚商亦是如此，二者略有不同的是，晚商北向墓葬中采用东北向的墓葬数量占全部墓葬的 90% 以上，且未见到正北方向者。

表 3-9-2　　　　　二里岗文化墓葬墓主北向头向示意表

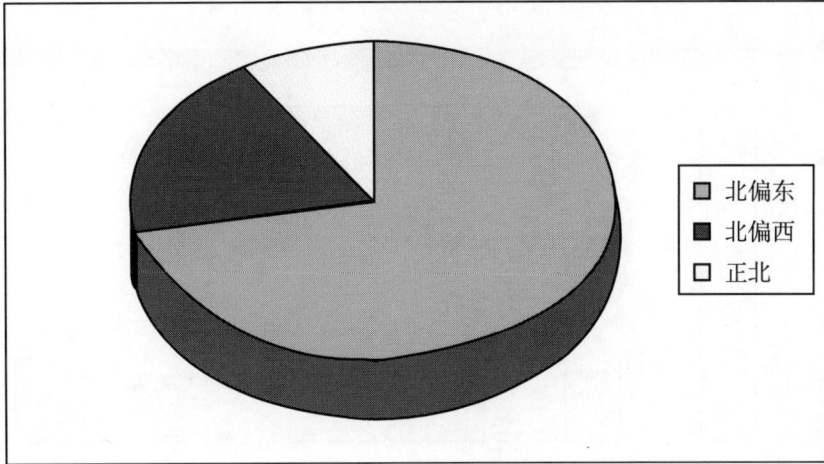

图例：
- 北偏东
- 北偏西
- 正北

表 3-10-1　　　　　二里岗文化墓葬墓主葬式统计表

	仰身	俯身	屈肢	侧身	其他	不详	墓葬总数
郑州商城	104	14	17	4	2	23	164
	63.4%	8.5%	10.4%	2.4%	1.2%	14.0%	
盘龙城	1					5	6
	16.7%					83.3%	
偃师商城	10	1				5	16
	62.5%	6.3%				31.3%	
台西	8	8	3			1	20
	40%	40%	15%			5%	
垣曲商城	8	3	1				12
	66.7%	25%	8.3%				
小计	131	26	21	4	2	34	218
	60.1%	11.9%	9.6%	1.8%	0.9%	15.6%	

五是从葬式看，多为仰身直肢葬。与晚商一样，采用仰身直肢葬的墓葬约占墓葬总数的60%以上，此外还有存在一定数量的俯身葬（表3-10），说明在流行仰身葬的同时，也流行俯身葬。此外还有少量的屈肢葬和侧身葬。但从表中也可以看出，台西墓地的仰身葬与俯身葬数量相等，均占墓葬总数的40%。但从墓葬总数来看，仍以仰身直肢最为常见。

表 3-10-2　　　　　　　　　　二里岗文化墓葬葬式示意表

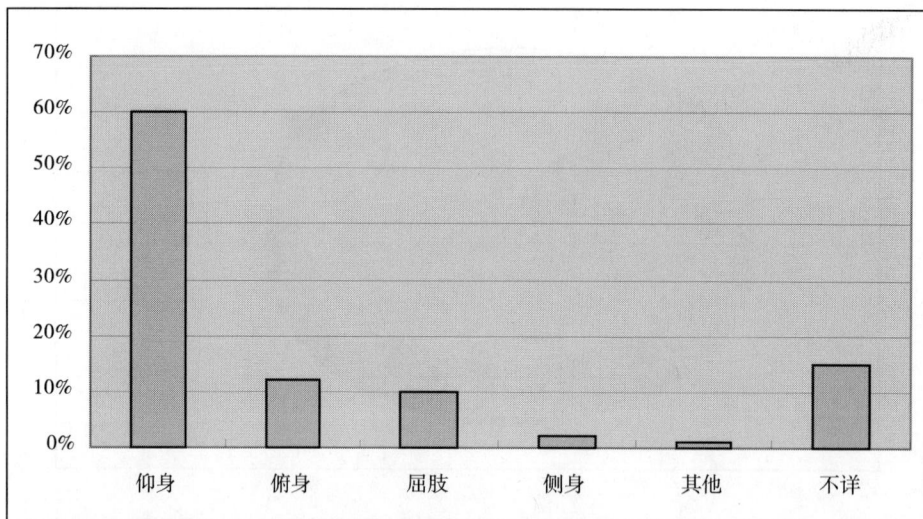

表 3-11　　　　　　　　　　墓底有朱砂墓葬统计表

	墓葬总数	有朱砂者	百分比
郑州商城	164	16	9.8%
垣曲商城	15	1	6.6%
偃师商城	16	1	6.3%
盘龙城	6	4	66.7%
小计	201	22	10.9%

　　虽然二里岗文化的埋葬习俗与晚商存在若干相同之处，但二者亦有细微的差别，如二里岗文化有腰坑的墓葬比晚商要少，墓葬中殉狗的习俗似亦不如晚商流行，然而二里岗文化中殉人的比例却高于晚商，也许这与前者发现的墓葬数量较少有关。此外，二里岗文化墓葬头向中北向者的数量虽与晚商相若，但东北方向的墓葬数量却少于晚商。

　　若将二里岗文化的埋葬习俗与晚商进一步比较，便会发现在当时还存在一些特殊的习俗未见或少见于晚商。其一便是墓底多铺有朱砂。一般而言，朱砂多铺设于墓室底部，厚 1 厘米左右。台西墓地的一些墓底也常发现大片朱砂，这种朱砂通常都在死者骨骼上下及其周围。以郑州商城为例，据不完全统计，共发现的 164 座墓葬中，有 16 座墓的墓底铺有朱砂，占全部墓葬总数的 10% 左右（表 3-11）。

　　其二是二里岗文化的墓葬中有随葬涂朱陶片的习俗。有涂朱陶片的墓葬占全部墓葬总数的 12% 左右，唯盘龙城占 66.7%。这种陶片多用是陶片磨成，直径 4～5 厘米左右，一面涂朱。郑州商城发现的 164 座墓中，有涂朱陶片的有 19 座墓，共有陶片 23 片（表 3-12）。

表 3-12　　　　　　　　　　　**随葬有涂朱圆陶片墓葬统计表**

	墓葬总数	有涂朱圆陶片的墓葬数	百分比	随葬涂朱陶片数
郑州商城	164	19	11.6%	23
偃师商城	16	1	6.3%	1
垣曲商城	15	2	13.3%	2
盘龙城	6	4	66.7%	5
台西	20	1	5%	1
小计	221	27	12.2%	32

在墓葬中随葬涂朱圆陶片以及墓底铺以朱砂等习俗在二里岗文化的墓葬中存在，却不见或少见于晚商墓葬，这种差异也许是由于二者所处地域不同所致，也许与时代早晚有关。尽管二里岗文化与晚商文化相比，二者间存有一些差别，但从总的埋葬习俗看，这种差别是次要的，相同或相近是主要的。

三　青铜器

二里岗文化在青铜器中所体现出来的特色莫过于重酒器的组合和器表的纹饰了。与晚商一样，二里岗文化的青铜器亦可分为酒器、食器、水器、兵器和工具等几大类。其中数量最多的是青铜礼器。这些青铜礼器中，以爵、斝、觚、鼎、鬲为最常见的器类。这些器物从造型上看与晚商极为相似。将二里岗文化与晚商文化的同类器做一比较，可以清晰地看到其间演变的痕迹（图3-5）。

青铜礼器的组合同样反映了这种特点。二里岗文化的青铜礼器中出土数量最多者为酒器。墓葬随葬的青铜容器中，酒器约占全部容器数量的80%，窖藏中略少一些，仅占40%。但从总的统计数字看，酒器占青铜器总数的70%以上（表3-13）。酒器中以爵、斝数量最多，此外还有觚、罍、盉等。二里岗文化的青铜礼器中，酒器的种类、酒器在整个铜器群中所占比例均与晚商相近，反映出商人重酒这一风气由来已久。

表 3-13　　　　　　　　　　**二里岗文化墓葬出土青铜容器统计表**[①]

		酒器						食器			水器	中柱盉	小计
		爵	斝	觚	罍	盉	卣	尊	鼎	鬲	簋	盘		
墓葬	数量	25	20	8	2	1			7	3		1		
	小计	56							10			1		67
	百分比	83.6%							14.9%			1.5%		100%

---

① 墓葬统计数字来源于郑州商城、偃师商城、王城岗和荥阳西史村。

　　窖藏资料来自河南省博物馆：《郑州新出土的商代前期大铜鼎》，《文物》1975 年 6 期。河南省文物研究所等：《郑州新发现商代窖藏青铜器》，《文物》1983 年 3 期。河南省文物考古研究所等：《郑州南顺城街青铜器窖藏坑发掘简报》，《华夏考古》1998 年 3 期；《郑州商代前期铜器窖藏》，科学出版社，1999 年。

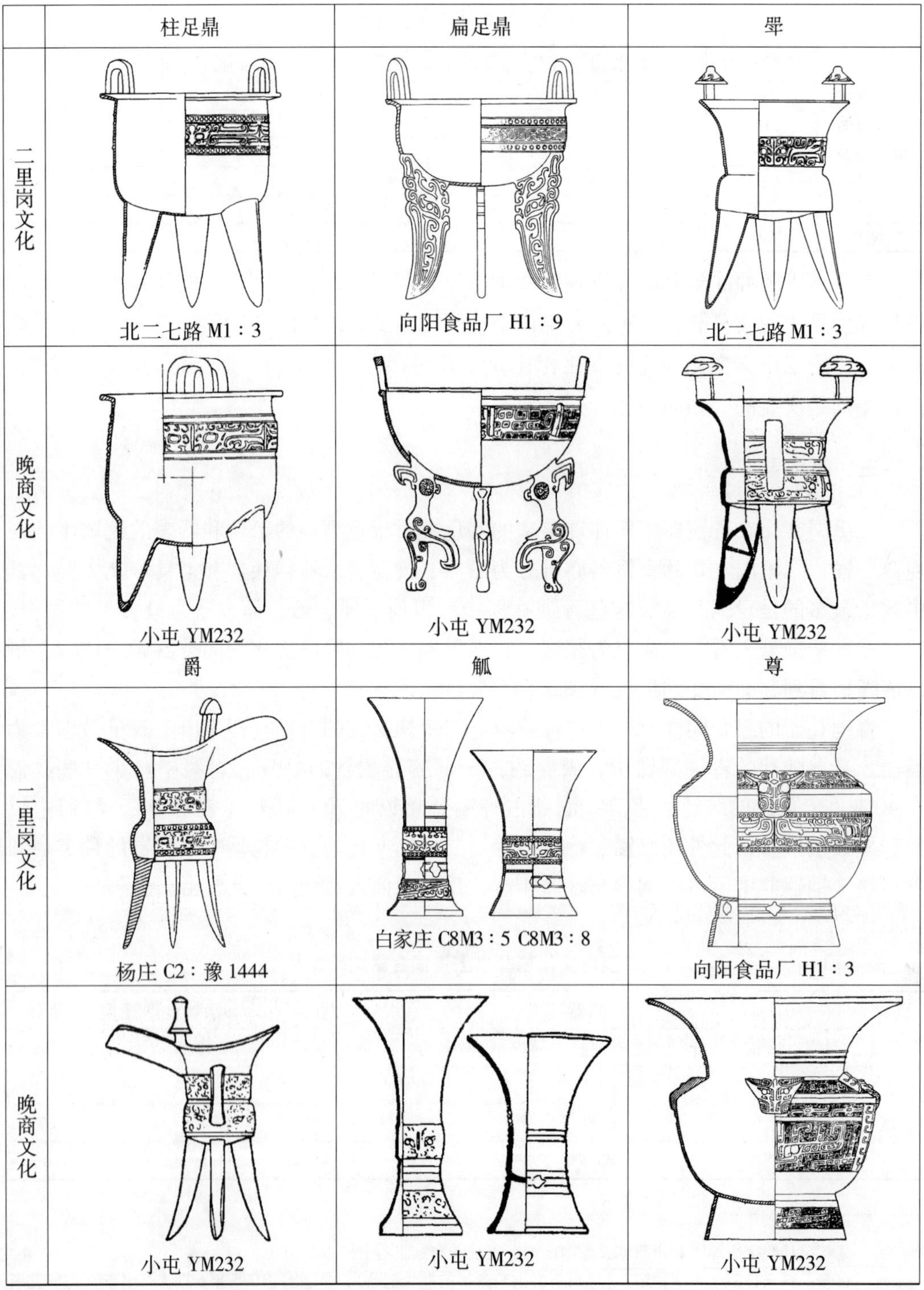

	柱足鼎	扁足鼎	斝
二里岗文化	北二七路 M1：3	向阳食品厂 H1：9	北二七路 M1：3
晚商文化	小屯 YM232	小屯 YM232	小屯 YM232
	爵	觚	尊
二里岗文化	杨庄 C2：豫 1444	白家庄 C8M3：5 C8M3：8	向阳食品厂 H1：3
晚商文化	小屯 YM232	小屯 YM232	小屯 YM232

图 3-5　二里岗文化与晚商文化青铜器比较图

（续表3-13）

		酒器							食器			水器	中柱盂	小计
		爵	斝	觚	罍	盉	卣	尊	鼎	鬲	簋	盘		
窖藏	数量	2	2	2	1		1	2	11	1	1	1	1	
	小计	10							13			1	1	25
	百分比	40%							52%			4%	4%	100%
小计	合计	66							23			2	1	92
	百分比	71.7%							25%			2.2%	1.1%	100%

　　青铜器的纹饰也是构成二里岗文化的基本特征之一。二里岗文化青铜器外表的纹饰分为两类，一是几何形纹，主要有弦纹、方格纹、乳丁纹、涡纹、云雷纹、联珠纹等。一是动物纹，常见的有饕餮纹、夔纹以及牛、羊、龟等（图3-6）。这些与晚商基本相同，此外，同晚商一样，在所有纹饰中，最具特色者为饕餮纹。

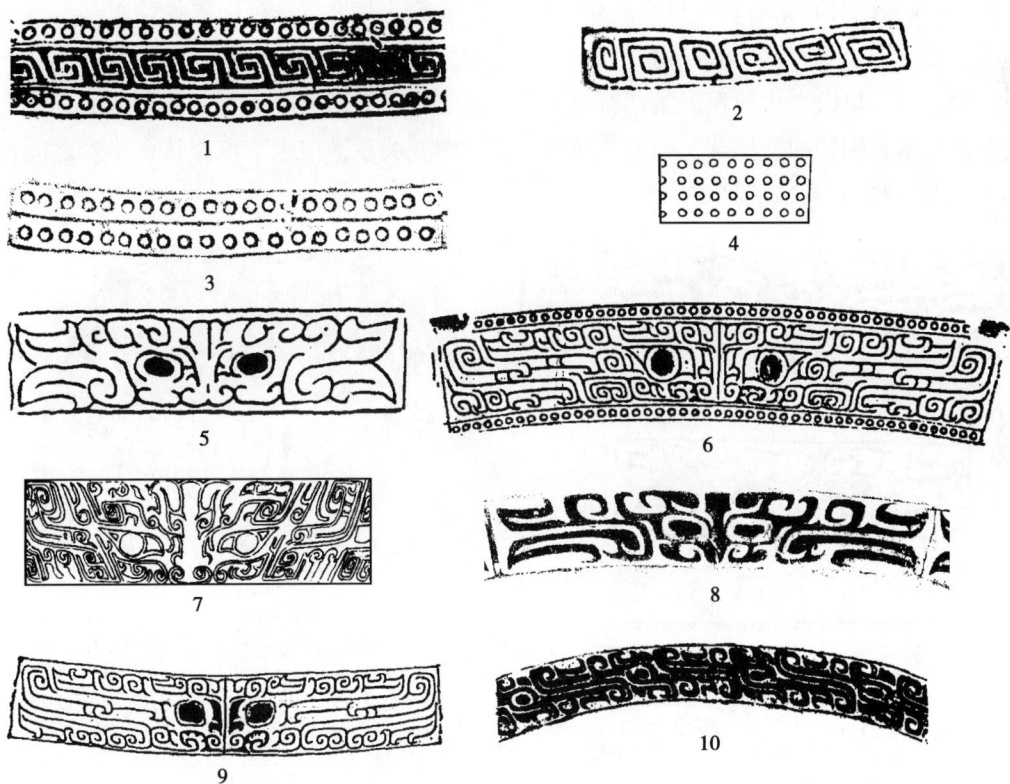

图3-6　二里岗文化青铜器表纹饰

1、2. 云雷纹　3、4. 联珠纹　5~9. 饕餮纹　10. 夔纹

（1. 向阳食品厂 H1：9 鼎　2. 铭功路 M4：1 爵　3. 黄委会 T143M1：1 鬲　4~6. 向阳食品厂 H1：8 鼎、H1：8 鼎、H1：4 尊　7. 白家庄 C8M3：9 罍　8. 万辉公司 T61M1：1 斝　9. 向阳食品厂 H1：1 鼎　10. 白家庄 C8M2：3 盘）

　　二里岗下层晚段开始出现的饕餮纹，在二里岗上层以后极为流行，成为当时青铜器
器表最常见的主体纹饰。饕餮纹的构图方式仍同晚商一样为二分式，即一个左右两侧面
相与正面相的拼合，面颊极宽。然而若将这一时期的饕餮纹与晚商做一比较，便会发现
二者间存在的差别。二里岗文化的饕餮纹既有用宽线条组成的图案，也有用窄线条表现
的图案。其形象均为双目鼓张，高出身部，有的尾部分枝状如鱼尾，有的尾部并不分
开，单尾向上卷起，这种无地纹用单线条描绘的饕餮纹，显然与晚商时多见的凸起于地
纹上的浅浮雕状的饕餮纹不同，但有的特征却为殷墟早期所继承（图3-7-1）。

　　二里岗文化青铜器外表纹样的组织方式与晚商相同，主要采取轴对称的方式（见图
3-6：5～9），显示出同一文化内部文化基因的延续性。或者说，晚商时期青铜器外表纹
饰的对称布局即源于二里岗文化。二方连续的图案虽然也存在，但数量极少（见图3-6，
10）。从纹饰的分布来看，二里岗文化时期的纹饰多呈带状，分布于器物颈腹部，但偏
晚阶段已出现全身有纹饰的器物，有与殷墟早期风格接近的趋势（图3-7-2）。

　　总之，二里岗文化的青铜器在器类组合和器表纹饰方面与晚商存在着较多的相似之
处，尤其从青铜器的造型看，二者存在着明显的嬗变关系。但也不可否认，二者之间也
还是有着一些细微的差别。

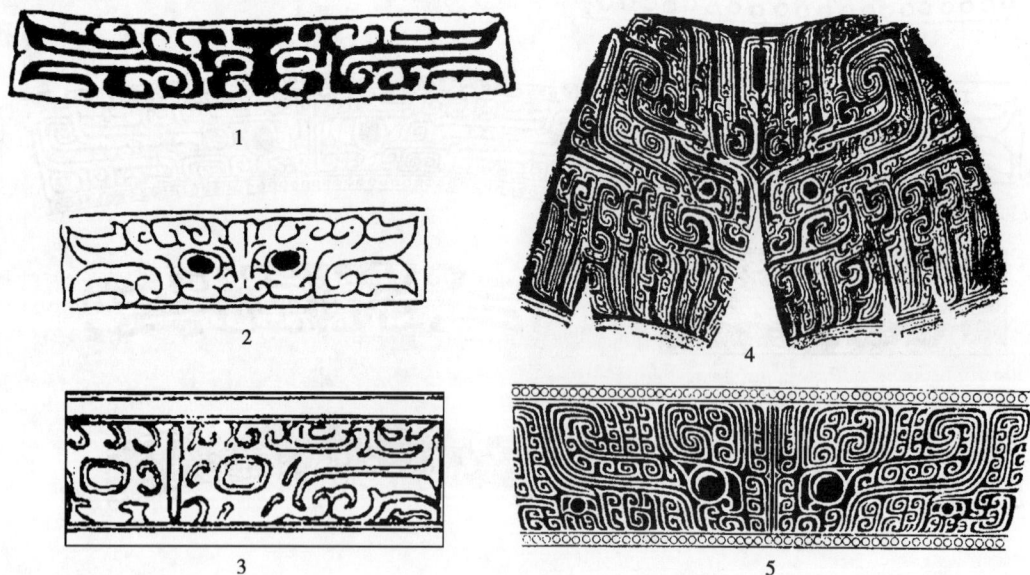

图3-7-1　二里岗文化与晚商文化青铜器表纹饰对比

1、2、3. 尾部如鱼尾的饕餮纹　其中1、2为二里岗文化，3为晚商文化　4、5. 单尾上卷的饕餮纹　其中4为
二里岗文化，5为晚商文化　（1. 铭功路M2：2鼎　2、4. 向阳食品厂H1：8鼎、H1：11卣　3. 小屯YM232
鼎　5. 小屯M388：R2061罍）

二里岗文化	晚商文化	二里岗文化	晚商文化
向阳食品厂 H1：5	小屯 YM232	向阳食品厂 H1：11	小屯 YM238

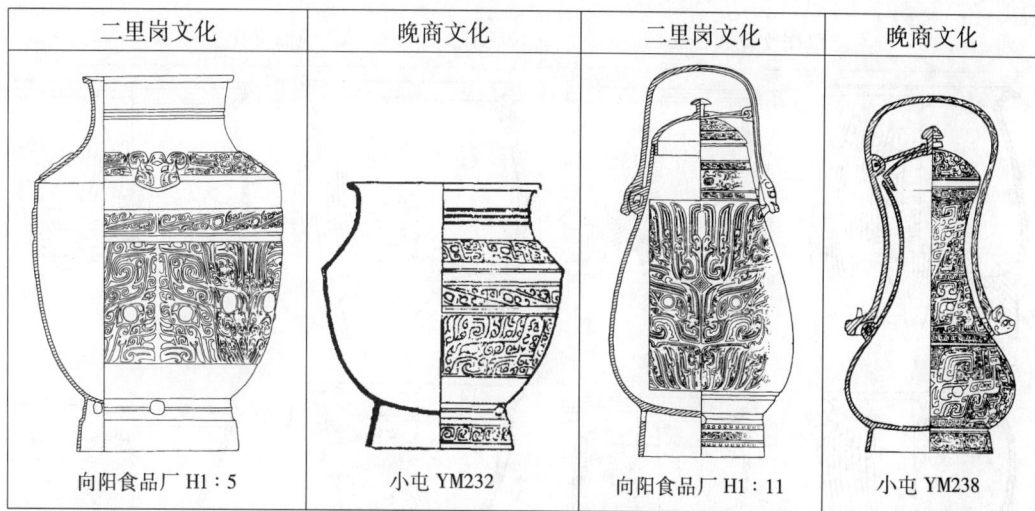

图 3-7-2 二里岗文化与晚商文化青铜器表纹饰对比

四 陶器

尽管在所有遗物中，陶器是使用时间最短、变化周期最快者，但它同样能体现一个民族的文化特色。二里岗文化的陶器种类与晚商文化大致相同，包括炊器、食器、盛贮器等不同种类。从陶器组合看，鬲、甗和夹砂罐为当时最常见的炊具，三者约占整个陶器群的35%左右，簋、豆、盆、钵等饮食器和瓮、大口尊等盛储器亦占相当数量，此外还有少量的斝、爵等酒器（表3-14、3-15）。从陶器的造型看，鬲、甗等三足器最有特色，二器多敞口束颈，下附三袋状足，外表均饰有绳纹。此外砂质中口罐、簋、豆、爵等器物的造型也很具特点。这些器物共同代表了二里岗文化陶器最基本的特征。作为当时最常见的炊器，鬲、甗、罐的数量与晚商相比大致相同，从器物造型上看，尽管二里岗文化的夹砂罐的形制与晚商差距较大，但作为主要炊具的鬲、甗与晚商文化同类器有明显的演变关系（图3-8）。

二里岗文化	晚商文化

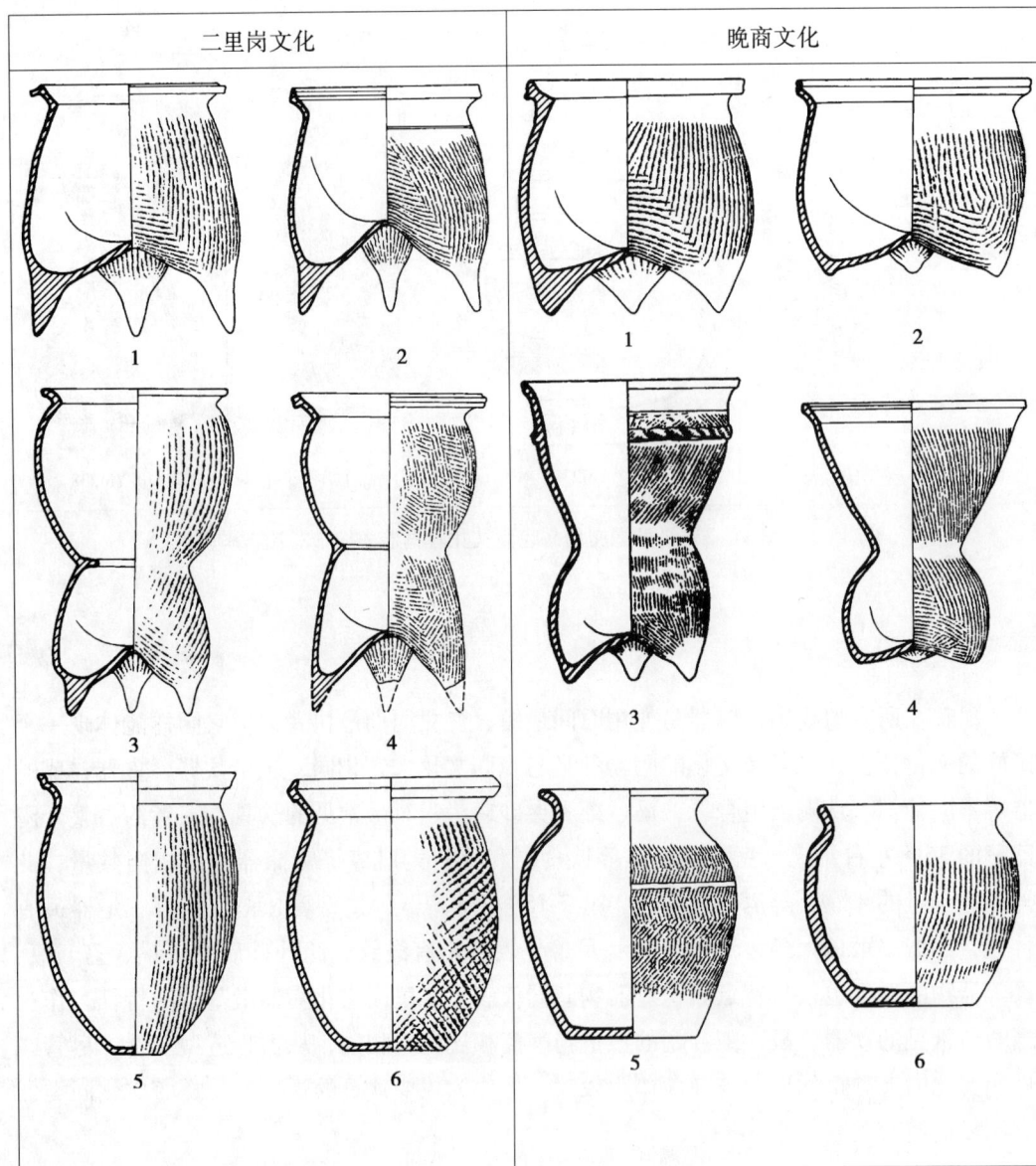

图3-8 二里岗文化与晚商文化陶器比较
1、2. 鬲 3、4. 甗 5、6. 罐
（左 1. 二里岗 H17：119 2. 小双桥 VT108④：6 3. 南关外 H118：24 4. 二里岗 H1：39 5. 人民公园 C7H104：10 6. 法院 ZFH1：3 右 1. 苗圃北地 H94：39 2. 殷墟西区 M466：3. 苗圃北地 H4：2 4. HGH10：30 5. HGH10：17 6. 苗圃北地 T251④：44）

表 3-14　二里岗遗址探沟出土容器统计表

	名称	完整数	折合数	合计	百分比（%）	总计	百分比（%）
三足器	鬲	4	373	377	23.2	524	32.3
	鼎	1	15	16	0.99		
	甗		46	46	2.8		
	斝	1	41	42	2.6		
	爵	5	41	43	2.7		
圜底器	钵	2	27	29	1.8	749	46.2
	盆	9	199	208	12.8		
	甑	1	34	35	2.2		
	大口尊	3	118	121	7.5		
	罐	3	3	6	0.4		
	酉	3	216	219	13.5		
	瓮	1	126	127	7.8		
	缸	1	3	4	0.25		
平底器	盆	1	4	5	0.3	188	11.6
	罐	5	175	180	11.1		
	斗		1	1	0.06		
	瓮		2	2	0.12		
圈足器	豆		69	69	4.3	118	
	簋	2	34	36	2.2		
	壶		12	12	0.7		
	杯	1		1	0.06		
器盖	器盖		43	43	2.7		
合计		40	1582	1622	100	1622	100

（引自《郑州二里岗》18 页）

表 3-15　二里岗遗址灰坑出土容器统计表

	名称	完整数	折合数	合计	百分比（%）	总计	百分比（%）
三足器	鬲	62	149	211	26.1		
	鼎	4		4	0.5		
	甗	1	18	19	2.3		
	斝	13	14	27	3.3		
	爵	3	14	17	2.1		
圜底器	钵	11	4	15	1.9	381	47.1
	盆	32	72	104	12.8		
	甑	2	12	12	1.5		
	大口尊	22	66	88	10.9		
	罐	3	2	5	0.6		
	酉	11	83	94	11.6		
	瓮	10	48	58	7.2		
	缸	1	2	3	0.4		
平底器	盆	1		1	0.12	87	10.8
	罐	12	70	82	10.1		
	斗		1	1	0.12		
	瓮	3		3	0.4		
圈足器	豆	6	17	23	2.96	46	5.7
	簋	3	13	16	1.97		
	壶	2	5	7	0.86		
器盖	器盖	6	11	17	2.1	17	2.1
合计		208	601	809	100	809	100

（引自《郑州二里岗》19 页）

　　这些陶器的陶质以夹砂灰陶和泥质灰陶为主，约占陶器总数的98%以上，砂质粗红陶极少，约占陶器总数的1%左右，另有极少量的泥质黑陶和泥质红陶。陶器表面的纹饰除素面或磨光者外，以绳纹数量最多，约占陶器总数的90%以上，另有一些弦纹、划纹、附加堆纹、云雷纹、饕餮纹、方格纹、条纹和圆圈纹等①。这些均与晚商基本相同，然而值得注意的是，二里岗文化中绳纹比例要远远高于晚商，而且与晚商以粗绳纹为主不同，二里岗文化的绳纹一般较细，由早到晚这些绳纹有着由细变粗的规律（图3-9）。

---

① 安金槐：《关于郑州商代二里岗期陶器分期问题的再探讨》，《华夏考古》1988 年 4 期。

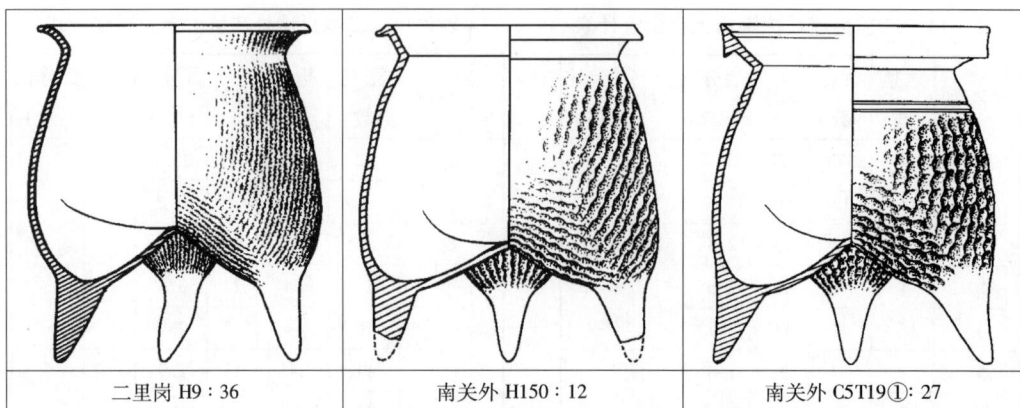

| 二里岗 H9：36 | 南关外 H150：12 | 南关外 C5T19①：27 |

图 3-9　二里岗文化绳纹变化示意图

五　祭祀

二里岗文化中也发现有相当多的与祭祀有关的遗迹，由此可以看出当时祭祀习俗的特点。

一是种类多样。既有在建筑过程中举行的祭祀活动，也有专门的祭祀仪式。前者包括在修房筑屋时的奠基，以及修筑城墙时的祭奠。如在洹北商城的西墙解剖沟的外槽夯土中，比较集中的出土较完整的狗架和猪的头骨，可能是在基槽填夯时举行相关祭祀活动的遗留①。后者多采用灰坑葬或灰层葬的形式。如位于二里岗附近的 H111 是一个深约 6 米的灰坑，坑内分四层埋有完整的成人骨架 2 具，小孩骨架 6 具，以及 8 具猪骨架、1 具狗骨架和 1 个狗头骨，此外还有一些零散的人的盆骨、股骨和猪骨、狗骨等（图 3-10）。这些灰坑或灰层葬可能与当时进行的祭祀活动有关。不论是修房筑屋时的祭祀活动，还是灰坑葬和灰层葬中的遗留，均与晚商时期的情况基本相同。

二是王室有专门的祭祀场。小双桥遗址的祭祀场位于遗址中心区。1995 年在此发现了 17 个祭祀坑。这些祭祀坑分布密集，大小不同，大者直径 5 米左右，小者面积仅0.4 平方米。发掘者将这些祭祀坑分为两类，一类是人祭坑，一类是牲祭坑。人祭坑的坑口呈椭圆形，坑壁和底较为规整，其内分两层埋有 4 人，上层的 3 具骨架中，有二具仅存头盖骨的顶骨，另一具侧身屈肢，右下肢和右上肢骨部分缺失。下层埋有一人，呈俯身屈肢状（图 3-11.1）。经鉴定，二具完整的骨架均为女性，年龄在 14～20 岁之间。牲祭坑数量极多，内埋有牛、象、猪、狗、鹿等多种动物，其中以牛头牛角坑最多，可分牛头、牛角、牛头牛角混合坑三种。牛头坑内牛头的数量不等，最少者为 1 个，最多

---

① 中国社会科学院考古研究所安阳工作队：《河南安阳市洹北商城宫殿区 1 号基址发掘简报》，《考古》2003年 5 期。

者达 30 多个。牛角坑内牛角少者 1
个，多者 13 个。坑内的牛头或牛角，
有的摆放规整，有的随意放置，有
的牛头骨上有明显的砍痕，有的牛
头骨上还放置有带灼痕的卜骨（图
3-11-2)①。类似的祭祀场所在郑州商
城②、偃师商城③均有发现。与晚商
一样，这些祭祀场面积宏大，都设置
在宫殿区附近，因而应该是王室专用
的祭祀场所。由于二里岗文化中未能
发现王陵，所以有无类似殷墟王陵区
那样的祭祀场尚不得而知。

　　由遗留较多的与祭祀有关的遗迹
可知，二里岗文化中祭祀的次数亦如
晚商一样频繁，且均以种类多样的方
式出现，也均有专门的王室专用的祭
祀场存在，反映出二者间共同的重视
祭祀的传统。然而同时也应当看到，
二者之间还存在着一些较小的差异，
从王室专门的祭祀场来看，二里岗文
化时期的规模显然不如晚商大，且所
用人牲的数量亦较少。这些有可能是
受发掘面积所限，但也有可能是因时
代不同而造成的。

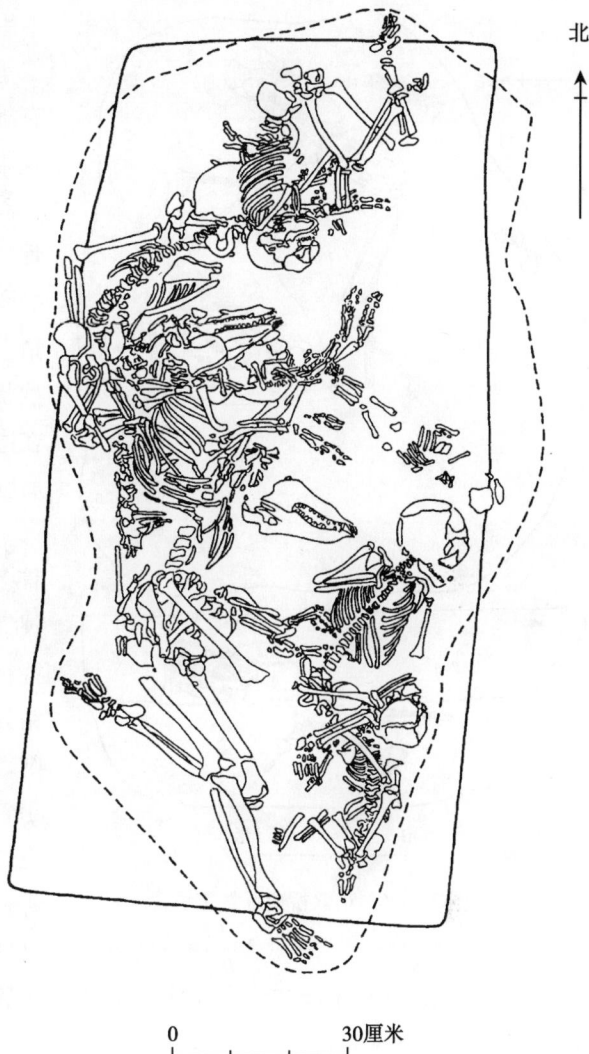

0　　　　　　　30厘米

图 3-10　二里岗遗址祭祀遗迹

（引自《郑州商城》486 页）

六　占卜

　　二里岗文化发现的甲骨较多。
从用料上看，多用骨而少用甲。在 1952 年秋二里岗遗址的发掘中，共出土卜骨 375 片，
卜甲仅 11 片④。卜骨多为牛肩胛骨，也有少数猪、羊、鹿、狗的肩胛骨和牛的头盖骨，

---

①　河南省文物研究所等：《1995 年郑州小双桥遗址的发掘》，《华夏考古》1996 年 3 期。
②　河南省文物考古研究所：《郑州商城（1953～1985 年考古发掘报告）》，文物出版社，2001 年，493～505 页。
③　中国社会科学院考古研究所：《河南偃师商城商代早期王室祭祀遗址》，《考古》2002 年 7 期。
④　转引自陈梦家：《殷虚卜辞综述》，中华书局，1988 年，26 页。

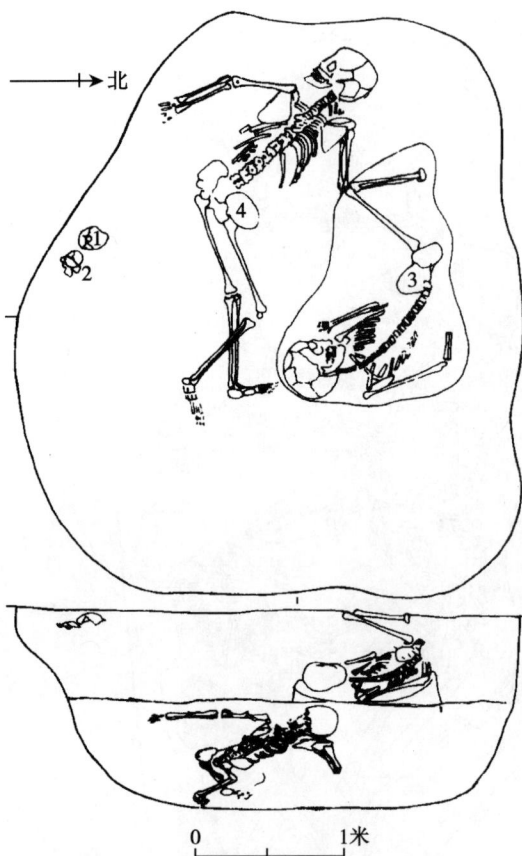

图 3-11-1　小双桥遗址祭祀坑

（引自《1995 年郑州小双桥遗址的发掘》）

卜甲均为龟腹甲。从占卜所用材料来看，二里岗文化与晚商文化大体相同，但亦有细小的差别，如前者卜甲的数量极少，且未见用背甲者。

在甲骨的整治方面，绝大多数牛肩胛骨经过处理，即将臼角切掉，并削去背面的脊骨，也有一少部分保留臼部。对于猪、羊、鹿的肩胛一般不施加工，保持天然状态。对于龟甲一般是略加整治，即仅在边缘部分加以刀削。与晚商相比，对于肩胛骨的整治要粗糙和简单得多。

至于钻凿与灼法，二里岗文化的甲骨多用钻，很少有凿。钻孔有尖圆、平圆、钝圆三种，其中以钝圆为最多。这些钻孔有的是用青铜钻钻成，有的是用钻刀直接挖成。钻眼密集，排列极不规则，灼痕常穿透兆面，也有一些直接灼于骨面之上。显然二里岗文化的钻凿和烧灼方式比晚商要原始得多，晚商的甲骨钻凿兼备者多，且钻凿排列极有规律，这些差别也许与时代早晚有关。

综上所述，从二里岗文化中提炼出来的文化特征与晚商文化有许多相似之处，表现在：

1. 建筑的形状多为长方形，建筑的方向以南偏西为主。建筑物在建造过程中流行奠基习俗。

2. 墓底多有腰坑，墓内盛行殉狗，较大型墓葬多有殉人。墓内死者的头向以北偏东最为常见。葬式以仰身直肢为主，存在一定数量的屈肢葬。

3. 青铜容器中以酒器最为多见，墓葬内青铜礼器的组合为重酒器的组合。青铜器外表的纹饰以饕餮纹和夔龙纹最具特色，纹样的布置方式多采用轴对称式。

4. 陶器以灰陶为主，最常见的器类为鬲和甗。

5. 祭祀活动频繁，并大量使用人牲。

6. 对于甲骨的整治与占卜方式极为独特。

但也应当看到，二者间也存在些微的差异。

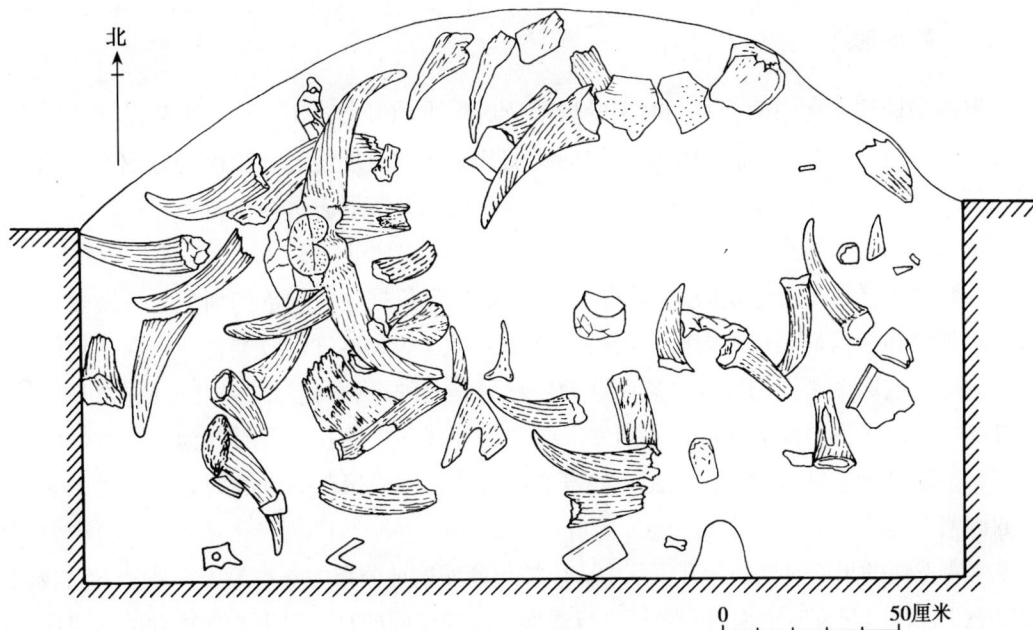

图 3-11-2　小双桥遗址祭祀坑

（引自《1995 年郑州小双桥遗址的发掘》）

1. 二里岗文化的埋葬习俗中有在墓底铺朱砂、随葬涂朱圆陶片的习俗，在晚商没有看到。

2. 青铜器中酒器的组合不如晚商规整，青铜器的纹饰与晚商相比较为简单。

3. 陶器中虽均以鬲和甗最有特色，但二里岗文化中有些器类在晚商未能见到。

4. 祭祀活动中使用人牲的数量不及晚商多。

这些差异有些与两个文化所处的地域不同有关，有些则是时代早晚不同所致，属于文化发展过程中的差异，还有些与现有资料的多寡有关，总体而言是同大于异。因此可以说，二里岗文化与晚商文化的创造者和使用者属于同一民族，二里岗文化确是殷墟文化的前身，即早商文化。

第三节　早商文明化的进程分析

如前所述，晚商文化已被确认是一种成熟的文明，在此之前的早商时期是否已进入文明阶段，如已进入文明阶段，其文明发展程度如何，这些问题只能在对早商文化的聚落形态、建筑特征、埋葬制度和青铜器等物化表现特征进行分析后方能回答。

一　聚落形态

聚落是处于变化中的，不同时期的聚落所展现出的形态各不相同。由聚落形态的分析可以考察一个社会文明化的程度。下面我们从聚落的发展情况、聚落的分层以及聚落形态所反映出的文明化程度等三个方面对早商时期的聚落形态进行分析。

（一）聚落的变迁

与晚商一样，早商时期的聚落数量极多。如果仅仅据这些聚落的面积，以及聚落内遗迹的规模和遗留的文化遗物的精美程度及数量对这些聚落进行分类，会很简单地将它们分为三个或四个不同的等级。然而这种划分只是一种平面的静止的划分，它忽视了最重要的一个因素：时间。聚落是不断发展的，一处聚落可能在某段时间为某一个地区的中心，但很可能在某段时间仅仅是一处普通的村落。因而聚落等级的划分必须考虑到时间的因素。

考古发现的早商时期的所有聚落中，以郑州商城遗址公布的资料最为详备。下面我们便以之为例，对早商时期聚落的变迁进行观察。需要说明的是，以下文中提到的二里岗文化的分期，是依据安金槐先生的分法，即将二里岗文化分做两大期四小期，由早到晚依次为二里岗下层一期、二里岗下层二期、二里岗上层一期、二里岗上层二期①（可参见表3-1）。

1. 二里岗下层一期

属于这一时期的遗迹比较少，仅在郑州商城之外的东南部二里岗和西面的铭功路西侧的两个商代二里岗下层村落遗址中有所发现。发现的遗迹有房基、灰坑和墓葬等。

2. 二里岗下层二期与二里岗上层一期

二里岗下层二期和二里岗上层一期是郑州商代二里岗期遗址中分布面积最大、文化层堆积最厚以及各种遗迹与遗物内涵保存最为丰富的两期。在郑州商代二里岗期遗址中已发现和发掘出的郑州商城夯土城垣建筑遗址、宫殿建筑基址、商城外廓城遗址、商城内外的商代铸铜、制陶、制骨等手工业作坊遗址，以及商代墓地、商代灰坑和商代祭祀坑等等，基本上都是属于商代二里岗下层二期和商代二里岗上层一期前后两期连续使用的。

3. 二里岗上层二期

这一期文化遗存的分布面积不大，除在商城内东北部的商代宫殿区废墟处有些发现外，在商城西墙外的铭功路西侧也有少量发现②。

① 安金槐：《关于郑州商代二里岗陶器分期问题的再探讨》，《华夏考古》1988年4期。

② 河南省文物考古研究所：《郑州商城（1953～1985年考古发掘报告）》（上），文物出版社，2001年，146、177页；（下），845页。

表 3-16 郑州商城遗址遗迹遗物统计表①

	遗迹				遗物					
	房基	灰坑	墓葬	青铜窖藏	石器	骨角器	蚌器	陶器	玉器	青铜器
二里岗下层一期	4	12	3		31	59	10	71	2	4
二里岗下层二期 二里岗上层一期	32	313	50	2	488	950	217	1603	80	189
二里岗上层二期	1		3		6	37	3	70	5	7

这种变化在表 3-16 统计数字中可以得到更直观的反映。

上面的描述主要是根据 1953～1985 年郑州商城遗址发掘时获得的资料，以及部分 1985～1995 年间新发掘和已发表的成果。之后陆续发表的新材料对此时有补充，最重要的一批是 1998～1999 年为配合断代工程在郑州商城东北部的北大街一带一系列大型宫殿基址的发现，根据发掘简报可知，这里发掘的 20 处建筑基址虽然保存不是很好，但时代从二里岗下层一期可一直延续到二里岗上层一期②。此外，关于郑州商城夯土城墙的始建年代，已有许多学者提出不同意见，认为可以早到二里岗下层一期③，这样可以对上述《郑州商城》一书中的结论给予补充与修正。由此我们可以对郑州商城遗址在不同时期的地位做一蠡测：

在二里岗下层一期时，遗址的面积尚不是很大，但在遗址内已发现有大型宫殿基址④，尽管由于种种原因，对这些大型宫殿基址的面貌已无法复原，可是它的存在至少说明这个遗址已不是一处普通的聚落。此外，商城的夯土城墙和外郭城也相继开始修建⑤。

二里岗下层二期之时，郑州商城的夯土城垣和外郭城已经筑成。同时在城内修筑有多处宫殿建筑基址，城内外设立有铸铜、制陶、制骨等手工作坊以及商代墓地和祭祀

---

① 表中数字来源于《郑州商城》。需要说明的是，表中对宫殿基址的数量未做统计，据报告，仅在二里岗下层二期和二里岗上层一期发现有宫殿基址，在宫殿区内为配合基本建设而进行的 30 余个地点的发掘中，绝大多数发现有属于二里岗期的夯土基址（242 页）。由于有些保存不好，还有些未能全面揭露，所以具体的数字很难统计，故而略去。另外，报告中对于郑州商城内遗迹与遗物的分期与许多学者的分期还存有分歧。如杜岭张寨南街和向阳回族食品厂的两处窖藏坑，报告以为属于二里岗上层一期，但许多学者认为应属二里岗上层二期；报告中提到属于二里岗上层二期的墓葬有 3 座，但有学者对属于二里岗上层的出土有青铜器的 11 座墓葬进行分析后认为，其中 10 座属于二里岗上层二期（朱凤瀚：《古代中国青铜器》，南开大学出版社，1995 年，609～615 页）。尽管如此，由这个统计数字可以看出郑州商城的发展与变化概况。

② 河南省文物考古研究所：《郑州商城北大街商代宫殿遗址的发掘与研究》，《文物》2002 年 3 期，32～50 页。

③ 陈旭：《郑州商文化的发现与研究》，《中原文物》1983 年 3 期。郑杰祥：《关于偃师商城的年代和性质问题》，《中原文物》1984 年 4 期。李伯谦：《先商文化探索》，《庆祝苏秉琦考古五十五年论文集》，文物出版社，1989 年，281 页。邹衡：《综述夏商四都之年代和性质》，《夏商周考古学论文集》（续集），科学出版社，1998 年，177 页。

④ 河南省文物考古研究所：《郑州商城北大街商代宫殿遗址的发掘与研究》，《文物》2002 年 3 期。陈旭：《郑州商城宫殿基址的年代及其相关问题》，《中原文物》1985 年 2 期。

⑤ 河南省文物考古研究所：《郑州商城外郭城的调查与试掘》，《考古》2004 年 3 期。袁广阔等：《论郑州商城内城和外郭城的关系》，《考古》2004 年 3 期。

坑。这一时期为郑州商城遗址面积最大、发展最快的一个时期。

二里岗上层一期时，城内继续有大型宫殿基址的修筑，各类手工作坊仍然在使用，商城遗址的夯土城墙经过修补仍在使用，遗址的发展依然保持着较快的速度。

到二里岗上层二期时，城内的建筑和墓葬有所减少，遗址呈现出一种衰败的迹象，但仍发现有青铜器窖藏，从出土的青铜器看，这一时期的青铜铸造工业仍处于发展时期。

偃师商城遗址的变化与之相类。

二里岗下层一期时，遗址中发现有铸铜作坊遗址，偏晚时小城筑成，城内修筑有大型宫殿。

二里岗下层二期时，小城废弃，大城的夯土城墙筑成，城内修筑有数量众多的大型宫殿。

二里岗上层一期时，大城城墙经过修补继续使用，并继续有大型宫殿基址的兴建。

二里岗上层二期时，城墙废弃不用，遗址衰落①。

大约相当于二里岗上层二期时，郑州商城和偃师商城同时衰落，几乎与此同时，小双桥②、洹北商城③遗址发展起来，相继达到鼎盛期，表现在小双桥大型宫殿基址和祭祀场所的发现，洹北商城夯土城墙的筑成和城内大型宫殿的建造。

至此，我们可以将上述几个重要聚落的兴衰更替变化示意如下：

表 3-17　　　　　　　　　　　早商时期大型遗址兴衰时间示意表

	二里岗下层一期	二里岗下层二期	二里岗上层一期	二里岗上层二期
郑州商城	▨▨▨	▨▨▨	▨▨▨	▨▨▨
偃师商城	▨▨▨	▨▨▨	▨▨▨	
小双桥				▨▨▨
洹北商城				▨▨▨

① 中国社会科学院考古研究所洛阳汉魏故城队：《偃师商城的初步勘探与发掘》，《考古》1984 年 6 期。中国社会科学院考古研究所河南二队：《1984 年春偃师尸乡沟商城宫殿遗址发掘简报》，《考古》1985 年 4 期；《河南偃师商城宫城北部"大灰沟"发掘简报》，《考古》2000 年 7 期。中国社会科学院考古研究所河南第二工作队：《1983 年秋季河南偃师商城发掘简报》，《考古》1984 年 10 期；《河南偃师尸乡沟商城第五号宫殿基址发掘简报》，《考古》1988 年 2 期；《偃师商城第Ⅱ号建筑群遗址发掘简报》，《考古》1995 年 11 期；《河南偃师商城东北隅发掘简报》，《考古》1998 年 6 期；《河南偃师商城Ⅳ区 1996 年发掘简报》，《考古》1999 年 2 期；《河南偃师商城小城发掘简报》，《考古》1999 年 2 期。

② 河南省文物研究所：《郑州小双桥遗址的调查与试掘》，《郑州商城考古新发现与研究》（1985～1992），中州古籍出版社，1993 年；《1995 年郑州小双桥遗址的发掘》，《华夏考古》1996 年 3 期。

③ 中国社会科学院考古研究所安阳工作队：《安阳殷墟三家庄东的发掘》，《考古》1983 年 2 期；《河南安阳市洹北花园庄遗址 1997 年发掘简报》，《考古》1998 年 10 期；《河南安阳市洹北商城的勘察与试掘》，《考古》2003 年 5 期；《1998～1999 安阳洹北花园庄东地发掘报告》，《考古学集刊》第 15 集，文物出版社，2004 年。

在垣曲商城①、黄陂盘龙城②、夏县东下冯③、焦作府城④等遗址也发现有夯土城墙，城内修筑有较大型的宫殿建筑，城内外有手工作坊和普通民居，以及中小型墓葬。这些聚落的兴盛与衰落同样有其规律：

垣曲商城于二里岗下层偏晚阶段即二里岗下层二期时筑成夯土城墙，到二里岗上层二期时衰落⑤。

东下冯遗址于二里岗下层时期筑成夯土城墙，到二里岗上层时期废弃，城址的主要使用年代为二里岗下层。城内发现的成组的圆形建筑基址属同期遗存⑥。

焦作府城的城墙和城内的一号宫殿基址最晚于二里岗下层二期筑成，到二里岗上层二期时废弃⑦。

盘龙城遗址年代较晚，城内发现的上、下层宫殿基址修筑于二里岗上层时期，夯土城墙修建的时期与上层宫殿相同，使用时间极短⑧。

普通村落虽然数量最多，但大多无太大变化。

（二）聚落分层

如果以聚落的面积和聚落内部的复杂程度为根据，可将早商时期的聚落分为至少三个层次，即都城、地方中心和乡村。如表 3-18 所示，郑州商城和偃师商城、小双桥、东先贤—曹演庄⑨、洹北商城等均为都城级聚落，垣曲商城、夏县东下冯、黄陂盘龙城、藁城台西⑩、济南大辛庄、焦作府城等可作为地方中心的代表，其他的小型遗址则为普通聚落（见图 3-1）。

① 中国历史博物馆考古部等：《垣曲古城（1985～1986年度勘察报告）》，科学出版社，1996年；《1988～1989年山西垣曲古城南关商代城址发掘报告》，《文物》1997年10期；《1991～1992年山西垣曲商城发掘简报》，《文物》1997年12期。
② 湖北省博物馆：《1963年湖北黄陂盘龙城商代遗址的发掘》，《文物》1976年1期。湖北省博物馆等盘龙城发掘队：《盘龙城1974年度田野考古纪要》，《文物》1976年2期。湖北省博物馆：《盘龙城商代二里岗期的青铜器》，《文物》1976年2期。武汉市博物馆：《1997～1998年盘龙城发掘简报》，《江汉考古》1998年3期。
③ 中国社会科学院考古研究所等：《夏县东下冯》，文物出版社，1988年，148～153页。
④ 李德保等：《焦作市发现一座古城》，《文物参考资料》1958年4期。杨贵金：《焦作市府城古城遗址调查报告》，《华夏考古》1994年1期。袁广阔、秦小丽：《河南焦作市府城遗址发掘简报》，《华夏考古》2000年2期；《河南焦作府城遗址发掘报告》，《考古学报》2000年4期。
⑤ 王睿：《垣曲商城的年代及其相关问题》，《考古》1998年8期。
⑥ 中国社会科学院考古研究所等：《夏县东下冯》，文物出版社，1988年，148～153页。
⑦ 袁广阔等：《河南焦作府城遗址发掘报告》，《考古学报》2000年4期，534～535页。
⑧ 湖北省博物馆等：《盘龙城1974年度田野考古纪要》，《文物》1976年2期。
⑨ 唐云明：《河北邢台东先贤村商代遗址调查》，《考古》1959年2期。邢台东先贤考古队：《邢台东先贤商代遗址发掘报告》，《古代文明》第Ⅰ卷，文物出版社，2002年。河北省文物管理委员会：《邢台曹演庄遗址发掘报告》，《考古学报》1958年4期。
⑩ 河北省文物研究所：《藁城台西商代遗址》，文物出版社，1985年。

表 3-18 早商不同时期聚落分层示意表

	都城	地方中心	乡村
二里岗下层一期	郑州商城　偃师商城	焦作府城	（略）
二里岗下层二期	郑州商城　偃师商城	垣曲商城　东下冯商城　焦作府城	（略）
二里岗上层一期	郑州商城　偃师商城	垣曲商城　盘龙城　焦作府城　台西　大辛庄	（略）
二里岗上层二期	小双桥　东先贤　洹北商城	大辛庄	（略）

表 3-19 早商时期不同层次聚落面积统计表

聚落分层	聚落名称	面积（单位：平方米）
都城	郑州商城	1300 万①
	偃师商城	城址面积 190 万
	小双桥	144 万
	东先贤 – 曹演庄	68 万②
	洹北花园庄	城址面积 400 万
地方中心	垣曲商城	城址面积 13 万
	东下冯商城	25 万
	焦作府城	9.3 万
	盘龙城	110 万
	大辛庄	30 万
	台西	10 万

通过对这三层聚落的观察，我们发现不同层次的聚落具有不同的特点。

1. 不同层次的聚落规模不同。

从面积看，作为政治中心的都城遗址规模较大，其中最大者郑州商城达 13 平方公里，与此相比，地方政治中心面积要小得多，多在 10～100 万平方米之间，普通聚落面积多在 1～4 万平方米左右（表 3-19）。

2. 不同层次的聚落功能和内涵有别。

都城为所有聚落中最复杂的，一般有宫殿区、普通居民区、墓葬区、手工作坊区和祭祀区等几大部分，聚落内经过精心规划，内部的结构极为复杂。

以郑州商城为例，居住区分为两类，一是宫殿区，一是普通居民区。宫殿区主要集中于城内东北部一带，城内南半部亦有分布，区内排列有成组的大型夯土基址，以及蓄

---

① 袁广阔、曾晓敏：《论郑州商城内城和外郭城的关系》，《考古》2004 年 3 期。袁广阔：《郑州商城与偃师商城关系的考古学观察》，《郑州大学学报》2004 年 1 期。

② 曹演庄遗址 50 万平方米，东先贤遗址 18 万平方米。据段宏振：《邢墟考古简论》，《中国考古学跨世纪的回顾与前瞻——1999 年西陵国际学术研讨会文集》，科学出版社，2000 年。

水池、排水沟和水井等①。普通居民区、手工作坊区和墓葬区均在城外②，此外在二里岗一带还发现有多个祭祀坑，可能是当时的祭祀区（图3-12）。

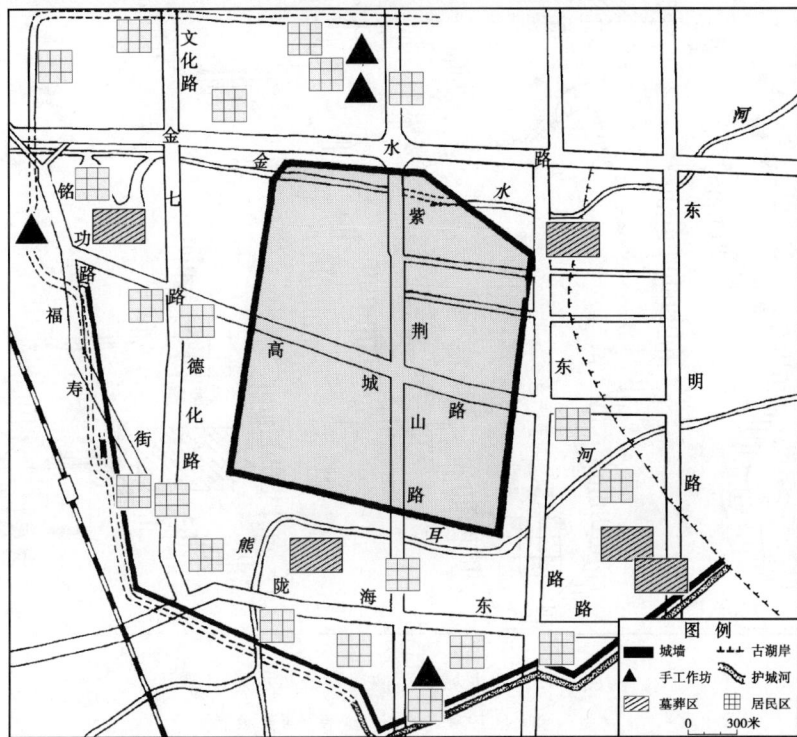

图3-12 郑州商城聚落内遗存分布示意图

（据《郑州商城外郭城的调查与试掘》改制）

---

① 关于宫殿的范围，存在四种观点，一种认为位于商城东北部一带，东靠郑州商城东城墙北段内侧，西至工一街，北到顺河路，南逾金北路，到郑县旧城北城墙东段北侧，面积达40万平方米（《郑州商城》231页）。第二种认为宫殿区位于商城内中部偏北和东北部一带，以东里路为中心，北到顺河路，南至城北路南侧，西起紫荆山路西侧，东到商城东城内侧，约占商城总面积的1/6（杨育彬：《河南考古》，中州古籍出版社，1985年）。另一种认为位于商城内东北隅，东、北两面紧邻城墙，西边至人民路，南边到商城路，面积约占商城总面积的1/3，在东西长1000、南北宽900米的范围内分布有各类夯土台基多处，台基排列不甚规整，但靠近东北隅的较密，西南部的较疏（裴明相：《中原文物》1991年1期，同文刊于《郑州商城考古发现与研究》）。第四种观点认为，内城为宫殿区，其内遍布宫殿基址（袁广阔、曾晓敏：《论郑州商城内城和外郭城的关系》，《考古》2004年3期）。

② 河南省文物研究所：《郑州商代二里岗铸铜遗址》，《考古学集刊》第6集，科学出版社，1989年。河南省文化局文物工作队第一队：《郑州商代遗址的发掘》，《考古学报》1957年1期。游清汉：《郑州市铭功路西侧发现商代制陶工场房基等遗址》，《文物参考资料》1956年6期。郑州市文物工作组：《郑州市人民公园第25号商代墓葬清理简报》，《文物参考资料》1954年12期。河南省文物考古研究所：《郑州商城（1953–1985年考古发掘报告）》，文物出版社，2001年。郑州市博物馆：《郑州市铭功路西侧的两座商代墓》，《考古》1965年10期。河南省文物工作队第一队：《郑州市白家庄商代墓葬发掘简报》，《文物参考资料》1955年10期。

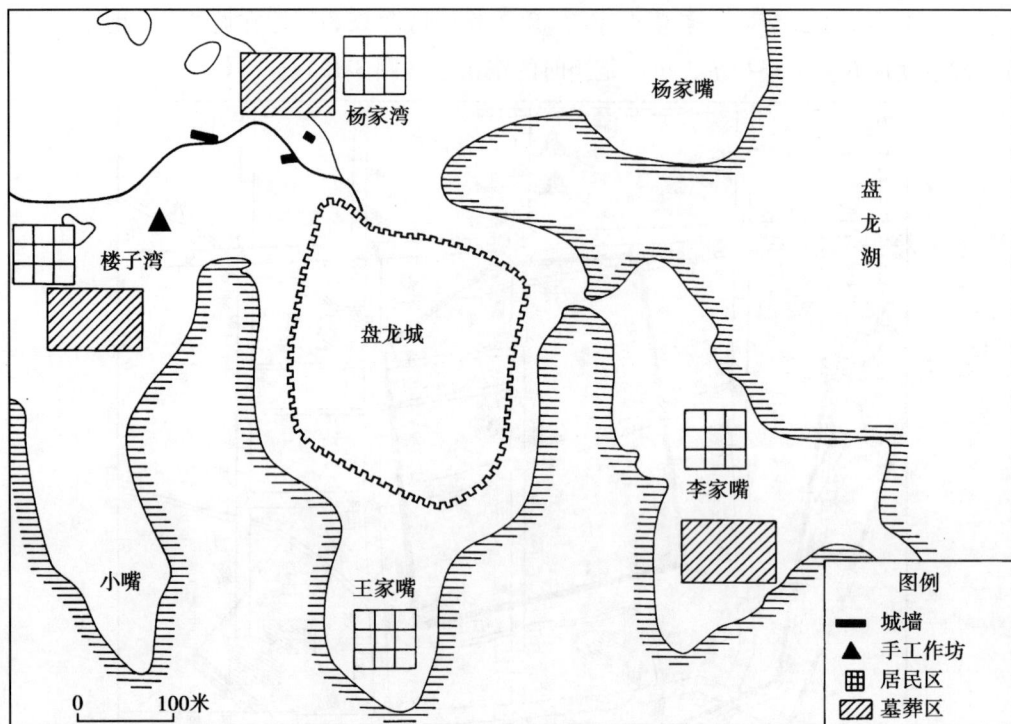

图 3-13　　盘龙城聚落内遗存分布示意图

（据《盘龙城 1974 年度田野考古纪要》改制）

　　地方中心较之都城略简单一些，盘龙城的宫殿区位于城内东北部高地上，内有大型基址群。在基址西侧有由陶质水管组成的排水设施。城外的王家嘴、杨家湾、楼子湾和李家嘴分布着普通居民区和手工业区，李家嘴、杨家湾和楼子湾分别为贵族平民墓区（图 3-13）①。

　　3. 不同层次的聚落防御设施不同。

　　重视防御是这一时期中心聚落的突出特点之一。在郑州、偃师、花园庄等地均发现有夯土城墙。城墙系用夯土法分段板筑而成，平面多呈长方形。

　　与都城级的中心聚落相似，地方中心也重视防御体系的建设。在盘龙城、垣曲、东

---

①　湖北省博物馆：《1963 年湖北黄陂盘龙城商代遗址的发掘》，《文物》1976 年 1 期；《盘龙城 1974 年度田野考古纪要》，《文物》1976 年 2 期。

下冯、焦作等地也发现有同样的夯土城墙，筑法和形状与中心聚落相同①（见图 3-12、13；图 14、15）。

虽然都城与地方中心一样，均修筑有夯土城墙，但与地方中心相比，其规模要大得多（表 3-20）。此外都城的防御设施是多重的。

表 3-20　　　　　　　　　　　早商时期城址面积统计表

聚落分层	商城	城墙（m）					面积（m²）
		东	西	南	北	小计	
都城	郑州商城	1700	1870	1700	1690	6960	（内城）300 万②
	偃师商城	1640	1710	740	1240	5500	190 万
	洹北商城	南北长 2200		东西长 2150			400 万
地方中心	垣曲商城	336	395	400	338	1470	13.3 万
	东下冯商城	52（残）	140（残）	440	？	1580？	13.7 万？
	盘龙城	南北长 290		东西宽 260		1080	7.5 万
	焦作府城		280		284		8 万

偃师商城在东、北、西三面城墙的外侧均有护城壕环绕，城壕宽 18～20 米。在城墙之内还筑有小城，小城位于大城西南部，大体呈长方形，城墙宽 6～7 米，亦为夯筑而成。宫城位于小城南部正中，平面近方形，边长约 200 米，四周有宫墙围绕，其内分布有多座宫殿建筑，这样便形成了一个由护城壕、大城城墙（或小城城墙）、宫城城墙组成的多重的防御系统（图 3-16）。

郑州商城的情况与此类似，在南城墙和西城墙之外约 600～1100 米处筑有外郭城墙，圈筑在郑州商城东南、南、西南角及西城墙之外，长度达 6000 余米，商代遗址多分布在夯土墙基带之内。在距外郭城墙 10 米之外处，还发现有宽约 40 米余米的护城河③。因此有人推测，当时不仅北部存在外郭城墙，北部、西部都应该有外郭墙，所以

---

① 2001 年下半年考古工作者在盘龙城城址北部、西部距原城垣 250～500 米之外发现带状夯土遗迹，极有可能为城址外围城垣（刘森淼：《盘龙城外缘带状夯土遗迹的初步认识》，《武汉城市之根·商代盘龙城与武汉城市发展研讨会论文集》，武汉出版社，2002 年，190～197 页）。如果能够证实，那么盘龙城便成为第一个有内、外两重城垣保护的地方中心。

② 据最新资料可知，外郭城的发现墙基长度为 6000 多米，由于东部墙基和北部部分墙基没有发现，为了便于比较城墙四面长度，此处使用了内城的资料。

③ 河南省文物研究所：《郑州商城外夯土墙基的调查与试掘》，《中原文物》1991 年 1 期；《郑州商代外郭城的调查与试掘》，《考古》2004 年 3 期。河南省文物研究所：《郑州三德里、花园新村考古发掘简报》，《郑州商城考古新发现与研究》，228～241 页。郑州市文物考古研究所：《郑州市银建商贸城商代外夯土墙基发掘简报》，《华夏考古》2000 年 4 期。

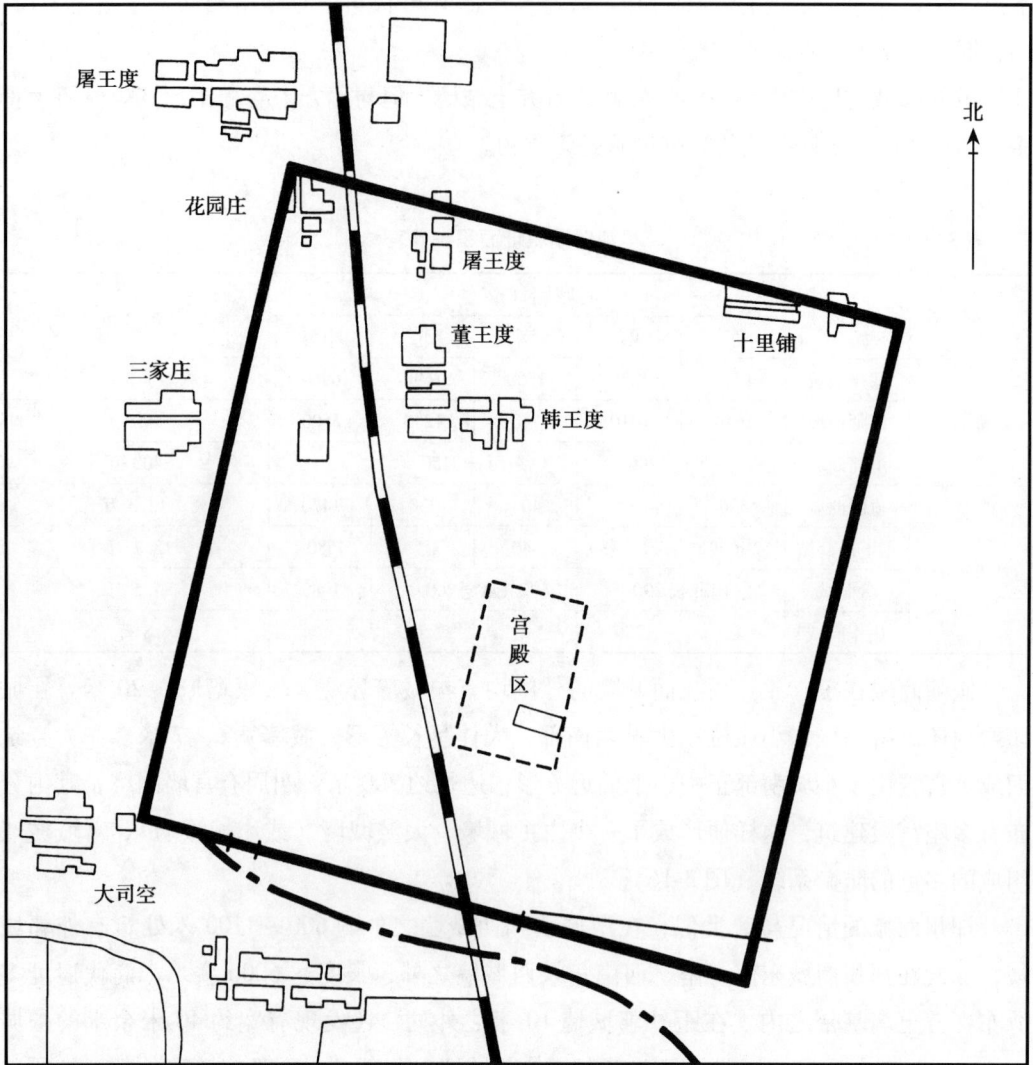

图 3-14　洹北商城

（据《河南安阳市洹北商城的勘察与试掘》改制）

郑州商城的防御体系是通过城墙和护城河与东部湖泊内的大面积水域构成的①。此外，

---

① 袁广阔、曾晓敏：《论郑州商城内城和外郭城的关系》，《考古》2004 年 3 期。

在郑州商城的宫殿区还发现有夯
土城墙和壕沟①。似这种多重防御
设施的存在，反映出当时中心聚
落浓厚的军事色彩。

与上述都城和地方中心形成
鲜明对照的是，普通村落多没有
防御设施。

（三）聚落形态所反映的文明
化程度分析

从聚落形态看，早商文化与
晚商文化有一定的相似之处，聚
落内部分化的迹象十分明显。如
郑州商城和偃师商城作为中心聚
落，内部结构复杂，居住区有宫
殿区与普通居民区之分，墓葬也
有大小之别，此外聚落内有手工
业作坊和祭祀区。而小型的聚落
面积狭小，结构简单，未见大型

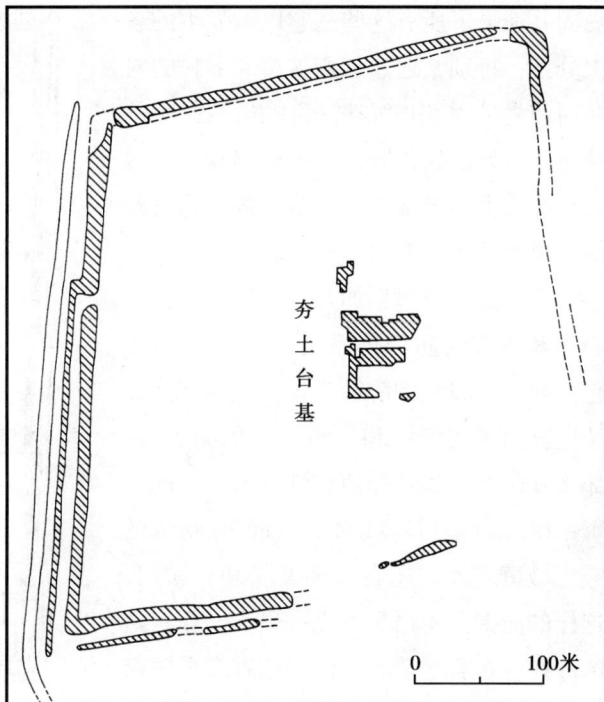

图 3-15　垣曲商城

（据《垣曲商城》图三城址平面图改制）

建筑和墓葬。聚落之间亦是如此，面积最大的郑州二里岗遗址可与殷墟遗址相媲美，有
一批中小型聚落聚集在此周围，其中中型聚落面积不足大型聚落的 1/10 或 1/20，小型
聚落更是不足大型聚落的 1%，这样由大型聚落到小型聚落形成了一种金字塔式的聚落
结构。位居塔顶的都城级聚落拥有强大的权势和雄厚的财富，是一定范围内聚落群的中
心。处于次一级的地方中心虽略逊于中心聚落，但面积亦较大，且内部结构复杂，与大
型聚落一样也存在有宫殿区、手工业区和墓葬区。而众多的小型聚落只能居于塔底，所
占有的资源和财富的数量之少与聚落数量之多形成巨大反差。而中心聚落和地方聚落中
城址的出现更是反映了这种社会分化的剧烈程度。城一般具有防御和震慑功能，前者是
聚落间冲突的产物，亦即为了争夺有限的资源，为了保卫已有的财富而设置。后者则又
是居于特殊阶层的统治者用以监视和镇压为数众多却占有资源极少的人群。"文明时代

---

① 郑州商城宫殿区发现过两段夯土城墙，呈 90°相接趋势（河南省文物研究所：《郑州黄委会青年公寓考古
发掘报告》，《郑州商城考古新发现与研究》。河南省文物考古研究所：《河南郑州商城宫殿区夯土墙 1998
年的发掘》，《考古》2000 年 2 期。河南省文物考古研究所：《郑州商城（1953～1985 年考古发掘报告）》，
237～238 页）。此前在宫殿区还发现过东西向的大壕沟，已钻探出的部分长达 80 多米（河南省文物考古
研究所：《郑州商城（1953～1985 年考古发掘报告）》，文物出版社，2001 年，238 页）。

巩固并加强了所有这些在它以前发生的各次分工，特别是通过加剧城市和乡村的对立而使之巩固和加强……"① 虽然此期的城市还只处于初创阶段，但其出现至少说明在政治上和经济上，聚落间的分化已经演变成为城市与乡村的对立。

不论是早商时期的都城，还是地方中心，其严密的防御体系总是令人叹为观止。如果说殷墟的防御设施仅仅是环绕在小屯宫殿区的壕沟和洹水组成的防御带，那么郑州商城和偃师商城则具有多重的防御系统。如郑州商城除了长近 7000 米的夯土城垣之外，还有外郭城墙和护城河，这样的防御原本已是万无一失，但在宫殿区却还修筑有城墙和壕沟。这种多重防御设施的设立，反映了社会分化的显著。偃师商城亦是如此，宫城为保卫的重点所在，除自身有围墙外，外面还有小城或大城的厚重城垣保护，大城外则更有壕沟围

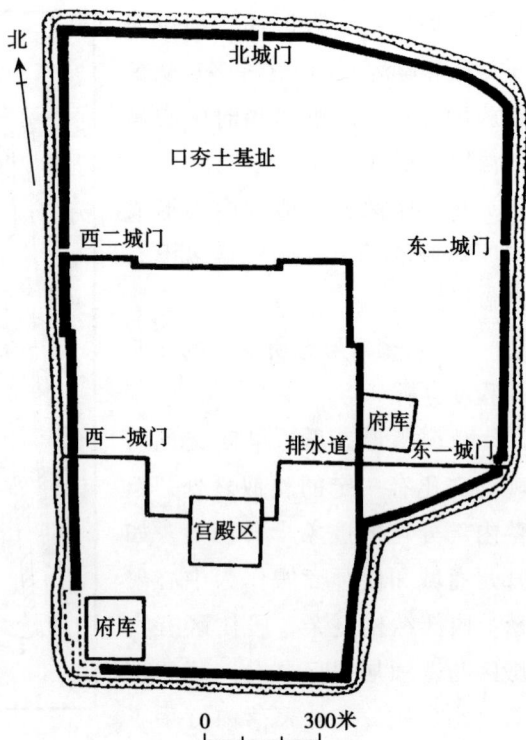

图 3-16　偃师商城
（引自《河南偃师商城小城发掘简报》）

绕。早晚商之间存在的这种防御系统的差别，可能与当时的社会环境有关。郑州商城和偃师商城修筑之时，为商人刚刚灭夏不久，所以多重的防御体系当与震慑夏人这一目的有一定的关系。

同为防御工事，与壕沟相比，城墙的建造是一个庞大的工程，它包括设计、测量、取土、运土，以至版筑夯实等一系列过程，建筑难度更大，且需要相当成熟的行政组织，以及相对的剩余粮食以养活筑城的劳力。因此有人说，"……城墙实标识着资源集中、人力控制和行政组织之复杂化，而且是成正比的"②。以郑州商城的建造为例，对其外郭城墙暂且不论，仅其周长近 7000 米的内城城墙的夯土量就达 87 万立方米，如果按就地起土 2 立方米，夯筑成 1 立方米的城墙夯土计算，仅挖土量就有 174 万立方米。而当时所用的工具多为木石类较为原始的工具。要想完成城墙的筑造，除挖土外，还有

① 恩格斯：《家庭、私有制和国家的起源》，人民出版社，1972 年，163 页。
② 杜正胜：《从考古资料论中原国家的起源及其早期的发展》，《历史语言研究所集刊》第 58 本第 1 分，1987 年。

夯打、运土、工具的制作和修理等工作。有人就此进行过计算，"如果每天按一万奴隶参加筑城劳动，三千人挖土，三千人运土，三千五百人进行夯打和五百人进行勤杂工作。建筑成这座规模巨大的商代夯土城垣，至少也需要八年左右的时间。如果参加筑城的奴隶人数增加一倍按二万人计算，也需要四年之久才能完成"[①]。而邹衡先生也认为，建造郑州商城这样的城墙，总共需要1300万个劳动日，即便每天有上万的奴隶参加劳动，也需要用四五年时间[②]。

二　建筑结构

考古发现的属于早商时期的建筑数量极多，有面积达上千米甚至上万米的宫殿建筑，也有仅能容身的穴居之所。建筑性质的不同，决定了建筑布局、结构和建筑规模等方面的差异。

（一）大型宫殿建筑和中小型建筑布局不同，宫殿建筑多成群分布，普通中小型建筑则较为分散。

与晚商一样，大型建筑多成群分布，构成宫殿群，宫殿群多位于城内东北部[③]。

年代上属于二里岗下层一期至二里岗上层一期的郑州商城的夯土城墙之内，普遍分布有成群的宫殿，但以城内东北部一带最为密集。在东至郑州商城东城墙北段内侧，西至工一街，北到顺河路，南逾城北路，到郑县旧城北城墙东段北侧这一面积达40万平方米的范围内有夯土台基数十处，包括成组的结构复杂的大型基址，最大的面积达2000平方米，最小的也有100平方米[④]（图3-17）。

偃师商城的宫殿群位于小城南部正中，大型基址多分布在所谓的宫城之内。宫城平面近方形，边长约200米，四周有宽2米左右的宫墙环绕。考古工作者于1984～1986年先后发掘了位于宫城东半部的四、五、六号宫殿[⑤]，1996年下半年到1998年夏，又对分布于宫城西半部的一、二、三号宫殿进行了揭露[⑥]（见图3-2）。

时代上晚于郑州商城和偃师商城的洹北商城亦是如此，宫殿群位于商城南部正中，

---

① 河南省博物馆等：《郑州商代城遗址发掘报告》，《文物资料丛刊》第1集，1977年。

② 北京大学历史系考古教研室商周组：《商周考古》，文物出版社，1979年，59页。

③ 郑州商城、盘龙城、垣曲商城、焦作府城等宫殿区均位于城内东北部。也有的位于南部，如洹北商城、偃师商城。杨锡璋曾在《殷人尊东北方位》中指出郑州商城、盘龙城和殷墟三个遗址内的宫殿基址均位于城区（或宫殿区）内的东北部（《庆祝苏秉琦考古五十五年论文集》，文物出版社，1989年，307页）。

④ 河南省文物考古研究所：《郑州商城（1953～1985年考古发掘报告）》，文物出版社，2001年，231页。

⑤ 中国社会科学院考古研究所河南二队：《1984年春偃师城尸乡沟商城宫殿遗址发掘简报》，《考古》1985年4期。中国社会科学院考古研究所第二工作队：《河南偃师尸乡沟商城第五号宫殿基址发掘简报》，《考古》1988年2期。

⑥ 王巍：《偃师商城考古新进展及其相关问题》，《青果集》，《吉林大学考古系建系十周年纪念文集》，知识出版社，1998年。

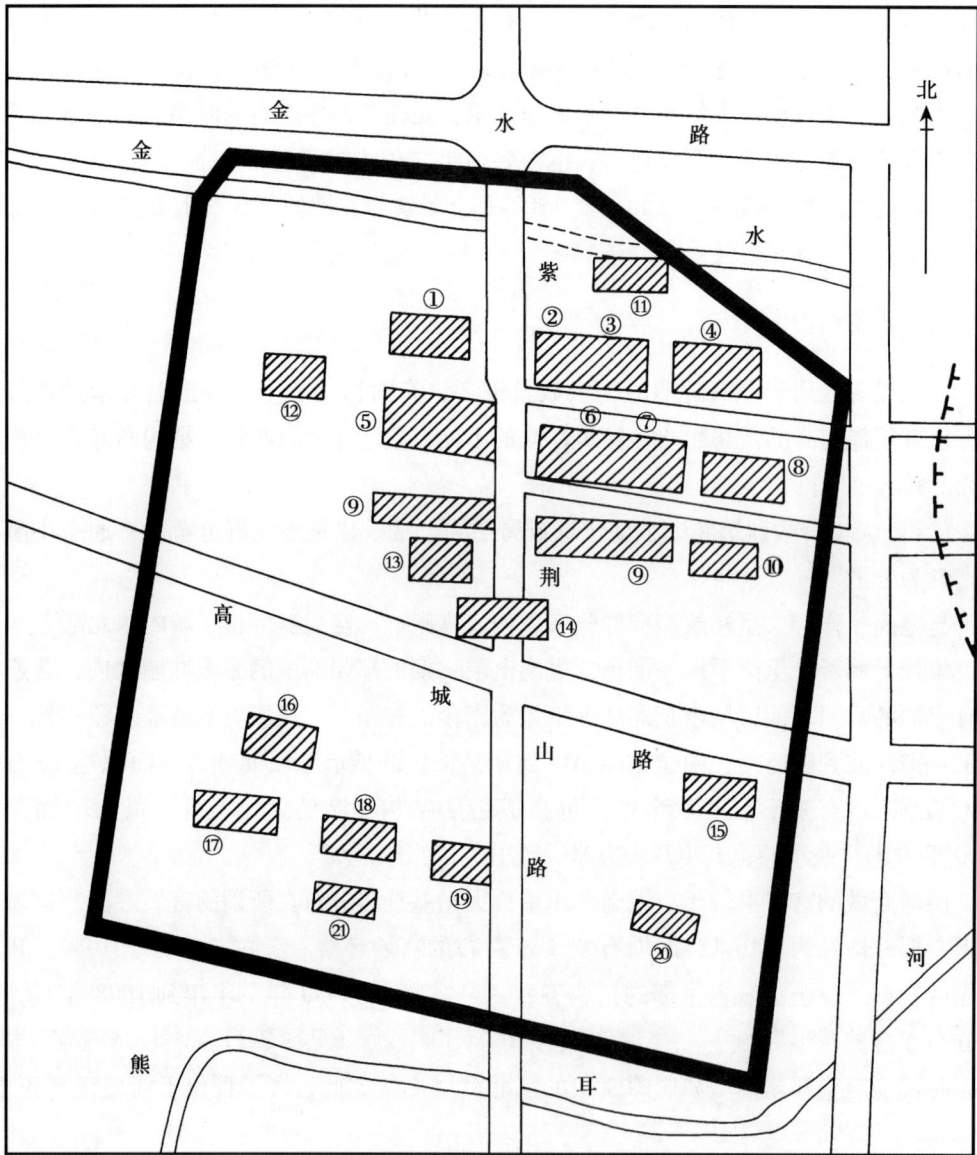

图 3-17　郑州商城城内宫殿分布示意图

（据《论郑州商城内城和外郭城的关系》改制）

在南北长 500、东西宽 200 米的范围内，夯土建筑密集，到目前为止已钻探出 30 余处大型基址。这些基址均为东西长、南北宽，成排分布，相互间没有打破或叠压关系，方向与城墙一致，显示出严整有序的格局①。

与此形成鲜明对照的是，普通中小型建筑在郑州商城、偃师商城和洹北商城等地虽多有发现，但分布多较分散。

（二）大型基址与中小型建筑在规模和结构上有天壤之别

大型建筑位于地势较高处，有高大的夯土台基和网状的排水系统，规模宏伟，结构复杂。位于洹北商城宫殿区东南部的 1 号基址，总面积达 1.6 万平方米，基址东西长173、南北宽约85～91.5 米，是迄今为止发现的规模最大的商代单体建筑。基址的东部因故未能发掘，但仍可看出，整个建筑由门塾、主殿、廊庑、配殿和庭院组成。主殿位于基址北部正中，坐北朝南，东西长 90 米以上，南北宽 14.4 米，建筑于高大的夯土台基之上，面阔九间，每间正室都向南开门，并有 9 个台阶通向庭院。主殿西端有宽约 3米的回廊与之相接。东西配殿位于庭院东西两侧，目前仅发掘的西配殿南北长 85.6、东西宽 13.6 米，向庭院一方有 3 个台阶。南庑为单面廊结构，南部为木骨泥墙，北部为走廊，面向庭院。门塾在南庑中段偏东部，中间有两条门道将门塾分为三部分。这样整个建筑构成了一个由主体建筑主殿和附属建筑廊庑、门塾以及中庭等组成的封闭的四合院式建筑（图 3-18）②。与此类似的大型建筑在许多地点均有发现，如偃师商城 4 号和 5 号宫殿基址③、郑州商城 C8F15④、盘龙城 1 号基址⑤、焦作府城 1 号基址⑥等。

与宫殿建筑相比，普通的居住区多为单体建筑，且规模小，结构简单。这些房子有的是地面建筑，有的是半地穴式、地穴式居址（图 3-19）。地面建筑的平面有的作长方形，也有的呈方形。房基周围残留有墙壁，地坪和墙壁都是夯筑而成，门多开于南墙

①　中国社会科学院考古所安阳队：《洹北商城发现大型宫殿基址》，《中国文物报》2002 年 8 月 23 日。中国社会科学院考古研究所安阳工作队：《河南安阳市洹北商城的勘察与试掘》，《考古》2003 年 5 期。

②　中国社会科学院考古研究所安阳工作队：《河南安阳市洹北商城宫殿区 1 号基址发掘简报》，《考古》2003年 5 期。杜金鹏：《洹北商城 1 号宫殿基址初步研究》，《文物》2004 年 5 期。

③　中国社会科学院考古研究所河南二队：《1984 年春偃师尸乡沟商城宫殿遗址发掘简报》，《考古》1985年 4 期。

④　河南省文物考古研究所：《郑州商城（1953～1985 年考古发掘报告）》，文物出版社，2001 年，243～249 页。

⑤　杨鸿勋：《从盘龙城商代宫殿遗址谈中国宫廷建筑发展的几个问题》，《文物》1976 年 2 期。

⑥　袁广阔、秦小丽：《河南焦作市府城遗址发掘简报》，《华夏考古》2000 年 2 期；《河南焦作府城遗址发掘报告》，《考古学报》2000 年 4 期。

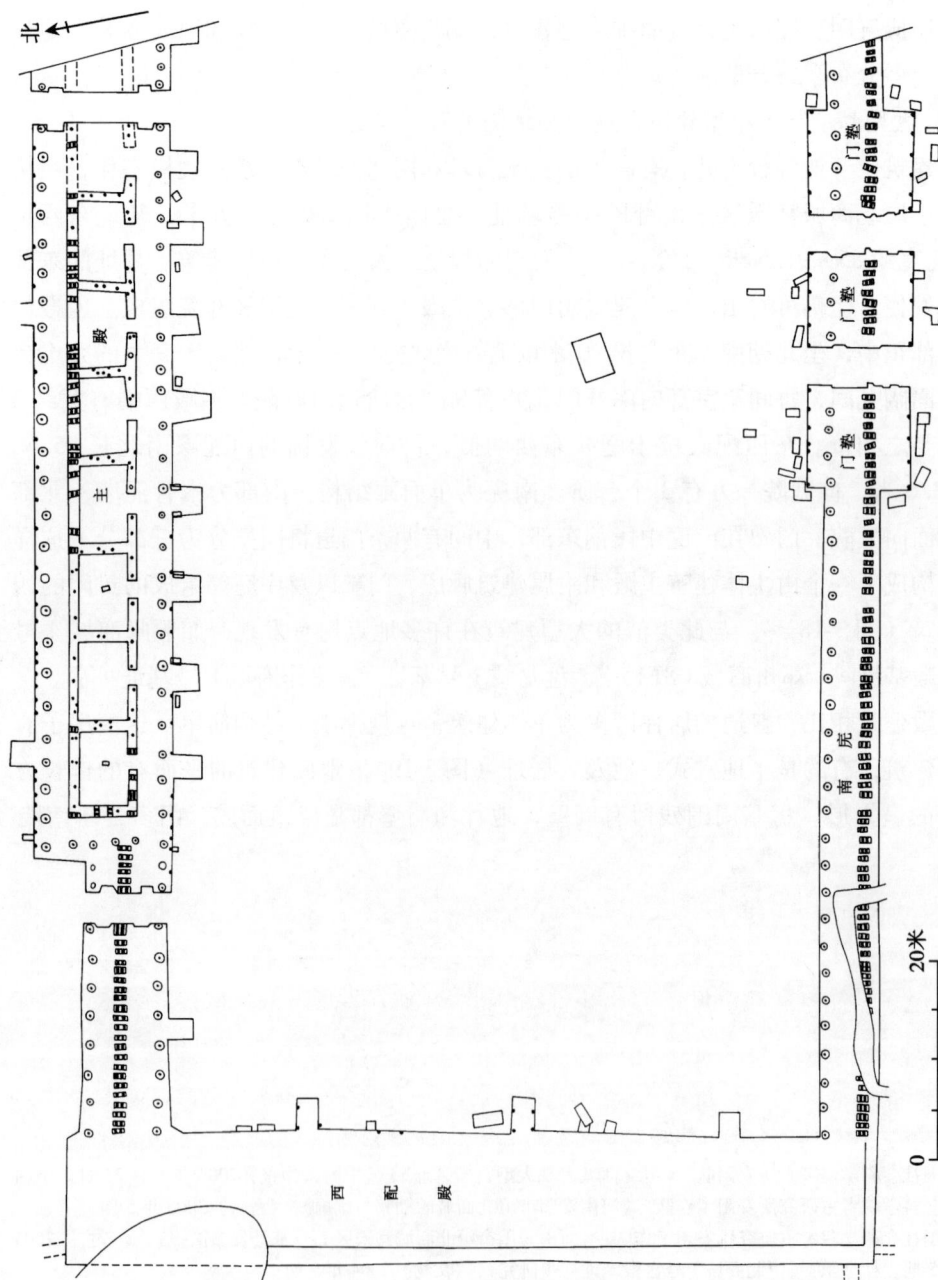

图 3-18 洹北商城 1 号宫殿基址平面图
（引自《河南安阳市洹北商城宫殿区 1 号基址发掘简报》）

上，在迎门的后墙处筑有方形或长方形的土台，地面铺有白灰面或细黄泥面，中间散布有圆形柱穴，屋角常有成片的火烧痕迹，有的房子中间还有隔墙。半地穴式房子面积多在 10 平方米以下，最小的仅4～5 平方米，没有分间。这类房子多在前面墙上开一小门，有的在前墙上开一小窗，迎门后墙处地坪上留有烧土面。这些面积狭小、仅能容身、结构简单的房屋与有着高大夯土台基、结构复杂的宫殿建筑形成了鲜明的对比。

建筑的大小与建筑材料的差别，与居住者占有所需材料和劳动的差别是一致的，所以建筑所呈现出来的鲜明的等级式差别是社会分层发达的明证。建筑不仅凝聚着当时人们的日常生活方式和理念，而且与这些人群各自的身份等级和社会地位有明显的关系，因而由建筑中透露出的分层现象，是一种更为深刻的社会分化状况的反映。

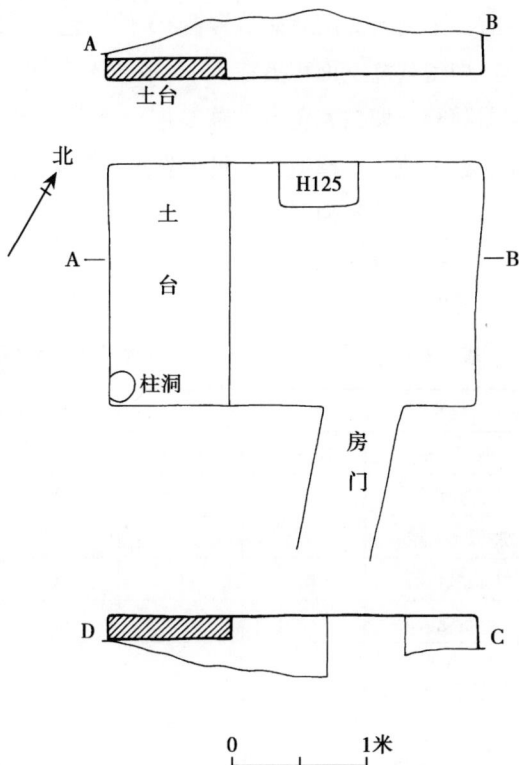

图 3-19　铭功路西制陶遗址 C11F114 平、剖面图

（引自《郑州商城》433 页）

三　埋葬制度

早商时期的墓葬在郑州①、藁城台西②、偃师等地均有发现。这些墓葬在规模上存在明显差别，表现为墓室面积大小不同，随葬品的数量和质量不同，棺椁的多少和有无各异，显示出墓主身份有别。

根据墓葬规模不同，可将早商墓葬分为三类。其中大型墓葬墓室面积在 5～15 平方米左右，墓内多有殉人，有棺有椁，随葬有丰富的铜器、玉器、陶器、木器等。如位于黄陂盘龙城东墙外的李家嘴 M2，墓室平面呈梯形，面积 12 平方米左右，棺外有椁，墓

① 河南省文物考古研究所：《郑州商城》，文物出版社，2001 年，573～574 页。郑州商城内外重要的墓地有四处，即白家庄、杜岭、杨庄和铭功路西侧。这四处墓地中，可以看出，除铭功路墓地位于制陶作坊内，地势不明之外，其余三处均位于地势较高处（白家庄墓地位于郑州商城东北部内外一带和沙岗高地；杜岭墓地包括北二七路东侧和西侧的人民公园，地势较高；杨庄墓地位于商城东南角外约 500 米，为商城内地势力较高处。铭功路西侧墓地位于商城西墙北段外侧 700 米的制陶遗址区）。

② 河北省文物研究所：《藁城台西商代遗址》，文物出版社，1985 年，101 页。

内有 3 个殉人。随葬品有铜器 63 件，包括 23 件礼器、40 件兵器和工具①。

　　中型墓墓室面积多在 2～5 平方米之间，一般有铜器随葬，有棺有椁，墓内多有青铜器随葬。如白家庄 3 号墓二层台上有一殉人，墓内随葬品丰富，有铜器、玉器、骨器、象牙梳、玛瑙珠、货贝等贵重物品②。

　　小型墓墓室面积在 2 平方米以下。墓室平面近长方形，有棺无椁，随葬品多用陶器，有一部分墓葬无随葬品。

表 3-21-1　　　　　　　　早商时期大中小型墓葬数量统计表

类型	大型		中型		小型		小计
面积（m²）	10–15	5–10	3.4	2–3	1–2	1 以下	
郑州商城			2	6	82	52	142
偃师商城				1	3	12	16
藁城台西		1	2	3	10	5	21
盘龙城	1		3				4
小计	1	1	7	10	95	69	183
总计	2		17		164		
百分比（%）	1.1		9.3		89.6		100

表 3-21-2　　　　　早商时期大中小型墓葬数量示意表

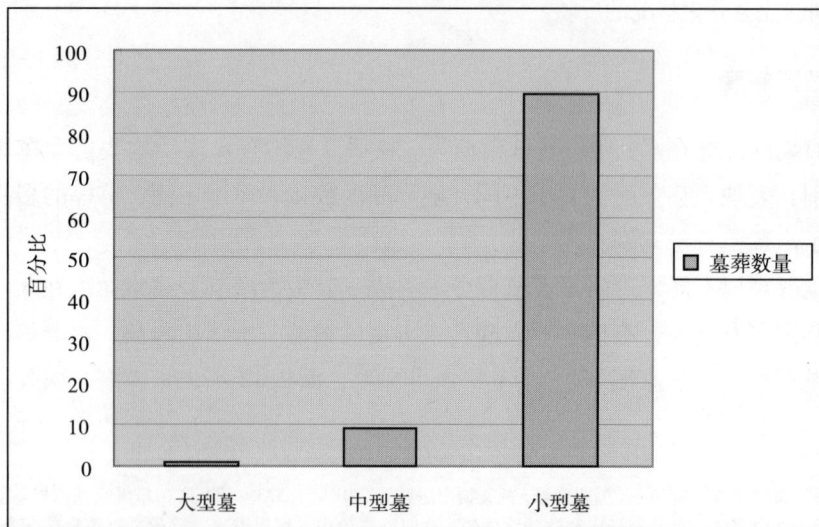

① 湖北省博物馆等盘龙城发掘队：《盘龙城 1974 年度田野考古纪要》，《文物》1976 年 2 期。湖北省博物馆：《盘龙城商代二里岗期的青铜器》，《文物》1976 年 2 期。
② 河南省文物工作队第一队：《郑州市白家庄商代墓葬发掘简报》，《文物参考资料》1955 年 10 期。

　　从埋葬制度看，早商虽未发现王陵，但与晚商一样亦存在着不同等差。从表 3-21 可以看出，早商时期以小型墓数量最多，占全部墓葬总数的 89.6%，大型墓数量最少，只占全部墓葬总数的 1.1%，然而墓葬的数量却与墓室规模和墓内随葬品的数量成反比：大型墓内习见殉人，并随葬有丰富的青铜礼器、玉器和陶器；中型墓虽然从墓室面积上比不上大型墓，但这类墓中也有殉人，同时墓内多随葬有青铜礼器；数量最多的小型墓大多仅以陶器随葬，有接近 40% 的墓内没有任何随葬品。如此看来，大中型墓的主人显然掌握了社会的大部分财富，与无随葬品或仅以陶器随葬的小墓形成了强烈的对比和反差。除上述所列的大中小三种类型墓葬之外，早商还存在着不少灰坑葬和灰层葬，这部分死者没有墓穴，更无棺椁和随葬品，生前处于社会的底层，死后更是一无所有，所有这些反映出早商时期已形成了明显的社会分层，处于权力核心的特权阶级与普通平民之间的对立已极为严重。

　　这种对立或者社会分层还体现在同一类墓葬内部的等级差别上。由于早商大型墓葬发现数量极少，难以进行更为深入的探讨。相较而言，中型墓资料较为丰富，可以以此为例做进一步的分析。中型墓的规格明显可分两个等级，其中等级较高者面积在 3～4 平方米左右，等级较低者面积多在 2～3 平方米之间，这两类墓葬中，前者多随葬有青铜礼器，后者也多有青铜礼器随葬，但数量要少一些（表 3-22）。同一类型墓葬内部，由墓葬规模、随葬品的丰富程度与质量优劣、殉人的多少等形成的等差，体现出处于不同等级的权力者掌握权力的大小和拥有财富的不同，反映出当时社会阶层分化的发达程度。

　　此外，不同类型的墓葬间的等差与时代也有很大的关系。表 3-23 是据《郑州商城》公布的材料对早商墓葬进行所做的统计，可以看出，时代愈晚较大型墓葬的数量越多，不同面积的墓葬内随葬品之间的差别也越大。此外，早商时期的大型墓葬如李家嘴 M2、大辛庄 M106 的时代均为二里岗上层时期，这两座墓都有殉人，尤其是后者从年代上看

表 3-22　　　　　　　　　　　早商时期中型墓随葬青铜器数量统计表

面积（m²）	3～4			2～3		
	墓葬数量	有青铜礼器墓葬数量	百分比	墓葬数量	有青铜礼器墓葬数量	百分比
郑州商城	2	2	100%	6	3	50%
偃师商城				1	1	100%
藁城台西	2		0%	3	2	66.7%
盘龙城	3	3	100%			
小计	7	5	71.4%	10	6	60%

表 3-23　　　　　　　　　　　早商时期不同面积墓葬随葬品数量统计表

面积	3~4		2~3				1~2			1		
随葬品	青铜礼器	陶器	青铜礼器	陶器	其他	无	青铜礼器	陶器	无	青铜礼器	陶器	无
二里岗下层一期								1			1	
二里岗下层二期			1			1		15	5	1	5	19
二里岗上层一期	2		1		1		14	15	27	2	16	7
二里岗上层二期							2				1	
小计	2		2		1	1	16	31	32	3	33	26

属于二里岗上层二期，墓内殉葬有 4 人，出土青铜器 11 件、玉器 19 件[1]，显示出愈到晚期整个社会复杂化程度愈高的事实。

四　青铜礼器和兵器

在古代中国，礼器的发达程度与社会复杂化的程度成正比。作为统治阶级等级差别最重要标志的青铜器大量集中出土，正是体现了这一点。早商的青铜器多出于墓葬和窖藏坑中[2]。与晚商一样，发现的青铜器中，仍以青铜容器和兵器为主，手工业工具和农业工具数量极少。其中的容器多为祭祀时所用的礼器，而兵器自然与战争有关，因此早商青铜器的组合反映出的社会状况亦与"国之大事，在祀与戎"的记载相吻合。

早商时期青铜礼器的种类经历了由少到多的发展过程。迄今所发现的二里岗下层的青铜器类，只有鬲、爵、斝、盉等四种，到二里岗上层时，鼎、觚、罍、盘等器物开始出现。根据对郑州商城、偃师商城和荥阳西史村等地出土的青铜器统计的结果，可知早商出土的青铜器中，以青铜礼器数量最多，墓葬中青铜礼器的数量占 78.8%，窖藏中占 79.3%。其次为兵器，二者均占 15% 左右（表 3-24）。数量众多的青铜器多为礼器和兵器，极少见到用于农业生产的器具，由此看来，中国青铜文化主要用于礼制活动和战争的特点已于此时显现出来。

从二里岗下层到二里岗上层，青铜器的制作工艺也有明显的进步。大型器物和纹饰精美的器物出于二里岗上层晚段墓葬，体现了青铜工艺的发展状况。

从墓葬出土青铜器的组合来看，最流行的是酒器的组合，其中可细分为若干类，如单独爵的组合，爵与斝的组合，爵、斝、觚的组合以及爵、觚的组合。从表 3-25、3-26 可知，单独爵的组合和爵斝的组合最多，其次为爵觚斝的组合。此外，酒器与食器以及酒器与兵器的组合也较多见。青铜礼器中重酒器的组合与古代酒祭的传统有关，早商文化的礼器中，爵为表示贵族身份的基本礼器，早商时期随葬青铜礼器的 37 座墓葬中，

---

① 《济南大辛庄遗址》，《2003 年中国重要考古发现》，文物出版社，2004 年，58~63 页。

② 遗址中亦零星出土一些铜器，但多为工具和兵器类。

表 3-24-1　　　　　　　　早商时期出土青铜器种类统计表①

器类	容器				兵器	其他	小计
	食器	酒器	水器	其他			
墓葬	10	56	1		13	5	
	78.8%				15.3%	5.9%	
窖藏	13	10	1	1	4		
	79.3%				13.7%		
小计	92				17	5	114
百分比	80.7%				14.9%	4.4%	100%

表 3-24-2　　　　早商时期出土青铜器种类示意表

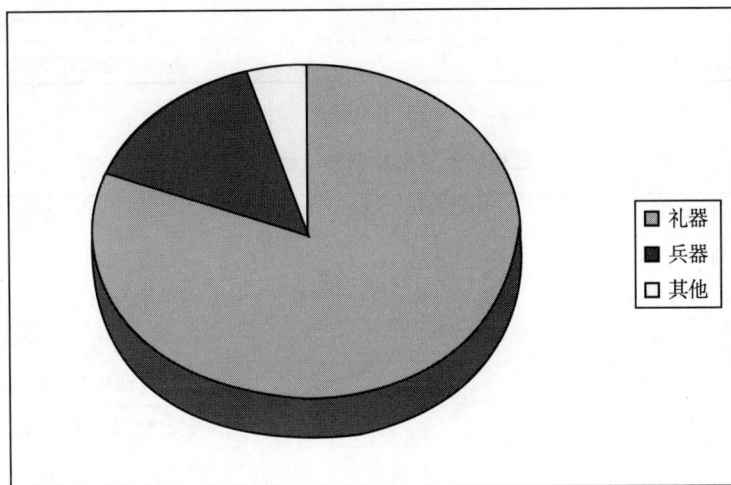

就有 32 座随葬爵便足以说明此点。

从二里岗下层到二里岗上层时期，酒器的组合有明显的发展规律。其一便是由最初的爵斝不配对到配对共出。二里岗下层之时，最多见的是单爵的组合和爵斝的组合（表3-25）。到二里岗上层时，以鼎与觚爵斝的组合最为多见，觚爵斝三者间的组合也不少，但多不等量，尤其是觚爵间的数量多不相等。到二里岗上层末期，觚爵配对共出已成为一种固定的制度（表 3-26）。此外，在二里岗上层的墓葬中，如同一器类的器物在同一墓中有两件以上，这两件的形制往往不同，如白家庄 M3 中二斝一为圆底长袋足，一为

---

① 统计数字来源于《郑州商城》、《偃师商城》和《荥阳西史村》。

窖藏资料来自《郑州新出土的商代前期大铜鼎》，《文物》1975 年 6 期；郑州新发现商代窖藏青铜器》，《文物》1983 年 3 期；《郑州南顺城街青铜器窖藏坑发掘简报》，《华夏考古》1998 年 3 期；《郑州商代前期铜器窖藏》，科学出版社，1999 年。

的制度概源于此①。此外，酒器的组合愈复杂，数量愈多，墓室面积愈大，显示墓主的身份越高，同时这些墓葬往往随葬有较多的鼎，如白家庄 M3②、北二七路 M1③、盘龙城李 M1、M2④ 等。

表 3-25　　　　　　　　　　　　　　二里岗下层墓葬铜器组合统计表

出土地点	爵	斝	盉	资料来源
偃师商城东北隅 M	1			《考古》1998 年 6 期
白家庄 C8M7	3	1		《郑州商城》564 页
东里路省中医院	1		1	《中原文物》1981 年 2 期
王城岗 M49	1	1		《登封王城岗与阳城》
东里路 C8M32	1	1		《中原文物》1981 年 2 期
西史村 M2	1			《文物资料丛刊》第 5 辑

表 3-26　　　　　　　　　　　　　　二里岗上层墓葬铜器组合统计表

出土地点	爵	斝	觚	鼎	资料来源
偃师商城 X2M1	1	1			《考古》1984 年第 10 期
天然气公司 C5M1	1			1	《文物》2003 年 4 期
人民公园 C7M25	1				《文物参考资料》1954 年 12 期
人民公园 C7M46	1				《郑州商城》586 页
白家庄 C8M3	1	2	2	1	《文物参考资料》1955 年 10 期
白家庄 C8M2	1	1		1	同上
北二七路 M4	1				《考古》1986 年 4 期
商业局仓库商墓	1	1			《中原文物》1982 年 4 期
铭功路 M2	2	2	1	1	《考古》1965 年 10 期
铭功路 C11M125	1				《郑州商城》579 页
铭功路 C11M126		1			同上
铭功路 C11M146			1		《华夏考古》1991 年 4 期
铭功路 C11M148	1				《郑州商城》585 页
铭功路 C11M150		1			《华夏考古》1991 年 4 期
东里路 C8M39		1		1	《中原文物》1981 年 2 期

---

① 朱凤瀚：《古代中国青铜器》，南开大学出版社，1995 年，614 页。
② 河南文物工作队第一队：《郑州市白家庄商代墓葬发掘简报》，《文物参考资料》1955 年 10 期。
③ 河南省文物研究所：《郑州北二七路新发现 3 座商墓》，《考古》1965 年 10 期。
④ 湖北省博物馆等盘龙城发掘队：《盘龙城 1974 年度田野考古纪要》，《文物》1976 年 2 期。

（续表 3-26）

出土地点	爵	斝	觚	鼎	资料来源
台西 M14	1	1	1		《藁城台西商代遗址》
琉璃阁 M110	1	1	1		《辉县发掘报告》
琉璃阁 M148	1		1		同上
琉璃阁 M203	1				同上
盘龙城楼 M1	1	1		1	《文物》1976 年 1 期
盘龙城楼 M4	1	1		1	同上
盘龙城楼 M5	1	1	1		同上
盘龙城楼 M3	1	1	1	1	同上
盘龙城李 M1	5	5	3	2	《文物》1976 年 2 期
盘龙城李 M2	4	3	1	4	同上
省新华书店 T17M2		1	1		《文物》2003 年 4 期
万辉公司 T61M1	1	1			《文物》2003 年 4 期
北二七路 M2	1	2	1		《文物》1983 年 3 期
北二七路 M1	1	3	2	1	同上
铭功路 M4	1		1		《考古》1965 年 10 期

这些青铜器均为本地铸造。在郑州商城发现两处铸铜作坊内，均发现有房基、坩埚和不少陶范碎块、铜渣、木炭及小件铜器。当时用于冶炼的坩埚有两种：一种用草拌泥制成，胎厚 6 厘米，未见完整器。一种用陶质大口尊或夹砂陶缸作胎，外壁涂抹一层草拌泥制成。所用大口尊高 30、口径 25 厘米，可容铜液 12.5 公斤。陶缸未见完整器，残者高 27、径 27.8 厘米，容量当与大口尊近似。

早商时期的青铜器从总体而言虽不如晚商精美，数量上也难与晚商相比，但一样聚集有大量的人力和物力。青铜原料来之不易，不仅铜矿的开采、运输、冶炼要组织大量的人力和耗费相当的财力，而且青铜器尤其是容器还要经过设计、铸造、加工等复杂的程序，因而青铜器的制作从一个侧面反映了一个社会已具有强大的组织能力和控制手段，以及集中财富和进行财富再分配的能力。兵器的数量虽较晚商为少，但多出自面积较大的墓葬中，并且多与爵斝等表示身份地位的礼器共出，折射出在当时维护特殊阶层特权地位的贵族武士阶级已经存在的史实。

五　文字的发现

考古发现的属于早商时期的文字主要可分做三类，一类是铸造于青铜器内的金文，一类是书写于陶器上的所谓朱书文字，还有一类是刻于龟甲兽骨上的文字。

发掘出土的早商铜器未见有铭文者①，但传世器有几件有铭者，如耳鬲②、父甲角③、戈姓辛鼎④等。这几件器物从形制上看，属二里岗上层时期。此外收藏于日本东京国立博物馆的"甘"鼎也属于这一时期⑤。

朱书文字发现于小双桥遗址，多位于小型缸的表面，也有个别位于大型缸的口沿外侧或小型缸的口沿内侧、器盖表面等。现已发现朱书文字 10 余字，文字为书写而成，颜料为朱砂，色朱红，字体工整，笔画规范流畅，殷墟朱书文字和甲骨文一脉相承，是我国目前发现最早的书写文字⑥。

甲骨刻辞数量也不多。1953 年曾在郑州二里岗出土过两块字骨，其中一块为牛肋骨，上刻有 10 字，另一块为牛肱骨，上有一字⑦。这两块字骨均出土于属于二里岗文化的地层中⑧，因而从时代上看属于早商时期。然而对其性质还不能完全肯定，尤其是对刻字较多的肋骨是否为卜辞存有完全不同的两说：有的学者认为这块肋骨上的刻字属于习刻⑨，有的学者则认为这块字骨字体精好工整且卜辞完全，当是卜辞无疑⑩。但无论如何，这些刻辞为殷墟甲骨文源头的找寻提供了重要线索。

虽然与晚商相比，属于早商的文字材料还不是很多，但从字体结构来看无疑与殷墟甲骨文字属于同一系。文字的出现和运用与当时社会中知识分子阶层的产生相关联，因而也是反映早商时期社会复杂化程度的标尺之一。

通过对早商文明化进程的分析，我们可以得出如下两点结论：

1. 早商初期不仅已进入文明时期，且已达到了相当的高度。反映在当时由都城、

---

① 曹淑琴在《商代中期有铭铜器初探》一文中，推定部分发掘出土的有铭青铜器，包括中牟大庄等地出土的铜戈、长子北郊的甗、郑州杨庄的爵、白家庄的鼋尊等器物的年代为商代早期。另同文从传世器中拣选出四件早商有铭铜器，除耳鬲外，尚有媚爵、犬觚、天黽鬶。文见《考古》1988 年 3 期。但有学者以为这些器物有些从器形上看不属于早商时期，有些器上的符号尚不能完全肯定是文字（朱凤瀚：《古代中国青铜器》，南开大学出版社，1995 年，452 页）。

② 石志廉：《商戍鬲》，《文物》1961 年 1 期。该器目前在中国国家博物馆收藏。

③ 中国科学院考古研究所：《美帝国主义劫掠的我国殷周青铜器集录》，1963 年。《劫掠》A397 平底角，錾下铭"父甲"二字。

④ 端方：《陶斋吉金续录》，1909 年。《陶续》2 鬲鼎。

⑤ 杨晓能：《早期有铭青铜器的新资料》，《考古》2004 年 7 期。

⑥ 河南省文物研究所：《1995 年郑州小双桥遗址的发掘》，《华夏考古》1996 年 3 期。

⑦ 陈梦家：《解放后甲骨的新资料和整理研究》，《文物参考资料》1954 年 5 期。一般以为前一件牛肋骨上残存有 10 字，但有学者提出应为 11 字（肖良琼：《周原卜辞和殷墟卜辞之异同初探》，《甲骨文与殷商史》，上海古籍出版社，1983 年，277 页），其中被疏略的一字为"乇"，可能是"亳"的早期写法（李维明：《"乇"辨》，《中原文物》2006 年 6 期）。

⑧ 裴明相：《略谈郑州商代前期的骨刻文字》，《全国商史学术讨论会论文集》，《殷都学刊》增刊，1985 年。

⑨ 陈梦家：《解放后甲骨的新资料和整理研究》，《文物参考资料》1954 年 5 期。

⑩ 李学勤：《郑州二里岗字骨的研究》，《中国社会科学院历史研究所学刊》第 1 辑，北京社会科学文献出版社，2001 年。

地方中心和乡村组成的三级的聚落结构已经形成，都城内大型宫殿基址已经建成并投入使用，夯土城墙等防御设施也已开始修筑等等。所有这些均昭示着这一文明已相当进步，远非文明初生时的情景。

2. 由二里岗下层到二里岗上层时期，文明化的程度是逐渐加深的，这种变化轨迹在聚落形态、埋葬制度、青铜器等方面皆有清晰的呈现。由二里岗下层一期开始，商人灭掉了中原地区最大的敌对势力——夏，将所控制的领土由狭窄的太行山东麓走廊地区拓展到了包括豫中豫西在内的广大区域，拥有了较为稳定的社会环境，在这种情况下，商文明得到了飞速发展，这种发展的印迹在二里岗下层到二里岗上层过渡时期最为明显。联想到二里岗下层即早商初期的文明已非初始的文明，可以推断在二里岗下层之前，商文明一定经历了一个相当长的发展历程。

第四章　融合与碰撞：商文明的孕育与形成

　　从考古学文化上看，二里岗文化表现出的是一系列成熟文明所具有的特征，因而商文明的源头必然要到更早的商文化中去找寻。考古学上早于二里岗文化的是商人立国前的文化，亦即先商文化。然而尽管多年来诸多学者对何种文化是先商文化以及商人活动地域等问题给予了极大的关注，但迄今为止尚无定论。基于此，本章将从考古学和历史文献两个方面对先商文化的探索、先商文化的特征、商人活动地域以及商文明形成的时间等问题做一探讨。

第一节　关于先商文化的考古学探索

　　先商文化，是指从商始祖契到成汤灭夏之前以商人为主体的人群所创造和使用的考古学文化。中国考古学界目前对于何种文化是先商文化分歧较大，主要观点有三种，即下七垣文化先商文化说①，岳石文化先商文化说②，二里头文化先商文化说③。

在主张岳石文化为先商文化的众多学者中，以栾丰实先生论述最详。他在承认南关

① 邹衡：《试论夏文化》，《夏商周考古学论文集》，文物出版社，1980 年。李伯谦：《先商文化探索》，《庆祝苏秉琦考古五十五年论文集》，文物出版社，1989 年。

② 持此说者有栾丰实、方辉、张长寿、张光直等先生。栾丰实先生对南关外期、二里岗下层和上层中的岳石文化因素进行分析，认为自南关外至二里岗上层，岳石文化因素越来越少。他以南关外遗存为郑州地区最早的商文化，论证南关外晚于岳石文化，而且其文化特征与岳石文化相似，认为鲁南皖东地区（安邱固堆类型）岳石文化为先商文化（《试论岳石文化与郑州地区早期商文化的关系——兼论商族起源问题》，《华夏考古》1994 年 4 期）。方辉先生亦持类似的看法（《"南关外期"先商文化的来龙去脉及其对夏、商文化断限的启示》，《华夏文明》第 3 集，北京大学出版社，1992 年）。

一直坚信商人起源于豫东的张光直先生，在继 1994～1996 年与中国社会科学院考古研究所成立联合发掘队，对商丘潘庙、虞城马庄和柘城山台寺等遗址进行发掘后，依据新获材料，认为商丘地区的龙山和岳石文化可能是早商和先商，也可能是早商和先商的近祖的结论（张长寿、张光直：《河南商丘地区殷商文明调查发掘初步报告》，《考古》1997 年 4 期）。其实他的观点已不是单纯的岳石文化先商文化说，而是一种介于岳石文化先商文化说和下七垣文化先商文化说之间的调和说了。具体来说他们认为二里岗文化的源头有两个，一个来自冀南豫北的漳河流域，一个来自东方的海岸地带。前者是使用粗制灰色绳纹的日常烹饪陶器的被统治阶级，后者是使用夯土基址、城墙、铜器、文字等有财富和美术价值宝贵物品的统治阶级（张长寿、张光直：《河南商丘地区殷商文明调查发掘初步报告》，《考古》1997 年 4 期）。

张光直先生在以前的著述中就曾提到过上层统治阶级和中下层被统治阶级的文化差异问题。他据文献资料和征人方卜辞提出商人源自豫东的商丘地区。而当时在该地并未发现他所期望的与统治阶级相关的文化遗存，只在一些地势较高的岗地上发现有岳石文化遗址。因而他提出当时的统治者是居住于建于平地的城邑中，普通中下层居民生活在岗地之上。由于商丘地处黄泛区，因而统治者遗留的遗迹遗物被淹没于淤泥之下，仅仅留下了中下层居民的遗迹（《商城与商王朝的起源及其早期文化》，《中国青铜时代》，三联书店，1999 年，123～137 页）。

1993 年以后中美合作在商丘进行发掘，之后张光直先生对其上层下层的观点有所修正，由原来指认居于岗地之上的居民为中下层被统治阶级，转变为漳河型居民为被统治阶级，但统治阶级依旧是居于豫东。他的这一改变与柘城山台寺遗址的发掘直接有关。据现有资料可知，这次合作发掘时在山台寺遗址发现了规模较大的属于龙山文化的牛坑，这一发现使得这个遗址的重要性发生了改变。"如果山台寺的龙山文化是一支特殊发展的岳石文化，潘庙的岳石文化只能说是它的一个穷亲戚。"（张长寿、张光直：《河南商丘地区殷商文明调查发掘初步报告》，《考古》1997 年 4 期）。可是山台寺却是位于地势较高的岗地之上的遗址，在这种情况下，以居于平地和居于岗地之上来划分社会的上层下层显然不合时宜了。故而他将原来的下层文化的创造和使用者指向了下七垣文化。

与前说相比，这种新的观点有一定的优势。但它依然存在着一些难以解释之处。首先是历史上似从未有过统治者和被统治者异地而居并同时汇聚于一地的事实。其次是关于统治阶级遗存的问题。张先生在《商名试释》中强调下七垣文化"只有日用的陶器，缺乏王族贵族的重器"，因而不能作为统治王朝——殷商王朝——的代表。但同样的"重器"在豫东也没有找到。他在分析殷商文明与东海岸古代文化关系后，举出厚葬、木椁与二层台、龟甲、白陶、骨雕和松绿石镶嵌技术等为二者共同拥有的特征，这些特征中绝大部分与统治阶级的宗教、仪式、生活和艺术有关，并据此得出殷商的统治者来自东方（《殷商文明起源研究上的一个关键问题》，《中国青铜时代》98～122 页）。但是他在进行比较时，依据的是大汶口文化的材料。众所周知，仅仅从年代上讲，在大汶口和二里岗文化之间存在着山东龙山文化，而后者显然是大汶口文化的继承者，可是他对这些因素在山东龙山文化中的情形却未曾提及。后来他的著述中虽然对此有所补充，但遗憾的是未有详论。其实他所列举的这些因素大多来自二里头文化（当然也有学者提出二里头文化中的许多因素源自东方），从这个意义上说，与其说商文明的主要因素源自东方，不如直接说源自二里头更符合史实。总之，这种认为商的上层统治者源自豫东、下层居民来自冀南豫北的看法是不能成立的。

③ 郑光：《夏商文化是二元还是一元——探索夏文化的关键之二》，《考古与文物》2000 年 3 期。

外期遗存为郑州地区最早的商文化的基础上，对南关外期和岳石文化进行比较，认为"南关外期商文化的主要内涵，来自东方的岳石文化"，进而得出了鲁豫皖一带的岳石文化就是先商文化的结论。下面暂时撇开此说背后深刻的文献背景不谈，只从考古学文化的角度对其进行分析。

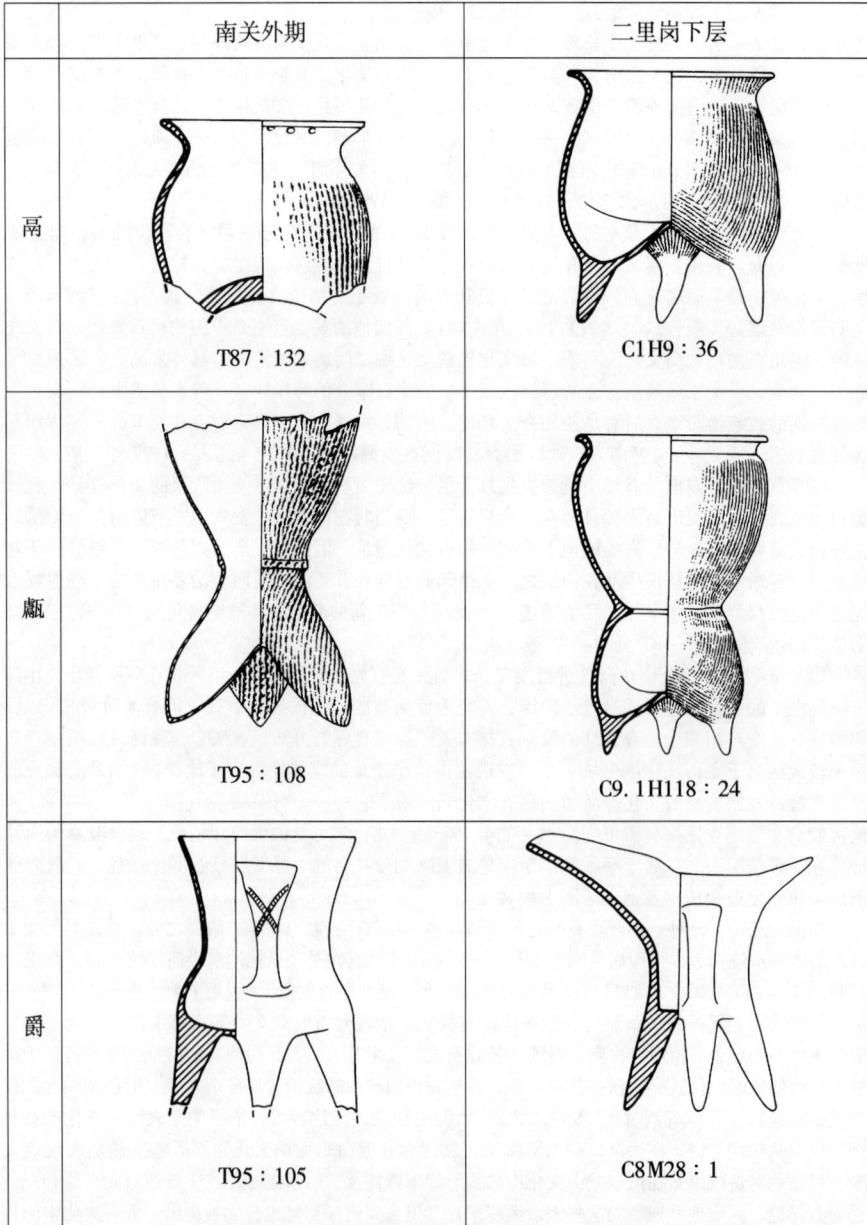

南关外期	二里岗下层
鬲	
T87：132	C1H9：36
甗	
T95：108	C9.1H118：24
爵	
T95：105	C8M28：1

图 4-1　南关外期与二里岗下层陶器对比图

从栾文看，其立论的根据南关外期所指系南关外发掘报告中的第四层亦即"南关外期"遗存①。对于此类遗存，多年来考古学界争议颇多。由于发掘简报和发掘报告报道资料的不同，以及发掘过程中存在的技术操作问题②，学者们对同属壕沟内的第三四层堆积即中、下层遗存的认识产生了极大的分歧。有学者以为南关外的中、下层不具有分期意义，因此建议将其合并为一期③，有的学者则持反对意见，认为二者不宜合并④。我们同意后一种看法。从文化面貌上看，南关外中层属于二里岗下层一期，而南关外下层与包括南关外中层在内的二里岗下层一期文化相比差异极大。南关外下层遗存中，最多见的是一种器物外表呈褐色的陶器。这类陶器既有炊器，也有盛贮用器。尤其是夹砂类褐陶，由于烧制时窑内温度较低，器物外表的颜色斑驳不一，而且器物多系手制而成，胎壁极厚，造型也不很工整，与火候较高、胎壁较薄、器表呈现纯正灰色且器形工整的二里岗文化的陶器判然有别。就二者的器物造型来看，南关外下层多见的侈沿鼓腹弧裆鬲、细腰空袋足甗、有流无尾爵、敞口细腰斝等均不见或不同于二里岗文化（图4-1）。因而不仅南关外中下层不能合并，而且南关外下层也不可能是南关外中层亦即二里岗下层一期的直接前驱，尽管其中包含了些许与二里岗文化相似的因素。至于南关外下层的总体面貌，倒是如栾文所分析的那样，与岳石文化极为接近。

既然从文化面貌上看，南关外下层遗存与被公认为是早商文化的二里岗文化之间相去甚远，那么它就不可能是二里岗文化的前身，在此基础上推导出的岳石文化为先商文化的结论，自然也就失去了最根本的依据。

持二里头文化为先商文化说者，认为二里岗文化源自二里头文化。如郑光先生以为从中原龙山文化、二里头文化、二里岗文化到小屯文化，都是同一个系统的文化，即华

---

① 赵霞光：《郑州南关外商代遗址发掘简报》，《考古通讯》1958年2期。河南省博物馆：《郑州南关外商代遗址的发掘》，《考古学报》1973年1期。

② 《郑州南关外商代遗址发掘简报》言三四层土质相同，均为黄绿土层，而《郑州南关外商代遗址的发掘》却记述三层为深灰土，四层为灰绿锈土，所用为同一张地层图。此外据发掘者称，南关外第三四层均为壕沟内堆积，沟内堆积分上中下三层，发掘者在发掘中层过程中，为避免下层单位的遗物混入中层，所以清理得较深一些，因此出现第三层混第四层的情况。

③ 邹衡：《试论夏文化》，《夏商周考古学论文集》，文物出版社，1980年。罗彬柯：《小议郑州南关外期商文化》，《中原文物》1982年2期。仇士华：《关于郑州商代南关外期及其他》，《考古》1984年2期。杜金鹏：《郑州南关外下层文化渊源及其相关问题》，《考古》1990年2期。

④ 李伯谦：《先商文化探索》，《庆祝苏秉琦考古五十五年论文集》，文物出版社，1989年。安金槐：《对于郑州商代南关外期遗存的再认识》，《华夏考古》1989年1期。方辉：《"南关外期"先商文化的来龙去脉及其对夏、商文化断限的启示》，《华夏文明》第3集，北京大学出版社，1992年。栾丰实：《试论岳石文化与郑州地区早期商文化的关系——兼论商族起源问题》，《华夏考古》1994年4期。王立新：《早商文化研究》，高等教育出版社，1998年，38～39、204页。杜金鹏：《郑州南关外中层文化遗存再认识》，《考古》2001年6期。李经汉：《郑州二里岗期商文化相关问题讨论》，《中原文物》1983年3期。

夏族文化；且由二里头文化到二里岗文化之间，只有政权更迭，而无文化变化①。至于二里头四期与二里岗下层之间存在的差别，他解释为地域差异，而非文化系统的差异。罗彬柯②、郑若葵③、田昌五④等人也同意此说。

持此说的学者大多以二里头文化的某一期作为夏商分界。如果仅就二里头文化进行分析，自然可以看出从一期到四期文化间的延续性。但同时他们又认为二里岗文化和二里头文化也是同一种文化。事实上，二里头文化和二里岗文化分布于不同的地域，具有不同的文化特征。虽然二者间有某些相似之处，但总体而言是差异远远大于共性，因而二者绝不是同一系统的文化⑤。更为重要的是，作为商民族的许多独有特征如墓葬中设腰坑和以狗殉葬的习俗、墓葬和建筑物的方向、陶器的制作传统，以及甲骨的整治与使用方法等，在二里头文化中绝无踪迹可寻，因而认为二里头文化与二里岗文化为同一种文化、二里岗文化源于二里头文化的学者显然过分夸大了文化间的共性，而对每个文化的个性估计不足。

相较而言，主张下七垣文化为先商文化者，在材料的积累方面较有优势。

下七垣文化的遗物早在 20 世纪 50 年代已被发现，但真正识别出是一种早于二里岗文化的新型文化则是在 20 多年之后⑥。下七垣文化的主要遗址有邯郸涧沟、龟台⑦、磁县下七垣⑧、界段营⑨、下潘汪⑩、武安赵窑⑪、永年何庄⑫、邢台葛庄⑬、新乡潞王

① 郑光：《二里头遗址与夏文化》，《华夏文明》第 1 集，北京大学出版社，1987 年；《二里头遗址与中国古代史》，《北京社会科学》1987 年 1 期；《二里头遗址的性质与年代》，《考古与文物》1988 年 1 期；《夏商文化是二元还是一元：探索夏文化的关键之二》，《考古与文物》2000 年 3 期；《试论二里头商代早期文化》，《中国考古学会第四次年会论文集》，文物出版社，1985 年。

② 罗彬柯：《小议郑州南关外期商文化》，《中原文物》1982 年 2 期。

③ 郑若葵：《论二里头文化类型墓葬》，《华夏考古》1994 年 4 期。

④ 田昌五：《谈偃师商城的一些问题》，《全国商史学术讨论会论文集》，《殷都学刊》编辑部，1985 年，380～388 页；《夏文化探索》，《文物》1981 年 5 期。

⑤ 李伯谦：《夏文化与先商文化关系探讨》，《中原文物》1991 年 1 期。

⑥ 邹衡先生在《试论夏文化》一文中，将先商文化分为漳河、辉卫和南关外三种类型，并认为它应是有别于二里头文化的新型文化。李伯谦先生在《先商文化探索》中，首次将以漳河型和辉卫型为代表的这支考古学文化命名为下七垣文化。

⑦ 河北省文化局等：《1957 年邯郸发掘简报》，《考古》1959 年 10 期。

⑧ 河北省文物管理处：《磁县下七垣遗址发掘报告》，《考古学报》1979 年 1 期。

⑨ 河北省文物管理处：《磁县界段营发掘简报》，《考古》1974 年 6 期。

⑩ 河北省文物管理处：《磁县下潘汪遗址发掘报告》，《考古学报》1975 年 1 期。

⑪ 河北省文物研究所等：《武安赵窑遗址发掘报告》，《考古学报》1992 年 3 期。

⑫ 邯郸地区文物保管所：《河北省永年县何庄遗址发掘简报》，《华夏考古》1992 年 4 期。

⑬ 河北省文物研究所：《河北邢台市葛家庄遗址北区 1998 年发掘简报》，《考古》2000 年 11 期。河北省文物局第一期考古发掘领队培训班等：《河北邢台葛庄遗址 1996 年发掘简报》，《河北省考古文集》(2)，燕山出版社，2001 年。

坟①、修武李固②、安阳梅园庄、孝民屯③、小屯西地④、淇县宋窑⑤、杞县鹿台冈⑥、鹿邑栾台⑦等。学者们在研究过程中，对该文化进行了类型划分。邹衡先生将此文化分做三个类型，其中漳河型分布于唐河以南、淇河以北沿太行山东麓南北长约五六百里的广大区域；辉卫型分布于北自淇河、南至黄河这一区域，包括沁河下游、卫河上游一带；南关外型主要分布于郑州地区⑧。20世纪初沈勇先生对保定北部地区夏时期文化遗存进行分析，提出先商文化保北型的命名，认为其分布于北易水以南、漳河型以北这一区域⑨。郑州大学文博学院对杞县鹿台岗遗址发掘后，有学者将分布于豫东地区的先商文化称做鹿台岗类型⑩。上述五个类型中，由于南关外型与二里岗下层文化之间差异过大，而被学者认定不可能是二里岗下层文化的直接前驱⑪。保北型虽与漳河型有某些相似之处，但二者最主要的文化特征存在明显差别，应属于不同的考古学文化系统，可以命名为下岳各庄文化⑫。因而下七垣文化的分布范围应主要在滹沱河以南、郑州以北沿太行山东麓一线（图4-2）。

从时间上看，下七垣文化早于以郑州二里岗为代表的早商文化，从文化特征上

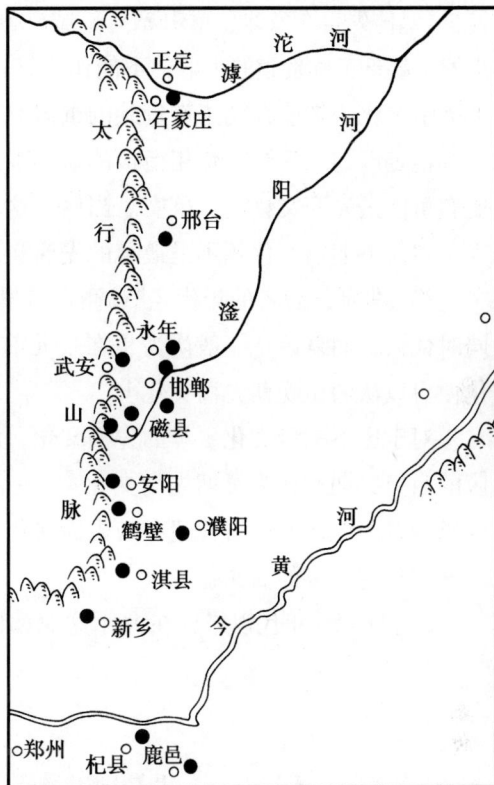

图4-2　下七垣文化遗址分布示意图

---

① 河南省文化局文物工作队：《河南省新乡潞王坟商代遗址发掘报告》，《考古学报》1960年1期。
② 刘绪：《论卫怀地区的夏商文化》，《纪念北京大学考古专业三十周年论文集》，文物出版社，1990年。
③ 中国社会科学院考古研究所：《殷墟发掘报告（1958～1961）》，文物出版社，1987年，121～128页。
④ 刘一曼：《安阳小屯西地的先商文化遗存》，《三代文明研究》（1），科学出版社，1999年。
⑤ 北京大学考古系商周组：《河南淇县宋窑遗址发掘报告》，《考古学集刊》第10集，地质出版社，1996年。
⑥ 郑州大学文博学院等：《豫东杞县发掘报告》，科学出版社，2000年。
⑦ 河南省文物研究所：《河南鹿邑县栾台遗址发掘简报》，《华夏考古》1989年1期。
⑧ 邹衡：《试论夏文化》，《夏商周考古学论文集》，文物出版社，1980年，117～123页。
⑨ 沈勇：《保北地区夏代两种青铜文化之探讨》，《华夏考古》1991年3期。
⑩ 郑州大学考古专业：《河南杞县鹿台岗遗址发掘简报》，《考古》1994年8期。魏兴涛：《试论下七垣文化鹿台岗类型》，《考古》1999年5期。
⑪ 李伯谦：《先商文化探索》，《庆祝苏秉琦考古五十五年论文集》，文物出版社，1989年，287～288页。
⑫ 张翠莲：《太行山东麓地区夏时期考古学文化浅析》，《三代文明研究》（1），科学出版社，1999年。

与二里岗文化的核心特征一致。因此从现有材料看，支持下七垣文化为先商文化的证据要充分一些。但不可否认，下七垣文化在发展过程中，也吸收了二里头文化、岳石文化和夏家店下层文化的许多因素。

尽管此说在诸说中占有一定优势，但也存在一些不尽如人意之处，正如有些学者所言："邹衡先生在豫北、冀南漳河流域一带找到了'先商文化'，但它的内容只有日用的陶器，缺乏王族贵族的重器，不能作为统治王朝——殷商王朝——的代表。"① 的确，在下七垣文化中未能找到王室贵族的重器，也未能找到大型夯土基址、大型或中型墓葬以及其他足以与二里岗文化相衔接的遗迹现象，但不能据此否认下七垣文化较之其他文化更有可能是先商文化这一事实。当然，这一问题的最终解决还有待今后的考古工作。

然而下七垣文化还不是最早的先商文化。属于下七垣文化中年代最早者约当二里头文化第二期②，后者的年代经 ^{14}C 测定最早者为 BC1740 年③。史载商的始祖契与夏禹为同时代人，而夏始年一般认为是在公元前 21 世纪。如此，现今学者们所云的下七垣文化便可以认为是晚期先商文化④。

对于比下七垣文化更早的先商文化，已有学者做了初步研究。有的认为冀南豫北地区的后岗二期文化为早期先商文化⑤，有的以涧沟型龙山遗存为下七垣文化之源⑥，有的以为晋中地区龙山时代遗存与先商文化有关⑦，还有的认为东下冯类型文化或客省庄二期文化为更早的商文化⑧。

20 世纪 50 年代以来，在太原盆地和忻定盆地的许多地点如太原光社⑨、狄村、东

① 张光直：《商名试释》，《中国青铜时代》，三联书店，1999 年，285 页。
② 李伯谦：《先商文化探索》，《庆祝苏秉琦考古五十五年论文集》，文物出版社，1989 年，280 页。
③ 夏商周断代工程专家组：《夏商周断代工程 1996～2000 年阶段成果报告》（简本），世界图书出版公司，2000 年，77 页。
④ 韩建业：《先商文化探源》，《中原文物》1998 年 2 期。魏峻对下七垣遗址③、④层的内涵进行分析后认为，这两层遗存其实代表的是两种不同性质的考古学文化，因而他将以下七垣④层为代表的遗存排除出下七垣文化之外，并认为下七垣文化是上甲微灭有易氏之后的先商文化（《下七垣文化的再认识》，《文物季刊》1999 年 2 期）。
⑤ 田昌五：《先商文化探索》，《华夏文明》第 3 集，北京大学出版社，1992 年。
⑥ 邹衡：《试论夏文化》，《夏商周考古学论文集》，文物出版社，1980 年。王立新、朱永刚：《下七垣文化探源》，《华夏考古》1995 年 4 期。
⑦ 李伯谦：《先商文化探索》，《庆祝苏秉琦考古五十五年论文集》，文物出版社，1989 年。魏峻：《下七垣文化的再认识》，《文物季刊》1999 年 2 期。
⑧ 郑杰祥以东下冯文化为最早的先商文化（《夏史初探》，中州古籍出版社，1988 年，254～265 页）。李民以为晋南的东下冯类型文化和晋中的光社文化均是下七垣文化之源，而更早的先商文化则在关中（《夏商周三族源流探索》，河南人民出版社，1998 年，94～101 页）。
⑨ 寿田：《太原光社新石器时代遗址的发现与遭遇》，《文物参考资料》1957 年 1 期。解希恭：《光社遗址调查试掘简报》，《文物》1962 年 4、5 期。

太堡①、太谷白燕②、忻州游邀③、汾阳杏花村、峪道河、北垣底、孝义薛家会、娄烦河家庄④等地相继发现了一批晚于当地龙山文化的遗存。这类遗存的遗迹有房址、墓葬、陶窑等。房址多为半地穴式，平面呈圆形或椭圆形，屋内地面用细黄土铺垫。墓葬均为竖穴土坑墓，死者或仰身直肢，或侧身屈肢。陶窑为竖穴式，窑室和火膛均呈椭圆形，窑室下有两条主火道与火膛相通。遗物主要为陶器，陶质以夹砂或泥质的灰陶为主，有一定数量的褐色陶。这些陶器的外表以绳纹为最流行的纹饰，此外还有相当数量的蓝纹和少量的附加堆纹、弦纹以及戳印纹。器形有鬲、甗、瓮、盆、豆、鼎、罐等，以鬲和甗最为常见。这些器物与下七垣文化极为近似（图4-3）。

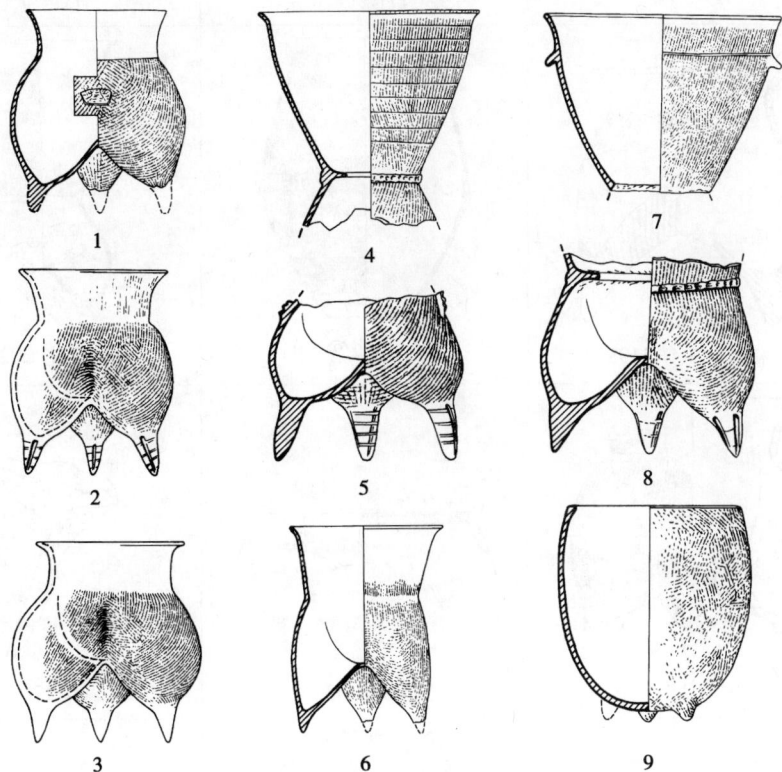

图 4-3-1　游邀、白燕和北垣底遗址出土陶器

1、2、3、6. 鬲 H129：1、H158：10、H98：176、H2：3　4、5、7、8. 甗 H98：8、H29：1、M1：1、H2：2

9. 蛋形瓮 H98：181　　（1、5. 游邀　2、3、4、9. 白燕　6、7、8. 北垣底）

---

① 山西省考古研究所：《太原狄村、东太堡出土的陶器》，《考古与文物》1989 年 3 期。

② 晋中考古队：《山西太谷白燕遗址第一地点发掘简报》，《文物》1989 年 3 期。

③ 忻州考古队：《山西忻州市游邀遗址发掘简报》，《考古》1989 年 4 期。忻州考古队：《忻州游邀考古》，科学出版社，2004 年。

④ 国家文物局等：《晋中考古》，文物出版社，1998 年，20～22、22～24、44～51、158～163 页。

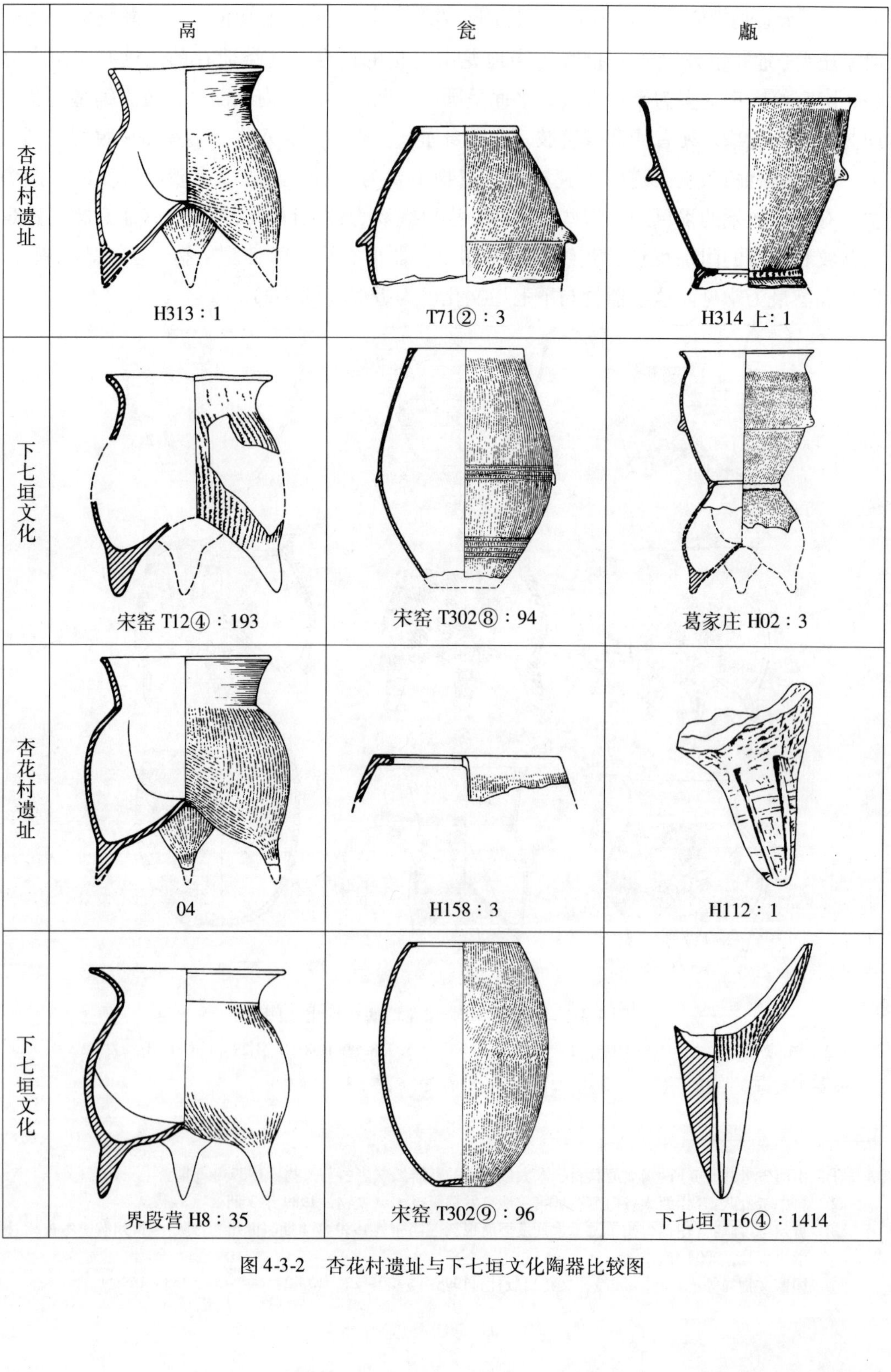

图 4-3-2　杏花村遗址与下七垣文化陶器比较图

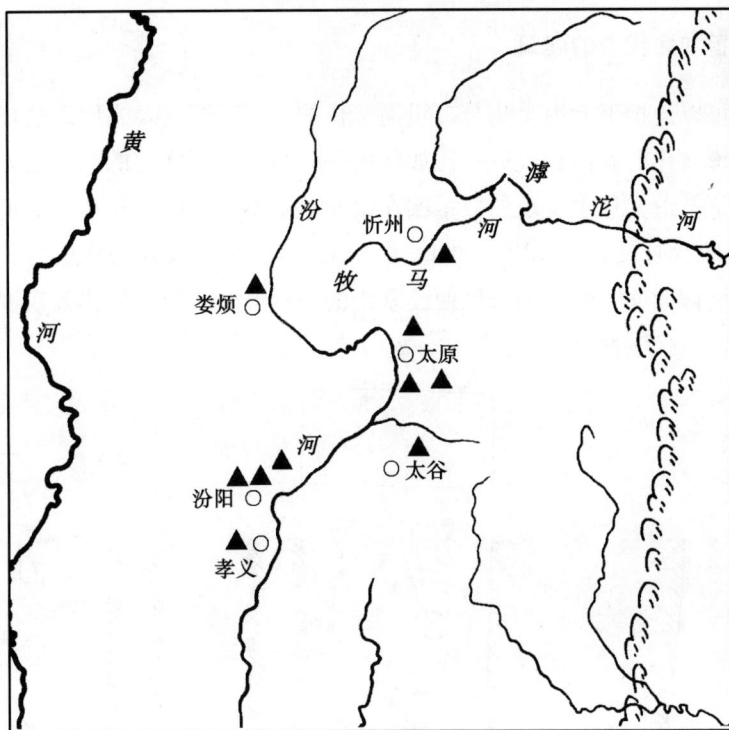

图 4-4 杏花村类型遗址分布图

这类遗存主要分布于以太原盆地和忻定盆地为中心的晋中地区（图 4-4）。从年代上看，晚于当地龙山文化，早于商代早期文化，从文化特征上看与周边诸考古学文化如东下冯文化等区别较大，而与下七垣文化极为接近。当然这类遗存与下七垣文化之间亦存在一些差别，但总体而言是同大于异。至于其与下七垣文化之间的区别，可能是由于时间和地域上的区别所致，因而可以将其视为下七垣文化的一个地方类型。诸多遗址中以杏花村遗址最为丰富，可暂名之为杏花村类型。

如此，我们可以对下七垣文化的特征做进一步的分析。

第二节 先商文化的特征分析

就现有考古学资料来看，能够反映出下七垣文化中具有商民族文化特征的东西并不是太多，然而即便如此，我们还是能够从中梳理出一些应该是属于先商文化所独有的特征，这些特征包括窖穴等建筑和石器、骨器、陶器等日常用具。

一　以深窖穴为代表的建筑

从建筑上可以连接下七垣文化与二里岗文化的，仅有窖穴。之所以这样说，并不是有意回避下七垣文化的其他建筑——比如住房——与二里岗文化的不同之处，而是因为住房等建筑在下七垣文化中发现的数量实在太少。据不完全统计，在下七垣文化中发现的住房数量仅 10 余座，其中 90% 为半地穴式。而这种半地穴式的住房是自仰韶文化时代，或者早在前仰韶文化时代的居民便已采用的住居形式，以此为代表来说明下七垣文化的建筑显然不具代表性。

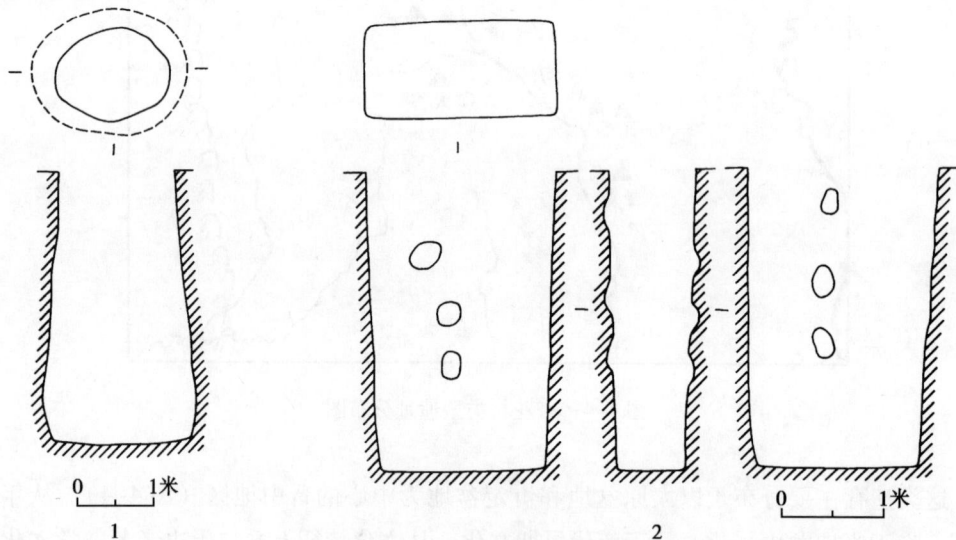

图 4-5　下七垣文化与二里岗文化深窖穴比较
1. 下七垣文化（北羊台 H18）　　2. 二里岗文化（二里岗 H167）

相较而言，在下七垣文化的许多遗址均有发现有数量较多的窖穴[①]——尤其在下七垣文化漳河型遗存中常常能见到一种口部呈椭圆形的深窖穴——或许可以为我们提供一些有用的资料。如在北羊台发现的 H18 平面为椭圆形，坑壁和坑底较为平整，应该是经过加工，坑的长径为 1.5、短径为 1.15、深 3.5 米[②]。这种窖穴显然不同于一般的灰坑，一是它的坑壁多为直壁，底部极为平整。二是它的深度一般在 3 米左右，比一般的灰坑要深。因而其用途当不是一般的垃圾坑，而有可能是储藏物品的窖穴。类似的深窖穴在二里岗文化中极为常见。平面除了椭圆形外，尚有大量长方形以及个别圆形。深度与下七垣文化

---

① 邹衡：《试论夏文化》，《夏商周考古学论文集》，文物出版社，1980 年，118～123 页。
② 河北省文物研究所等：《河北邯郸市峰峰矿区北羊台遗址发掘简报》，《考古》2001 年 2 期。

一样，多在3米左右。但与下七垣有所区别的是，大多数这样的窖穴壁上挖筑有可供上下的对称脚窝，多者达上下9个，少者也有3~4个（图4-5）。这些深窖穴的形制与当时的水井完全不同。从深度上看，水井的深度均超过3米，亦即深窖穴的深度。从结构上看，水井的底部多有窖穴所不见的木质井盘，而窖穴底部往往铺有硬土层或料姜石层，有的还经过火烧，也不同于水井。所以可以肯定地说这种深窖穴不是水井。

由下七垣文化中这种形制的窖穴不是特别多见且形制较为原始便知，这种深窖穴是刚刚开始出现。到二里岗下层一期时其数量已大为增加，但形制还不是很规整。及至二里岗下层二期之后，这种深窖穴不仅数量大增，且形制极为固定，显然已成为早商文化最具代表性的建筑之一。

二 别具特色的石器和骨器

下七垣文化诸遗址中均发现有数量较多的石器。这些石器有些是采用原始的打制方法制成的，有些则是用磨制的方法制成，除此之外还有部分细石器。打制或磨制的石器种类有铲、镰、刀、斧、锛、凿、镞、弹丸等。其中石镰和石刀被认为是用于农业生产的农具，二者的造型极具特色。常见的石镰有两种形制，一种弯背，刃部作弧形或直刃，颇似新月，所以可称为新月形。另外一种头尖尾宽，似牛角状，可称为牛角形，这两种形制的石镰在下七垣文化的许多遗址都能见到。石刀最多见者为矩形，有的中间穿有孔，有的则无孔。从数量上看，石镰的数量远远多于石刀[1]。这几种形制的石镰和石刀在二里岗文化中仍然较为常见，且依旧保持着石镰较多的传统，反映出同一种文化内部文化基因的延续性（图4-6）。

下七垣文化还出有大量的骨器，有作为农具的铲，但更多的是锥、刀、匕、针等手工业工具，此外还有数量可观的渔猎工具如鱼镖以及可能被用作武器的镞等。作为装饰品的骨笄在遗址中极为多见，也最引人注目。

民国时期考古工作者曾在侯家庄发现过一座特殊的墓葬，在墓中一女性骨架的头顶位置分布着近百个骨笄，为此李济先生感叹道："这说明商代妇女是何等精心装饰她们的头部"[2]。之后他对晚商时期数量丰富形制多变的骨笄进行研究，将其分做八大类和若干小类[3]。

---

[1] 邹衡：《试论夏文化》，《夏商周考古学论文集》，文物出版社，1980年。

[2] 李济：《安阳》，157页。以骨笄随葬在晚商墓葬中极为常见，如小屯村北M18共出土骨笄25件，这些笄在50×26平方厘米的范围内呈椭圆形排列在墓主人头前（《安阳小屯村北的两座殷代墓》，《考古学报》1981年4期）。妇好墓出土的骨笄多达499件，大多是装在"木匣"之内，整齐放置（中国科学院考古研究所：《殷墟妇好墓》，文物出版社，1980年，208~209页）。

[3] 李济：《笄形八类及其文饰之演变》，《李济考古学论文集》，联经出版事业公司（台北），1977年，454页。

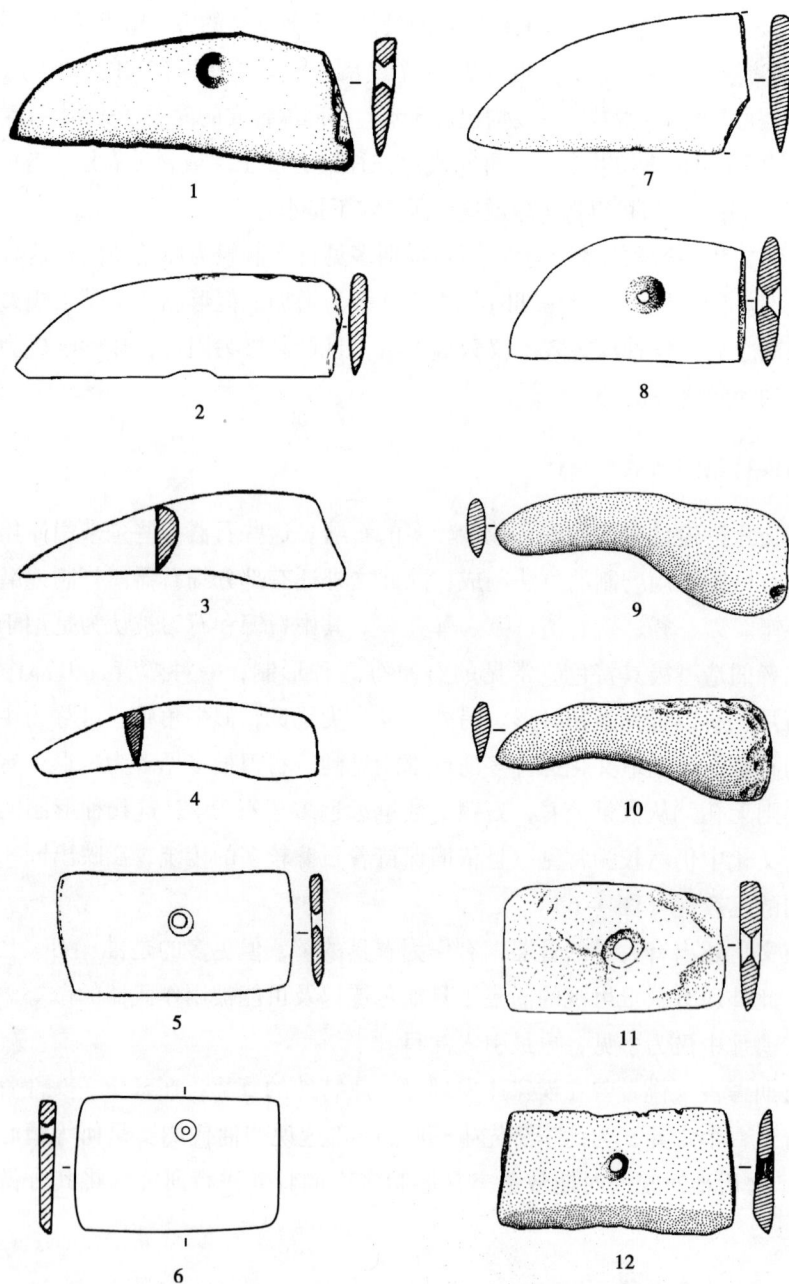

图4-6 下七垣文化和二里岗文化石器比较

1~6 下七垣文化 7~12 二里岗文化

1. 何庄（H1：8） 2. 宋窑（T21⑤c：10） 3、5. 下七垣（T13③：711、674） 4. 潜王坟（T4：1）

6. 葛家庄（G104：3） 7、8、10. 南关外（T5②：7、T87③：94、T1③：23） 9. 紫荆山北（T107①：

1） 11. 商城南墙（T4③：8） 12. 铭功路（T104①：47）

　　商人喜欢制作和使用不同样式的骨笄当有着悠久的传统。1974 年考古工作者在磁县下七垣遗址的第三层发现 20 多件骨器，包括有铲 1、针 2、钻头 1、凿 2、抹子 2、镞 3、匕、笄 13[①]，其中有一半以上竟然是骨笄。这些骨笄中，有的外形似锥形，有的呈钉形，有的顶部还有精心雕刻的花纹。类似的情形也见于下七垣文化的其他遗址。数量众多的骨笄形式多样，如以顶部的形状来分，有圆顶、平顶、钉形顶；以笄体的样子来分，有圆锥形、扁圆形、扁平形。这些骨笄与二里岗文化同类器极为相似。略有差异的是，二里岗文化中有雕刻花纹的骨笄数量要比下七垣文化多得多，而且所刻花纹也要精美得多。继二里岗文化发展起来的殷墟文化，骨笄样式和数量更多，大量的形制多样、制作精美的骨笄成为殷墟文化的特色之一，其源头可以追溯到下七垣文化（图 4-7-1、4-7-2）。

三　以鬲、甗、罐为特色的陶器群

　　日常生活用陶器的种类和形制最能体现一个民族的文化特征。下七垣文化存在一组独特的陶器群，包括炊具、饮食具、酒器以及贮藏食物的器物等。最能代表下七垣文化特点的器物为分裆鬲和甗。下有三足、腹部饰满细密绳纹的鬲、甗和平底罐组成了极具特色的炊器，而外表素面或磨光，或饰以弦纹、绳纹的深腹、浅腹盆，以及各类不同的

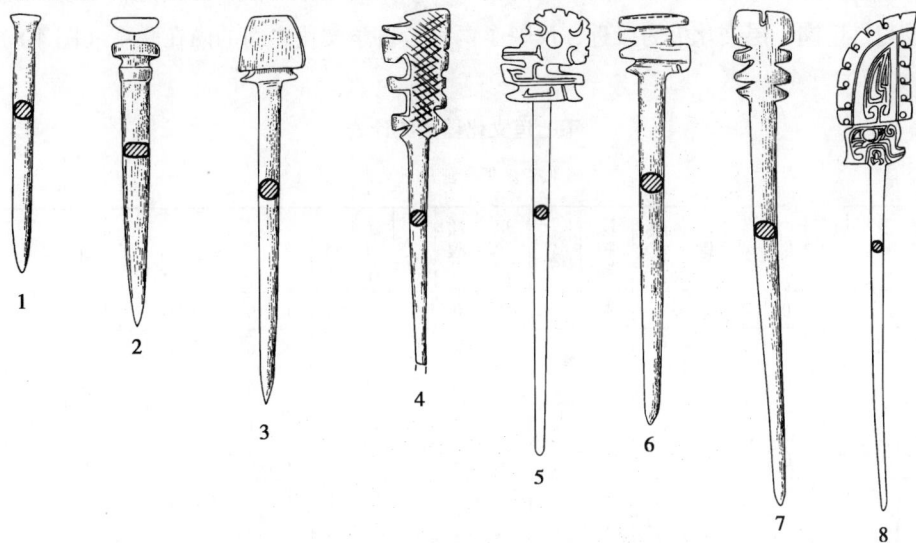

图 4-7-1　殷墟出土骨笄

1. VET11⑤：28　2. PNⅣT5⑤：3　3. PNH239：2　4. PNT220③：6　5. M5：196　6. GH202：65
7. GH229③：2　8. M5：102

---

①　河北省文物管理处：《磁县下七垣遗址发掘报告》，《考古学报》1979 年 2 期。

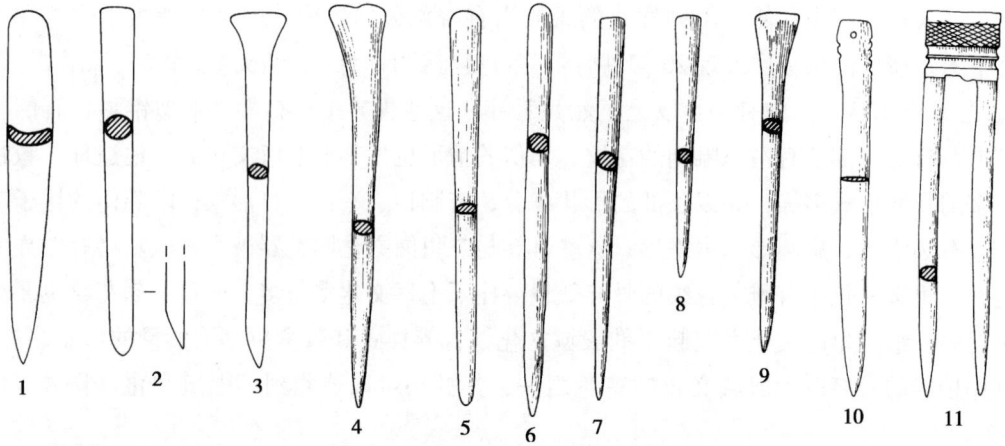

图 4-7-2　下七垣文化和二里岗文化骨笄比较

1.2.3. 宋窑（T302⑤：20、T21⑤：9、T12⑤：25）　4.5. 北羊台（H06：9、H6：1）　6.8. 南关外
（H164：10、H122：9）　7.9. 人民公园（GT104③：29、H29：1）　10. 东下冯（T1082③：6）　（1～
5、下七垣文化　6~11、二里岗文化）

瓮类，与上述炊器一起，构成了下七垣文化区别于其他文化的重要组成部分（表 4-1）。
而所有这些特点，都能与以二里岗文化为代表的早商文化相衔接，尤其是下七垣文化的许
多器物与二里岗下层文化极为接近，反映了两种考古学文化之间的内在联系（图 4-8）。

表 4-1　　　　　　　　　　　下七垣文化器类统计表

（引自《河北省永年县何庄遗址发掘简报》）

器类\单位	鬲	鼎	爵	斝	甗	鼓腹罐	深腹罐	小罐	深腹盆	浅腹盆	小盆	敛口瓮	平口瓮	尊	釜	杯	盅	器盖	豆	壶	合计
T8②	7	0	0	0	0	2	1	1	2	0	0	0	1	0	0	0	0	2	0	0	
T9②	12	1	0	0	5	12	3	4	15	0	0	4	2	0	0	0	0	5	4	0	
T10②	3	0	0	0	0	1	3	0	3	0	2	3	0	0	0	0	0	2	0	1	
T11②						1	1			1			1								
T12②	1	0	0	1	0	1	6	0	3	0	3	1	0	0	0	0	0	0	1	0	
T13②	5	0	1	1	0	3	2	2	5	0	0	0	0	0	0	0	0	3	2	0	
H1	3	0	0	0	1	5	0	1	3	2	1	1	1								
H3	0	0	0	1	0	2												1			
H4	1							1				1									
H5	2	0	0	0	0	1	2	1	0	0	1	1						2			
H6	4			1	1	2				1								1			
合计	38	1	1	3	7	28	19	10	32	3	7	16	13	1	1	1	1	14	8	1	205
百分比	18.5	0.5	0.5	1.5	3.4	13.7	9.2	4.9	15.6	1.5	3.4	7.8	6.3	0.5	0.5	0.5	0.5	6.8	3.9	0.5	100%

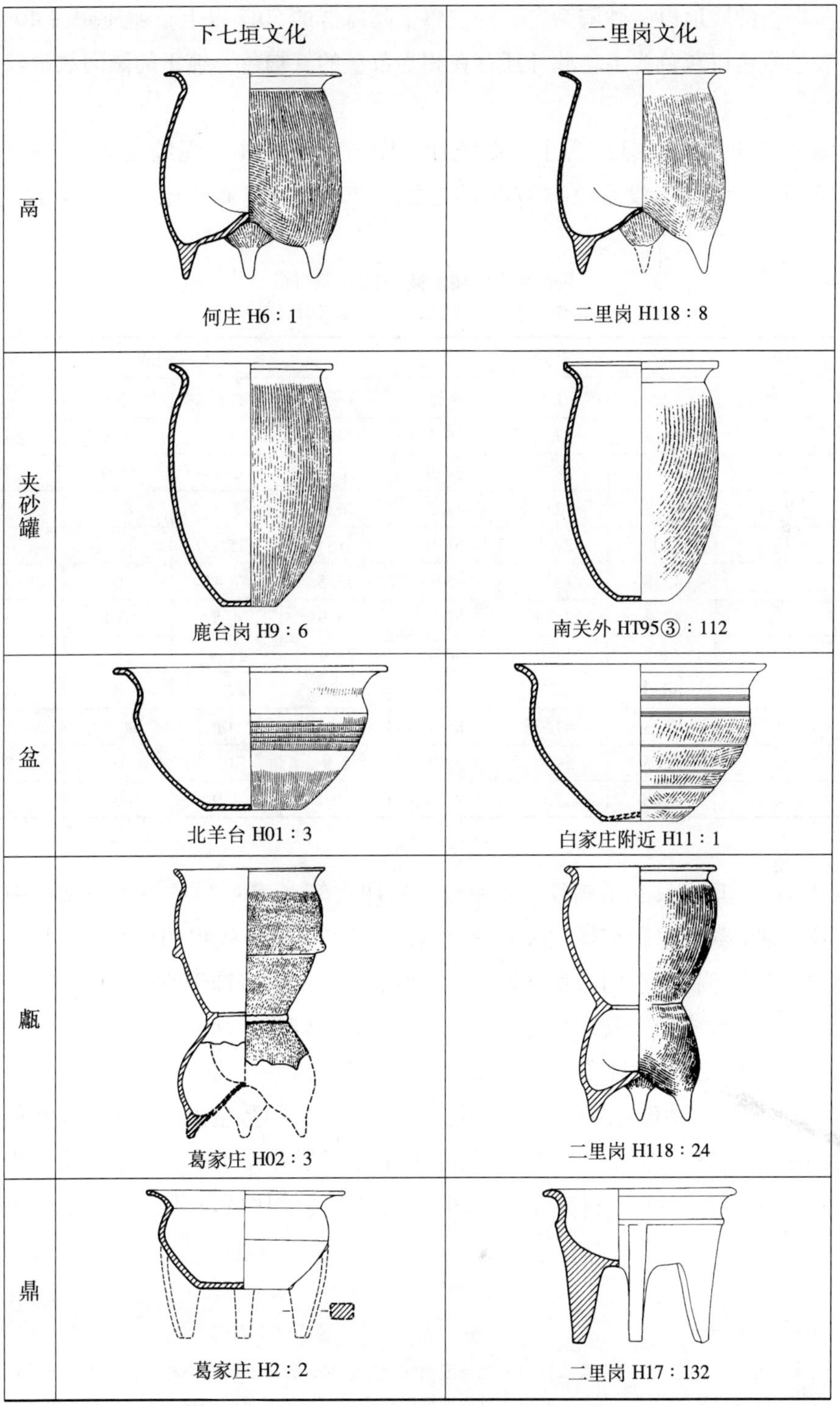

下七垣文化	二里岗文化
鬲 何庄 H6：1	二里岗 H118：8
夹砂罐 鹿台岗 H9：6	南关外 HT95③：112
盆 北羊台 H01：3	白家庄附近 H11：1
甗 葛家庄 H02：3	二里岗 H118：24
鼎 葛家庄 H2：2	二里岗 H17：132

图 4-8　下七垣文化和二里岗文化陶器比较

这些陶器的质地以夹砂陶为主，约占整个陶器群的50%以上，泥质陶占40%以下。陶器外表的颜色以灰色为主，此外还存在相当数量的红褐色，纯正的黑陶数量较少（表4-2）。

器物外表的纹饰以绳纹为主。据统计，在所有纹饰中，绳纹占到50%以上，个别单位甚至达到87%，没有纹饰的素面次之，占20%左右。此外还有一定数量的弦纹，

表 4-2　　　　　　　　下七垣文化陶质陶色统计表（%）
（引自《河北省永年县何庄遗址发掘简报》）

陶质 单位	夹砂			泥质			
	灰	红褐	小计	灰	红褐	黑	小计
T8②	38.8	17.7	56.5	20.3	21	2.2	43.3
T9②	46.1	18.5	64.6	16.3	6.7	12.4	35.4
T10②	26.3	21	47.3	36.5	7.5	8.7	52.7
T11②	39	22.9	61.9	16	15.6	6.4	38
T12②	43.8	13.2	57	35.5	7.4	0	42.9
T13②	42.8	25.8	68.7	15.9	4.5	10.8	31.2
H1	44.8	11.9	56.7	25.4	11.9	6	43.3
H3	46.3	9.7	56	43.9	0	0	43.9
H4	43.3	41.8	85.1	10.4	0	4.5	14.9
H5	52.5	19.6	72.1	8.9	19	0	27.9
H6	83.8	13.3	97.1	0	2.9	0	2.9

以及个别楔形点纹、锥刺纹、指甲纹、压印纹等（表4-3）。下七垣文化中最多见到的绳纹为细绳纹，这种细绳纹被称做"线纹"，以与其他较粗的绳纹相区别。不同粗细的绳纹是施于不同类型的器物外表的。一般而言，线纹多饰于胎壁很薄的鬲罐类器物上，而较粗的绳纹多饰于盆罐类的外表，此外还有些较为杂乱的绳纹是饰于个别厚胎瓮类上的。纹饰中以绳纹为主是下七垣文化陶器的特点之一，这一点为后来的二里岗文化所继承。只是自下七垣文化到二里岗文化，呈现出绳纹的数量由少到多、绳纹的样子由细到粗的变化趋势[①]。绳纹数量的增加由统计数字可以看得出来，下七垣文化中绳纹在整个纹饰中占50%～60%左右，但在二里岗文化中绳纹比例占到整个纹饰总数的90%以上。

---

① 需要说明的是，上一章在论及二里岗文化与晚商文化区别时，曾提及与晚商相比，二里岗文化的绳纹一般较细，这是与晚商相较而言的。如将二里岗的细绳纹与下七垣文化做一比较，便会发现下七垣文化的绳纹要细得多。也就是说从下七垣文化到二里岗文化，再到晚商文化，绳纹总体遵循着由细变粗的规律。

表 4-3　　　　　　　　**下七垣文化纹饰统计表（%）**

（引自《河北省永年县何庄遗址发掘简报》）

纹饰 单位	绳纹	弦纹	楔形点纹	锥刺纹	指甲纹	压印纹	素面	旋涡	彩绘
T8②	61.6	8.9	0	2.2	0	0	27.4		
T9②	52.4	12.6	1.3	0	0.8	0	32.9		
T10②	61	8.1	3.6	3.3	0.6	0.6	22.8		0.6
T11②	64.2	3.6	0	0	1.8	0	30.3		
T12②	54.5	13.2	0	1.7	0.8	0	29.7		
T13②	54.9	2.9	0.7	0.8	0.8	0	39.6	0.2	
H1	58.2	4.5	0	0	3	3	21		
H3	78	4.9	0	0	0	0	17		
H4	73.1	4.5	0	0	0	0	22.4		
H5	87.3	1.9	0	0	0	0	10.8		
H6	86.7	1	0	0	0	1	11.4		

四　占卜习俗

占卜这一习俗最晚在龙山时代便已开始流行。下七垣文化的许多遗址如娄烦何家庄、太原光社、忻州游邀、内邱南三歧①、邢台葛庄、磁县下七垣、永年何庄、邯郸北羊台、涧沟、新乡潞王坟、淇县宋窑、杞县鹿台冈等均发现有甲骨。卜骨和卜甲的大量出土，反映出当时占卜极为流行，这一点与二里岗文化以及殷墟文化如出一辙。

下七垣文化的占卜方法与二里岗文化有很多相似之处，这种相似性首先表现在对占卜所用材料的选择上。与二里岗文化一样，下七垣文化卜骨所用材料有牛、羊、猪的肩胛骨，个别遗址还发现用狗肩胛骨占卜，而以牛肩胛骨出土数量最多，说明用得最多的还是牛肩胛骨。此外较少地使用龟腹甲也是先商文化与二里岗文化的一个共同点。

但从现有的资料看，下七垣文化的占卜习俗与二里岗文化也存在一些不同之处，这些不同表现在对甲骨的整治方法上。下七垣文化的居民对于得到的卜骨，大多不加修整直接使用，仅个别卜骨经过整治。而二里岗文化的卜骨大多经过修治。即便同为修治过的卜骨，修治的方法亦有不同。对于牛的肩胛骨，二里岗文化的居民采用两种方法：一是骨臼部分保持原状，只是把肩胛骨的脊根部分切去。另一种是在肩胛骨带脊根的一面，将骨臼下边切开一段，把两边及脊根全部削平。与之相比，下七垣文化的卜骨修整要简单得多，只是将骨臼切去一半，同时削平骨脊。可以看出，在甲骨的整治方面，下七垣文化与二里岗文化相比显得较为原始。

---

① 唐云明：《河北境内几处商代文化遗存记略》，《考古学集刊》第 2 辑，中国社会科学出版社，1982 年。

卜骨修整完毕便要用火加以烧灼，然后观察兆纹以确定吉凶。二里岗文化的居民显然掌握了较为进步的卜骨和卜甲的灼制技术，这种进步表现在对甲骨烧灼之前施加的钻凿上。因为占卜所用的肩胛骨取自不同的动物，如有猪、羊、牛等，这些动物中有些肩胛骨如猪、羊等较薄，直接用火灼烧，另一面便可出现兆纹，但有些动物如牛的的肩胛骨较厚，不易裂开兆纹，因而大多先施钻之后再烧灼。对于龟的腹甲也采取与牛肩胛骨一样的方法。此外，施钻一般用一种专门的工具——铜钻进行，这种铜钻在二里岗遗址曾经发现过。相较而言，下七垣文化在这一方面则表现得相当落后。如下七垣文化的卜骨多直接烧灼，个别或先用工具（不用铜钻）挖成圆窝，即所谓钻，然后加以烧灼，显然较为原始。

但据下七垣遗址的材料，属于早期地层和晚期地层的卜骨有明显不同。属于第四层的卜骨发现三块，其中一块为羊肩胛骨，两块为牛肩胛骨，这三块均是直接灼用。在第三层发现卜骨12块，多为牛肩胛骨，少数为羊肩胛骨。这些骨料多经过整治，如骨臼被削去一半，骨脊也被削平。最引人注意的是，多数卜骨上有梭形的凿和灼痕，显然是凿后再灼。此外在一片龟腹甲上，除发现有与卜骨一样的梭形凿外，还发现有圆形的钻痕。这种变化反映出因时代不同占卜技术的差异。较之早段，晚段时在整治与钻凿技术上已接近于二里岗文化。

虽然下七垣文化与二里岗文化相比，在甲骨的整治以及钻凿上还存在着一定的差距，但仍可以看出它们之间所存在的某种联系。

综上所述，下七垣文化在建筑、石器、骨器、陶器以及占卜等方面表现出来的独有特征，与二里岗文化有许多相似之处：

1. 以深窖穴为代表的建筑
2. 以石镰和石刀为代表的农业工具，以骨笄为代表的骨器
3. 以鬲、甗、罐为代表的陶器群
4. 用牛肩胛骨占卜的习俗

然而下七垣文化与二里岗文化之间还是存在着一些细微的差别，比如建筑技术和占卜技术的落后、骨器制作和陶器形制的不同等，但总的来说是相同之处更多。因而可以说下七垣文化是二里岗文化的前身，其创造和使用者均应为商族，或者是以商族为主体的人群。

第三节　商先公时期商人的迁徙与商人起源的历史学观察

上述一、二节从考古学上对先商文化相关问题进行了分析，得出下七垣文化应该是以建国前的商人为主体的人群所创造的考古学文化的结论。由考古学上推导出的这个结

论能否得到文献资料的支持，亦即可否与存世不多的文献资料相印证，下七垣文化分布地域可否与商人活动地域相重合，便成为必须要解决的问题，本节便于此做一探索。

历史学与考古学上所称先商时期一般也被称为商先公时期①。这一时期始自契，终于成汤灭夏。《史记·殷本纪》载："契长而佐禹治水有功。帝舜乃命契曰……封于商，赐姓子氏。契兴于唐、虞、大禹之际……"依此说，契与禹约略为同时代人，而汤与夏朝末代王桀同时，因此商先公时期正好与夏王朝存在时间相始终。

据《史记·殷本纪》、《国语·周语》、《荀子·成相》等文献记载以及甲骨文资料，商之先公自契至汤共历十四世。依次为契、昭明、相土、昌若、曹圉、冥（季）、振（王亥）、（王恒）、微（上甲）、报乙（匚乙）、报丙（匚丙）、报丁（匚丁）、主壬（示壬）、主癸（示癸）、天乙（大乙、唐）②。

商诸先公虽可知大致与夏朝同时，但商人起源于何处，却是多年来学界聚讼纷纭的一个问题，到现在为止，主要的观点有以下六种：

（一）东北说 认为商人起源于辽西地区与内蒙古中南部③

（二）河北说 认为商人源于河北中南部④

（三）晋南说 认为商人最初源于山西南部，其后向东或向南迁徙至冀南及河南等地⑤

（四）东方说 或认为商人源于山东半岛⑥，或认为源于山东西部与河南东部⑦

（五）东南说 认为商人源于江浙一带⑧

---

① 对于商先公时期的界定，史家意见不一，有人认为成汤以前为先公时期，成汤以来为先王时期。也有人认为上甲以前为先公时期，上甲以来为先王时期。本文从前者。

② 括号内为卜辞所见先公名。

③ 傅斯年：《夷夏东西说》，《庆祝蔡元培先生六十五岁论文集》下册，商务印书馆，1935年。金景芳：《商文化起源于我国东北说》，《中华文史论丛》（7），上海古籍出版社，1978年。张博泉：《关于殷人的起源地问题》，《史学集刊》，1981年10期。干志耿等：《先商起源于幽燕说》，《历史研究》1985年5期；《商先起源于幽燕说的再考察》，《民族研究》1987年1期。蔺新建：《先商文化探源》，《北方文物》1985年2期。

④ 丁山：《商周史料考证》，中华书局，1988年。李亚农：《殷代社会生活》，上海人民出版社，1959年。邹衡：《试论夏文化》，《夏商周考古学论文集》，文物出版社，1980年。李伯谦：《先商文化探索》，《庆祝苏秉琦考古五十五年论文集》，文物出版社，1989年。

⑤ 李民：《关于商族的起源》，《郑州大学学报》1984年1期。陈昌远：《商族起源地望发微》，《历史研究》1987年1期。姚政：《论商族的起源》，《南充师专学报》1987年1期。郑杰祥：《夏史初探》，中州古籍出版社，1988年。

⑥ 徐中舒：《殷人服象及象之南迁》，《历史语言研究所集刊》第2本第1分，1930年；《殷周史研究中的几个问题》，《四川大学学报》1979年2期。王玉哲：《商族的来源地望试探》，《历史研究》1984年1期。

⑦ 王国维：《说亳》、《说商》，《观堂集林》卷十二，中华书局，1961年。龚维英：《商的由来浅说》，《中学历史教学》1985年2期。孙飞：《论南亳与西亳》，《文物》1980年8期。安金槐：《试论商代"汤都亳"与"仲丁迁隞"》，《中原文物》1981年特刊。

⑧ 卫聚贤：《殷人自江浙迁徙于河南》，《江苏研究》第3卷5、6期，1937年。

（六）陕西说 最早为司马迁提出①，后分为关中说和商洛说两说，认为商人源自陕西关中或陕南商洛地区②

与商人起源最直接相关的问题是商先公迁徙地望的考证。有学者如是说，"对商先公居地的确定，就是对商先公最初活动地域的确定，也就是对商族发祥地的确定。"③因而许多学者采用了根据文献记载的契至汤时期商人聚邑的迁徙，来确定商人起源地的方法。但虽基于基本相同的文献，辅以考古资料，却得出了歧义纷呈的结论。之所以形成这种状况，原因之一在于相关文献的阙如及对仅有文献的理解不一。针对此问题，有学者提出在文献不足证或文献有歧义的情况下，采用将文献资料与考古资料相结合的作法，有可能能得出接近于正确的结论。这一方法固然正确，但在具体操作中，由于种种原因，仍存在着许多不尽如人意之处。如有些学者虽然注意到了考古资料的运用，但因考古资料的不足以及对现有考古资料的运用方法不同，还是形成了众说纷纭的局面。

有鉴于此，我们以为对于商人活动地望的进一步考证，需要从以下四个方面着手。一是对于现有的文献进行梳理，从中选择时代较早且较为可靠的资料。二是在考证商人活动地点时，充分注意当时商人与周边各族的关系，尽可能恢复当时商人生活的人文环境，不做孤立考证。三是对于现有的考古资料进行详尽分析，注意其时代和文化特征，尽可能将考古资料和文献资料以最大的限度进行结合，但也要注意不勉强套用，在考古资料不足时可暂且存疑，不可用"默证法"，即因为相关的考古资料未发现，便以现有的资料否定文献记载。四是尽可能引用甲骨文资料，这一点前人有很多成果，但也要注意不可盲目对应。卜辞中记载的地名极多，有学者统计其数量在 500 以上。"……若以卜辞任何一名（卜辞地名又以单名为大多数）和古书上地名相同的相比，自然极易对合……"④ 但不能据此认为卜辞的地名已经考定了。为避免这种简单的对应，有学者提出在考证地名时，应当以研究历史与人文地理的方法去处理，即联系到"某个地区上在某个时代的某些人民的活动历史"⑤。

据文献记载，商人在先公时曾有过多次迁徙。《史记·殷本纪》云："自契至汤八迁。汤始居亳，从先王居。"此外，《尚书序》、《西京赋》等许多文献也都明确提及商

①　《史记·六国年表序》。
②　继司马迁后，许慎、徐广等人从之，皆持商人源于关中说（分别见《说文解字》、《史记·封禅书·索隐》）。同意此说者还有清人俞正燮（《癸巳类稿》卷一《汤从先王居义》，商务印书馆，1957 年。）持商洛说者以郑玄、皇甫谧、李泰为代表（分别见《尚书序》孔颖达疏引、《帝王世纪》、《括地志》）。近现代以来顾颉刚、荆三林也同意此观点（《殷人自西徂东说》，《甲骨文与殷商史》第 3 辑，上海古籍出版社，1991 年；《试论殷商源流》，《郑州大学学报》1986 年 2 期）。此外，李民、张国硕也认为商人最早活动于关中地区（《夏商周三族源流探索》，河南人民出版社，1998 年）。
③　刘绪：《昭明之居与元氏铜器》，《三代文明研究》（1），科学出版社，1999 年。
④　陈梦家：《殷虚卜辞综述》，中华书局，1988 年，249 页。
⑤　陈梦家：《殷虚卜辞综述》，中华书局，1988 年，249 页。

人曾有过八迁，但此八迁所指何地，汉晋以来的学者已不知其详，以至于晋时学者皇甫谧感叹曰："史失其传，故不得详。是八迁地名不可知也"①。自唐以降，孔颖达②、梁玉绳③、冯景④、陈寿祺⑤、王国维等诸多学者致力于八迁地望的探寻，其中尤以王国维用力最勤，功绩最著。在《说自契至于成汤八迁》一文中，他以契由亳迁蕃为一迁，昭明居砥石为二迁，昭明迁于商为三迁，相土东徙泰山下为四迁，后复归商丘为五迁，商侯迁于殷为六迁，殷侯复归于商丘为七迁，汤始居亳为八迁⑥。其后虽有学者对王说进行修正，但大体不出其左右。

尽管长期以来学者们致力于八迁地望的找寻，但对于八迁地望究竟何在，却心存疑云。从前述皇甫谧的"不可知"，到清人金鹗的"未知何据"⑦，可以看出学者们对汤之前八迁虽多有研究，然终不自信，仍感到迷惘，以至于王国维在已经考出八迁地望后，还是由于没有把握而补充说："汤至盘庚五迁，《书序》纪其四。而前之八迁，古未有说。虽上古之事若存若亡，《世本》、《纪年》亦未可尽信……"⑧。

虽然对商先公迁徙的次数及确切地望还难以指实，但商人在这一时期确实有过多次迁徙的史实则是可以肯定的。

翻阅民族志资料，我们发现居住在西南地区的羌、彝、怒、藏、哈尼、普米、纳西、景颇、拉祜、傈僳、布朗、崩龙等民族均有过迁徙的历史，而迁徙的地点、过程往往在其族人死后举行魂归故里的仪式时，以唱葬歌的形式念颂出来⑨。

以普米族为例，葬歌记述了普米族自北方南下的路线，先是乘皮囊过大江，然后经达轮洞到木里，之后到永宁，最后抵达泸沽湖畔⑩。似普米族这种没有民族文字记载，只是通过口头传诵将本民族的历史保存下来的史诗还有彝族的《指路经》⑪、哈尼族的《奥色密色》、《哈尼先祖过江来》、《哈尼阿培聪坡坡》等口传史诗⑫。但有些民族有成文的文献记载其历史，如纳西族的迁移路线详细记载于东巴象形文经典《人类迁徙记》

---

① 《诗·商颂·玄鸟》孔颖达疏引。
② 《尚书序》孔颖达疏引。
③ 《史记志疑》（一），丛书集成初编本，中华书局，1981 年，47～48 页。
④ 《解春集》，《清经解》第 1 册，上海书店，1988 年，856～867 页。
⑤ 《八迁五迁考》，《左海经辨》1931 年印行，引自顾颉刚《殷人自西徂东札记》，《甲骨文与殷商史》第 3 辑，上海古籍出版社，1991 年。
⑥ 《观堂集林》卷十二。
⑦ 《求古录礼说》卷十《汤都考》自注云："班固云：'商人屡迁，前八后五，自契至于汤八迁。'然未知何据？"
⑧ 《说契至于成汤八迁》，《观堂集林》卷十二。
⑨ 张福三等：《原始人心目中的世界》，云南民族出版社，1986 年，317 页。
⑩ 《思想战线》编辑部编：《西南少数民族风俗志》，中国民间文艺出版社，1981 年，326 页。
⑪ 云南省社会科学院楚雄彝族文化研究室编：《彝文文献译丛》第 2、3、6 辑。
⑫ 张福三等：《原始人心目中的世界》，云南民族出版社，1986 年，330～332 页。

中，书中记述了纳西族由最初的居地"梅"、"和"、"树"、"叶"渡黄河，南下四川、云南抵达现今居地的由北而南的迁徙历史①。

由此可反证商人在先公时期的迁徙中，对于居住时间较为长久之地，留下相应传说当属可能。只是由于时代久远，又没有文字可以记载，所以已看不到完整的"史诗"。所幸的是，这些为商人世代传唱的史诗虽未能完整保存，但却能在其后的文献中发现一些零零星星的语句或影子。通过这些记载，可以大体推知商人在先公时期的活动范围。

关于商人的迁徙，《尚书》、《史记》、《古本竹书纪年》、《世本》等众多文献均有记载，涉及的迁徙地点有蕃、商、商丘、砥石、亳等。此外，还有相当多与商先公居地有关的传说和故事。下面我们便从商先公居地的考证入手，对商人立国前活动的区域做一勾画。

一　王亥、上甲微居地考

对于王亥的居地史书多无明确记载。然而在甲骨卜辞所记对商诸先公的祭祀中，却以对他的祭典最为隆重。

祭祀王亥时用牲数量极大，少者三牛、五牛，多者四五十牛②。

"贞燎于王亥十牛。"（《甲骨文合集》14734）

"甲辰卜，□贞，来辛亥燎于王亥三十牛，十二月。"（《甲骨文合集》14733）

"翌辛亥侑于王亥四十牛。"（《甲骨文合集》672 正）

"其告于高且王夔三牛。"（《甲骨文合集》30447）

卜辞中有将王亥与后世祖先如上甲、大乙、祖乙、小乙等并列进行祭祀者，与其他先公明显不同。

"乙未酌高且亥［羌□牛□］，大乙羌五牛三，且乙羌□牛□，小乙羌三牛二，父丁羌五牛三。"（《甲骨文合集》32087）

在卜辞中王亥被称做"高祖"，甲骨文中可以称作高祖的仅有高祖河、高祖夔和高

---

① 和志武：《人类迁徙记》，《纳西族东巴经选译》，转引自《原始人心目中的世界》321～323 页。
② 祭祀王亥所用牛数量统计表

	三牛	五牛	九牛	十牛	三十牛	四十牛	五十牛
甲骨文合集	14743 30447 14724	14739 14730	378 正 14737 14738	1182 6527 正 14735 正 14736 14755 正	14733	672 正	672 正 14725
英国所藏甲骨集		1175	1173 正				
小屯南地甲骨				1116			

祖乙以及王亥四人。虽然目前对于高祖夒是否即是商人始祖契或喾尚存争议①，但其地位之高不容忽视。王亥与商人立国之君汤同被称作高祖，似乎表明王亥不是一般的先公，王亥应在商人历史上建有特殊的功勋，因而才受到如此高规格的祭祀。

据王国维考证，此王亥与《世本·作篇》之胲、《帝系篇》之核、《楚辞·天问》之该、《史记·殷本纪》之振、《吕氏春秋》之王冰为同一人，即是季之子、上甲之父②。《山海经》、《竹书纪年》、《易经》、《楚辞》等文献中皆记有王亥、王恒、上甲微与有易、河伯的故事，其中隐含着不少与商人活动地域相关的资料。

《山海经·大荒东经》云："有困民国，勾姓而食，有人曰王亥，两手操鸟，方食其头。王亥托于有易、河伯仆牛，有易杀王亥，取仆牛。"

《易·族》上九爻辞云："鸟焚其巢，旅人先笑后号咷，丧牛于易，凶。"《易·大壮》六五爻辞有类似的记载："丧羊于易，无悔。"

郭璞注引《竹书纪年》载："殷王子亥宾于有易而淫焉。有易之君绵臣杀而放之，是故殷主甲微假师于河伯，以伐有易，灭之，遂杀其君绵臣也。"

《楚辞·天问》于此事记载最详："该秉季德，厥父是臧；胡终弊于有扈，牧夫牛羊？干协时舞，何以怀之？平胁曼肤，何以肥之？有扈牧竖，云何而逢？击床先出，其命何从？恒秉季德，焉得夫朴牛？何往营班禄，不但还来？昏微遵迹，有狄不宁。何繁鸟萃棘，负子肆情？眩弟并淫，危害厥兄。何变化以作诈，而后嗣逢长？"

以上所记均为王亥被有易之君所杀，其子上甲假师河伯为之报仇之事。由这些记载来看，商人于王亥、王恒和上甲微时居地近有易和河伯。

有易的地望，学者多从王国维说，以为在今河北北部的易水流域③。邹衡先生考定相关文献，提出滹沱河、漳水都曾被称作易水，由"漳河一带是先商时代商人活动的中心地区"，进而推论"先商时代有易的地望，应在滹沱河与漳河之间"④。

至于河伯，史书多有提及。河伯名冯夷，本华阴人，居于秦地⑤。

《庄子·大宗师》释文引《清泠传》云："冯夷，华阴潼乡堤首人也……是为

---

① 王国维释此字为夋，后改为夒（《殷卜辞中所见先公先王考》）；王襄和徐中舒释为"卨"，以为是契的古体字（王襄：《簠室殷契类纂》正编十四，徐氏说见周传儒《甲骨文字与殷商制度》引，上海开明书店，1934 年）；陈梦家释为"夏"（陈梦家：《殷虚卜辞综述》，338 页）。

② 《殷卜辞中所见先公先王考》，《观堂集林》卷九。

③ 王国维：《殷卜辞中所见先公先王考》，《观堂集林》卷九；《商三句兵跋》，《观堂集林》卷十八。

④ 邹衡：《论汤都郑亳及其前后的迁徙》，《夏商周考古学论文集》，文物出版社，1980 年，214～215 页。

⑤ 《穆天子传》作"无夷"：《穆天子传》卷一："天子西征，至于阳纡之山，河伯无夷之所都居。"《山海经·海内北经》作冰夷："从极之渊，深三百仞，维冰夷恒都焉。"郭璞："冰夷，冯夷也。"至于其居地，《水经注·河水》云："河水又出于阳纡、陵门之山，而注于冯逸之山。"《山海经·海内北经》："阳纡之山，河出其中；凌门之山，河出其中。"《淮南子》："昔禹治洪水，具祷阳纡。"高诱注云："阳纡，秦薮。"

河伯。"

《抱朴子·释鬼篇》："冯夷以八月上庚日渡河溺死，天帝署为河伯。"（《楚辞·九歌》洪兴祖补注引）

《山海经》、《竹书纪年》、《穆天子传》、《楚辞》、《淮南子》、《水经注》等也有类似记载。

历史文献中凡提及河伯或与河伯相关的传说多发生在黄河附近①，故而朱熹在《楚辞集注》中说河伯"大率谓黄河之神耳"②。由殷墟出土卜辞中屡见祭河之事——当时的黄河距殷墟不远——可知，河伯的起源与先民对黄河的崇拜有关，先有对黄河的崇拜，其后才有河伯之尊称③。也就是说河伯本是水神，因与河水有关，后世才奉之为河水之神——河伯，这是自然神人神化的一种表现④。河伯既为黄河之长，因而沿河一带有众多与河伯有关的传说当非向壁虚构。尽管由于时间的缘故，河伯在人们心目中由备受尊崇发展到与邪恶有关，但对于他的奉祀直至战国却有增无减，其中最著者莫过于河伯娶妇与西门豹治邺之事⑤。这一故事发生在漳河流域，而当时的漳河距离黄河不远。这一带与河伯有关的民俗的遗留，也许与河伯曾经在此活动过有关。因而我们可以说与王亥父子发生关系的河伯有可能活动于漳水一带。

关于上甲微的居地史书记载不多。

《今本竹书纪年》："商侯迁于殷"，"殷侯复归于商"。

《世本》："太甲徙上司马，在邺西南。"⑥（《太平御览》卷一五五引《帝王世纪》转引）

《路史·国名纪》卷三邺条："上甲微居，即桐也。"

以上几条中，前两条出自《今本竹书纪年》，不见于它书，未必可信。至于《世本》所记太甲徙上司马之事，《帝王世纪》在引文后对此表示怀疑："案《诗》、《书》

---

① 以《史记》为例，提及河伯者有以下几处，均与黄河有关。《史记·封禅书》："自华以西，名山七，名川四。……水曰河，祠临晋。"此祠在汉临晋县，亦即韦昭和张守节所云的冯翊县。《史记·晋世家》："文公元年春，秦送重耳至河。咎犯曰：'臣从君周旋天下，过亦多矣。臣犹知之，况于君乎？请从此去矣。'重耳曰：'若反国，所不与子犯共者，河伯视之！'"。《史记·晋世家》："七年，晋使随会灭赤狄。八年，使郤克于齐。齐顷公母从楼上观而笑之。所以然者，郤克偻，而鲁使蹇，卫使眇，故齐亦令人如之以导客。郤克怒，归至河上，曰：'不报齐者，河伯视之！'"。
② 屈原撰，朱熹集注：《楚辞集注》卷二，上海古籍出版社，1979 年，44 页。
③ 吕宗力、栾保群：《中国民间诸神》，河北教育出版社，2001 年，288 页。
④ 对于河伯信仰的来源，尚有不同看法。胡应麟、顾炎武据《竹书纪年》，认为河伯最初是国君之称，以国居河上命之为伯，因而河伯信仰是由人鬼发展来的（胡应麟：《少室山房笔丛》，中华书局，1959 年。顾炎武著，黄汝成集释：《日知录集释》，花山文艺出版社，1990 年，1094～1095 页）。
⑤ 《史记·滑稽列传·西门豹传》。
⑥ 茆泮林辑本，《世本八种》，商务印书馆，1957 年，96 页。雷学淇校辑本，《世本作种》，商务印书馆，1957 年，68～69 页。

太甲无迁都之文，桐宫其在斯乎?"《路史·国名纪》则直接说，《世本》中的太甲当为上甲之误。可以信从①。邺之所在，罗泌以为在河南汤阴，陈梦家以为在安阳②。汤阴、安阳相距不远，可视为一个地区。

上甲微之居地在安阳、汤阴附近，时黄河自宿胥口向北流走，故与河伯相距不远。二者联军征伐有易，当属可能之事。

这样从现存文献看，我们大致可以确定王亥至上甲微之时，商人活动于安阳以北、易水以南这一广大地区。上文已提及古代被称做易水的河流除今易水之外，尚有滹沱河和漳河。《路史·国名纪》卷三注云："《燕赵记》有三易，漳为南易；班固、阚骃以呼沱为南易。"前述下岳各庄文化和下七垣文化以滹沱河为界呈南北对峙状态分布，属于下岳各庄文化的遗址主要分布于今易水流域，而包括安阳地区在内的豫北冀南地区则是下七垣文化的中心区，如此看来，考古发现恰与文献记载相吻合。下七垣文化已被认为最有可能是先商时期的商人所创造，那么与商人毗邻而居的下岳各庄文化有可能便是有易氏所遗留。

既然王亥、王恒、上甲微活动于太行山以东的山前平原地区，那么可以推知，在此之前的昭明和相土之活动地域当距此不远。

二　契、昭明、相土居地考

1. 契

契为商族历史上第一位男性祖先。

《诗·商颂·长发》："有娀方将，帝立子生商。"

《诗·商颂·玄鸟》："天命玄鸟，降而生商。"

《吕氏春秋·音初篇》："有娀氏有二佚女，为之九成之台，饮食必以鼓。帝令燕往视之，鸣若谥隘……少选，发而视之，燕遗二卵北飞……"

《毛诗正义》载："有娀，契母之姓，妇人以姓为字，故云'有娀，契母也。'"（孔颖达疏引）

《史记·殷本纪》也有类似的记载："殷契，母曰简狄，有娀氏之女，为帝喾次妃。三人行浴，见玄鸟堕其卵，简狄取吞之，因孕生契。"

类似的故事在《楚辞》、《淮南子》等书中也有详尽记载。不少学者据此提出玄鸟是商人的图腾，并由实行鸟崇拜的民族多活动在东方，进而得出商人系东方民族、应源

---

① 丁山和陈梦家均同意罗泌此说（《商周史料考证》，中华书局，1988 年，15 页），此外陈梦家还认为上甲所迁在安阳（《殷虚卜辞综述》250 页）。

② 陈梦家：《殷虚卜辞综述》，中华书局，1988 年，250 页。

于东方的结论①。事实上，与商人因玄鸟而生相类的卵生神话，在东方和北方许多民族的萨满教信仰中极为多见②。此外，生活在西南地区的苗、瑶、壮、侗、仫佬等族也有类似的卵生神话③。

20 世纪末以来，已有学者从图腾制最基本的特征④出发，对玄鸟相关传说进行研究，得出玄鸟非商人图腾的结论⑤。这种看法极有见地。需要补充的是《山海经·大荒东经》有这样的记载："有人曰王亥，两手操鸟，方食其头。"如玄鸟果为商人图腾，应对之崇敬有加，不应食之。弗洛伊德在对澳洲土著的图腾信仰进行分析时发现，"同一图腾的人有着不能杀害（或毁坏）其图腾的神圣义务，不可以吃它的肉或用任何方法来取乐。"⑥ 在法国人类学家雷诺对图腾信仰所作的十二个信条中，第一即是禁止杀害或食用图腾动物⑦。在澳大利亚、北美洲等世界许多地区实行图腾制的原始民族中有许多图腾禁忌的实例⑧。类似的禁忌在我国少数民族中也常见到，如虎为纳西族的图腾，因而纳西人禁止杀害虎，对于打虎者实行严厉的处罚⑨。瑶族、畲族、黎族等少数

---

① 持此说者极众，主要有：

胡厚宣：《甲骨文中所见商族鸟图腾的新证据》，《文物》1977 年 2 期。王玉哲：《商族的来源地望试探》，《历史研究》1984 年 1 期。徐中舒：《殷商史研究中的几个问题》，《四川大学学报》1979 年 2 期。

② 《魏书·高句丽传》、《论衡·吉验篇》、《皇朝通志卷一》等均记载有高句丽、夫馀、满族降生时的卵生传说，此外《史记·秦本纪》载秦人始祖亦有同样传说，但据考秦人始祖来自东方。此外，据《左传》山东半岛齐鲁一带也多有与鸟相关的传说。

③ 龚维英：《我国上古"卵生文化"探索》，《云南社会科学》1987 年 3 期。

④ 对于图腾制的特征，J. G. 弗雷泽（《家庭与氏族的起源》，巴黎，1922，7～8 页，引自 Д·Е·海通著，何星亮译：《图腾崇拜》，上海文艺出版社，1993 年，2～3 页）、W. 里弗斯（《美拉尼西亚人社会史》，第 2 卷，坎布里奇，1914 年，75 页，引自 Д·Е·海通著，何星亮译：《图腾崇拜》，1993 年，3 页）、弗洛伊德（《图腾与禁忌》，中国民间文艺出版社，1986 年，14 页）、海通（Д·Е·海通著，何星亮译：《图腾崇拜》，上海文艺出版社，1993 年，39～40 页）、岑家梧（《图腾艺术史》，学林出版社，1986 年，1 页）等许多学者均有论及。英国人类学家里弗斯在《美拉尼西亚人社会史》中，将图腾制最基本的特点归纳为三点：一是某一社会群体与某种动物、植物或无生物之间有联系。二是相信每一个社会群体成员都与某种动物、植物或无生物有血缘亲属关系，即相信自己起源于动物、植物或无生物。三是尊崇某种动物、植物或无生物，禁止食用动物和植物，对于无生物则完全禁止使用或可能有某种限制（W. 里弗斯：《美拉尼西亚人社会史》，第二卷，坎布里奇，1914，75 页，引自 Д·Е·海通著，何星亮译：《图腾崇拜》，上海文艺出版社，1993 年，3 页）。

⑤ 宋镇豪：《夏商社会生活史》，中国社会科学出版社，1994 年，457 页；《中国风俗通史·夏商卷》，上海文艺出版社，2001 年，642～645 页。俞伟超、汤惠生：《图腾制与人类历史的起点》，《中国历史博物馆馆刊》1995 年 1 期。晁福林：《先秦社会形态研究》，北京师范大学出版社，2003 年，175 页；《夏商西周的社会变迁》，北京师范大学出版社，1996 年，162 页注㉙。

⑥ 弗洛伊德著，杨庸一译：《图腾与禁忌》，中国民间文艺出版社，1986 年，14～15 页。

⑦ 引自弗洛伊德著，杨庸一译：《图腾与禁忌》，中国民间文艺出版社，1986 年，130 页。

⑧ （苏）Д·Е·海通著 何星亮译《图腾崇拜》，上海文艺出版社，1993 年，60～63 页。何星亮：《中国图腾文化》，中国社会科学出版社，1992 年，168～169 页。

⑨ 严汝娴、宋兆麟：《永宁纳西族的母系制》，云南人民出版社，1983 年，190 页。

民族以狗为其图腾，故禁止杀食狗肉①。当然在实行图腾制的民族中也有个别食用图腾物的个例，以此否认玄鸟与商族图腾之间的关系似过于武断。然要证玄鸟为商人图腾似仍需大量的资料支持。

尽管对于契的降生与玄鸟之间的关系，学界还存有不同的看法，但对于他的母亲是简狄却极少有人提出质疑。简狄为有娀氏之女，此有娀或即是有仍。《左传》昭公四年载："夏桀为仍之会，有缗叛之。"《韩非子·十过篇》于此却书为"桀为有戎之会，而有缗叛之"，可见有仍即有戎。有仍的地望据顾颉刚先生考证，在今山东曹县②。

至于契的父亲，《史记·殷本纪》给出的答案是帝喾，而且明确地说简狄为帝喾的次妃。近年发现的上博楚简《子羔》篇保留了这个故事在当时流传的情况。在这批竹简书写完成的战国中期，便有人对包括契在内的夏、商、周三代始祖均为天帝之子产生了怀疑，认为这三位始祖其实是人父所生，只不过其父亲身份低贱不足称道罢了。由此看来，至少在战国早期，契为帝喾之子的说法尚未兴起③。因此在研究商人最早的起源时，便不必对帝喾加以考虑，而可以直接从契开始。

关于契之居地史书有两种说法。

一种以《史记》为代表，以为契"封于商"。（《殷本纪》）

一种以《世本》为代表，力主"契居蕃"。（《居篇》）

此外，《诗·商颂·玄鸟》和《诗·商颂·长发》还有"天命玄鸟，降而生商"、"帝立子生商"的记载。这两个商均不是地名，可能是人名或族名。因而讨论契时商人居住地点就从《史记》和《世本》所记的这两种说法说开去。

---

① 张有隽：《瑶族宗教论集》，广西瑶族研究学会，1986 年，116 页。广西壮族自治区编辑组：《广西瑶族社会历史调查》，第 1 册，广西民族出版社，1984 年，255、320 页。《中国少数民族社会历史调查资料丛刊》福建省编辑组编：《畲族社会历史调查》，福建人民出版社，1986 年，16、284 页。《海南黎族情况调查》，第 3 分册，引自《中国图腾文化》，中国社会科学出版社，1992 年，160 页。

② 顾颉刚：《有仍国考》，《古史辨》(7) 下，上海古籍出版社，1981 年，325 页。

③ 裘锡圭：《新出土先秦文献与古史传说》，《中国出土古文献十讲》，复旦大学出版社，2004 年，27～30 页。

　　查《世本》八种，有七种在记述契的居地时均记为蕃[①]，当然此蕃有时也会写作番[②]，没有一条契居商的记载。事实上，《史记·殷本纪》只是说契封于商，并未直接说契居商。而在契生存的那个时代，分封制尚未建立，因而不可能有分封之说[③]。既然契封于商的说法不能成立，那么契的居地只能在蕃。

　　这个蕃地究竟在何处？以往的学者曾提出过两种不同的意见。一种认为在陕西华县境内，这是传统的说法[④]。一种以王国维为代表，认为蕃即《汉书·地理志》中鲁国的蕃县，在今山东滕县境[⑤]。后来丁山又提出一种新的看法，认为契所居在滶水支流的博水流域[⑥]。据丁山先生考证，博、薄、蒲、番、蕃五个字在汉初时尚未定形，因而可以相通[⑦]。而文献中名蕃之地极多，王玉哲先生在对河北中南部地区的许多地点考证后说："博水、蒲水、蒲吾、番吾都可能是商族最早居地'亳'字一音之变，是商契的后裔移徙时带到各地的遗迹"[⑧]。除在河北中南部和山东有众多的地点名博陵、蒲阴、蒲阳山、蒲水、博水、蒲吾、蒲姑等之外，山西境内类似的地名也极为多见，如蒲、蒲子、蒲城、蒲水等。如《左传》庄公二十八年载："重耳居蒲城，夷吾居屈"，《韩非子·难三》言"献公使寺人披攻之蒲城"，《国语·晋语》也有"蒲与二屈，君之疆也"的说法，此蒲地据杜预注在"平阳蒲子县"[⑨]，即今蒲县和隰县一带。山西境内存在的与此类似的许多名蒲的地点，应当与商族早期活动地域有一定关联。

　　契的居地在山西也得到了考古学资料的支持。上文所论及之下七垣文化杏花村类型即主要分布于晋中的太原盆地和忻定盆地一带，两个盆地间可籍汾河谷地和牧马河谷地

---

①　王谟辑本："契居蕃"（《水经注》卷一九）。
　　孙冯翼集本："契居番"（王应麟《通鉴地理通释》）。
　　陈其荣增订本："契居番"（《通鉴地理通释》）。
　　秦嘉谟辑补本："契居蕃"（《水经·渭水注》、《路史后记》十注、《国名纪》三、《通鉴地理通释》四、《太平御览》卷一五五引作契本居蕃）。
　　张澍稡集补注本："契居蕃"（《水经注》）。
　　雷学淇校辑本："契居蕃"（《水经·渭水注》、《路史后纪》十及《国名纪》三）。
　　茆泮林辑本："契居蕃"（《水经·渭水注》、《太平御览》卷一五五、《路史后纪》注、《通鉴地理通释》引同）。
　　诸家中以秦嘉谟本记述最详："审蕃之所在，诸书不见。唯《路史·国名纪》三引《鲁连子》云：'蕃在太华之阳'。阚骃云：'在郑西'。今《尚书正义》引郑注：'契本封商国，在太华之阳，即此。'"
②　见上注。
③　金景芳：《商文化起源于我国北方说》，《中华文史论丛》7，上海古籍出版社，1978 年。
④　参见上页注⑩秦嘉谟本说法。李民亦赞同此说法，见《夏商周三族源流探索》，河南人民出版社，1998 年，96 页。
⑤　《说自契至于成汤八迁》，《观堂集林》卷十二，中华书局，1961 年。
⑥　《商周史料考证》，中华书局，1988 年，16 ~ 17 页。
⑦　《商周史料考证》，中华书局，1988 年，17 页。
⑧　《商族的来源地望试探》，《历史研究》1984 年第 1 期。
⑨　《史记·晋世家》。

相通。这一地区距离蒲州仅百余公里，所以以蕃地在晋中同时符合文献和考古资料，应该说有一定的可信度。

2. 昭明

昭明时商人再度迁徙。

《荀子·成相》载："契玄王，生昭明，居于砥石迁于商。"

《世本》云："昭明居砥石"；"昭明复迁商"。(《尚书序·正义》、《通鉴地理通释》、《路史·国名纪》引)

由这些记载可知，昭明时曾先后在砥石和商这两个地方居住过。

砥石所在学界存在三种不同的说法：一说是在今河北省石家庄与邢台之间的泜河附近①；二说是在辽河发源处，即今昭乌达盟克什克腾旗的白岔山②；三说在黄河三门峡以北的砥柱山③。其中后两种观点得不到考古材料的支持，因而从者寥寥。

1978 年在元氏西张村出土一批西周铜器，其中一簋和一卣的铭文中有"軧"和"軧侯"④。有学者考证此二器属西周初期，"軧"为位于邢国之北的诸侯国，铜器出土地点位于古泜水（今称槐河或北沙河）之滨，"軧"应读为泜，"軧"国实由泜水而得名⑤。既然西周早期此地也称"軧"，那么昭明所迁当距此不远。

今河北石家庄和邢台之间发现的属于下七垣文化的遗址有石家庄市庄、内邱南三歧⑥、邢台葛庄⑦等，昭明所迁的砥石大概就在这一带。

蕃地至砥石之间虽有太行山相隔，但从地势上讲，全长 700 多千米的太行山可分为南北两段，除北段紫荆关—阜平一线以西的冀、晋交界地带海拔较高外，其余均以低山丘陵为主。其间有若干条河流横切过山，抵达华北平原。可能到契末或昭明时，商人已沿着牧马河顺流而下到达滹沱河，再由滹沱河谷东出太行山，驻足河北平原中部的石家庄、邢台一带。

昭明在砥石居住一段时期以后，又率商人迁到商地。关于商之地望长期以来学界存有诸多异说，其中最著者有三说。

① 丁山：《由三代都邑论其民族文化》，《历史语言研究所集刊》第 5 本第分，1935 年。又见《商周史料考证》，中华书局，1988 年，17～18 页。从此说者还有张荫麟、陈梦家、邹衡、刘绪等先生。
② 金景芳：《商文化起源于我国北方说》，《古史论集》，齐鲁书社，1982 年。
③ 李民：《关于商族的起源——从〈尧典〉说起》，《郑州大学学报》1984 年 1 期。郑杰祥：《夏史初探》，中州古籍出版社，1988 年，98～99 页。
④ 河北省文物管理处：《河北省元氏县西张村的西周遗址和墓葬》，《考古》1979 年 1 期。
⑤ 李学勤等：《元氏青铜器与西周的邢国》，《考古》1979 年 1 期。
⑥ 唐云明：《河北境内几处商代文化遗存记略》，《考古学集刊》(2) 中国社会科学出版社，1982 年。
⑦ 河北省文物研究所：《河北邢台市葛家庄遗址北区 1998 年发掘简报》，《考古》2000 年 11 期。河北省文物局第一期考古发掘领队培训班等：《河北邢台葛家庄遗址 1996 年发掘简报》，《河北省考古文集》(2)，北京燕山出版社，2001 年。

一说是在上洛。最早详指商地的是郑玄。"契本封商，国在太华之阳。"① 其后皇甫谧云，"商契始封于商，在禹贡太华之阳，今上洛商是也"②。依此，商应在今陕西商县东。

二说以为商即是商丘。此说以杜预为代表。

三为漳水流域说。20世纪三四十年代葛毅卿③和杨树达④提出滴水为漳水说，理由有二，一者卜辞所见水名均在河南省境，滴水当也在河南，而漳水为河南最北部的河流。二者商与章古音相通，因此以字音求之，滴水应即现今的漳水。丁山亦主此说⑤。

上述诸说中，第二说的立论根据是商与商丘为一地。杜预《春秋释例》云："宋、商、商丘，三名一地。"⑥ 但《诗·商颂》正义谓："经典之言商者，皆单谓之商，未有称为商丘者。"主张商和商丘为二地。商与商丘在众多的文献中均分而列之，以商先公居地来看，记昭明所迁者均为商，但涉及相土时均作商丘，未见有只称商者。因此，商与商丘当为二地。既然商与商丘不是一地，此说便可以忽略不论。而第一说中之商，均是就契的封地商而言的，与昭明所居无关。因此以第三说即漳水说最为可信。

在漳水流域的众多地点发现有下七垣文化的遗址⑦。这些遗址主要分布在太行山东麓及其附近的漳河、滏阳河和洺河中上游两岸，遗址所在地势一般较高，或为发育较好的台地，或为低山丘陵，或为山间盆地和山前平原，遗址多数距河较近，呈条带状分布，有些区域甚至连绵成片⑧。滏阳河在历史上是漳河支流之一，洺河古称漳水，历史上也曾注入漳水。漳水流域集中分布有如此多数量的下七垣文化遗址，不能不引人关注。所以有学者说，"商人所以称商，大概是因为商人远祖居住在漳水"⑨。或者我们可以更进一步地说，商人之得名为商，是在昭明居于此地、商人势力大为发展之时。

还有一点需要提及的是，这一地域的下七垣文化遗址大多延续时间较长，其中不少遗址的年代可以到二里岗下层一期，说明这一区域在整个先商时期是作为商人的政治中心而存在的，从它对商人及其后的兴盛所起的作用这个角度来看，将之比作周人之所以

① 《尚书序》孔颖达疏引。
② 《太平御览》卷一五五引《帝王世纪》。
③ 葛毅卿：《说滴》，《历史语言研究所集刊》第7本第4分，1939年。
④ 杨树达：《释滴》，《积微居甲文说·卜辞琐记》，科学出版社，1954年，47页。
⑤ 丁山：《商周史料考证》，中华书局，1988年，18页。
⑥ 《左传》襄公九年孔颖达疏引。
⑦ 据不完全统计，在现今漳河中上游地区发现这一文化的遗址有14处，在滏阳河地区发现遗址10处，在洺河地区发现遗址竟多达66处。资料来自乔登云等：《邯郸境内的先商文化及其相关问题》，《三代文明研究》(1)，科学出版社，1999年。
⑧ 乔登云等：《邯郸境内的先商文化及其相关问题》，《三代文明研究》(1)，科学出版社，1999年。
⑨ 邹衡：《论汤都郑亳及其前后的迁徙》，《夏商周考古学论文集》，文物出版社，1980年，218页。朱彦民也持此观点，见其《商族迁徙试论》，《中国社会历史评论》第2辑，天津古籍出版社，1999年。

兴起的"周原"当不为过。同样从这个角度，也可以理解直到商人定居殷墟，不仅一直称呼自己的国家为商①，还以商来命名其所居住的新都邑②，甲骨文中屡屡出现"入商"、"大邑商"、"天邑商"等词语便是证明。

3.　相土

一般认为继昭明之后的商先公相土居于商丘。

《左传》昭公元年："昔高辛氏有二子，伯曰阏伯，季曰实沈，居于旷林，不相能也，日寻干戈，以相征讨。后帝不臧，迁阏伯于商丘主辰，商人是因。"

《左传》襄公九年："陶唐氏之火正阏伯居商丘……相土因之。"

《世本》："契本居番，相徙商丘，本颛顼之墟，故陶唐氏之火正阏伯之所居也。"③

关于商丘地望，学界存有三说。

一为河南商丘说。此说最早由班固提出，《汉书·地理志》载："周封微子于宋，今之睢阳是也。本陶唐氏火正阏伯之虚也。"杜预对此坚信不疑。及至近世，王国维也力主此说："古之宋国，实名商邱……是商在宋地。"④　其后从者甚众。

二为河南濮阳说。春秋时卫国所迁之帝丘，曾为夏后相所居。《左传》僖公三十一年："冬，狄围卫，卫迁于帝丘，卜曰三百年。卫成公梦康叔曰：'相夺予享'。"而此帝丘也称商丘。《古本竹书纪年》⑤、《帝王世纪》⑥　等均记有相徙都商丘之事，《通鉴地理通释》更是明确说："商丘当作帝丘"。而此地"本陶唐氏火正阏伯之所居，亦夏伯昆吾之都，殷相土又都之。"⑦　因此有学者以为相土所居之商丘应以濮阳为是⑧。

三说以殷墟为商丘。贾逵曾于"迁阏伯于商丘"条下注曰"商丘在漳南"⑨，但对于具体位置并未指明，杜预以为所谓的"漳南"是指"故殷墟"⑩。

商丘说者虽有众多的文献支持，但有学者对商、宋一地说提出怀疑，认定商即是

---

①　罗振玉谓卜辞屡言"入商"，田游所至曰"往"，曰"出"，商独言入，可知文丁、帝乙之世虽居河北，国号尚称"商"（《殷虚书契考释序》，1915 年东方学会印本）。此说得到王国维、陈梦家、郭沫若等认可和发展（王国维：《说商》，《观堂集林》卷十二；陈梦家：《殷虚卜辞综述》262 ~ 264 页；郭沫若：《郭沫若全集·历史编》第 3 卷，人民出版社，1984 年，19 页）。

②　甲骨文中有卜问商与东、西、南、北四土受年（《殷契粹编》907），商在四土之中，当即其都邑所在，此商应是其都城，即今安阳一带。

③　《太平御览》卷一五五引《帝王世纪》。

④　王国维：《说商》，《观堂集林》卷十二，中华书局，1959 年。

⑤　"帝相即位，处商丘。"《太平御览》卷八二引。

⑥　"帝相一名相安，自太康以来，夏政凌迟，为羿所逼，乃徙商丘。"《太平御览》卷八二引。

⑦　《水经注》瓠子河条。

⑧　孙森：《夏商史稿》，文物出版社，1987 年，258 ~ 259 页。郑杰祥：《商代地理概论》，中州古籍出版社，1994 年。李民：《关于商族的起源——从〈尧典〉说起》，《郑州大学学报》1984 年 1 期。

⑨　《史记·郑世家·集解》。

⑩　《左传》襄公九年孔颖达疏引。

商，宋即是宋。商丘在商代至西周初年就名之为宋，因此微子封于此地后，其国名才称宋①。既然微子所封之地在当时称宋不称商，因而在讨论相土居地时，就不该求之于宋。此外，商丘说者还据《左传》昭公十七年"宋，大辰之虚也"等记载，得出宋地为大辰星之分野，而大辰星即是商星，故而商应在宋地的结论。这种分野说实则始于战国②，以西周以后宋国的地域证以商代显然不合时宜。关于这一点学者已有详论③，不再赘述。

至于殷墟说，杜预早已非之，《春秋释例》云："商丘在宋地。或以为漳水之南故殷墟为商丘，非也"④。

相较而言，帝丘说较为可信。但亦有人对此提出质疑，认为相为夏启之孙，相土为契之孙，二人为同时代人，不可能居于一地。然而翻检相关史料后，我们发现即便此地为夏后相所居，同时代的相土重又居之亦无不可。《帝王世纪》、《左传》等文献详细记录有夏后相在位时适逢有羿代夏，无奈之余投靠斟灌、斟寻之事⑤。从这些记载看，相居濮阳正值其外出避难之时，历时极短，因而继相之后，相土居于此处亦属可能之事⑥。以考古资料证之，在濮阳马庄等地发现有下七垣文化的遗址⑦，虽然与冀南地区的漳河流域相比，遗址的数量不多，但出土遗物同冀南豫北所见极似，这便从考古学上给予商丘帝丘说者以支持。

关于相土的居处，除前已述及的商丘之外，还有东都西都之说。王国维在《说契至于成汤八迁》一文中，明确提及"相土之时曾有二都"⑧，西都即宋之商丘，东都的地

---

① 孙淼：《夏商史稿》，文物出版社，1987年，254~255页。
  关于此，岑仲勉先生在《黄河变迁史》中亦有详论，他认为，商族既被战胜者周族迁往东南，他们于是把旧日主要的地名都带到新迁的宋国，一如东晋南迁，许多北方人民将所住地仍以旧日乡名来命名（《黄河变迁史》，人民出版社，1957年）。丁山认为宋国所在为周之商丘，非商以前之商丘，并言武丁祖甲时甲骨有宋字，殷商时期有宋国，微子封宋，睢阳方有商丘（《商周史料考证》，中华书局，1988年，19页）。郑杰祥先生亦持相近观点。他认为今河南商丘应是卜辞记载中的宋地，并不称商，西周初成王平武庚叛乱，复封微子于宋，而宋地又称商丘，此商丘显系微子等商人带于新地的名称。因此郑云，今河南商丘应是西周以后的地名，即是商人迁去以后才有的名称，而不是商代的地名（《商代地理概论》，中州古籍出版社，1994年）。
② 陈遵妫：《中国古代天文学简史》，上海人民出版社，1955年，91页。
③ 孙淼：《夏商史稿》，文物出版社，1987年，256~257页。
④ 《左传》襄公九年孔颖达疏引。
⑤ 《帝王世纪》说帝相"为羿所逼，乃徙商丘，依同姓诸侯斟灌氏、斟寻氏。"《太平御览》卷八二引。
  《史记·夏本纪·正义》引《帝王世纪》云："帝相徙于商丘，依同姓诸侯斟寻。"
  《左传》襄公四年杜预注："仲康卒，子相立，羿遂代相，号曰有穷。"
⑥ 田昌五先生在《先商文化探索》一文中提出帝丘非夏朝长期建都之地，后相只是暂时定居于此，因而相与相土有可能是先后居此（《华夏文明》（3），北京大学出版社，1992年，20页）。
⑦ 北京大学考古专业商周组等：《晋豫鄂三省考古调查简报》，《文物》1982年7期。
⑧ 王国维：《说自契至于成汤八迁》，《观堂集林》卷十二，中华书局，1959年。

望则从杜预说，以为在泰山下①。也有学者认定此东都在今河南濮阳②。邹衡先生在分析了各家之说后，提出"若以泰山为东都，距康叔之封疆太远，濮阳后为卫都，近于殷墟。宋之商丘与相土无关，……契居蕃应在今河北省滹沱河一带，相土亦应曾居之，可谓相土西都；相土后徙帝丘，可称为东都。"③ 此说或可解释泰山一带在当时为夷人居地，商人不可能迁于彼处。但查诸文献，关于相土东都之说仅见于《左传》，它书并无相似说法，相土之西都更是诸书无载，因此相土的居地还是以濮阳一地为宜。

相土作为商先公中较为重要的人物之一，文献中除保存有较多的其居于商丘的资料之外，还存有一些其他的记载，如《诗·商颂·长发》有"相土烈烈，海外有截"之语，描绘了相土时商人势力发展之盛况。但诗中所言"海外"详指何处，学者们的意见并不一致。或以为，商至此时壮大，势力达于海外，或更详指此海外系东域之大海，并以此引申商人源于东方；或以为此四海非实指大海，而是指四方夷狄④。事实上，《商颂·长发》中所言的海外是与海内相对应的一个地理概念，泛指边远辽阔之地⑤。此句中的"海外有截"一句与"肇域彼四海"一样，同属溢美之词。此句或可理解为商人在相土时势力渐大，其影响及于周边地区。

至此，可以对商人自契至上甲时期的活动地域做一大体勾画。商人本源自山西中部的太原盆地和忻定盆地，自昭明时起由滹沱河谷东出太行山，之后沿着太行山东麓山前平原地带向南迁徙到漳水流域，相土时迁居濮阳。到王亥时，商人与居住于易水流域的有易氏发生了冲突，以致王亥被杀，其后上甲微借助于河伯的力量打败有易，在杀掉有易之君绵臣、得到众多战利品之后，商人重又回到滹沱河以南地区。考察商人迁徙的路线和方向便可看出，自昭明起商人虽一直处于迁徙之中，但足迹所至大体不出太行山东麓一线。

先商时期诸位先公中，以上甲微功绩最为卓著，故而商人对他施以报祭。《国语·鲁语》云："上甲微能率契者也，殷人报焉。"然而令人费解的是，商人对于王亥的祭祀却同样隆重，许多学者以为是因为王亥"作服牛"⑥ 的缘故。但是如果仅仅因此原因便如此隆重祭祀于他，似不大可能。因为在王亥之前的相土曾"作乘马"⑦，其意义与

---

① 《左传》定公四年祝佗论周封康叔曰："取于相土之东都以会王之东蒐。"杜预以为东都当在泰山下，王国维《观堂集林·北伯鼎跋》从其说。
② 岑仲勉：《黄河变迁史》，中华书局，2004年，93～94页。郑杰祥先生从之，认为泰山周围是东夷部族活动中心，相土不可能在此建立"东都"（《商代地理概论》，中州古籍出版社，173页）。
③ 邹衡：《论菏泽地区的岳石文化》，《文物与考古论集》，文物出版社，1987年。
④ 程俊英于《玄鸟》"四海来假，肇域彼四海"后注云："四海，《尔雅》：'九夷、八狄、七戎、六蛮，谓之四海'。"（《诗经译注》，上海古籍出版社，1985年）。
⑤ 辛迪：《先秦"四海"考辨》，待刊。
⑥ 《世本·作篇》："胲作服牛。"《吕氏春秋·勿躬》："王冰作服牛。"
⑦ 《世本·作篇》："相土作乘马。"

"服牛"相若，而且相土时也是商人势力大为发展之时，然而商人却未能对他施以同样的祭祀。所以，王亥受到格外隆重的祭祀当另有缘由。

王亥为冥之子。《国语·鲁语》有"冥勤其官而水死"的记载，因而商人对冥的祭典也较为隆重。《礼记·祭法》云："殷人禘喾而郊冥。"冥之所以能受到郊祀，是因为他是"以死勤事"①。在冥之前的商先公中，与昌若、曹圉有关的记载不多，对于当时的情况不得而知。然而在此之前的先公相土时却有"相土烈烈，海外有截"的记载。前文已述，相土所处的时代约略与夏后相同时。当此之时，正值夷夏交恶，太康失国和后羿代夏等事件相继发生。趁此之机，商人在相土的率领下，自漳河流域出发南下移居濮阳。商人的势力能于此时有较大的发展与夷夏之间的纷争有直接关系。然而随着少康复国，随着夷夏关系渐趋和睦，商人在濮阳的发展受到遏制，其后的先公冥大概并非因为"勤其官而水死"，很可能的情况是，商人与夷人或夏人在此地发生了激烈的冲突，冥因此而丧生。在这种情况下，冥之子王亥断然率众北上以积蓄实力，为日后重新涉足中原做准备。然而未曾料到的是，商人的北上却遭遇到了有易的拦截，以至于王亥被杀。战败后的商人无奈之中，随上甲微重又南下，暂居安阳一带。直至后来得到河伯的帮助，方才击败有易，取得了旷日持久的战争的最终胜利。明白了商人因形势所迫不得不北上以求得生存的原因之后，再回头审视商人对于王亥和上甲微施以隆重祭祀的缘起便一目了然。虽然对于有易的战争是在上甲微时最终取胜，然而王亥作为先行者，其功勋自然不可抹杀。

三　汤居亳考

对于自上甲至汤以来的迁徙，文献所记不多，主要集中在商汤时期。文献中多次提及汤居亳之事。《尚书序》云："汤始居亳。"《孟子·滕文公下》："汤居亳，与葛为邻。"《墨子·非命篇》："古者，汤封于亳，绝长继短，方地百里。"《荀子·正论篇》："汤居亳，武王居鄗。"因为相关文献极多，因而在考证亳之地望时便有了较多的依据，但同时也有了更多的条件。

亳为商朝立国之君汤之居地，自然也就是早商与先商的分界线。或者说亳地历先商和早商两个时期，因而立国前的亳只可称亳地，立国后的亳便可以称作亳都了②。据《古本竹书纪年》记载，自汤始，历外丙、仲壬、大甲、沃丁、小庚、小甲、雍己、大

---

① 《国语·鲁语》："夫圣王之制祀也，法施于民则祀之，以死勤事则祀之……"
② 江林昌《〈商颂〉与商汤之"亳"》以为汤居亳与汤都亳当因其建国之前后有所区别，主张将灭夏前之亳称为"亳邑"，建国后所居称作"亳都"（《历史研究》2000 年 5 期）。杜金鹏《偃师商城为夏商界标说》一文也对灭夏前后的亳地予以分辨，将灭夏前所居名为方国之亳，灭夏后新建者名为王国之亳（《偃师商城初探》，中国社会科学出版社，171 页）。

戊，凡五世九王（汤太子太丁未立而卒未计在内）皆都于亳，因而汤都是商早期的政治中心当无疑问（图4-9）。但是查诸文献，名亳之处甚多，汤所居究竟是在何处？对于此历来众说纷纭。

　　"三亳"之称始见于《尚书·立政》篇："……夷微卢烝，三亳阪尹。"对此"三亳"之义固有异说，但皇甫谧却以为此三亳是指"三处之地皆名为亳"，并详指"蒙为

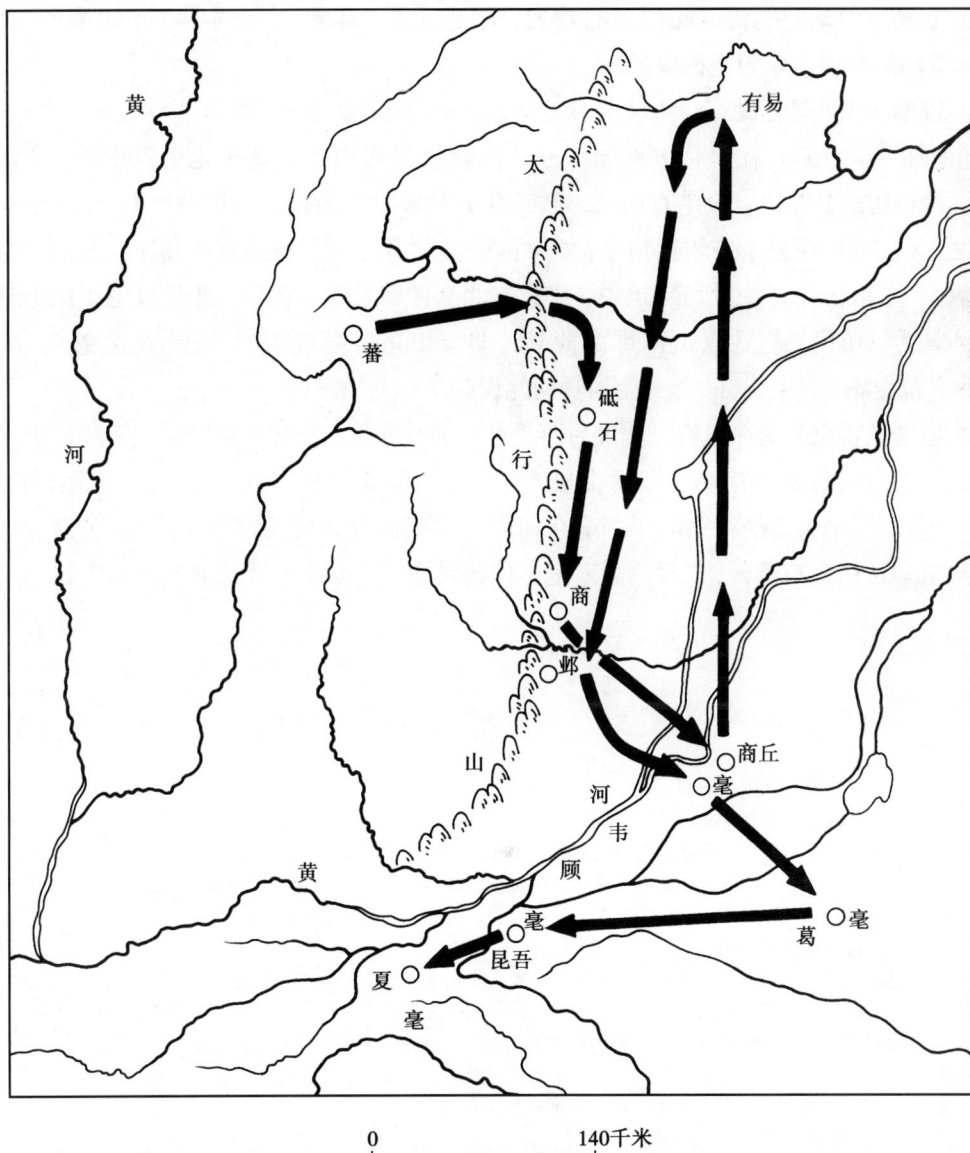

图4-9　商人迁徙路线及夏末形势图

北亳、穀熟为南亳、偃师为西亳"①。此即著名的三亳说。除此外尚有杜亳说。近现代以来，又有学者陆续提出黄亳说、垣亳说和郑亳说。

　　三亳说中，以西亳说提出最早。班固在《汉书·地理志》河南郡偃师县尸条下注云："尸乡，殷汤所都。"虽点明汤所都在尸乡，但并未提及亳字。稍后郑玄在《尚书序》中注曰："亳，今河南偃师县有汤亭。"② 将亳地偃师说明确下来。西晋时皇甫谧方有"偃师为西亳"之语。此说影响较大，郦道元③、阚骃④、李泰⑤、张守节⑥、李吉甫⑦等均沿其说，以为亳在偃师。

　　臣瓒却主张汤居北亳。《汉书·地理志》山阳郡薄县条下颜师古注云："臣瓒曰：'汤所都'"。孔颖达在《诗·商颂·玄鸟》疏及《尚书序》疏中也引臣瓒语："汤居亳，今济阴亳县是也。今亳有汤冢，已氏有伊尹冢，皆相近。"其后杜预、皇甫谧相继从之。《左传》庄公十一年杜预注："梁国蒙县北有亳城，城中有成汤冢，其西又有伊尹冢。"皇甫谧《帝王世纪》也说："蒙有北亳，即景亳……"⑧ 此说以王国维论证最详，认为汤所居之亳在汉山阳郡之薄县，即今山东曹县境内⑨。今人施之勉⑩、郭沫若⑪、范文澜⑫、王玉哲⑬等先生均赞同此说。

　　南亳说者以为亳在穀熟，此说为西晋皇甫谧所创。《史记·殷本纪·集解》引皇甫谧云："梁国穀熟为南亳，即汤都也。"《太平御览》卷一五五引《帝王世纪》载："……殷有三亳：二亳在梁国，一亳在河南。南亳偃师，即汤都也。"《诗·商颂·玄鸟》孔颖达引皇甫谧云："穀熟为南亳，即汤都也。"其后《后汉书·郡国志》⑭、《水

① 《尚书·立政》孔颖达疏引。
② 《尚书·胤征》孔颖达疏引。
③ 《水经·穀水注》："阳渠水又东迳亳殷南，昔盘庚所迁，改商曰殷，此始也。班固曰：'尸乡故殷汤所都'者也。故亦曰'汤亭'。薛瓒《汉书注》、皇甫谧《帝王世纪》并以为非，以为帝喾都矣。"
④ "阚骃曰：'汤都也。亳本帝喾之墟，在《禹贡》豫州河洛之间。今河南偃师城西二十里尸乡亭是也"（《水经·汳水注》引）。
⑤ 《括地志》："河南偃师为西亳，帝喾及汤所都，盘庚亦从（徙）都之。"（《史记·殷本纪·正义》引）
⑥ 《史记正义》："亳，偃师城也。"又曰："亳邑故城在洛州偃师县西十四里，本帝喾之墟，商汤之都也。"
⑦ 《元和郡县图志》河南道河南府偃师县："商有三亳，成汤居西亳，即此是也。"
⑧ 《诗·商颂·玄鸟》孔颖达疏引。
⑨ 王国维：《说亳》，《观堂集林》卷十二，中华书局，1959 年。
⑩ 《殷亳考辨》，《东方杂志》第 39 卷 4 号。
⑪ 《中国史稿》第 1 册，人民出版社，1976 年，159 页。
⑫ 《中国通史》第 1 册，人民出版社，1978 年，38 页。
⑬ 《商族的来源地望试探》，《历史研究》1984 年 1 期。
⑭ 梁国穀熟条下："《帝王世纪》有南亳。"

经·睢水注》①、《括地志》②、《元和郡县图志》③ 等均承其说。清人金鹗④、近人董作宾⑤、陈梦家⑥、张光直⑦等先生也持此说。

虽然皇甫谧提出了三亳说，但对于汤所居之亳究竟在何地却一直含糊其辞，时而反对西亳说⑧，时而又说"殷汤都亳，在梁。又都偃师"⑨。唐时张守节提出汤先都南亳、后徙西亳的说法："亳，偃师城也。商丘，宋州也。汤即位，都南亳，后徙西亳也。"⑩到清代时金鹗进一步提出汤未伐桀前居南亳，灭夏后都西亳⑪。今人孙飞⑫、安金槐⑬、杨育彬⑭等先生亦主此说。

杜亳说者以为汤都在陕西长安。司马迁在《史记·六国年表》中说："夫作事者必于东南，收功实者常于西北。故禹兴于西羌，汤起于亳。"首次将亳地的方位定在西方，但汤都究竟在何处，他并未详指。之后徐广和许慎在此基础上加以发挥，明确提出亳地在"京兆杜陵"，即今陕西长安县境内⑮。

内黄说系岑仲勉先生提出，在对几种关于亳都地望的说法予以否定后，提出汤都在今河南内黄⑯。王震中先生从之⑰。

垣亳说是近年由陈昌远先生提出的，以为垣曲商城即为汤所居之亳⑱。

郑亳说由邹衡先生首创，他从文献、出土陶文、历史地理及考古资料四方面着手，

---

① "睢水……又东迳亳城北，南亳也，即汤所都矣。"
② "宋州穀熟县西南三十五里南亳故城，即南亳，汤都也。"（《史记·殷本纪·正义》引）
③ 李吉甫《元和郡县图志》河南道宋州穀熟县条："殷之所都，谓之南亳。"
④ 金鹗《求古录礼说》卷十《汤都考》："汤都仍属穀熟镇为是。"
⑤ 《卜辞中的亳与商》，《大陆杂志》1953年第6卷1期。
⑥ 《殷虚卜辞综述》，中华书局，1988年，251页。
⑦ 《商名试释》，《中国商文化国际学术讨论会论文集》，大百科全书出版社，1998年；张长寿、张光直：《河南商丘地区殷商文明调查发掘初步报告》，《考古》1997年4期。
⑧ 孔颖达《尚书序》疏引："若汤居偃师，去宁陵八百余里，岂当使民为之耕乎？"
⑨ 《史记·封禅书·正义》引《帝王世纪》。
⑩ 《史记·殷本纪·正义》。
⑪ 金鹗：《求古录礼说》卷十《汤都考》。
⑫ 《论南亳与西亳》，《文物》1980年8期。
⑬ 《试论商代"汤都亳"与"仲丁都隞"》，《中原文物》特刊，1981年。
⑭ 《关于郑州商城的两个争论问题》，《中原文物》1982年4期。
⑮ 《史记集解》引徐广曰："京兆杜（陵）县有亳亭。"许慎：《说文解字》卷五下："亳，京兆杜陵亭也。"
⑯ 《黄河变迁史》，中华书局，2004年，95～102页。
⑰ 《甲骨文亳邑新探》，《历史研究》2004年5期。
⑱ 《商族起源地望发微——兼论山西垣曲商城发现的意义》，《历史研究》1987年1期。

对郑州商城进行考证，认为此即亳都①。陈旭②、郑杰祥③、黎虎④、李绍连⑤等诸位先生赞同。

以上诸亳说中，有些显系前代学者释地所误，已为清以来的学者所否定，如杜亳说⑥，故而近世学者很少有主此说者。

有些因现存文献相互抵牾而影响其可信度，如西亳说。

有些因文献与考古资料不能相合而应者寥寥。如垣亳说，无论从时代上，还是规模上，或是地域上均与亳不能相合，关于这些，邹衡先生在《汤都垣亳说考辨》中已有详论⑦，此处不再重复。

还有些因缺乏考古资料支持而未能得到世人赞同。如南亳说和北亳说。史家多指南亳在商丘东40里的谷熟镇，李景聃曾在豫东商丘、永城一带做过考古调查，未有所获⑧。后中国社科院考古研究所再次赴豫东调查，仅在商丘坞墙发现有二里头文化陶片。而北亳说者以曹县阎店楼乡土山集为亳地，1984年北京大学考古系对此做过调查，同样未见该时期的遗迹遗物⑨。其实二说所指亳地地域邻近，可归入同一个大的区域。豫东和鲁西南此时属于岳石文化分布区，其年代相当于二里头文化延续至早商文化的偏早阶段，目前学术界公认其族属为东夷族，与商人无涉⑩。内黄说也是如此。

如此，排除了以上诸种亳说后，郑亳说因为既有文献记载，又有考古资料支持，得到了较多学者的肯定。被学者们指认为亳都的郑州商城始建于二里岗下层早段，规模宏伟，城内布局整齐，合乎一国之都的规模。尽管如此，也应当看到，郑州作为亳都虽然在年代和规模以及文化内涵上与文献记载较为切合，但还是存在着一些难以解释之处。

首先，《尚书序》和《史记·殷本纪》均载"汤始居亳，从先王居"，然郑州发现的早于早商文化的考古学文化为洛达庙类型遗存，而后者一般被认为是非先商文化。

其次，史载夏末之时，汤之居地与葛为邻，且"汤使亳众往为之耕"⑪，证实葛与亳距离较近。后来的灭夏战争也以对葛的征伐作为开端。《尚书序》云："汤征诸侯，

---

① 《郑州商城即汤都亳说》，《文物》1978年2期。

② 《郑州商文化的发现与研究》，《中原文物》1983年3期。

③ 《商汤都亳考》，《中国史研究》1980年4期；《卜辞所见亳地考》，《中原文物》1983年4期。

④ 《夏商周史话》，北京出版社，1984年，53页。

⑤ 《建国以来商史研究综述》，《中州学刊》1986年4期。

⑥ 清代学者钱大昕曾详论此说，见《史记考异》卷二。

⑦ 《汤都垣亳说考辨》，《夏商周考古学论文集》（续集），科学出版社，1998年。

⑧ 李景聃：《豫东商邱永城调查及造律台黑孤堆曹桥三处小发掘》，《中国考古学报》1947年2期。

⑨ 邹衡：《综述早商亳都之地望》，《夏商周考古学论文集》（续集），科学出版社，1998年。

⑩ 邹衡：《论菏泽（曹州）地区的岳石文化》，《文物与考古论集》，文物出版社，1987年。又张翠莲：《试论豫东东部地区的岳石文化遗存》，《考古与文物》2001年3期。

⑪ 《孟子·滕文公下》。

葛伯不祀，汤始征之。"《孟子·梁惠王下》载："汤一征，自葛始。"《孟子·滕文公下》也说："汤始征，自葛载。"汉以来的学者多指此葛地在汉陈留郡宁陵县之葛乡，即今河南宁陵县北。如以郑州为亳，二地距离便失之过远。

再者，亳在郑州，与商汤灭夏战争的路线不合。史载商汤在剿灭葛国之后，分别灭掉韦、顾和昆吾，之后诛灭夏桀。这一点文献多有记载。《诗·商颂·长发》："韦顾既伐，昆吾夏桀。"郑玄注："韦，豕韦。彭姓也。顾、昆吾皆己姓也。三国党于桀恶，汤先伐韦、顾，克之。昆吾、夏桀则同时诛也。"《史记·殷本纪》："当是时，夏桀为虐政淫荒，而诸侯昆吾氏为乱。汤乃兴师率诸侯，伊尹从汤，汤自把钺以伐昆吾，遂伐桀。"

韦之地望，杜预以为在今滑县。他在《左传》襄公二十四年注云："豕韦，国名。东郡白马县东南有韦城。"《后汉书·郡国志》、《水经注》也有同样记载。近二三十年来，有学者陆续提出长垣妹村说①、安阳小屯说②和淇县说③。夏末之时，安阳、淇县一带为下七垣文化分布区，作为夏之与国的韦绝不会在此处。长垣宜丘虽亦发现有下七垣文化遗存④，但遗址地处下七垣文化、岳石文化和二里头文化这三种考古学文化的交界处，因而妹村说大体不谬。

顾地多以为在山东范县。《左传》哀公二十一年云："公及齐侯、邾子盟于顾。"杜预注："顾，齐地。"《路史·国名纪丙》："顾，己姓子，今濮之范东南二十八里有古顾城。"但王国维以为"雇"字古书多作"扈"，指其地在怀庆府原武县⑤。证之以考古资料，范县西与安阳为邻，西南与濮阳为邻，安阳和濮阳均为下七垣文化分布区，因而范县不可能为夏之与国所在，所以以王国维说较为可信。陈梦家、李学勤均认为雇为滨于黄河的地名，地在沁水附近⑥。考古资料表明，沁水恰好处于二里头文化与下七垣文化的分界线上，在沁水以西分布有众多的二里头文化遗址⑦，顾地在这一带当没有多大问题⑧。

昆吾的地望要复杂一些。昆吾本居于濮阳，夏末时迁至旧许。《左传》、《国语》、

---

① 黄盛璋：《〈孙膑兵法·擒庞涓〉篇释地》，《文物》1977 年 2 期。
② 曲英杰：《先秦都城复原研究》，黑龙江人民出版社，1997 年。
③ 张立东：《论辉卫文化》，《考古学集刊》（10），地质出版社，1996 年。
④ 郑州大学历史与考古系等：《河南长垣宜丘遗址发掘简报》，《中原文物》2005 年 2 期。
⑤ 王国维：《殷虚卜辞中所见地名考》，《观堂别集》卷一。
⑥ 陈梦家：《殷虚卜辞综述》，中华书局，1988 年，305 页。李学勤：《殷代地理简论》，科学出版社，1959 年，43 页。
⑦ 刘绪：《论卫怀地区的夏商文化》，《纪念北京大学考古专业三十周年论文集》，文物出版社，1990 年。
⑧ 邹衡先生也同意雇顾说，指顾地在郑州附近（《夏文化分布区域内有关夏人传说的地望考》，《夏商周考古学论文集》，文物出版社，1980 年，248 页）。

《路史》等文献对于此事均有详细记载。此许地或以为在今河南许昌东①，或以为在今郑州附近的新郑②。文献中屡见昆吾与桀同日被诛，昆吾以乙卯日亡之事，由是观之，昆吾所居当距夏桀不远，或者二地间只有一日之路程。古者行军日行三十里，那么昆吾所在当在桀都附近找寻。故而相较而言，新郑说较为合理一些。

若亳在郑州，汤率师东向灭葛时，亳不顾忌西面的夏、顾会乘虚而入。其后讨伐韦、顾的作战方针亦与此类似：即汤置与亳都近在咫尺的顾不于顾，冒着有可能被顾偷袭的危险，执意挥师由郑州向东北的长垣进军，待灭韦后回师灭顾，之后再回到郑州。很显然，这样的作战路线不合情理。因此，虽然郑亳说有众多的文献与考古资料的支持，但也并不是无懈可击。

20 世纪 80 年代中期发现的偃师商城，年代与郑州商城大致相同，从规模上看略小于郑州商城，但文化内涵极为丰富，同时亦有较多的文献资料给予支持，因而被许多人视为西亳。但以偃师商城作为亳都，也有一些难以解释之处。

其一便是葛的地望问题，这一点西亳说的首倡者皇甫谧早已发现："《孟子》称'汤居亳，与葛为邻，葛伯不祀，汤使亳众为之耕'。葛即今梁国宁陵之葛乡也。若汤居偃师，去宁陵八百余里，岂当使民为之耕乎？"③

其二便是如亳在偃师，同样与商汤灭夏的路线不合。商汤绝不可能置伊洛地区的夏④于不顾而先挥师东向灭葛、韦、顾以及昆吾。

此外，亳在偃师，与汤灭夏前"令师从东方出于国西以进"⑤ 和汤灭夏后"复归于亳"⑥ 等文献记载也不相符合⑦。因此以亳在偃师更是漏洞百出。

如上所述，郑亳说与西亳说虽然有一定的合理之处，但都存在这样或那样的难以解释之处。若因二者与文献不尽相合而简单否定它，显然有悖于科学态度。至此亳之地望的探寻似乎陷入了困境。但若换一个角度去考虑亳地所在，以上的困惑便会迎刃而解。

①　朱右曾：《诗地理徵》卷六昆吾条。
②　邹衡：《夏文化分布区域内有关夏人传说的地望考》，《夏商周考古学论文集》，文物出版社，1980 年，229～232 页。
③　《尚书序》孔颖达疏引。
④　文献多载夏在伊洛地区，桀都在斟寻。《逸周书·史记解》："成商伐之，有洛以亡。"其中的有洛氏指夏桀。《国语·周语上》："昔伊洛竭而夏亡。"可知桀所居在伊洛地区，具体在斟寻。《古本竹书纪年》："太康居斟寻，羿亦居之，桀又居之。"
⑤　《吕氏春秋·慎大览》。
⑥　《尚书·汤诰序》。
⑦　刘绪：《偃师商城——不准确的界标》，《中国文物报》2001 年 8 月 15 日。

　　许多学者同意亳与商一样，是随商人所至而迁徙的。因此汤所居之亳当非一地①。关于汤在位时间文献无确切记载，但对于汤伐夏战争持续的时间，许多文献却有提及。《孟子·滕文公下》云：汤"十一征而无敌于天下，东面而征西夷怨，南面而征北狄怨，曰：'奚为后我？'民之望之，若大旱之望雨也。"《古本竹书纪年》："汤有七名而九征。"《帝王世纪》："……诸侯有不义者，汤从而征之，诛其君，吊其民，天下咸服……凡二十七征而德施于诸侯焉。"②其中所说的七、九、十一或二十七未必是实际数字，但由此可知征伐次数之多。如此多的征战是需要一定时间的。在此期间，亳随着汤的征战而不断迁徙也在情理之中。因而我们可以对商汤灭夏的经过做一推测：

　　汤最初即位时，居于濮阳、内黄一带的亳地，此地与成汤有关的众多地名的存在③，以及在濮阳发现的下七垣文化的遗址④即可证实这一点。商先公相土曾居于此地，后来汤居于此，正好合于"汤始居亳，从先王居"之说。其后由于夏桀屡屡用兵东方，诸侯多叛夏，汤趁此机会兵进豫东和鲁西南地区，在景山与东方诸国会盟，亦即史载的

<hr />

① 此即多亳说。此说滥觞于皇甫谧，张守节加以发挥，明确提出汤先都南亳，后徙西亳。清金鹗附会之，近人同意此说者甚众。如傅斯年在《夷夏东西说》中云："亳实一迁徙之名……应不止一地。"（《庆祝蔡元培先生六十五岁论文集》下册，1935 年）。丁山也说："春秋左传所见的薄、博或蒲的地名……虽不尽是成汤故居，我认为至少是成汤子孙殷商民族所留下来'亳社'的遗迹。凡是殷商民族居过的地方，总要留下一个亳字，可见亳字最初涵义，应是共名，非别名也。"（《商周史料考证》，中华书局，1988 年，26～27 页）。陈梦家也称："所谓'亳'乃商都之通称"（《殷虚卜辞综述》，中华书局，1988 年，32 页）。王玉哲先生在《商族的来源地望初探》一文中如是说："商族的祖先居地，早先可能名"亳"。后来他们由于生活的需要而逐渐迁于它地，当然也会沿此习惯，把"亳"的地名带到新地云。于是随着他们的迁徙，以"亳"为名的地名也散而之四方。从亳名的蔓延上，我们可以考见当时商族的发祥地和迁徙路线和范围。"（《历史研究》1984 年 1 期）。江林昌在排除了"十亳说"中的六亳后，提出豫北地区的"内黄亳"和"汤阴亳"为商汤建国前所居之"亳邑"，豫西的"西亳"和豫中的"郑亳"是建国后新建立的"亳都"（《〈商颂〉与商汤之"亳"》，《历史研究》2000 年 5 期）。田昌五先生亦提出："商汤仍有三亳：一是汤始居亳，从先王居；二是景亳，汤所盟地；三是商亳，汤灭夏后建都之所，即今偃师商城"（《重新审视汤居亳的若干问题》，《纪念殷墟甲骨文发现一百周年国际学术研讨会论文集》，社会科学文献出版社，2003 年，510 页）。此外认为亳至少有两处的还有安金槐（《试论商代"汤都亳"与"仲丁都隞"》，《中原文物》特刊，1981 年）、杨育彬（《关于郑州商城的两个争论问题》，《中原文物》1982 年 4 期）、杜金鹏（《偃师商城为夏商界标说》，《偃师商城初探》，中国社会科学出版社，171 页）、孙飞（《论南亳与西亳》，《文物》1980 年 8 期）、张维华（《汤都四迁刍议》，《中原文物》1993 年 3 期）、李绍连（《郑州商城与偃师商城双为"亳"》，《中州学刊》1994 年 2 期）、许顺湛（《中国最早的"两京制"——郑亳与西亳》，《中原文物》1996 年 2 期）、张国硕（《郑州商城与偃师商城并为亳都说》，《考古与文物》1996 年 1 期）、李民（《〈尚书·立政〉"三亳阪尹"解》，《殷都学刊》1997 年 4 期）等。

② 《太平御览》卷八三引。

③ 邹衡：《内黄商都考略》，《中原文物》1992 年 3 期。

④ 濮阳地区的先商文化遗址有马庄等，见北京大学考古专业商周组等：《晋豫鄂三省考古调查简报》，《文物》1982 年 7 期。

"景亳之会"①，并将亳都迁至这一带，继而伺机灭掉葛。虽然在豫东和鲁西南尚未发现商人遗留的考古学文化遗存，但在距商丘不远的杞县鹿台岗发现有典型的先商文化遗存，年代属下七垣文化晚期。此外在周口地区的鹿邑栾台遗址也发现有下七垣文化的遗存②。虽然此时在豫东的夏邑和鲁西南的菏泽发现有岳石文化，但在二遗址的岳石文化遗存中均有先商文化因素存在③。据杞县境内二里头文化、岳石文化和下七垣三种考古学文化共存的情况可以推知④（图4-10），也许在夏末之时商人势力曾深入豫东地区，商文化与岳石文化、二里头文化呈锯齿状分布，但因尚未发现有相关的考古资料，故而只能是一种猜测。之后商人挥师西北，灭

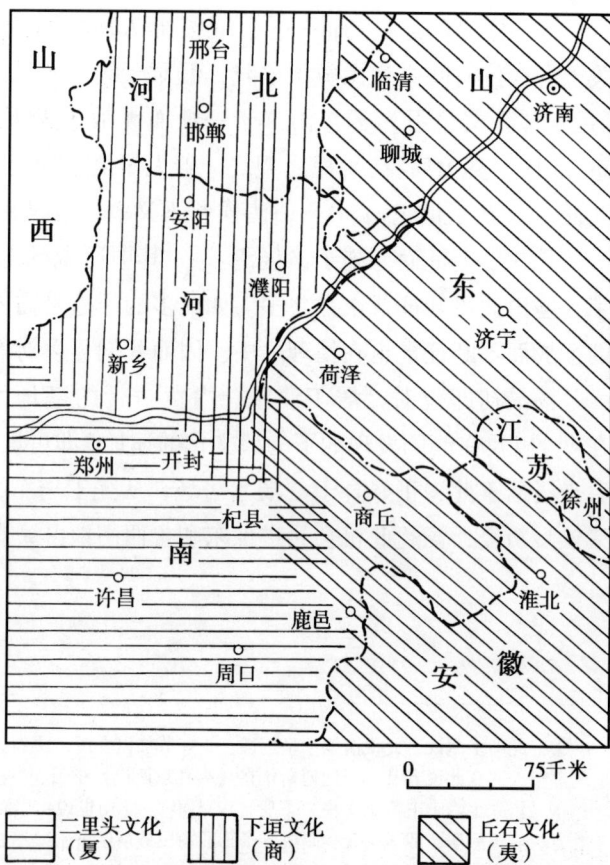

图4-10　二里头文化、岳石文化和下七垣文化交汇示意图
（引自《夏商周三族源流探索》91页）

韦、顾，接着南下郑州，以郑州之亳为根据地，灭掉昆吾，再挥戈西向，诛灭夏桀。如此一来，汤伐夏的路线与文献记载以及考古资料恰好契合，而征战中留下的诸多亳地中，郑州因其优越的地理位置而成为后来的都城。但汤以不足七十里之小国灭掉大国夏，不能不对夏人的残余势力有所防犯，因而在践天子位之后不久，便在夏人腹地建成偃师商城，因地在诸亳之西，故而被

----

① 许多文献记载了景亳之会的情况。如《左传》昭公四年："夏启有钧台之享，商汤有景亳之命，周武有孟津之誓。"关于景亳之会的地点，史界多有异说，或以为在偃师（杜预），或以为在曹县（《史记·殷本纪·正义》引《括地志》）。朱彦民先生以为景亳之会的地点浚县大伾山附近（《商汤"景亳"地望及其他》，《中国历史地理论丛》第17卷第2辑，2002年6月），田昌五等先生以为在曹县北境的梁堌堆遗址（《"景亳之会"的考古学观察》，《夏商周文明研究》，中国文联出版社，1999年，110~118页）。
② 河南省文物研究所：《河南鹿邑栾台遗址发掘简报》，《华夏考古》1989年1期。
③ 北京大学考古系等：《河南夏邑清凉山遗址发掘报告》，《考古学研究》（4），科学出版社，2000年。北京大学考古系商周组等：《菏泽安邱堌堆遗址发掘简报》，《文物》1987年11期。
④ 宋豫秦：《夷夏商三种考古学文化交汇地域浅谈》，《中原文物》1992年1期。

称为"西亳"。偃师商城内部极重军事防御的布局，恰恰反映了其在灭夏后成为震慑夏人的军事重镇或陪都的史实。

第四节　对于先商文化所处社会发展阶段以及商文明形成时间的思考

晚商已处于文明时期自不待言，甲骨文中数量极多的资料以及考古发现的事实已证实了这一点。从商王拥有绝对的权力以及其下所统领的等级众多的贵族阶层，从祭祀的独占与军权的独揽，从大批资源的垄断到文字的独享，无不反映出晚商已是一种相当成熟的文明。

从二里岗文化中聚落的分层、建筑和墓葬的等级分化、青铜礼器和兵器的大量铸造、文字的出现等文明表征均可看出，早商时期不仅已进入文明时期，而且已达到了相当的高度。

那么商人到底是什么时候开始踏入文明社会的门槛呢？我们只能将目光投向先商时期。

能够反映这一文化社会发展阶段的考古学资料不多。

从聚落面积来看，众多的先商文化遗址中，面积较大者在 5 万平方米以上，较小者不足 1 万平方米[①]。但不论面积大小，聚落内部的布局均没有规律。如下七垣遗址面积在 2 万平方米左右，遗址内发现有 30 多个灰坑、1 座房址和 2 座陶窑。除 2 座陶窑相距1.5 米、并列一起之外，其他的灰坑和房址均分散置于整个遗址中，而这 2 座陶窑周围也散布着同期的灰坑。鹿台岗遗址的面积也不大，发现的遗迹现象有灰坑和房址两大类，二者的分布亦无规律可循。北羊台是众多先商文化遗址中发掘面积较大的一处，在经过发掘的 2500 平方米的范围内，发现的遗迹有灰坑、房址、窖穴、陶窑和灰沟。这些灰坑、窖穴、房址、陶窑分散位于遗址中。灰沟呈东北—西南向，环绕在遗址的南部。沟长 51、宽 1.5 ~ 4 米。从沟的宽度和位置看，有可能与聚落的防御有关。但遗憾的是只发掘了一小段，对它的总体布局还不清楚。这些遗址中发现的房址多为半地穴式，也有极少数为地面建筑，但面积均不大。此外在龟台、游邀、北垣底等遗址中还发现过属于这一时期的墓葬。但这些墓葬多为竖穴土坑，墓穴极小，仅能容身，墓内均没有随葬品。另外在游邀和葛庄遗址还发现过以大口深腹罐、蛋形瓮和深腹盆相扣合组成的瓮棺葬，但亦无随葬品。

---

① 杏花村遗址面积 15 万平方米以上（《晋中考古》，文物出版社，1998 年，101 页），共分为六期，但报告并未言明下七垣文化时期该遗址的面积。游邀遗址也是如此，尽管由于遗址中部被长年取土所破坏，但所余面积仍有 20 万平方米（《忻州游邀考古》，科学出版社，2004 年，1 页），考古工作者将遗址内的文化遗存分为三期六段，同样不清楚下七垣文化时期该遗址的面积。

　　然而在晚于下七垣文化的二里岗下层一期文化中，夯土城墙、大型宫殿建筑等一系列文明的表征却已相当成熟，它反映出的绝不是文明刚刚诞生的形态。这样不禁使人产生疑问：既然二里岗下层一期文化是由下七垣文化发展来的——这一点前文已详细论证过——但为何却于下七垣文化中找寻不到一丁点文明的印迹？

　　对于这样的问题可以有两个答案。第一是在二里岗下层一期文化与下七垣文化之间存在缺环，即下七垣文化并未直接发展成为二里岗下层一期文化。但事实并非如此。以发现最多的陶器来论，下七垣文化的陶器尤其是一些晚期单位所出的鬲、罐等，从形制上已与以 H9 为代表的二里岗下层一期文化同类器几乎完全相同，根本不可能有另一支考古学文化横亘其间。另一个答案是，迄今为止发现的下七垣文化的遗址，仅仅是属于社会下层的平民所遗留，属于社会上层遗留的文化遗存没有发现，因此仅仅凭借着现有的资料来断定下七垣文化的文明化程度显然不可能得到正确的结论。

　　尽管如此，在下七垣文化的诸多遗址中也发现过一些小件的青铜器，包括有三角形小刀、环首刀、镞等工具和兵器，以及耳环、笄等装饰品。从在武安赵窑遗址发现有冶铜的铜渣来看，这一时期的铜器尽管发现数量不是很多，然而铜的冶铸已经开始却是不容置疑的。虽然在早商和晚商文化中作为贵族阶级身份等级标志的青铜容器未能发现，但铜器的铸造至少反映了这一文化已达到了相当高的发展水平。由铜器的发现和早商文化已呈现出的极为成熟的文明形态，可以推测下七垣文化至少在其晚期也应进入文明时期。

　　所幸的是，近年来的考古新发现证实了这种推测。1997～1998 年考古工作者在郑州商城东北部黄河河务局住宅楼工程中发现了一座墓葬（T166M6）[1]。该墓被属于二里岗下层时期的灰沟所叠压，从层位关系和墓葬中随葬品的形制看，年代属于先商时期。这座墓葬为长方形竖穴土坑式，长 2.4、宽 1.1 米，墓内埋葬有 3 人。其中位于正中的男性全身遍涂朱砂，葬式舒展，在其两侧的年轻女性和少年或双手被缚，或双手不自然地上举，显示出一种非正常的埋葬状态。很显然位于中间的男性和其两侧的不正常埋葬者拥有不同的身份地位，那位男性应当就是这座墓葬的主人，而其两侧的女性和少年是为墓主陪葬的。墓主死后可以使用殉人，反映出这一时期的阶级分化已相当严重，说明人对人的奴役已经开始。此外墓内随葬有鬲、盉、戈等铜器和玉器、骨器等。青铜礼器是位处不同阶层的人群尤其是上中层贵族用以区别其身份高低的重要标志，其出现具有特殊的含义。而玉器也由于其材料难得，且加工不易，因而同样具有明贵贱、别等级的功用。另外，大量的骨镞和同是作为兵器的铜戈的出现，意味着墓主有可能是立有赫赫战功的军功贵族，同时也反映出战争的频繁以及当时社会尚武的风尚。

---

　　[1]　河南省文物考古研究所：《郑州商城新发现的几座商墓》，《文物》2003 年 4 期。

年代上与此墓相近、文化性质亦相同的遗存在郑州地区并非孤例，李伯谦先生在《对郑州商城的再认识》一文中对比有详细论述①。类似的遗存除此墓外，比较重要的还有编号为 W22 的夯土城墙和部分宫殿基址。

早在 1985～1986 年考古工作者曾在郑州商城东北部的黄委会青年公寓大楼西北部发现过一段长约 80 米、呈东北—西南走向的夯土墙基②。1998 年再次发现一段长约 30 米的夯土墙基，其东北部与上次发现的墙基相连接③。这段夯土墙被编号为 W22。夯土剖面呈倒梯形，宽 7～8 米左右，墙系选用浅灰色或黄褐色土夯筑而成，质地坚硬。夯层厚约 8～10 厘米，其上有清晰的夯窝。由于夯土墙在修筑过程中打破 H85 等多个属于洛达庙晚期的灰坑，又被 H56、H114 等不晚于二里岗下层一段的灰坑打破，因而可以确定其修筑年代早于二里岗下层一段，即郑州地区最早的商文化，为先商文化时期。虽然迄今为止对这段夯土墙基的走向、性质等相关问题还不甚明了，但出现在宫殿区的这段城墙所显示出的特殊意义却不容忽视。

城墙的筑造一方面是出于保护居住区内大型宫殿中具有特殊身份的人群的需要，同时也是该社会集团经济实力达到相当水平的反映。更主要的，夯土城墙作为一项规模庞大的工程，其修筑必定要经过选址、规划、组织人力施工等多个环节，非要调动整个社会的人力、财力才能进行。虽然这段夯土城墙的规模不能与郑州商城和偃师商城相比，但其出现的意义却是一样的。

20 世纪 80 年代中期，陈旭先生便对郑州商城内揭露的宫殿基址进行过年代分析，确定 C8T39 等六组基址建于南关外期④。1998～1999 年为配合夏商周断代工程，考古工作者在北大街农业队居民住宅楼小区基建工地发掘中，也发现有部分宫殿基址的年代可早到洛达庙晚期⑤。尽管受资料所限，对于这些基址的始建年代是否均早于以二里岗 H9 为代表的早商文化还不能完全确定，但其中肯定有部分基址比如 C8T62 等是在先商文化时期开始修建的。由于发掘面积所限，以及后代的改建和破坏，这些夯土基址的完整状况已不得而知，但从残存的情况看，夯土颜色呈灰褐色或浅灰色，质地坚硬，夯层清晰。这些夯土基址的发现，"足以说明在郑州商城（内城、外廓城）建立之前，与宫殿区发现的 W22 那段夯土墙基本同时，也已经有宫殿性质的大型夯土建筑了"⑥。

———————————

①　《古代文明研究通讯》23 期，2004 年 12 月。

②　河南省文物研究所：《郑州黄委会青年公寓考古发掘报告》，《郑州商城考古新发现与研究（1985～1992）》，中州古籍出版社，1993 年。

③　河南省文物考古研究所：《河南郑州商城宫殿区夯土墙 1998 年的发掘》，《考古》2000 年 2 期。

④　陈旭：《郑州商城宫殿基址的年代及其相关问题》，《中原文物》1985 年 2 期。

⑤　河南省文物考古研究所：《郑州商城北大街商代宫殿遗址的发掘与研究》，《文物》2002 年 3 期。袁广阔：《关于郑州商城夯土基址的年代问题》，《中原文物考古研究》，大象出版社，2003 年。

⑥　李伯谦：《对郑州商城的再认识》，《古代文明研究通讯》23 期，2004 年 12 月。

　　具有高大体量的宫殿的出现具有特别的意义。不同规模住居的分别所显示出的是处于不同社会阶层的人们所掌控各类资源的多寡，由原本大小相若、结构简单的半地穴、地面式房屋到大型宫殿的出现，意味着整个社会复杂化的加剧。

　　上述铜器墓、夯土城墙、大型宫殿之类的遗迹虽然数量还不是很多，但"从分布地域来看，均集中于宫殿区内同一地带；从年代来看，均属于洛达庙晚期，早于郑州内城和外郭城；从规格来看，均属于与高等级的统治者有关的遗迹；从文化传承关系来看，均与早商文化有明显的承袭"①。正是因为这些发现，李伯谦先生才得出结论说，此时的郑州应该是"汤灭夏之前始居亳时兴建的亳邑"。对于郑州是否一定是"汤始居亳"的亳地我们暂且不论，仅仅从高规格的遗迹和遗物这些文明的诸项物化表征同时出现于先商文化晚期可以看出，到这一时期商人的社会形态已呈现出较为复杂的状态，大型宫殿、夯土城墙以及随葬有殉人、青铜器、玉器的中型墓集中出现于郑州，意味着在此时郑州已非普通聚落，而有可能已是一处聚落中心了。居于此地的部分具有特殊身份的人居住在结构复杂、规模宏伟的宫殿中，使用着在当时为数极少极其珍贵的青铜器、玉器之类奢侈品，甚至死后还有殉人陪葬，为保障这极少部分人的安全，还修筑有城墙，显然这一时期的社会已不是一般的复杂社会，大概最晚在此时商人已迈入文明阶段的大门了。

　　此外，后岗二期文化的材料也可以为这样的推测提供某些证明。之所以选择后岗二期文化而非其他，是因为从文化分布上，后岗二期文化与下七垣文化大体重合；从时间上，后岗二期文化早于下七垣文化；从文化特征上，下七垣文化在发展过程中曾吸收过后岗二期文化的某些因素。因此后岗二期所反映的当时的社会发展状况，可以反证出下七垣文化的文明化程度。

　　属于后岗二期文化的遗址以安阳后岗②、邯郸涧沟和龟台、磁县下潘汪③、永年台口④等为代表。这一文化的聚落至少已可分为大、中、小三层，不同的聚落间面积不同，内涵亦不同。在一些中心聚落如后岗等已筑有夯土城墙，距此不远的下潘汪遗址还发现过两条壕沟，防御设施的出现与战争的频繁紧密相关。此外值得注意的是，考古工作者曾在涧沟遗址发掘出一座灰坑，里面埋葬有 10 具人骨架，这 10 具骨架分三层放置，其中 7 个为成年人，3 个为儿童。这些人骨架在坑中层叠枕压，骨骼上多有砍痕或

①　李伯谦：《对郑州商城的再认识》，《古代文明研究通讯》23 期，2004 年 12 月。
②　中国社会科学考古研究所安阳发掘队：《1958～1959 年殷墟发掘简报》，《考古》1961 年 2 期；《1971 年安阳后岗发掘简报》，《考古》1972 年 3 期；《1972 年春安阳后岗发掘简报》，《考古》1972 年 5 期；《1979年安阳后岗遗址发掘报告》，《考古学报》1985 年 1 期。
③　河北省文物管理处：《磁县下潘汪遗址发掘报告》，《考古学报》1975 年 1 期。
④　河北省文化局文物工作队：《河北永年县台口村遗址发掘简报》，《考古》1962 年 12 期。

烧痕。此外在该遗址的房址内还发现有砍痕和剥皮痕的人头骨，表明当时可能存在剥人头皮的习俗，所有这些反映出当时的社会已处于一种极度的动荡之中。

时代上早于下七垣文化的后岗二期文化所表现的社会状况已相当复杂，不同层次聚落的存在、乱葬坑和剥人头皮现象的出现，均在昭示着这一时期社会复杂化的程度。或者可以说，文明的许多表征于当时已开始出现，并趋于成熟。以此推论，继后岗二期文化之后在大体相同的地域发展起来的下七垣文化，其社会复杂化程度只能较之更胜一筹。也就是说，最晚在其晚期应当已迈进了文明社会的行列。当然这一切的最终确认，还需要新的考古资料的支持。

关于商文明形成的具体时间，存世不多的文献也为我们提供了一些线索，可与从考古资料推导出的结论互相证明。

《史记·夏本纪》载："汤修德，诸侯皆归商。"《墨子·非命》云：汤时"诸侯与之，贤士归之。"这些文献记述的是夏末因桀的暴政，原来属于夏的诸侯国相继背叛转而依附商汤的史实。商人势力的发展引起了桀的警觉，因此夏桀"召汤"而"囚之"。其后汤开始了灭夏的战争。《左传》昭公四年载："商汤有景亳之命"，《帝王世纪》云："汤又盟诸侯于景亳。"①《墨子·非攻下》也有类似的记载。所谓的景亳之命便是汤召集诸方国和部落在亳举行盟会，号召诸侯剿灭夏桀②。而盟会中，汤称自己是受"天"之命行事。

灭夏战争中最为重要的一役是鸣条之战。战前汤所发表的誓词被记录在《尚书·汤誓》中③。《汤誓》多认为是战国时期的作品，虽然在文句、词语上还带有战国时代的风格④，但显然是据当时尚存于世的夏商文献撰写而成，总体而言所述史实基本可靠⑤。

誓词中商汤首先声明自己是奉天之命讨伐夏桀："有夏多罪，天命殛之"；"予畏上帝，不敢不正"。其次历数桀之暴行："夏王率遏众力，率割夏邑。"之后奉劝大家辅助他，对于有功者赏之，但对于不从者则"孥戮汝，罔有攸赦"。从篇幅极短的誓词中，可以看出以下几点：

第一，汤自称"朕"、"台"、"予"、"予一人"，朕字在金文中多作"朕言"。其中的"台"可训作"我"，"台小子"即金文中的"余小子"，今文尚书中也有"予小子"。以台为主格，在春秋时器中常见。殷墟卜辞中王已自称"余一人"，金文中也能见

---

① 《太平御览》卷一五五引。
② 田昌五等：《"景亳之会"的考古学观察》，《夏商周文明研究》，中国文联出版社，1999 年，110 页。
③ 《尚书序》："伊尹相汤伐桀，升自陑，遂与桀战于鸣条之野，作汤誓。"《史记·殷本纪》："桀败于鸣条之虚…汤既胜夏…于是诸侯毕服，汤乃践天子位。"
④ 陈梦家以为是孟子以前宋人所作，今本有秦人改削痕迹（《尚书通论》，193 页）。
⑤ 朱凤瀚：《先秦史研究概要》，天津教育出版社，1996 年，55 页。

到以"予一人"作为天子自称者。《盘庚》一篇多认为是西周时人据商代资料改写而成①，其中多处有"予一人"的称谓，如"惟汝含德不惕予一人"、"暨予一人猷同心"、"听予一人之作猷"、"惟予一人有佚罚"、"钦念以忱动予一人"、"协比谗言予一人"。虽然全篇所用人称代词不尽一致，但由此称呼可以看出，汤于此时已不是一个普通的部族首领，而已然以王者的身份自居了。

第二，誓文中提及有天和上帝。如"天命殛之"、"致天之罚"、"予畏上帝"。上帝作为殷人的至上神，在卜辞中屡见。殷人对上帝的祭祀至为隆重，因为上帝既可以降风雨保农业收成，也可以给商王降祸福，示诺否。至于天和天命，一般认为"天"为周人的观念，"天命"出现于西周初期稍晚②，此处天和天命的出现虽然反映了周人的观念，但其意义与殷之上帝意义相近。《叔尸钟》亦谓"虩虩（赫赫）成唐，……尃（溥）受天命，翦伐夏司。"③汤伐桀自称奉行上帝旨意，可知其时对于上帝的信仰已然形成。而当时可以知晓上帝之意者，非汤莫属了，也许彼时汤已独断祭祀权了④。

第三，对于不从者的惩罚。"尔不从誓言，予则孥戮汝，罔有攸赦。"其中的孥戮，或以为奴，或加刑戮，可见刑罚之严厉。刑罚之出现，意味着超出一般部族首领的强制性的权力已经出现，而这种强制性的世俗权力正好反映出以商王为首的特权阶层的形成。

此外，汤之所以在伐夏战争中屡屡获胜，与其掌握有强大的军队是分不开的。《吕氏春秋·论威》记述了汤伐桀时军队的状况："殷汤良车七十乘，必死六千人"，能够指挥这样装备良好数量庞大军队的商汤，所拥有的军权可想而知。

综上所述，尽管相关的文献极少，但从中也可以看出，商汤在代夏立商前已拥有了不同于以前部落首领的权力。这些权力包括王权、祭祀权、军权等等。联系到早商文化一章的分析，商人立国后已进入文明阶段，而且文明化程度已较高，决不是最初的文明，虽然从考古学角度来看，目前相应的先商文化资料尚不是很充足，但通过梳理、分析文献仍可以搜寻到商文明发展的踪迹。从商之先公冥到王亥、王恒、上甲微为谋得生存与夷、夏以及有易连年战争，到汤为诛灭夏桀几迁其居，可以说，不论是为了生存，还是为了得到天下，接连的冲突和战争使得商先公在军事以及政治方面获得了更大的特权。也正是在这样的冲突和战争中，商人的社会形态日趋复杂化。尤其到了商汤时期，商人不惜发动战争，以求夺得更多的利益。而在这场声势浩大的战争中，商汤俨然以救

---

① 朱凤瀚：《先秦史研究概要》，天津教育出版社，1996年，41页。
② 陈梦家：《殷虚卜辞综述》，中华书局，1988年，581页。
③ 中国社会科学院考古研究所编：《殷周金文集成》（1），中华书局，1984，285页。
④ 伪古文《尚书·汤诰》记载了汤伐桀告祭天的言词。《论语·尧曰》也记有汤曾用玄牡昭告上帝的祷词。《墨子·非攻》亦有"天命汤于镳宫"，与之类似。

夏民于水火之中的明君身份，打着奉天之命行事的旗号，号令天下，诸盟国及商之众人莫敢不从，可以说这时的商汤已拥有了超乎寻常的特殊权力，随着战事的节节胜利，商汤的权力也愈来愈大，而追随他的贵族将领也随之获得了各自的权力，这时的商汤已不单单是一个族群的首领，而处于这一时期的商人的社会也已经极度复杂化了。因此可以说，商文明至迟在汤灭夏前便已形成了。

第五章　商文明形成的原因探索

　　前面三章对商文明的发生历程进行了探讨。然而当我们回头对这一过程重新进行审视时，却发现了这样一种事实：即在时间段上约略与先商文化同时的许多考古学文化，如岳石文化、夏家店下层文化却未能进入文明阶段。那么为何独有商人步入了文明的行列？不可否认，文明的发生是多种因素共同作用的结果，但其中却以环境的因素最为重要，也就是说文明的发生离不开它所依存的环境，商文明也不例外。下面即从自然环境和人文环境两个方面对商文明形成的原因做一剖析。

第一节　商文明形成的自然环境

　　自然环境与文明的发生息息相关，尤其是在生产力尚不很发达的古代，人类的行为更多地受到自然环境的制约。虽然文明产生的决定因素是生产力发展所引起的社会结构和社会意识形态的变革，但自然环境作为外部条件在文明起源过程中，也起到了不可忽视的作用。下面我们便对自然环境对于古代文明发生的影响以及商文明形成的自然环境进行分析。

一　自然环境对古代文明发生的影响

　　自然环境对人类的体质、生活方式以及心理和精神均有影响，尤其重要的是，自然环境以其不同的资源的空间组合，影响着人类文明的产生方式和文明类型的不同。纵观世界几大文明的形成，无一不是受到其所依赖的自然环境的影响。当然优越的自然环境，比如良好的地理位置、适宜的气候、丰富的食物来源等有利于文明的产生，但恶劣的环境同样可以激发人的主观能动性，在人类与自然之间的不断冲突和不断协调过程中，文明的因素也会萌芽。

　　作为地球上最早进入文明阶段的美索不达米亚文明，是在底格里斯河—幼发拉底河的冲积平原诞生的。由于周边地区都是沙漠，因而人们聚集到了较为狭窄的沿河谷地。虽然两河的河水经常泛滥，但由于过于稀少的雨量不足以使农作物生长，因而发达的灌溉业应运而生。为了记录灌溉设施和计划，以及农田的产量等，文字也随之产生。富饶的河谷吸引着来自北部的印欧人和南部的闪米特人，为争夺平原肥沃的土地，这些入侵者常常大驱直入，致使城市成为该文明最富特色的表现之一①。

与两河流域不同，埃及文明处于一个较为密闭的空间中。它的西面为利比亚沙漠，东面是阿拉伯沙漠，南面为努比亚沙漠和大瀑布，北面是没有港湾的海岸，这样的环境使得这一地区免受外族侵扰②。当然这一文明之所以发生，与贯穿境内的尼罗河有直接的关系。虽然地处干旱区域，但蜿蜒流过的尼罗河于每年 7～10 月的泛滥给峡谷的土地送来了水分及其他的养分，因而埃及文明呈现出一种长时间的稳定和繁荣。

克里特文明又是另一种迥然不同的模式。这种文明的发生地克里特岛位于地中海东部的中间，周围海面风平浪静适于航行。由此向北可到希腊大陆和黑海，向南则可以抵达埃及，向东和向西可以到达地中海东部和西部岛屿。独特的地理环境孕育了一种特殊的海上文明。由于岛上居民和睦相处，且独霸海上，因而岛上各城市均不设防，成为无须防御的一种文明③。

印度河文明是受两河文明的影响而产生的。古老的印度人利用印度河四季充沛的河水与一年两季的洪水种出了丰盛的庄稼，同时通过巴林岛与美索不达米亚居民进行海运贸易④。然而促使这一文明最终形成的原因，除了外界的因素外，印度河流域气候湿润、河流纵横的自然环境为文明的诞生提供了优越的条件。

位于美洲的玛雅文明是在热带雨林环境中产生的。密密的丛林中有许多的树木可以为印第安人所利用，比如古代玛雅人用棕榈叶苫盖房顶，用人心果树制作门楣以防虫蛀，在歉收时食用面包果树充饥⑤。此外，在这种适宜植物生长的环境中，玛雅人还培育出了玉米、豆类和南瓜，并由此构筑了中美地区独特的文明。

由此看来，由于世界诸古代文明所依赖的自然环境不同，因而导致了各个地区文明的发展道路和发展速度的差异，因此自然环境对人类文明的影响不容忽视。下面我们便对商文明得以形成的自然地理环境进行考察。

二　自然环境对商文明形成的影响

与其他文明一样，独特的地理位置和气候对于商文明的萌芽与形成也产生了重大的影响。下面我们便试着对这一自然环境做一复原。

---

① 爱德华·麦克诺尔·伯恩斯、菲利普·李·拉尔夫：《世界文明史》，商务印书馆，1995 年，30 页。斯塔夫里阿诺斯：《全球通史》，上海社会科学院出版社，1999 年，118～122 页。

② 斯塔夫里阿诺斯：《全球通史》，上海社会科学院出版社，1999 年，125 页。

③ 斯塔夫里阿诺斯：《全球通史》，上海社会科学院出版社，1999 年，131～133 页。

④ 斯塔夫里阿诺斯：《全球通史》，上海社会科学院出版社，1999 年，135 页。

⑤ 诺曼·哈蒙德著，郑君雷译：《寻找玛雅文明》，浙江人民出版社，2000 年，84～86 页。

上文已述商文明形成于先商晚期，即下七垣文化晚期。因而我们对于商文明形成的自然环境的探索便主要以下七垣文化的分布区作为对象来进行。

（一）地貌和水系的变化

现今发现的属于下七垣文化的遗址主要分布在河北平原上。

河北平原西起太行山东麓，东止于渤海海岸，北自燕山南麓，南止于黄河，主要由黄河、海河、滦河及其支流冲积而成，面积约13.6万平方千米。大部分地方海拔在100米以下，地势低平。绵延700多千米的太行山横亘于河北平原西侧，由太行山麓向东直到渤海沿岸，逐级发育了山前洪积扇平原、中部冲积扇——冲积泛滥平原和滨海泻湖——三角洲平原。河北平原属于暖温带季风气候区，年平均气温10℃～14℃，气温自南向北逐步降低。年降水量近500毫米，为半湿润地区。但年降水量分配不匀，主要集中在6、7、8三个月。河北平原的河流分属海河、滦河、蓟运河三大水系，河流多注入渤海湾（图5-1）[1]。

但河北平原的自然环境并非一成不变。构成地理环境的诸多要素如地貌、水文、植被、气候等仅近一万年以来就发生过几次大的变化，尤其是水文河道的变化最为明显（图5-2）。

从图5-1、5-2的对比可清楚地看出，汉代以前的黄河是流经河北平原的。据相关专家研究，西周以前的黄河下游是流经河北平原注入渤海的。在战国筑堤以前，黄河下游曾多次决溢改道，但大致是自宿胥口向北流走，途经浚县、内黄、曲周、巨鹿、深县、蠡县、安新一带[2]。因而，河北平原的诸多水系是汇入黄河，然后从天津附近注入渤海的。此外，在太行山山前洪积扇和古黄河之间的交接处，存在着由众多大小湖泊组成的湖泊带，其中见诸文献记载的有大陆泽、荥泽、澶渊、黄泽、鸡泽、泜泽、皋泽、海泽、鸣泽、大泽等，这些湖泊是太行山、燕山山前洪积冲积扇和古《山经》河西、北侧自然堤之间交接洼地，由发源于太行山、燕山各河流潴汇而成[3]（图5-3）。

当时的河北平原东部虽然河流纵横、湖沼密布，然而却并不适于人类生存。如今太行山以东广大的冲积泛滥平原和滨海平原的土壤为潮土—沙土或盐化潮土、水稻土，生长着小麦、棉花、玉米和杂粮，是河北平原的粮食高产区[4]。但在战国中期黄河下游全面修筑堤防以前，黄河频繁决溢改道，并因此在平原上留下了众多的湖泊和沼泽，因而在当时这一地区很不适合人类居住。

---

[1] 河北省地方志编纂委员会：《河北省志》第3卷《自然地理志》，河北科学技术出版社，1993年8～9、20～22页。吴忱：《华北平原四万年来自然环境演变》，中国科学技术出版社，1992年，3页。

[2] 谭其骧：《西汉以前的黄河下游河道》，《历史地理》创刊号，上海人民出版社，1981年。

[3] 邹逸麟：《历史时期华北大平原湖沼变迁述略》，《历史地理》第5辑，上海人民出版社，1987年，25～39页。

[4] 吴忱：《华北平原四万年来自然环境演变》，中国科学技术出版社，1992年，136页。

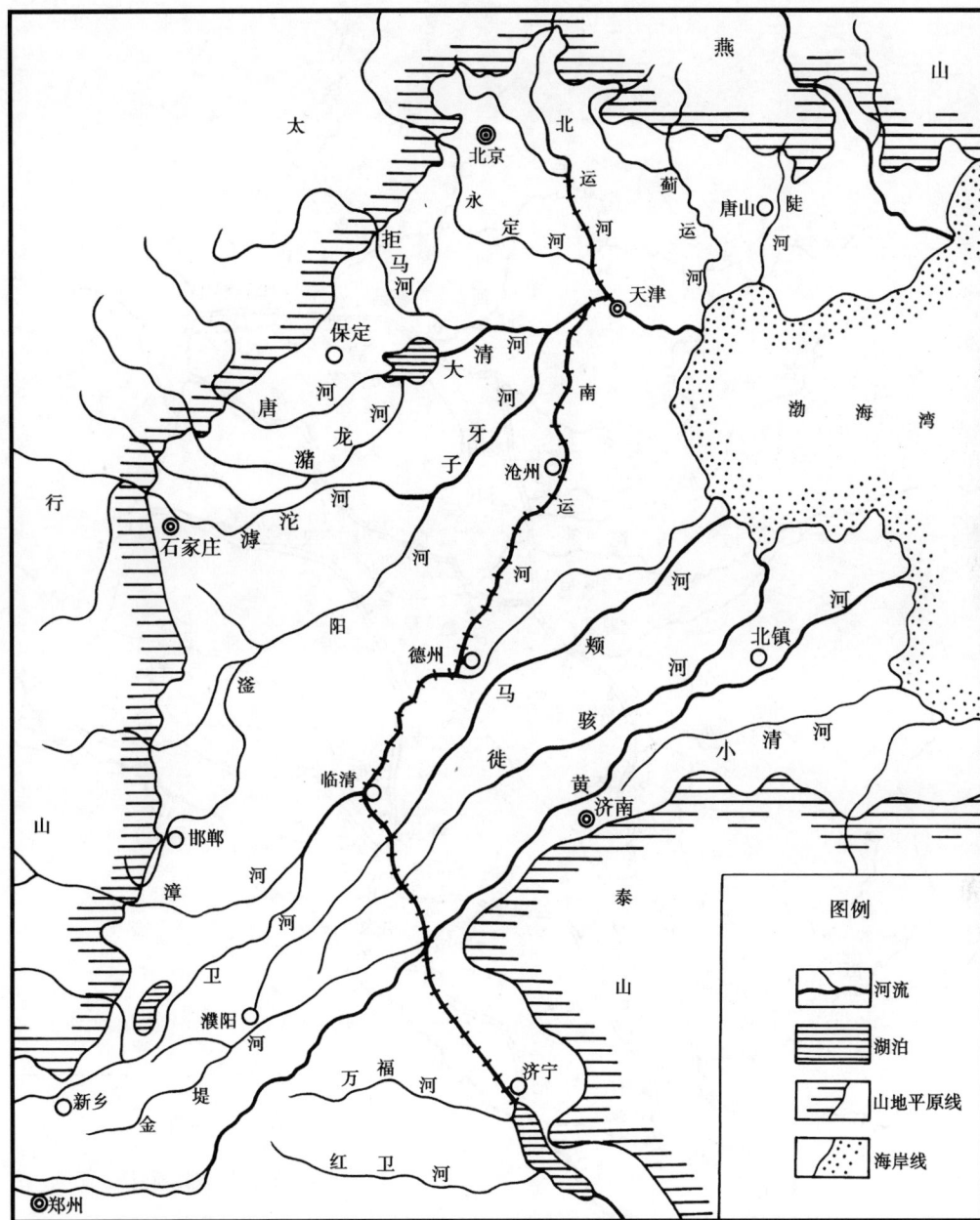

图 5-1　河北平原主要河流分布图

（引自《华北平原四万年来自然环境演变》4 页）

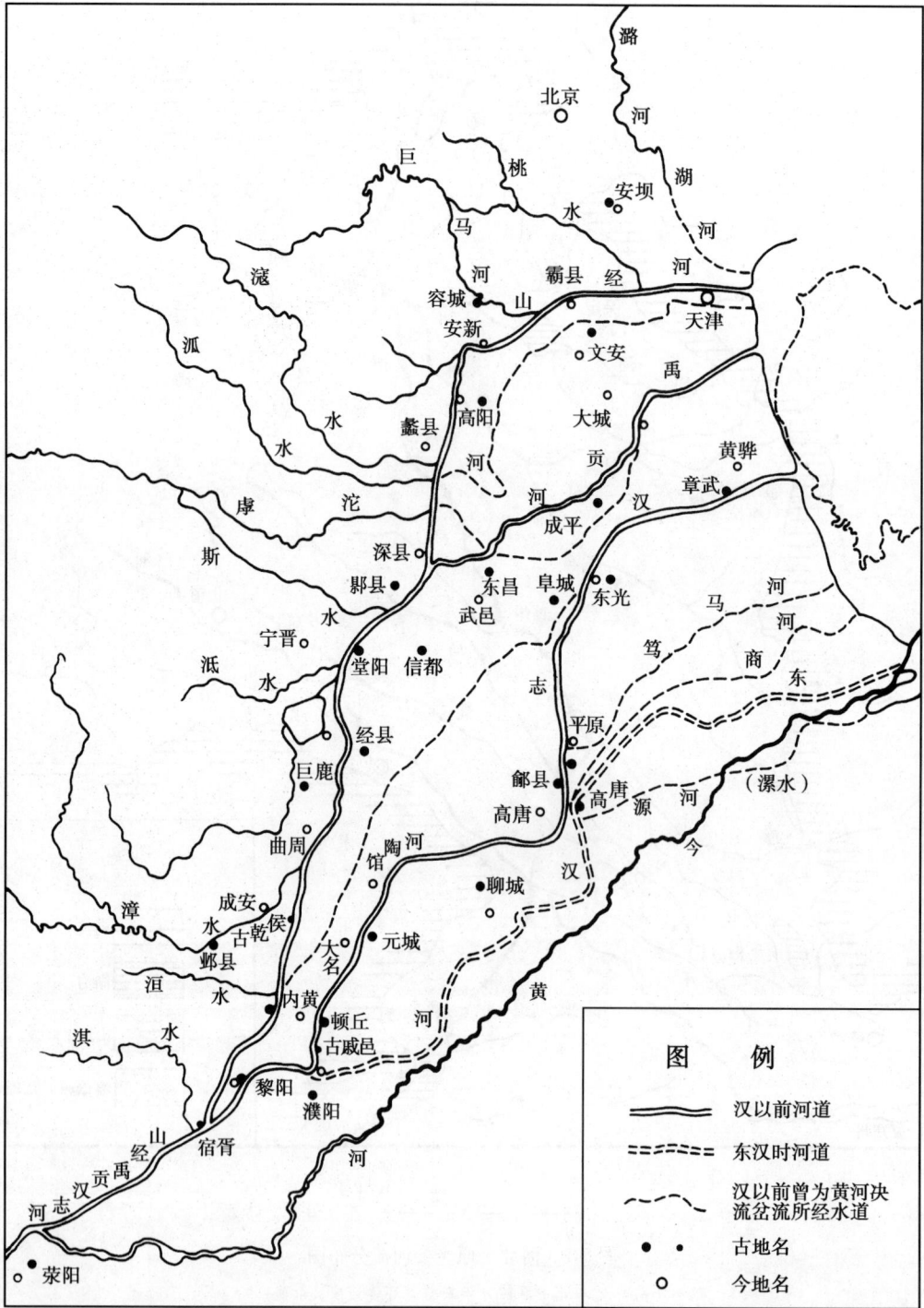

图 5-2 汉以前河北平原河流分布示意图

（引自谭其骧《黄河下游西汉以前的河道》）

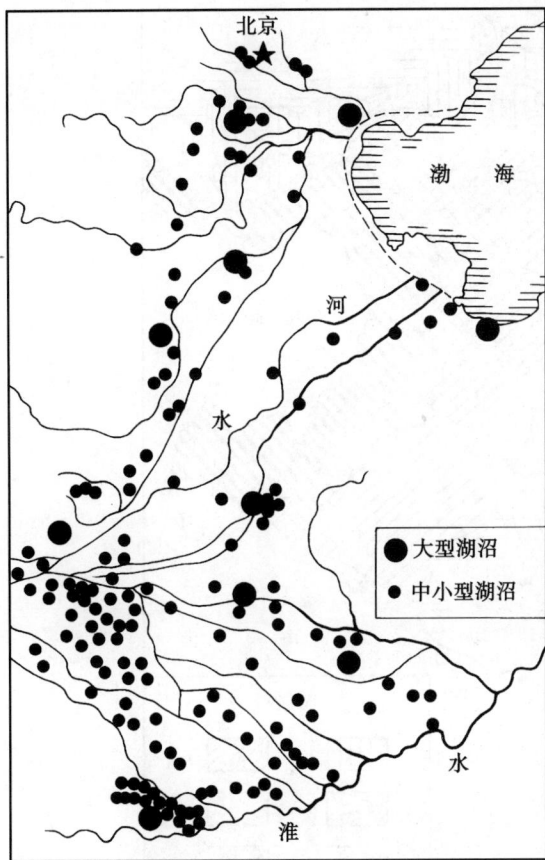

图 5-3　华北大平原湖沼塘泊分布图
（引自《历史时期华北大平原湖沼变迁述略》）

与河北平原东部不同，当时的平原西部即太行山与冲积泛滥平原之间为低山丘陵和山前洪积扇平原区，图 5-4 所示为距今 7500～3000 年中全新世古地理复原图，由此图可知，这些低山丘陵和山前洪积扇平原呈南北状分布于太行山脉之东麓。巧合的是，现今发现的新石器时代至商周时期的遗址主要分布在这一地区（图 5-5）。可见在当时广袤的河北平原沼泽密布、洼地连片的情况下，古人只能选择靠近太行山东麓地势较高的山前洪积平原居住。这一南北狭长的低山丘陵和山前平原地区可称之为太行山东麓走廊地区。

所谓的太行山走廊是指太行山东麓南北狭长的低山丘陵和山前平原地区。走廊北起燕山山脉，南止于沁河谷地。从现今的地理位置看，这一地区西依绵延的太行山，东临辽阔的华北冲积平原，为南北陆路交通的通道。而在中全新世时，这条走廊西依太行，东临黄河，其间的宽度仅为 70～120 公里，因而走廊的态势更加明显。下七垣文化的遗址集中分布于这条走廊上，也就是说，先商时期这一走廊地区曾是商人主要的活动地域。

然而到下七垣文化晚期，商人足迹越过黄河，伸入到了华北平原中部。与狭窄的太行山东麓走廊地区相比，这一地区虽然地势也较低洼，但湖沼数量要少得多。查阅相关文献记载可知，在公元前 6 世纪以前大的湖泊主要集中在河北平原上，具体说是集中在古黄河自然堤西侧和太行山山前洪积冲积的交接处，而河北平原之南，泰山山脉和泗水以西三角形冲积平原上，湖沼比较稀疏[1]。更为重要的是，这一地区东接齐鲁，西临豫中豫西，交通便利，显然与太行山走廊地区相比更适于商人发展。

（二）气候变迁

---

[1] 邹逸麟：《历史时期华北大平原湖沼变迁述略》，《历史地理》第 5 辑，上海人民出版社，1987 年，28 页。

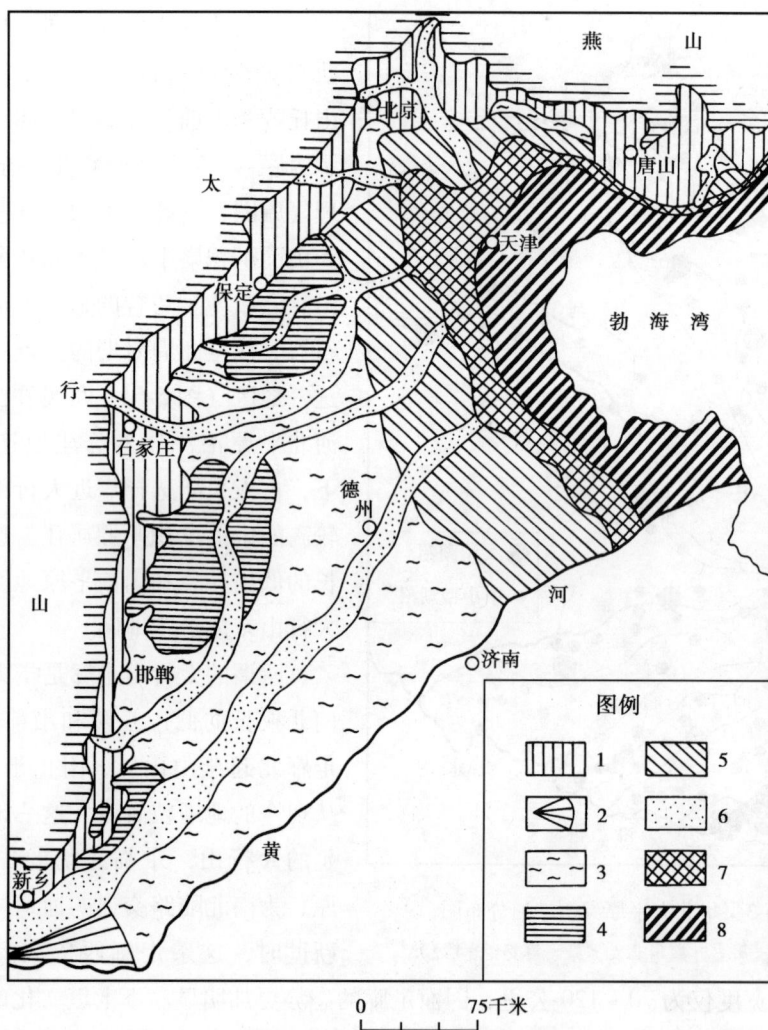

图 5-4 河北平原中全新世古地理图

（引自《华北平原四万年来自然环境演变》135 页）

1. 洪积扇湖褐土 2. 冲积扇盐化潮土 3. 泛滥平原盐土、沼泽土—盐土 4. 湖泊 5. 滨海平原盐
土 6. 河道 7. 泻湖 8. 浅海

据相关专家研究，距今 8500～3000 年为中国的全新世大暖期或气候最适宜期①。其

---

① 施雅风等：《中国全新世大暖期气候与环境的基本特征》，《中国全新世大暖期气候与环境》，海洋出版社，
1992 年，1～18 页。施雅风等：《中国全新世大暖期的气候波动与重要事件》，《中国科学》B 辑，1992 年
12 期。计宏祥：《中国全新世大暖期哺乳动物与气候波动》，《海洋地质与第四纪地质》1996 年第 16 卷 1
期。何元庆等：《冰芯与其他记录所揭示的中国全新世大暖期变化特征》，《冰川冻土》2003 年第 25 卷 1
期。

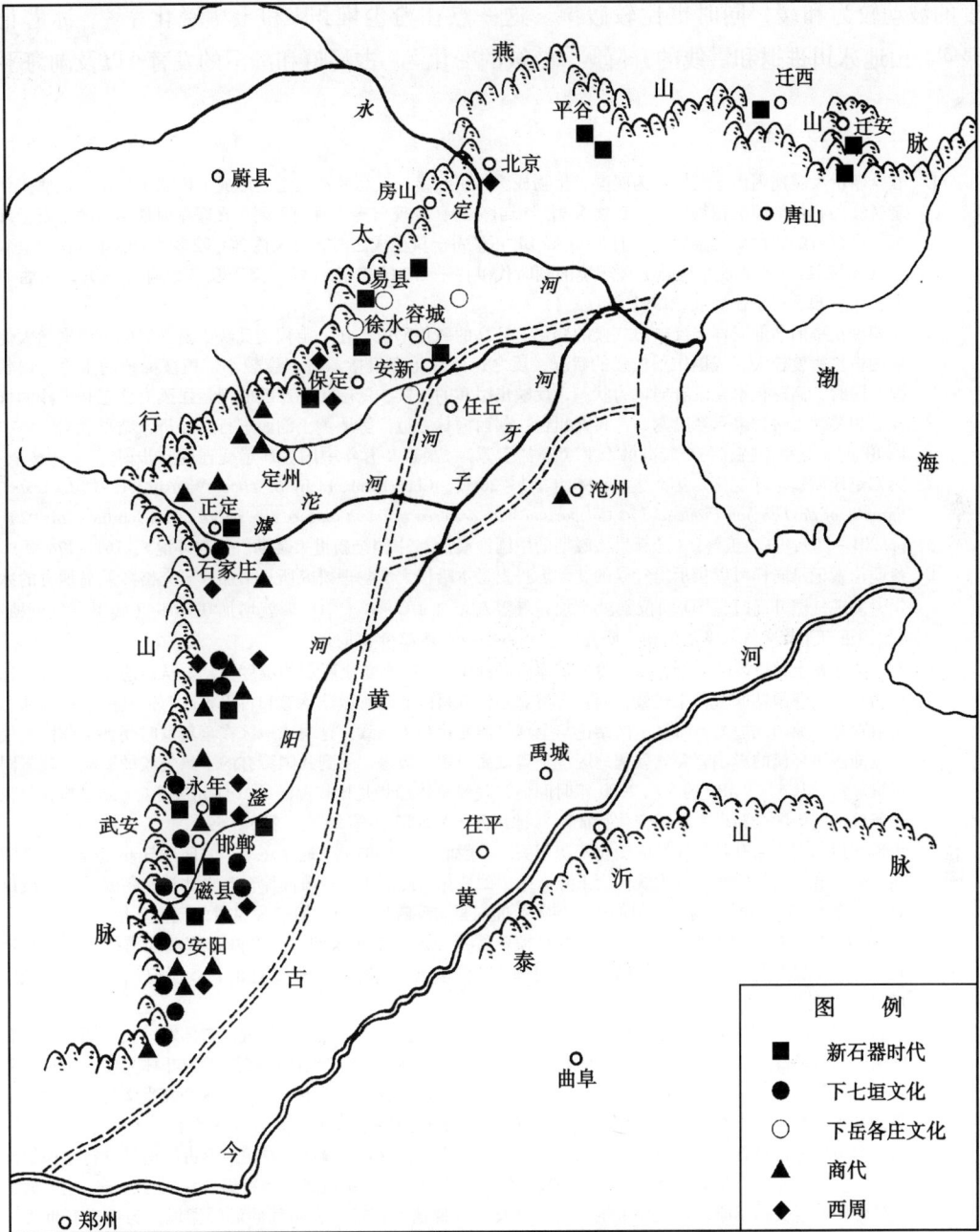

图 5-5 太行山东麓地区新石器时代至商周遗址分布图

中，距今 5000～3000 年虽然不如距今 7200～6000 年大暖期鼎盛期那般温暖湿润，但温度的波动较为和缓，同时也比较暖湿。这一点在粉尘堆积①和土壤磁化率②、冰芯记录③、山地冰川进退和雪线的升降④、植被的变化⑤、古河道和湖沼的发育⑥以及湖海平

---

① 在全新世大暖期因由于气候较为暖湿，生物成壤作用旺盛，在马兰黄土之上形成了埋藏土壤层。地质工作者对岐山礼村剖面沉积物做黏土矿物 X 射线衍射分析，发现与冷干时期不同，在暖湿时期形成的全新世埋藏土中含有膨胀性矿物蒙脱石。而 5 ~ 3 ka BP 正值古土壤生成之时，且其内含有较多量的膨胀性矿物蒙脱石（周昆叔：《塑造现今地质地理环境的划时代事件——2500 年来气候变凉干及其影响》，《环境考古研究》第 1 辑，科学出版社，1991 年）。

② 土壤磁化率的高低同样能反映出气候的变化。较高的磁化率值，在一定程度反映了温湿气候下湿度增大促成的植被密度较大、成壤作用较强的状况，反之，低磁化率值指示着湿度较小、植被稀疏的干冷气候状况。同时，高磁化率记录着弱风力状态，反映出暖和的气候，低磁化率反映的则是强风力状态和干冷的气候。相关学者对甘肃东乡巴谢、兰州九州台、陕西榆林三道沟等地黄土剖面进行了分析，结果表明，5 ~ 3 ka BP 时磁化率维持在一个较高的水平（安芷生等：《最近 2 万年中国古环境变迁的初步研究》，《黄土、第四纪地质、全球变化》第 2 集，1990 年，1 ~ 26 页。Chen Fahu, Li Jijun, Zhang Wenxin, 1991, *Loess stratigraphy of the Lanzhon Proile and its Comparison With deep sea sediment and ice core record*, Geo. Journal, 24 (2), pp. 201 ~ 209；高尚玉等：《全新世大暖期的中国沙漠》，《中国全新世大暖期气候与环境》，161 ~ 174 页）。

③ 氧同位素记录同样可以指示出气候的变动。丹麦哥本哈根大学物理研究所丹斯加德研究格陵兰岛地方的冰川，发现气温升高时，^{18}O 同位素就增加，气温每增加 1℃，δ（^{18}O）‰就增加 0.69‰（转引自竺可桢：《中国近五千年来气候变迁的初步研究》，《考古学报》1972 年 1 期）。
在山地冰帽上钻取冰芯分析，可取得分辨率较高的由 δ^{18}O 值变化所示的温度波动。从冰芯记录来看，迄今为止，在我国钻取覆盖年代最长而且有可靠年代资料的冰芯有敦德冰芯和古里雅冰芯。其中古里雅冰芯采自青藏高原西北边缘，所显示的结论与全球气候变化趋势一致，这与该地区在全新世时受到全球性大气环流即西风环流的影响有关。敦德地区位于青藏高原东北边缘，受到我国特有的季风气候的影响，其氧同位素显示，从 5 ~ 3kaBP 的大约 2000 年时间内，气候总体趋势是比较温暖的（何元庆等：《冰芯与其他记录所提示的中国全新世大暖期变化特征》，《冰川冻土》2003 年第 25 卷 1 期）。

④ 山地冰川和雪线的升降与气候的变化密切相关。一般而言，如果一个地区在某个时间段气候温暖，那么雪线便会上升，气候转寒时，雪线便会下降。冰川的变化与此同步。西藏高原全新世冰川和雪线变化曲线反映出，在 5 ~ 3 ka BP 期间，冰川的长度与雪线的高程反映出这一时期较为温暖的气候环境（李吉均等：《西藏冰川》，科学出版社，1986 年）。竺可桢曾将我国近 5 千年来的气温升降与挪威的雪线高低进行比较，得出了二者变化大体同步的结论（竺可桢：《中国近 5 千年来气候变迁的初步研究》，《考古学报》1972 年 1 期）。

⑤ 孢粉所记录的大量的植被变化，可以说明气候的冷暖干湿变化。从现有资料看，东部地区大暖期的到来和结束时间较西部地区要晚一些。总体而言，5 ~ 3kaBP 期间中国东部地区以暖温带阔叶林为主，还有部分亚热带阔叶树种和水生类植物的分布，反映出一种暖湿的气候（施雅风等：《中国全新世大暖期气候与环境的基本特征》，《中国全新世大暖期气候与环境》，海洋出版社，1992 年，1 ~ 18 页）。

⑥ 水文河道同样记录着气候与环境的变化。相关学者对黄河、清河、漳河、滹沱河等古河道带进行了钻探解剖研究，发现埋深 8 ~ 20 米的深度由深灰—灰黑色淤泥质粉砂夹草炭组成，孢粉组合是以松、栎、榆、椴为主的针阔叶混交林草原，含大量水生、沼生以及亚热带植物孢粉，表明气候温暖湿润，为中全新世古河道。这一时期古河道不发育而古湖沼发育，属第一古湖沼发育期，气候温暖湿润，河流流量加大，但变率减小，含沙量也小，由于此时正值高海平面时期，地面坡度减小，因而河流稳定，河道弯曲，形成许多牛轭湖，整个平原以湖沼相沉积为主（吴忱：《华北平原古河道的形成研究》，《中国科学》B 辑，1991 年 2 期）。而其中的白洋淀为当时最大的湖泊之一。古白洋淀黑色湖积层指示在全新世中期，该湖曾呈罗棋布抵太行山山前，保定市所在处，北、东、南部被古白洋淀包围而成半岛。古湖区的南界自望都向东，经蠡县，折向东，到任丘以东。北界在南拒马河和南易水河以南（周昆叔：《环境考古问题》，《环境考古研究》第 1 辑，科学出版社，1991 年）。

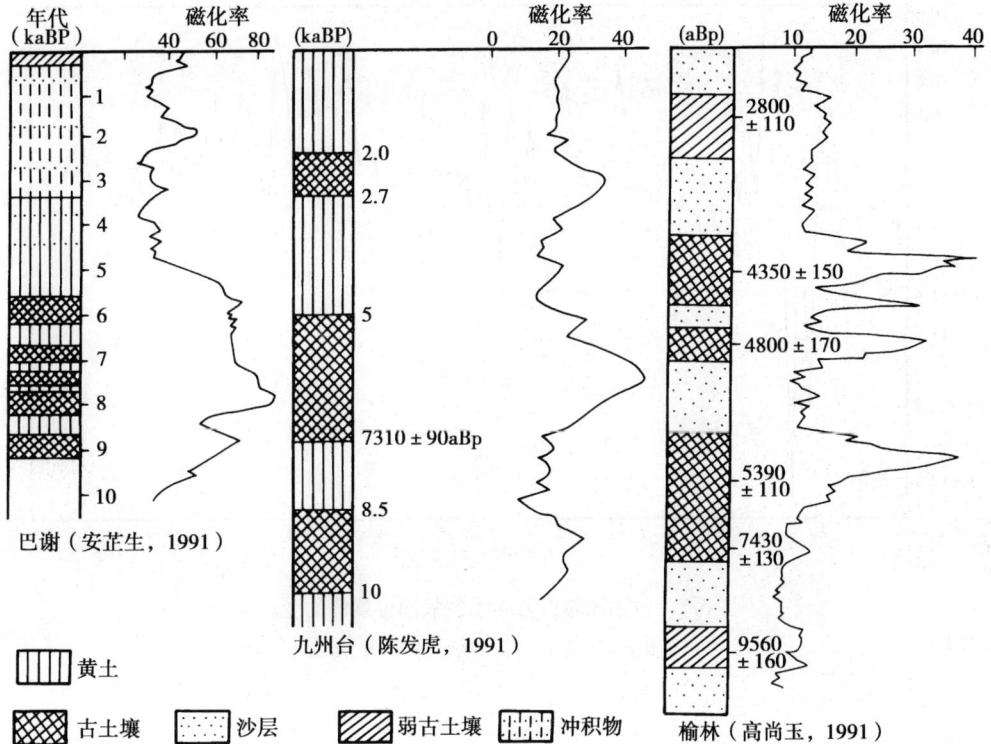

图 5-6　黄河中上游部分地区土壤磁化率曲线图

（引自《中国全新世大暖期气候与环境》4 页）

面的升降①等方面均有清楚地呈现（图 5-6～5-12）。

　　与全国的气候变化同步，在距今 5000～3000 年的近 2000 年间，太行山东麓的河北平原气候温暖，雨量充沛，植物繁茂。当时平原上落叶阔叶林极为发育，这一时期的森林成分除松外，阔叶树所占的比例极大，树种亦极多，有栎、桦、榆、桑、胡桃、臭椿、椴、柳等。此外，个别生活在北亚热带的树木如山毛榉、枫香等迁移至河北平原的南部，目前只分布在江淮一带及其以南地区的水蕨则于当时北抵河北平原北端（图 5-13）。据有关专家测算，1 月份平均温度比现在高 3°～5°，7 月平均温度比现在高

---

① 内陆湖泊水面和东部海平面的变化是气候变化的良好指示器。如果气候变冷，则湖面和海平面随之下降；气候转暖，湖面和海平面升高。在 5～3ka BP 近 2000 年的时间内，位于内蒙古凉城的岱海、青海湖和西藏西部的班公湖等 3 个湖泊均处于较高的水位（王苏民：《末次冰期以来岱海环境变化与古气候》，《第四纪研究》1990 年 3 期；《全新世气候变化的湖泊记录》，《中国全新世大暖期气候与环境》，146～152 页）。海平面的变化与此相类，5ka BP 之前海平面比现今要高，之后总体上处于下降过程，但其间有多次回升，在辽宁沿岸、渤海湾西岸和苏北等地先后形成高出现今海岸线的贝壳沙堤（赵松龄、赵希涛：《中国晚第四纪海平面变化研究的发展》，《中国海平面变化》，海洋出版社，1986 年，28～34 页）。

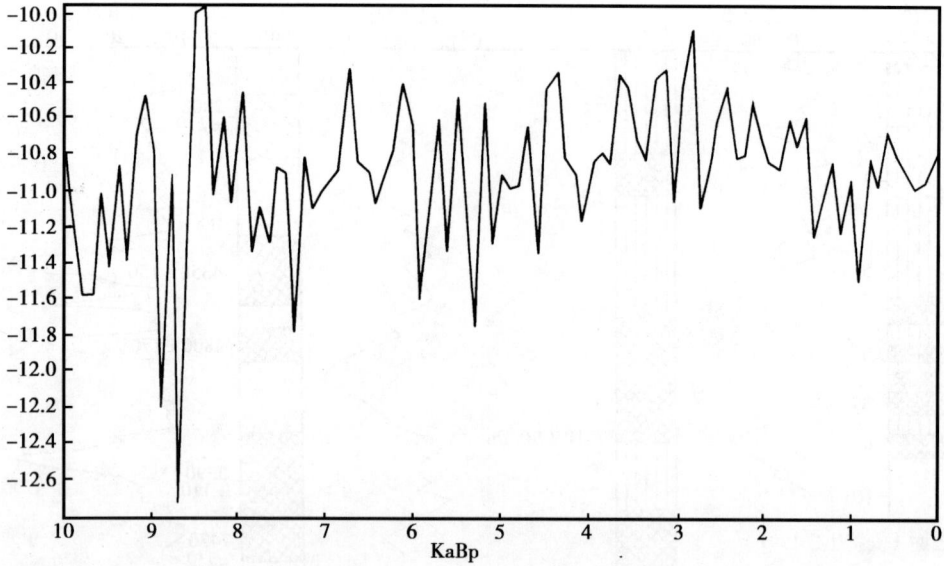

图5-7 敦德冰芯近万年来的氧同位素值的变动

（引自姚檀栋等《敦德冰芯记录与过去5kaBP温度变化》）

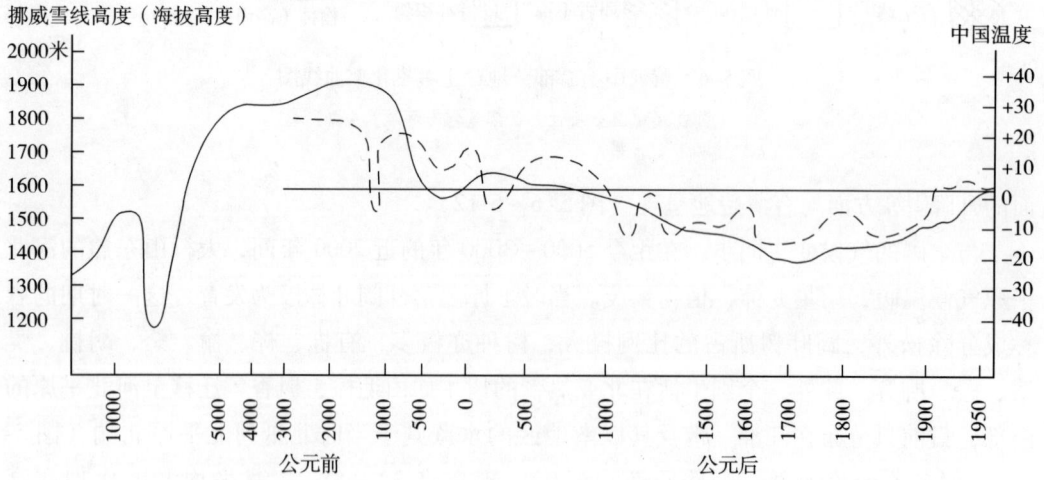

图5-8 一万年来挪威雪线高度（实线）与五千年来中国温度（虚线）变迁图

（引自竺可桢《中国近五千年来气候变迁的初步研究》）

1°~2°，年降雨量比现在多200毫米左右①。由于气候暖湿，河流水量增加，流量较稳

---

① 周昆叔：《中国北方河谷平原区三万年来植被史梗概》，《第一次全国[14]C学术会议文集》，科学出版社，
1984年。吴忱：《华北平原四万年来自然环境演变》，中国科学技术出版社，1992年，107页。

深度/kaBP

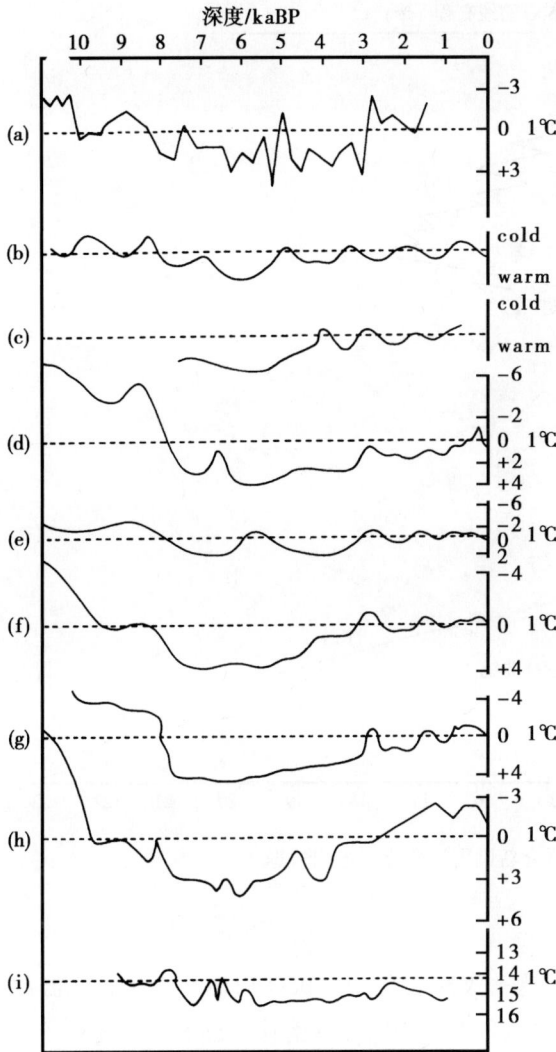

图 5-9　中国若干地区依据孢粉建立的
全新世温度变化曲线

a. 四川螺髻山　b. 青海湖　c. 内蒙　d. 黄土高原　e. 北京
f. 河北东部　g. 辽南　h. 长白山西部　i. 江苏建湖庆丰
（引自施雅风《中国全新世大暖期气候与环境》3 页）

定，含沙量小，加之海平面上升，地面坡度变小，河北平原主要是弯曲性河流和牛轭湖的河湖相堆积。当时黄庄洼—七里海、白洋淀—文安洼、大陆泽—宁晋泊三大洼淀群及其间众多的湖沼洼地断续地连在一起，构成了一个大洼淀群①。有学者对白洋淀地区的气候进行研究，发现在大暖期水生植物孢粉的百分含量较之前大增，特别是以喜暖湿的水蕨植物在本区的大量繁殖最为突出，其含量达到孢粉总数的 67.6%，推测当时白洋淀地区的年均温度比现在高出 2°~4°，降雨量多 200 毫米左右②。由于气候变暖，水量增加，沼泽面积扩大，所以喜暖喜湿的竹鼠、獐、貉、水牛、四不象鹿等动物活动其间。渤海湾沿岸海平面升高，古海岸线最高时到达海拔 3~5 米附近的无棣、孟村、青县、天津、宝坻、玉田、丰南、唐海、乐亭南③。所有这些反映出河北平原气候温湿，湖沼交错，草木繁盛的情景。

虽然如上所述，距今 5000~3000 年期间的气候仍然较为温暖湿润，但许多学者研究后发现，这两千年间的气候并非一成不变。相较而言，距今 4000 年之前为气候波动和缓的亚稳定期，

————————————————

① 吴忱、许清海：《从卫星图像看海河平原洼淀的形成与演变》，《黄淮海平原水域动态演变遥感分析》，科学出版社，1988 年。

② 许清海等：《白洋淀地区全新世以来植被演替和气候变化初探》，《植物生态学与地植物学学报》1988 年第 12 卷 2 期。

③ 吴忱：《华北平原四万年来自然环境演变》，中国科学技术出版社，1992 年，113~114 页。

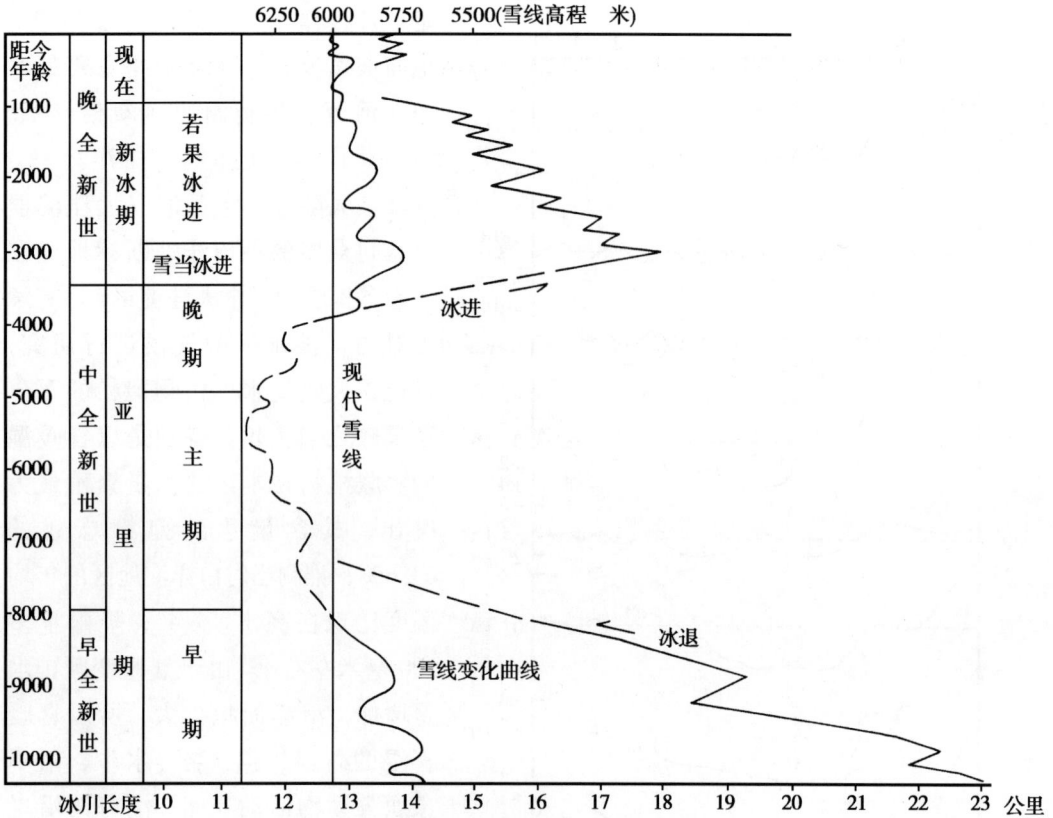

图 5-10　青藏高原全新世雪线变化与冰川进退

（引自李吉均等《西藏冰川》280 页）

但距今 4000 年前后为一多灾的时期①。这一灾难表现为北极冰川迅速南扩，气温急剧下降，旱涝灾害频繁，干旱半干旱地带的农牧交替带的北界南移了近 1 个纬度②。

这次大的气候变异对以后的气候产生了重大的影响，表现在：

（1）植被变化

地处北方的长白山孤山屯剖面的孢粉分析表明，从距今 4000 年起，松、云冷杉数量明显增加，植被由榆、白蜡树、栎、胡桃和桦占绝对优势的阔叶林演变为松、云冷杉

---

① 施雅风等：《中国全新世大暖期的气候波动与重要事件》，《中国科学》B 辑，1992 年 12 期。吴文祥、刘东生：《4000a B. P. 前后降温事件与中华文明的诞生》，《第四纪研究》2001 年第 21 卷 5 期。

② 施少华：《中国全新世高温期中的气候突变事件及其对人类的影响》，《海洋地质与第四纪地质》1993 年第 13 卷 4 期。张丕远：《中国历史气候变化》，山东科学技术出版社，1996 年，431 页。王巍：《公元前 2000 年前后我国大范围文化变化原因探讨》，《考古》2004 年 1 期。

为主的针阔混交林①。

晋北阳高地区的王官屯也从距今 4000 年开始出现乔木花粉下降，性喜冷喜湿的冷杉花粉增加的变冷过程②（图 5-14）。

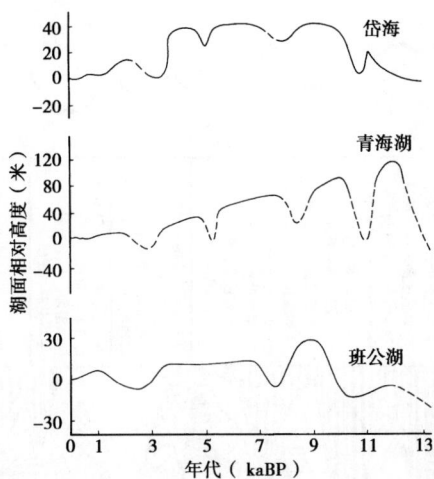

图 5-11　全新世西部湖泊水位变化

（引自王苏民《末次冰期以来岱海环境变化与古气候》）

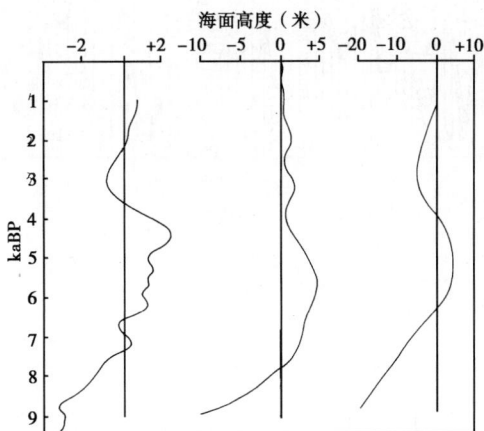

图 5-12　全新世中国东部海平面变化

（引自赵希涛等：《江苏庆丰剖面全新世地层及其环境变迁与海面变化的反映》，《中国科学》B 辑，1991 年 9 期）

---

① 刘金陵：《长白山区孤山屯沼泽地 13000 年以来的植物和气候变化》，《古生物学报》1989 年第 8 卷 4 期。
② 孔昭宸等：《中国北方全新世大暖期植物群的古气候波动》，《中国全新世大暖期气候与环境》，海洋出版社，1992 年，48 ~ 65 页。

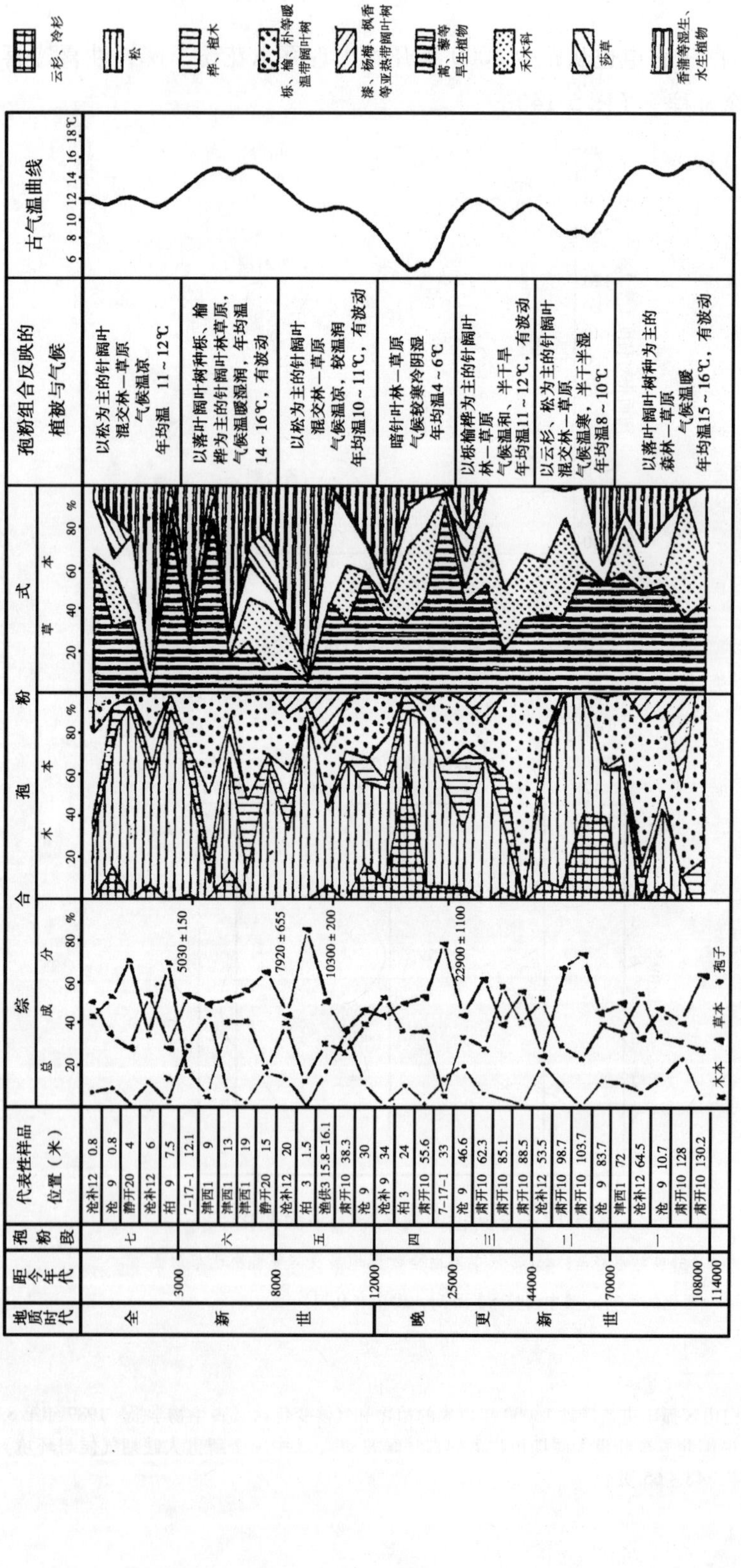

图 5-13　华北平原东部晚更新世以来的综合孢粉图式与古气温曲线
（引自杨怀仁、赵其时等：《中国东部晚更新世以来的海面升降运动与气候变化》，
《第四纪冰川与第四纪地质论文集》(2)，地质出版社，1985 年，22 页）

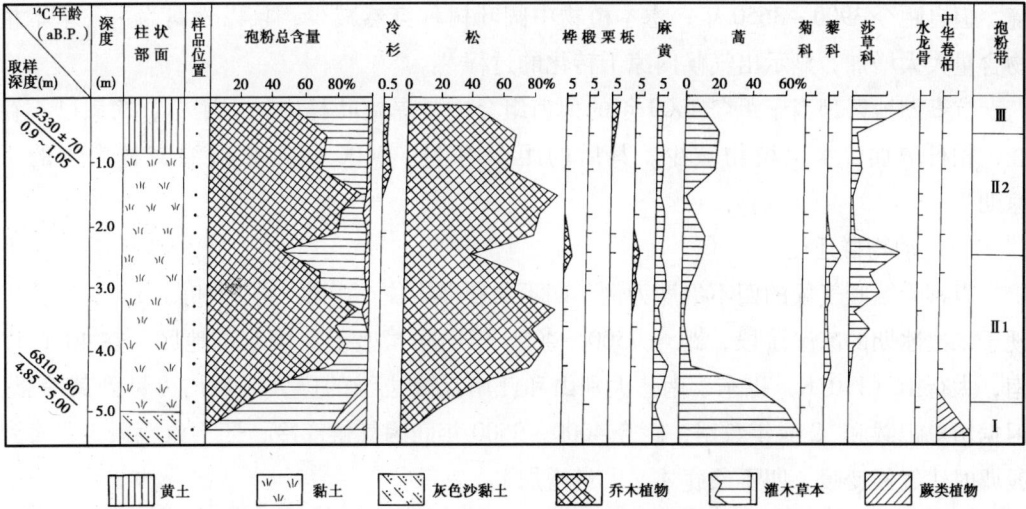

图 5-14　山西阳高王官屯全新世花粉图谱

（引自孔昭宸等《中国北方全新世大暖期植物群的古气候波动》）

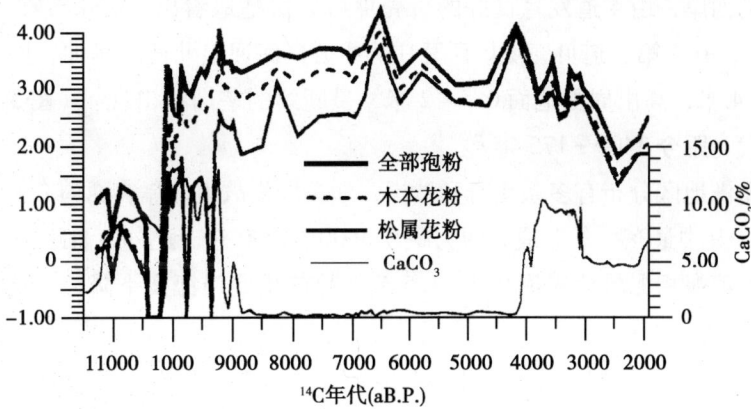

图 5-15　内蒙古调角海子剖面花粉浓度与 $CaCO_3$ 百分含量变化

（引自张兰生等《我国北方农牧交错带的环境演变》）

　　内蒙大青山调海角子剖面中的油松花粉浓度在距今 3900 年之后突然降低 1 个数量级以上，一度消失的冷杉花粉再度出现。从距今 3700～3500 年前后开始，这一地区植物密度降低，森林环境为草原或森林草原环境取代[①]（图 5-15）。

　　二里头遗址在距今 4000 年之时，木本植物孢粉占总孢粉数量的 17.5%，水生草本植物占 24.9%，其中乔木以落叶阔叶的桦、栲、栎、桑为主，反映出较温暖湿润的环

---

① 张兰生等：《我国北方农牧交错带的环境演变》，《地学前缘》1997 年 4 期。

境。但自距今 3900～3650 年，木本植物中阔叶树种突然减少，且以松属为主，草本植物含量大大增加，显示出气候向凉干转化的过程①。

杭嘉湖地区相当于距今 4000 年的孢粉组合中常绿阔叶林中的青刚栎、栲属已不存在，柏科增加，水生植物减少。其后的距今 4000～3600 年为松阔混交林为主的干凉期②。

（2）动物群迁徙

以喜爱温暖气候的四不象鹿为例。四不象鹿多居住在山麓、平原和湖沼附近，曾出现于末次冰期的凉湿阶段，距今 7500～4000 年期间繁盛于我国东部地区，在 40°N 以南，太行山（110°E）以东，南达大别山和江南丘陵边缘的广大区域均可见到其踪影。但据历史记载和 ^{14}C 测年数据，距今 4000～3500 年间因气候变冷，四不象鹿减少，直到殷墟时代气候变暖，四不象鹿才又大量增加③。

（3）海平面升降与海岸线变化

从我国东部海平面变化曲线来看，距今 15000～6000 年前海平面迅速上升，其后有过几次大的波动，其中距今 4000 年左右海平面变化曲线出现明显的低谷④。

在渤海湾西岸，由 4 道发育良好的贝壳堤可以清楚地看出，海岸线在 4.0ka BP 之后开始后退⑤，其中第三道贝壳堤以巨葛庄为中心向海河南北两岸延伸，堤宽 100～200 米，海拔 3～4 米，高出周围地面 0.5～2 米，呈断续的垄岗状出现⑥（图 5-16）。经 ^{14}C 测定，其年代为距今 3400±175 年⑦。

长江三角洲地区分布有多条岗身和沙岗，如吴淞江故道北岸自西向东共有五条沙堤（又称岗身），其中最东一条形成时间为距今 4000～3000 年。此外，自距今 4000 年之后的贝壳堤下伏滨海相泥层标高为 0.5～1.5 米，反映出此时海面下降、陆地向外扩展的情景⑧。

---

① 宋豫秦等：《河南偃师市二里头遗址的环境信息》，《考古》2002 年 12 期。
② 洪雪晴：《全新世低温事件及海面波动》，《中国近海及沿海地区第四纪进程与事件》，海洋出版社，1989 年，111～116 页。
③ 黎兴国：《从我国四不象鹿化石的时间分布看全新世气候变化特点》，《第一次全国 ^{14}C 学术会议文集》，科学出版社，1984 年，186～194 页。
④ 赵叔松、赵希涛：《中国晚第四纪海平面变化研究的进展》，《中国海平面变化》，海洋出版社，1986 年，28～33 页。
⑤ 王强等：《十五万年来渤海西、南岸平原海岸线变迁》，《中国海平面变化》，海洋出版社，1986 年，43～52 页。
⑥ 赵希涛：《渤海湾西岸全新世海岸线变迁》，《华北断块区的形成与发展》，科学出版社，1985 年。
⑦ 中国科学院贵阳地球化学研究所：《天然放射性碳年代测定报告之二》，《地球化学》1974 年 1 期。
⑧ 徐馨：《中国东部全新世自然环境演变》，《贵州地质》1989 年第 6 卷 3 期。

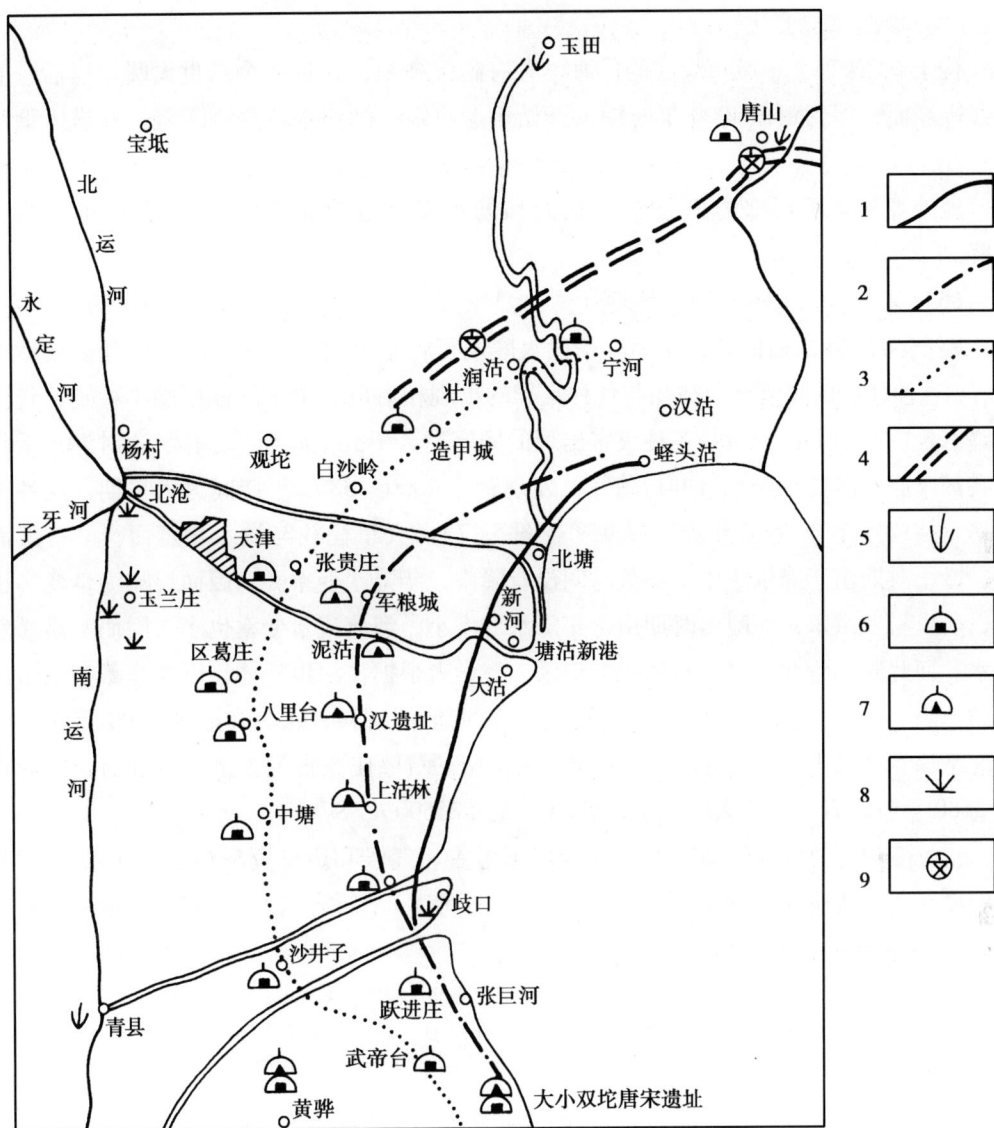

图 5-16　历史时期渤海湾沿岸动态

1. 元朝以前海岸线（700 年以前）　　2. 西汉海岸线（2000 年以前）　　3. 商代海岸线（3000 年以前）　　4. 新石器时代海岸线（4000 年以前）　　5. 温泉（温水溢出带）深断裂　　6. 春秋战国墓葬遗址（2500 年前）　　7. 隋唐墓葬遗址（1200 年前）　　8. 四不象鹿角出土地（沼泽沉积）　　9. 四五千年前新石器时代文化遗址（引自赵松龄：《近百年来中国东部沿海地区海面变化研究状况》，《中国海平面变化》，海洋出版社，1986 年，18 页）

（4）湖泊水位变化

位于 40°N 现今季风边缘区的岱海、青海湖等湖泊，在进入全新世大暖期以后一直持续高湖面，但到距今 4000 年时湖面开始迅速收缩，湖泊水位急剧下降，并进入低湖面时期[1]。

地处青藏高原西部的班公湖的湖面和湖水温度也自距今 4000～3500 年始明显下降[2]。

（5）降水量分配不匀，非旱即涝

距今 4000 年之后的几百年为全新世大暖期行将结束之时，这一时期的气候波动剧烈[3]。这种气候的频繁波动往往与各种灾异的出现相对应。由于气候极端不稳定，气温和降水量变率增大，旱涝等各种灾害出现的频率远高于其他时期[4]。有学者对近 5 千年来我国中原地区的年降水量进行估算，发现距今 4000～3800 年期间为大旱期，这种干旱一直持续到距今 3600 年方才结束[5]（图 5-17）。大旱往往与洪水相携而行。一般而言，冷干时期由于降水集中，多数时间没有降雨，年降水变率大，因而河流流量变率也大，所以易发洪水；而暖湿时期由于年降水变率小，河流流量变率也小，因而不易暴发洪水。而此时的华北平原多有洪水的记录，有学者根据古河道沙体，以及埋藏在该沙体中的草炭、木炭、漂木及其上面的泥炭层、古遗址的材料，认为在距今 3500 年左右的华北平原有过洪水期[6]。还有学者对滹沱河岗南—黄壁庄段古洪水进行调查后，发现距今 3500 年前后有过一次大的洪水，洪峰流量达 25500m³/S[7]。

这一变化与竺可桢于 20 世纪 70 年代据考古、气候和历史资料恢复的中国近 5000 年温度变化曲线所反映出的事实正好一致（图 5-18）。所有这些反映出在距今 4000～

---

[1] 王苏民等：《全新世气候变化的湖泊记录》，《中国全新世大暖期气候与环境》，海洋出版社，1992 年。王苏民等：《内蒙古岱海湖泊环境变化与东南季风强弱关系》，《中国科学》B 辑，1991 年 7 期。陈发虎等：《青海湖南岸全新世黄土剖面、气候信息及湖面升降探讨》，《地理科学》1991 年第 11 卷 1 期。

[2] 王富葆：《青藏高原全新世气候及环境基本特征》，《中国全新世大暖期气候与环境》，海洋出版社，1992 年。

[3] 施雅风等：《中国全新世大暖期气候与环境的基本特征》，《中国全新世大暖期气候与环境》，海洋出版社，1992 年。孔昭宸等：《中国北方全新世大暖期植物群的古气候波动》，《中国全新世大暖期气候与环境》，海洋出版社，1992 年。张兰生等：《我国北方农牧交错带的环境演变》，《地学前缘》1997 年 4 期。方修琦：《从农业气候条件看我国北方原始农业的衰落与农牧交错带的形成》，《自然资源学报》1999 年第 14 卷 3 期。

[4] 施雅风等：《中国气候和海面变化及其趋势和影响的初步研究》，《地球科学进展》1991 年第 6 卷 4 期。施少华等：《中原地区晚全新世以来的环境变化》，《地理学报》1992 年第 47 卷 2 期。

[5] 王邨等：《近 5 千余年来我国中原地区气候在年降水量方面的变迁》，《中国科学》B 辑，1987 年 1 期。

[6] 吴忱：《古河道与古水文——兼谈海河平原古洪水》，《华北平原古河道研究论文集》，中国科学技术出版社，1991 年。殷春敏等：《全新世华北平原古洪水》，《北京师范大学学报自然科学版》2001 年第 37 卷 2 期。

[7] 詹道江等：《岗南、黄壁庄水库古洪水研究报告》，转引自吴忱等：《华北地区晚全新世初期环境变化分析》，《地理与地理信息科学》2003 年第 19 卷 2 期。

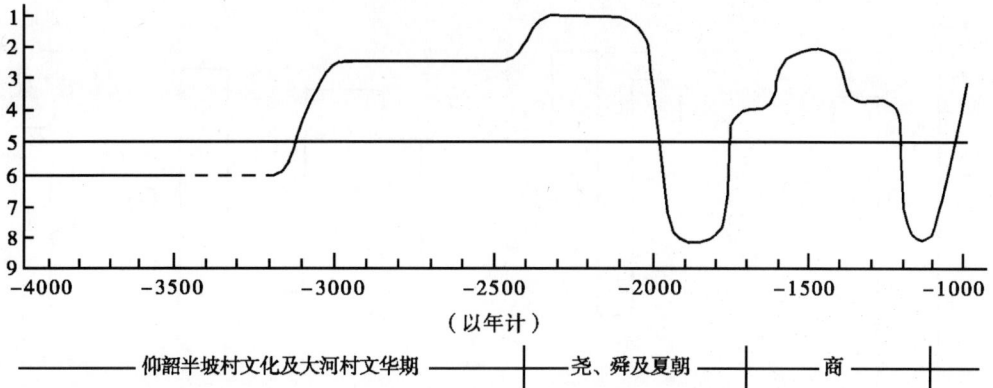

图 5-17　中原地区近五千年降水量变化曲线图

（引自王邨等《近五千余年来我国中原地区气候在年降水量方面的变迁》）

3500 年之间有一次较强的降温事件①。这一降温事件恰巧与欧洲、北非、近东、美洲和印度等地同时期发生的气候突变相互对应②。大约在距今 4000～3500 年左右，全球性气温突然下降，当时年平均气温下降幅度可能达 3℃以上③。

（三）自然环境的变化与商文明的形成

商人的起源和初期发展恰好处于继距今 4000 年灾难性气候之后的干凉环境之中。

上文已分析过，商人最早居住于晋中的太原盆地和忻定盆地，后沿滹沱河谷地辗转迁徙至太行山东麓走廊地区。走廊地区肥沃的土壤为商人发展农业生产提供了良好的条件，此外走廊以东众多的湖泊沼泽中生存的大量的水生动物又为商人提供了丰富的猎物。

大约到王亥时，随着农业的发展，人口剧增、土地不足的压力日渐凸显，因而商人急需开拓疆土。但长期以来为商人居地的太行山东麓走廊地区之西为绵延的太行山，东有黄河以及众多的湖沼，这就在很大程度上限制了商人向东西两面的发展，所以商人别

---

① 承认这一降温事件的学者主要有徐馨：《中国东部全新世自然环境演变》，《贵州地质》1989 年第 6 卷 3 期。徐馨等：《全新世环境》，贵州人民出版社，1990 年。张兰生等：《我国北方农牧交错带的环境演变》，《地学前缘》1997 年 4 期。施少华：《中国全新世高温期中的气候突变事件及其对人类的影响》，《海洋地质与第四纪地质》1993 年第 13 卷 4 期。方修琦：《4000～3500aB. P. 我国的环境突变事件研究》，《地学前缘》1997 年 4 期。方修琦等：《降温事件：4.3kaBP 岱海老虎山文化中断的可能原因》，《人文地理》1998 年第 13 卷 1 期。方修琦：《从农业气候条件看我国北方原始农业的衰落与农牧交错带的形成》，《自然资源学报》1999 年第 14 卷 3 期。许清海等：《孢粉分析定量重建燕山地区 5000 年来的气候变化》，《地理科学》2004 年第 24 卷 3 期。

② 许靖华：《太阳、气候、饥荒与民族大迁移》，《中国科学》D 辑，1998 年第 28 卷 4 期。

③ 施少华：《中国全新世高温期中的气候突变事件及其对人类的影响》，《海洋地质与第四纪地质》1993 年第 13 卷 4 期。

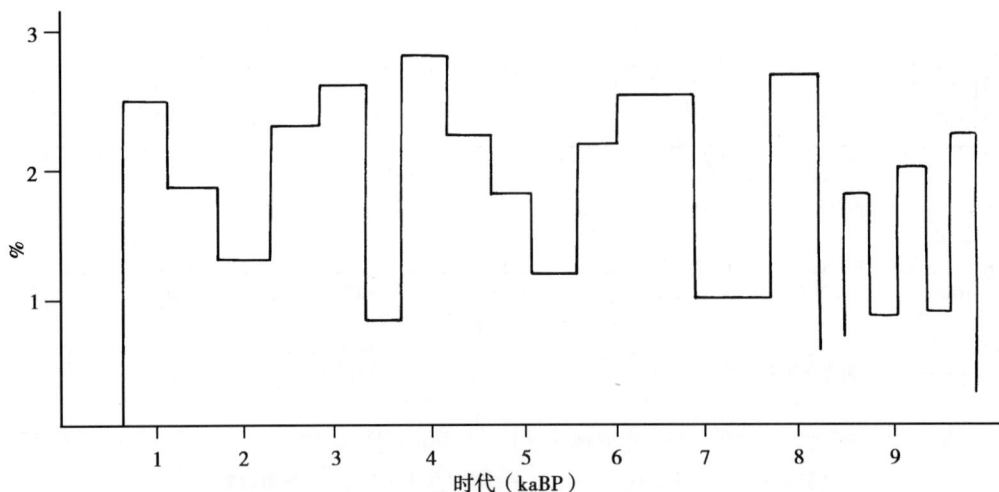

图 5-18　中国近五千年温度变化曲线

（引自王邨等《近五千余年来我国中原地区气候在年降水量方面的变迁》）

无选择，只能北上或者南下。可是，当时生活在商人南面的是势力强大的夏人，在这种情况下，商人只能向北扩展自己的势力。然而当王亥率族人北上时，却遭遇到了有易的拦截。其后上甲微虽联合河伯战胜了有易，但却发现有易所处的走廊北部的环境已不再适于农业生产。其原因在于气候的变化。

前文已述，自距今 4000 年来整个北方地区的气温骤然下降，紧接着降水减少，气候的转变引发了生态环境的巨大变化[①]。尽管在此期间，北方地区先后出现过冷湿、干暖等多种搭配交替的情形，但总体而言，温度的下降、降水量的锐减和旱涝灾害的频繁发生，对于习惯了以农业为生的商人来说不啻是一个致命的打击。据相关学者研究，作为当时商人主要农作物的粟，对于温度的要求极其敏感[②]。如果温度下降 3℃，那么农业种植上限降低，有效积温和有效无霜期也相应减少，因而农作物的正常生长便无法保证[③]。而降水量突然减少，降水变率增大，直接影响着农作物的产量[④]，尤其是华北地

---

① 一个地区的气候变化与其所处的地理位置有直接的关系。以冷暖变化为例：当气候由寒冷转向温暖时，南方开始得早，北方开始得晚一些；而当气候由温暖变为寒冷时，北方开始得早，南方开始得晚。以走廊地区为例，虽其南北相距仅 700 公里，但气候的变化相差可达 100～300 年。见吴忱：《华北平原四万年来自然环境的演变》，中国科学技术出版社，1992 年，161 页。

② 张家诚在《中国气候总论》中对于温度与粮食产量的关系进行过研究，认为"温度变化 1℃ 大致相当 1 个熟级的变化。根据农业生产经验，每变化一个熟级，产量变化约为 10%。也就是说，年平均温度上升或下降 1℃，有粮食产量增加或减少 10% 的潜力（气象出版社，1991 年，350 页）。

③ 方修琦等：《降温事件：4.3kaBP 岱海老虎山文化中断的可能原因》，《人文地理》1998 年第 13 卷 1 期。

④ "在降水变化 100 毫米时，按 1 毫米降水量相当于亩产半公斤计算，亩产的变化可以达到 50 公斤"（张家诚：《中国气候总论》，气象出版社，1991 年，350 页）。

区的径流原本对气候变化极为敏感①，因而对农业生产产生的不利影响更大。

在此之前的全新世大暖期之时，农业的北界曾达到今长城地带②，然而在经历了这次的降温事件之后，原来农业繁盛的地区开始向牧业转化③，或者为了能够继续从事农业生产而向南迁徙④。正如许倬云先生所言："北土植物生长期本已短促，塞外干寒，可以容忍的变化边际极为微小。气候一有改变，越在北边，越面临困境，于是一波压一波，产生了强大的推力。"⑤

气候的变化和北方民族的相继南下，给居于连接北方与中原的走廊地区的商人以巨大的压力。当商人所处的走廊中北部的环境已不再适宜生存时，向南迁徙无疑便成为最好的选择。需要指出的是，我们无意说自上甲以来的商先公相继南下仅仅是迫于气候压力，但可以肯定的是，在促成商人南下的诸多因素之中，气候的变迁实为最重要的因素之一。

巧合的是，历史文献也为我们传达出相同的信息。

夏朝的建立约在公元前21世纪左右⑥，正好处于距今4000年左右气候发生变异的时期。《尚书》、《墨子》、《论语》、《左传》、《楚辞》、《山海经》、《吕氏春秋》等众多文献记载了夏初发生洪水、大禹治水之事⑦。如：

《尚书·益稷》："洪水滔天，浩浩怀山襄陵，下民昏垫。"

《吕氏春秋·先识览·乐成》："禹之决江水也，民聚瓦砾。"

《韩非子·显学》："昔禹决江浚河，而民聚瓦石。"

《诗·商颂·长发》："洪水芒芒，禹敷下土方。"

此外青铜器铭文中也有与大禹治水相关的记载，如《燹公盨》开篇即为"天令

---

① 施雅风曾对气候变化对水资源的影响作过研究，认为"降水量无论增加还是减少，都将在半湿润的华北引起径流量三倍左右的变化幅度。而类似径流量距平与降水量距平之比值在南方湿润地区仅为1.5"，因而他认为华北地区径流对气候变化是极为敏感的（《中国气候和海面变化及其趋势和影响的初步研究》，《地球科学进展》1991年第6卷4期）。

② 林沄：《夏至战国中国北方长城地带游牧文化带的形成过程》，《燕京学报》2003年14期。

③ 如朱开沟文化便是最典型的例证。3.7ka BP气候变干过程开始之时，朱开沟文化开始由农业文化向牧业文化转变，到3.5ka BP之后牧业文化从农业文化中分离出来并最终演变成以游牧文化为主导（张兰生等：《我国北方农牧交错带的环境演变》，《地学前缘》1997年4期）。

④ 王明珂：《鄂尔多斯及其邻近地区专化游牧业的起源》，《历史语言研究所集刊》第65本第2分，1995年6月。吴文祥、刘东生：《4000a B. P. 前后降温事件与中华文明的诞生》，《第四纪研究》2001年第21卷5期。

⑤ 许倬云：《汉末至南北朝气候与民族移动的初步考察》，《许倬云自选集》，上海教育出版社，2002年，238页。虽然许倬云先生所论时代与此不同，但汉末至南北朝时期与夏代一样是处于气候的又一个转变时期，因而可以互相参证。

⑥ 断代工程以公元前1070年为夏代始年，见夏商周断代工程专家组：《夏商周断代工程1996～2000年阶段成果报告》（简本），82页。

⑦ 孙淼：《夏商史稿》，文物出版社，1987年，159～164页。

（命）禹尃（敷）土，隆（随）嚇（濬）川"①。由此可以确知，大禹治水之事当非向壁虚构。

尽管对于这次洪水持续的时间，不同文献有不同说法②，但夏初存在过特大洪水则是可以肯定的。

在其后的夏王少康、杼在位时，也发生过大水。

《今本竹书纪年》：少康"十一年，使商侯冥治河。"③ 杼"十三年，商侯冥死于河。"

《国语·鲁语上》也记载了此事："冥勤其官而水死。"

除涝灾外，夏代还发生过旱灾。值得注意的是，这些旱灾多集中在夏代末年。

《古本竹书纪年》："胤甲即位，居西河，有妖孽，十日并出。"④

《今本竹书纪年》：帝癸二十九年"三日并出"。

《墨子·非攻下》："遝至乎夏王桀，天有𰚼命，日月不时，寒暑杂至，五谷焦死，鬼呼国，鹤鸣十夕余。"

《国语·周语上》载："昔伊、洛竭而夏亡……"

商初时仍然多旱灾，因而商汤求雨救旱的故事流传极广，在《墨子》、《荀子》、《尸子》、《吕氏春秋》、《尚书》、《史记》、《说苑》、《韩诗外传》、《淮南子》等文献中均有蛛丝可寻。

《吕氏春秋·慎大览》："商涸旱，汤犹发师以信伊尹之盟。""汤……尽行伊尹之盟，不避旱殃。"

《管子·山权数》："汤七年旱。"

《荀子·富国》："故禹十年水，汤七年旱……"

《庄子·秋水篇》："汤之时，八年七旱。"

《吕氏春秋·顺民篇》云："昔者汤克夏而正天下，天大旱，五年不收。汤乃以身祷于桑林。"

《墨子·七患》云："《殷书》曰：汤五年旱。"

---

① 李学勤：《论燹公盨及其重要意义》，《中国历史文物》2002 年 6 期。
② 关于洪水持续时间，不同文献说法不一，有五年、七年、十年、十三年等不同说法。如：
　　《管子·山权数》："禹五年水。"《墨子·七患》引《夏书》："禹七年水。"《荀子·富国篇》："禹十年水。"《庄子·秋水篇》："禹之时，十年九潦。"《山海经》注引《尸子》："禹……疏河决江，十年不窥其家。"《史记·夏本纪》："禹……居外十三年，过家门不敢入。"《史记·河渠书》引《夏书》："禹抑洪水十三年，过家不入门。"详见孙淼《夏商史稿》，文物出版社，1987 年，161～162 页。
③ 《今本竹书纪年》引自方诗铭、王修龄《古本竹书纪年辑证》一书收录之王国维《今本竹书纪年疏证》，上海古籍出版社，1981 年，188～290 页。下文中凡引《今本竹书纪年》者均出自此书。
④ 《通鉴外纪》卷二引。

由这些记载可以看出，整个夏代旱涝灾害极为频繁。尤其夏桀时伊河、洛河枯竭和汤时大旱多年的记载，反映出时至夏末和商初，中原地区仍处于一个气候多灾的时期①。

由此看来，商人的南下和商文明之所以形成，与狭长的太行山走廊的态势和气候的干冷化有直接关系。也就是说，在商文明发生过程中，自然环境的变化起到了相当重要的作用。

第二节　不同文化的碰撞与融合在商文明形成中的作用

商文明之所以能在太行山东麓走廊地区产生并得到发展，除了自然环境的因素之外，人文环境的作用也不容忽视。在商文化发展过程中，自始至终受到邻近地域不同族群文化的影响，不同文化之间的碰撞使得商文化得到迅猛发展，而在此过程中，文明的因素开始萌芽，并最终导致了商人的强大和商文明的成熟。

一　商文明形成的人文背景

中国的史前文化一般被分成六大文化区系，即北方、中原、东方、东南、南方和西南②，太行山走廊地区地处北方、中原与山东三个文化区之间的夹缝地带，其文化深受不同考古学文化的影响，在发展过程中一直处于较为领先的位置。

距今1万年左右的南庄头文化，为目前发现的年代较早的为数不多的有陶新石器文化之一，用火遗迹的发现和陶器的使用，以及石磨盘、石磨棒等农产品加工工具的存在，显示出其农业文化的进步。大约2000年后，磁山文化的居民生息繁衍于此地，大量的深井式粮食窖穴和数量惊人的粟堆积的发现，以及石质农业生产工具的大批出土，更是展示出北方旱地农业发达的情景。紧随其后的仰韶时代，后岗一期文化、仰韶文化钓鱼台类型、大司空类型先后在此繁盛，彩陶的风靡将这一地区的农业文化再一次推上巅峰。其后的一千年间，以灰陶为主的后岗二期文化迅速取代了仰韶文化，随着经济的发展以及财富的增加，社会形态日益复杂。

虽然总体而言，太行山东麓走廊地区的史前文化发展较为迅速，在一定时期甚至是北方先进农业文化的代表，但随着时代的变化，其发展也受到了制约。尤其在龙山时代晚期，由于地理环境的限制，后岗二期文化明显落在了王湾类型等考古学文化后面。

---

① 关于夏代的生态环境，王星光《生态环境变迁与夏代的兴起探索》（科学出版社，2004年）一书多有研究，可以参考。

② 苏秉琦：《中国文明起源新探》，商务印书馆（香港），1997年，29页。

尽管如此，与北方诸考古学文化相比，太行山东麓走廊地区的考古学文化仍可归入先进文化之列。自后岗二期文化之后居于这一地区的商人，受该地区农业文化的熏陶，在经济和文化以及军事等方面均获得了长足的进步。下七垣文化之所以能够得到快速发展，不能不说与这一地区浓厚的人文积淀有直接关联。

二 不同文化的碰撞、融合与商文明的形成

不同文化间或人群间的交往主要有两种方式：和平的相处或者非和平的战争。和平的交往包括贸易、通婚、联盟等种种方式。而战争则多以暴力的形式出场，以一个族群的灭亡、臣服或远徙而告终。当然也存在着介于和平与战争之间的对抗或者疏远，只是这种对抗或疏远充其量只是一个过渡阶段。

无论是和平的交往还是血腥的战争，所造成的结果大致是相同的，即在这个过程中，文化之间的交流、融合、吸收始终贯穿其间，尽管偶尔也存在着排斥与摒弃。一般而言，在和平交往模式下，文化间的融合和影响是渐进的、浸润式的，而战争所造成的文化间的交往常常是突变的、碰撞式的①。文化间的交流有时以平等的方式表现出来，有时则呈现出不平等的局面。如果发生碰撞的两支考古学文化的先进程度相当，结果便会是相互影响对方；而如果这两支文化的进步程度不一，便会形成这样的局面：较为先进的文化会对较为落后的文化施以更大的影响，而较为落后的文化则被动地接受先进文化的因素，这样二者的交往便形成一种不平等或不对等的局面。此外，文化间的交往还与不同文化所处的地理方位紧密相关，也就是说文化的融合与影响多发生在不同文化的交界地带，相较而言中心地带则要少得多。

（一）历史文献反映的商人与周边民族的交往

商人从来不是孤僻地居于一隅拒绝与其他民族交往，而是自其族群形成伊始，就开始了积极地与他族交往的历程。从商之始祖降生的神话，到商人代夏的历史，无不昭示着这一点。虽然当时的商人只是活动于狭长且较为封闭的太行山东麓走廊地区，但由文献记载传达出的信息可知，当时的商族只是众多部族之中的一个。当时的黄河中下游地区部族林立，《吕氏春秋·离俗览·用民篇》载："当禹之时，天下万国，至于汤而三千余国。"《左传》哀公七年也云："禹合诸侯于涂山，执玉帛者万国。"如此看来，商人并非生存在一个孤岛之上，而是与众多的部族有密切的往来。

据历史文献，最早与商有关系的部族为有娀。《诗经·商颂·长发》云："有娀方将，帝立子生商。"《史记·殷本纪》的记载则更为明确："殷契，母曰简狄，有娀氏之女……"由这些记载可知，简狄为有娀氏之女，有娀地望如上文考证在今山东曹县境内。

---

① 李伯谦：《夏文化与先商文化关系探讨》，《中原文物》1991 年 1 期。

比契略晚一些的商先公相土，因率先作乘马而声名远播。《诗经·商颂·长发》中的"相土烈烈，海外有截"，便是相土时商人势力大为发展，影响及于周边部族的记录。

到王亥、王恒和上甲微时，商人与有易发生了激烈的冲突。《山海经·大荒东经》有"有易杀王亥，取仆牛"的记载。郭璞注引《竹书纪年》更是详尽记述了商与有易发生磨擦的前后经过："殷王子亥，宾于有易而淫焉。有易之君绵臣杀而放之，是故殷主甲微，假师于河伯以伐有易，灭之，遂杀其君绵臣也。"这场战事持续了很长时间，涉及的部族除商外，还有有易与河伯。据考证，有易与河伯均属活动于冀中南地区的北方民族。

文献中还有商与夏族交往的记录。这些记载主要集中在两个时期：夏初和夏末。《史记·五帝本纪》和《史记·殷本纪》等文献记述了商之始祖契与禹曾同朝为官，并佐禹治水之事，但其后的数百年间并无夏商二族接触的证据，因而有学者对上述记载提出怀疑①。文献中大量的夏商往来的记录集中在夏末，先秦和汉代文献以及春秋金文中详细记述了汤伐桀之事。商原本是臣服于夏的小国，但夏末时商人势力的发展引起了夏桀的警觉，因而桀"廼召汤而囚之夏台，已而释之"②。而此时的夏也已趋于强弩之末，由于"桀不务德，而武伤百姓，百姓弗堪"③，社会动荡不安，趁此之机商汤发起了战争，最终灭掉了夏桀。整个伐夏灭夏战争所涉及的部族和国家除夏外，尚有夏之与国如葛、韦、顾、昆吾等。

此外，还有些零星的资料记载了商与东方很多部族来往的史实。伊尹为商汤的重要辅臣，曾佐汤灭夏，关于他的身世有多种说法，其中最可信的是《史记·殷本纪》的记载："伊尹名阿衡，……乃为有莘氏媵臣，负鼎俎以滋味说汤……"言明其出身与有莘氏有关。尽管有人指认伊洛地区为有莘氏活动范围，但更多的学者还是以为有莘氏为东方民族。此外，夏末之时，由于夏桀的昏庸无道，原本臣服于夏的诸侯国相继背叛夏转而依附汤，《史记·夏本纪》中"汤修德，诸侯皆归商"记述的便是这种状况。而与此同时，商汤为除灭夏，召集众多国家在景亳举行盟会，此即史家所称的"景亳之会"。当时参加盟会的国家有施氏、有仍氏及有缗氏、有莘氏、薛、卞等，主要为东方诸国④。

如上所述，存世不多的文献资料为我们描绘出了商人立国前与北方的有易、河伯和东方诸国及居于中原的夏与夏之与国交往的真实画卷。在这种或是战争或是和平的交往中，商人的力量逐渐壮大，为其后步入文明阶段奠定了基础。

---

① 刘绪：《从夏代各部族的分布和相互关系看商族的起源地》，《史学月刊》1989 年 3 期。
② 《史记·夏本纪》。
③ 《史记·夏本纪》。
④ 田昌五、方辉：《"景亳之会"的考古学观察》，《夏商周文明研究》，中国文联出版社，1999 年，110~118 页。

（二）考古资料反映的商文化与其他考古学文化的关系

从考古学上看，与下七垣文化时代相同、地域邻近的考古学文化有二里头文化、岳石文化、下岳各庄文化、夏家店下层文化以及东下冯文化等（图5-19），这些考古学文化与下七垣文化之间交流、碰撞的证据凿凿。下面便对下七垣文化与其他考古学文化的关系做一论述。

20世纪50年代末60年代初，在山东境内的不少地方相继出土一种外表呈褐色、胎壁极厚的陶器，与龙山文化薄而亮的黑陶形成鲜明的对比。但一直到70年代末80年代初，才有学者提出了岳石文化的命名，并将其时代定在了龙山文化之后①。岳石文化的分布几乎遍及山东地区，以及苏北、皖北和豫东地区，甚至一度波及河北保定地区的白洋淀和辽东半岛，以及淮河以南地区。

在多个岳石文化遗址发现有岳石文化叠压在龙山文化之上的层位关系，可知其年代的上限当晚于龙山文化。但这一文化的结束时间则随地域不同而有所区别。一般来说，在西部的广大地区岳石文化多被二里岗下层或上层文化所叠压，而在东部地区岳石文化

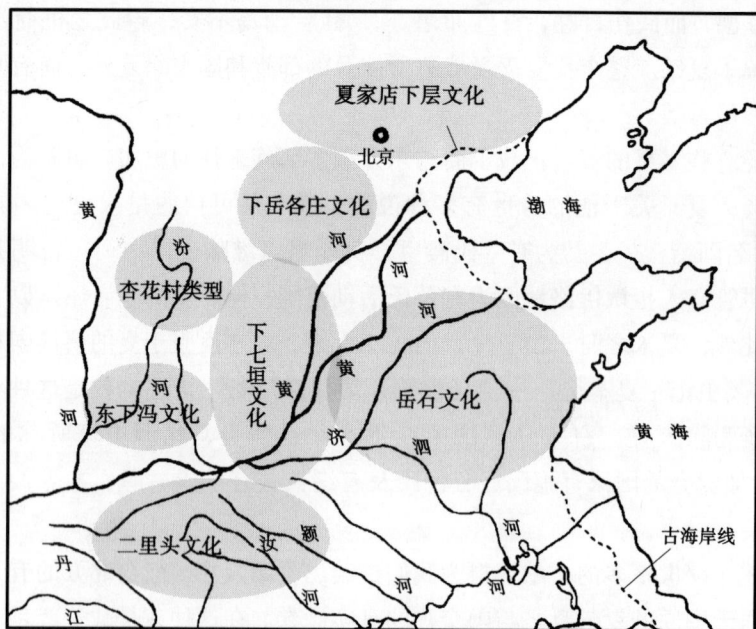

图 5-19　先商时期黄河流域考古学文化分布示意图

---

① 严文明：《龙山文化与龙山时代》，《文物》1981年6期。

则延续到了殷墟时期。从绝对年代看，大体在公元前 1950～前 1500 年前后[①]。

作为日常生活中最常用的器皿，陶器具有取材方便、易于制作的特点，但也易碎。这种特点决定了它的使用时间的短暂性和不同时期不同样式的多变性，而生活在不同地区的人群所使用的陶器差异极大，因而以陶器作为标尺，对岳石文化和下七垣文化之间的关系进行分析便极有意义。

岳石文化的陶器中存在着较多的夹砂褐陶，这种厚胎的陶器多被用来作为炊具。由于在烧制过程中火候较低的缘故，以致在器物外表形成了斑驳不均的颜色。当然岳石文化中也有一部分制作较为精致的器皿，它们的外表色泽多呈黑色，虽然器壁仍较厚，但外壁显然经过了特殊处理，所以显得极为光亮。最典型的器物种类包括裆部贴有附加堆纹的甗、器壁有多道凸棱的尊形器、腹部极浅的浅盘豆和较深的碗形豆，以及顶部附有蘑菇纽状纽的器盖等。这些陶器从总体风格上看古朴典雅，厚重实用，与下七垣文化体薄身巧，精致有加的风格全然不同。岳石文化的农业生产工具也别具特色，如半月形双孔石刀、扁平石铲和方孔石镢等亦是有别于下七垣文化（图 5-20）。

岳石文化与下七垣文化的区别不只在于陶器、石器以及骨蚌器这些遗物上。从现有资料看，二者的文化遗迹也存在极大的差异。以最多见的房子和灰坑为例。下七垣文化的地面建筑以圆形为主，岳石文化则以长方形和方形为多；下七垣文化的深窖穴不见于岳石文化，而岳石文化的方形、梯形灰坑以及带有斜坡或台阶通道的二联坑、三联坑也不见于下七垣文化。由这些差异来看，岳石文化和下七垣文化的创造和使用者绝非同一部族。

由于岳石文化的分布地域与下七垣文化相邻，且在时代上大体相同，因而有不少下七垣文化的因素包含其中，如卷沿细绳纹鬲、花边罐、蛋形瓮、细泥鼓腹平底盆等，均为下七垣文化中常见之物（图 5-21）。而在下七垣文化中，也发现有带凸棱的浅盘豆、侈口束颈鼓腹盂、大口夹砂罐、带附加堆纹的甗等岳石文化的典型器物（图 5-22）。

对于这两支考古学文化间交往的具体过程，还可从其分布地域的变化这一角度来观察。前文已述，下七垣文化原本源于太行山西麓的晋中地区，后来其活动范围拓展至太行山东麓走廊地区，到夏末时更是分布至豫东、豫中地区。而与此相应，一直盘踞于山东地区的岳石文化的居民，在夏末时也呈现出向西方发展的态势，甚至一度进入郑州地区。因而在下七垣文化和岳石文化中，二者互见对方的典型器物多在二文化的晚期而不

---

①　王迅：《东夷文化与淮夷文化研究》，北京大学出版社，1994 年，7 页。栾丰实：《论岳石文化的来源》，《纪念城子崖发掘六十周年国际讨论会文集》，齐鲁书社，1993 年；《岳石文化的分期和类型》，《海岱地区考古研究》，山东大学出版社，1997 年。张翠莲：《论岳石文化的分期和地方类型》，《中原文物》1998 年 1 期。方辉：《岳石文化的分期与年代》，《考古》1998 年 4 期。吴玉喜：《岳石文化地方类型初探——从郝家庄岳石遗存的发现谈起》，《考古学文化论集》（3），文物出版社，1993 年。

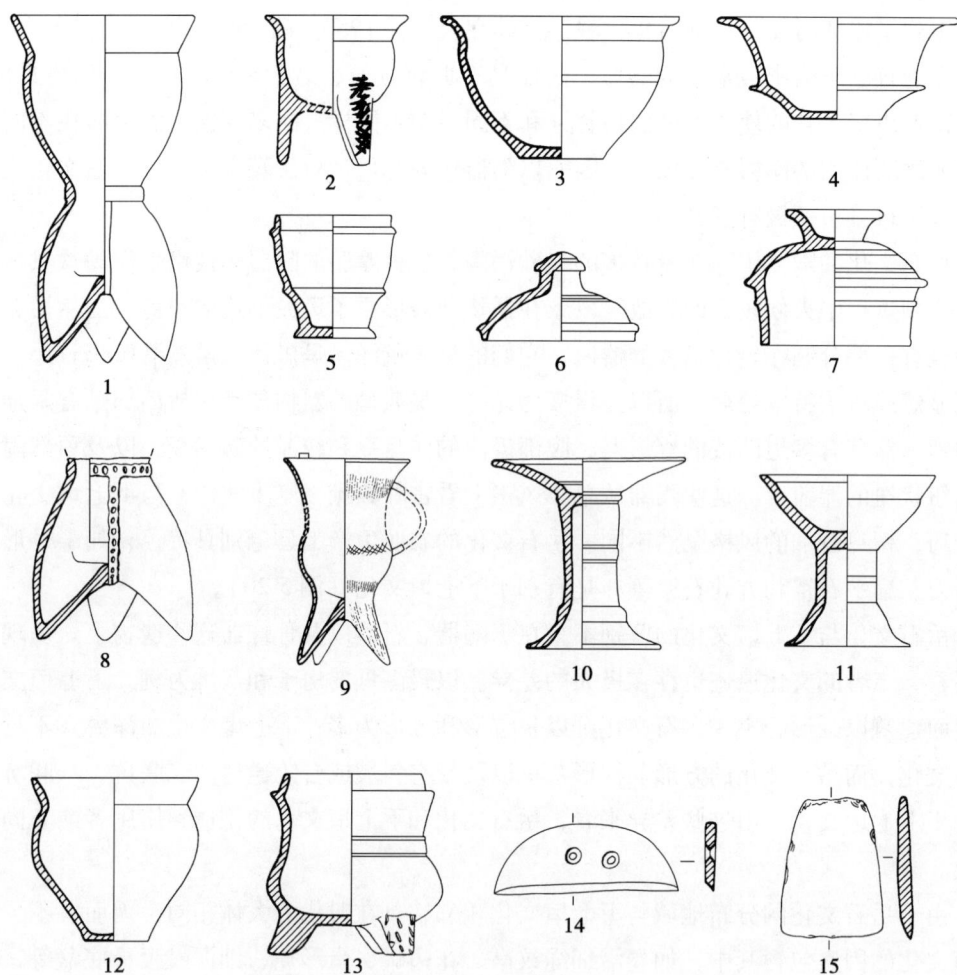

图 5-20　岳石文化陶器和石器

1、8. 甗（庙岛海滨、H714：34）　2. 鼎（H14：48）　3、4. 盆（T5②B：19、H404：1）　5. 尊形
器（H14：31）　6、7. 器盖（H14：34、H753：4）　9. 斝（H165：5）　10、11. 豆（H725：1、
T213⑦：6）　12. 大口罐（H8：35）　13. 三足罐（H24：23）　14. 石刀（T228⑦：7）　15. 石铲
（F114：2）　（2.3.5.6. 益都郝家庄　4.7. ~12.14.15 泗水尹家城　13. 牟平照格庄）

是早期，便变得比较容易理解。学界一般认为岳石文化为居于东方的夷人所创造，夏代
末年商人南下以及商夷联盟的形成①，为二文化的交融提供了有利了条件，这大概是岳

————————————

① 关于这点学界论者很多，主要成果有宋豫秦：《夷夏商三种考古学文化交汇地域浅谈》，《中原文物》1992
年 1 期；《论杞县与郑州新发现的先商文化》，《中国商文化国际学术讨论会论文集》，中国大百科全书出
版社，1998 年。陈旭：《豫东岳石文化与郑州商文化的关系》，《中州学刊》1994 年 4 期。

鬲	细泥鼓腹盆	橄榄形罐	蛋形瓮
岳石文化			
1	2	3	4
下七垣文化			
5	6	7	8

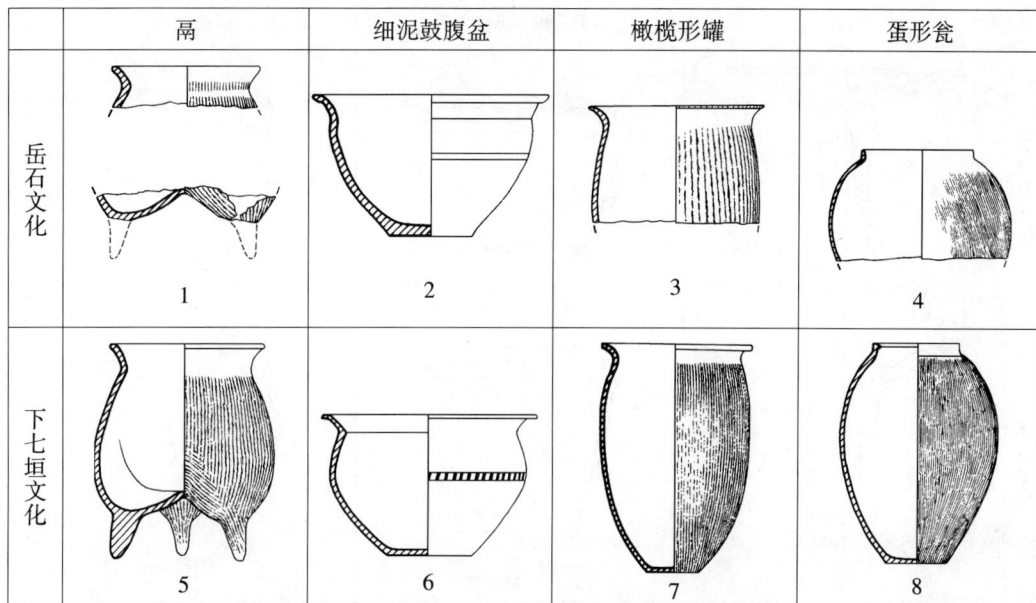

图 5-21　岳石文化与下七垣文化陶器对比

1. 安邱固堆（T12⑮：118、T13⑧：161）　2. 益都郝家庄（T5②B：19）　3. 杞县鹿台岗（T24⑤：42）　4. 菏泽安邱堌堆（H1：1）　5. 邯郸涧沟（T3③A：226）　6. 永年何庄（T11②：1）　7. 杞县鹿台岗（H9：6）　8. 磁县下七垣（T7③：868）

石文化与下七垣文化间拥有一些共同因素的历史背景①。

就现有材料尚不能判定这两支考古学文化的社会发展程度的高低。但可以肯定的是，岳石文化的社会复杂程度丝毫不逊于下七垣文化。近年来新的考古发现可以为此提供证明。

20 世纪 90 年代初，考古工作者在对城子崖遗址进行发掘时，发现了属于岳石文化时期的夯土城墙。尽管城址的面积仅有 17 万平方米，然而夹板挡土和用集束木棍夯打的筑城技术无疑较龙山时期要进步得多②。这种"采用版筑和集束棍夯筑方法筑成的城墙，夯层均匀规整，夯土硬度加大，两壁由龙山时期的斜坡状变为近90°的陡直墙壁，

---

① 在下七垣文化中，东方的因素不甚明显。然而有相当多的学者注意到，早在史前时期东方就已与中原之间有密切的往来。虽然在下七垣文化中，来自东方的因素不是很多，但在其继任者二里岗文化以及殷墟文化中，却存在着许多东方的因素，如厚葬、棺椁、龟甲、白陶、骨匕、骨雕以及装饰艺术中的纹样等（张光直：《殷商文明起源研究上的一个关键问题》，《中国青铜时代》，三联书店，1999 年，98～122 页）。当然仅仅由这些便断言早商文化源于东方，证据尚显薄弱，但这些因素的存在却是不能不令人深思的。

② 张学海：《城子崖遗址又有重大发现，龙山岳石周代城址重见天日》，《中国文物报》1990 年 7 月 26 日；《章丘县城子崖古遗址》，《中国考古学年鉴》，文物出版社，1992 年，203～204 页。

豆	尊形器	夹粗砂罐

下七垣文化

1　　　　　2　　　　　3

岳石文化

4　　　　　5　　　　　6

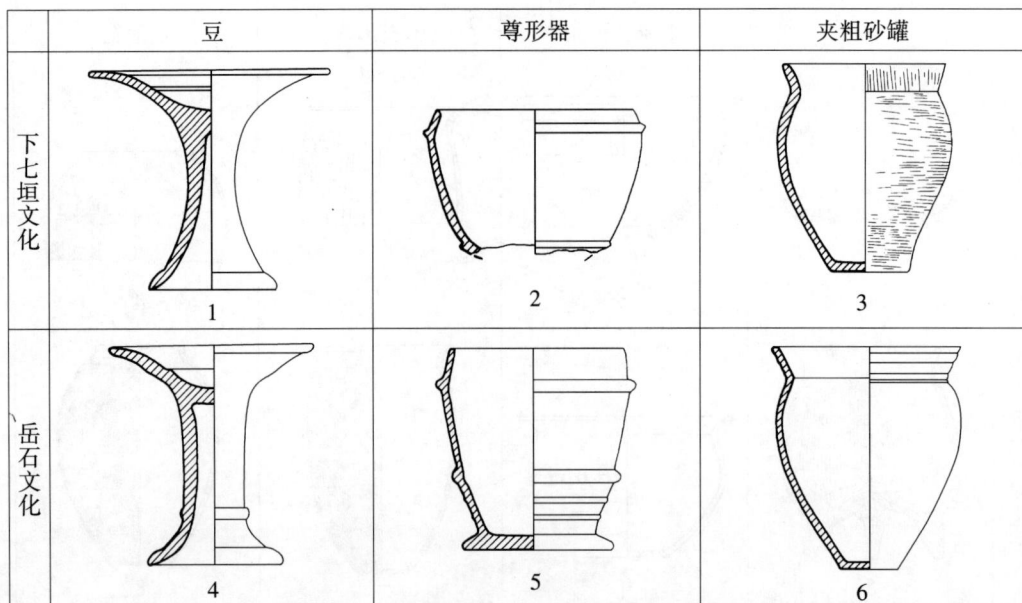

图5-22　下七垣文化与岳石文化陶器对比

1. 永年何庄（T9②：2）　2. 杞县鹿台岗（H9：37）　3. 杞县鹿台岗（H35：1）　4. 益都郝家庄（H14：47）

5. 泗水尹家城（T1⑦：12）　6. 泗水尹家城（H23：5）

易守难攻，坚固耐用"①。其后不久，在邹平丁公遗址也辨识出属于岳石文化的城垣②和属于同一时期的城壕③。城垣和壕沟的修筑显然有着特别的意义。

　　青铜器在岳石文化的诸多遗址均有发现，出土青铜器的数量也较多，尤其是属于消耗类的铜镞铸造数量的增多，反映出其青铜工业的进步。铜器的种类除镞外，尚有方体斜刃凿、平面呈三角形或长条形刀、三棱形锥等。引人注目的是在郝家庄遗址还发现有青铜容器的残片④。这些青铜器大多为青铜，有锡青铜、铜青铜、铅锡青铜等。合金技术的发明尤其是铅青铜的试铸成功，以及青铜容器的出现，表明岳石文化的铜器冶铸技术已达到相当高的水平。

① 栾丰实：《东夷考古》，山东大学出版社，1996年，322页。

② 栾丰实：《邹平县丁公新石器时代至汉代遗址》，《中国考古学年鉴》，161～162页。短文称1992年3～7月是第五次发掘，发现原定为龙山的城墙可分四期，第四期可能属岳石文化时期。

③ 栾丰实：《东夷考古》，山东大学出版社，1996年，315页。

④ 吴玉喜：《岳石文化地方类型初探——从郝家庄岳石遗存的发现谈起》，北京大学硕士研究生毕业论文，1985年，41页。

此外，在桓台史家遗址还发现了刻画在羊肩胛骨上的文字①。

城墙的建筑、凝结着高技术含量的青铜容器的铸造以及可能是文字或接近于文字的刻画符号的出现，反映出岳石文化尤其是其晚期应该达到了相当高的发展水平。也许商文明中部分文明的表征是受到岳石文化的影响才出现的。从这个意义上说，岳石文化对于商文明的形成做出了一定的贡献。

下岳各庄文化与下七垣文化隔滹沱河相望，分布于太行山东麓地区的中北部，即滹沱河以北、拒马河以南一带，其时代大约相当于二里头文化二至四期。主要的遗址有易县下岳各庄②、安新辛庄克③、容城白龙④、午方⑤、任邱哑叭庄⑥、定州尧方头⑦等（图5-23）。

在时代相同或相近的诸多考古学文化中，下岳各庄文化无疑是与下七垣文化最为接近的，这种接近通过这两支考古学文化的特征，比如房址和窖穴的形状、陶器的质地、纹饰、种类，以及石器、骨器等各个方面表现出来。以目前资料最为丰富的陶器而论，二者间的共性不仅表现为它们拥有部分共同的器物种类，而且体现在同类器物造型的相似上。图5-24为下岳各庄文化与下七垣文化的四种陶器形致对比图，从图中可以清楚地看出，绳纹鬲、中口绳纹罐、盘形豆、蛋形瓮等四种器物的造型极为接近，显示出二者间所存在的千丝万缕的联系。这种文化特征的相同或相近，也许与这两支考古学文化最初的源起有相当大的关系。当然不能就此认为，下岳各庄文化下七垣文化可以共用一套陶器。事实上从总体来看，二者的区别也相当明显，从陶质看，下七垣文化存在着大量夹砂或泥质的灰色陶器，而在下岳各庄文化中，褐陶的比例要多得多；从纹饰看，尽管二者均以绳纹为大宗，但下七垣文化陶器外表多为细绳纹，与下岳各庄文化的旋断绳纹判然有别；从器类看，二者虽均以鬲、甗和深腹罐为炊具，但这几种器物不仅在整个陶器群中所占的比例完全不同，而且在形制上也存在着不小的差异，显示出这两支考古学文化所具有的不同的文化传统。

---

① 淄博市文物局等：《山东桓台县史家遗址岳石文化木构架祭祀器物坑的发掘》，《考古》1997年11期。对于这两片卜辞，学界看法不一，方辉以为"山东桓台史家遗址虽也有零星出土，但因刻辞过于简略，不能连缀成文。"《2003年济南大辛庄遗址的考古收获》（《2004年安阳殷商文明国际学术研讨会论文集》，社会科学文献出版社，2004年）。孙亚冰在《百年来甲骨文材料再统计》一文中，只承认其中一片（《中国文物报》2003年5月9日第7版）。

② 拒马河考古队：《河北易县涞水古遗址试掘报告》，《考古学报》1988年4期。

③ 保北考古队：《河北省容城县考古调查报告》，《文物春秋》1990年1期。

④ 保北考古队：《河北省容城县白龙遗址试掘简报》，《文物春秋》1989年3期。

⑤ 河北省文物研究所：《河北容城县午方新石器时代遗址试掘》，《考古学集刊》第5集。

⑥ 河北省文物研究所等：《河北省任邱市哑叭庄遗址发掘报告》，《文物春秋》增刊，1992年。

⑦ 河北省文物研究所、保定市文物管理处：《河北定州市尧方头遗址发掘简报》，《考古》2004年9期。

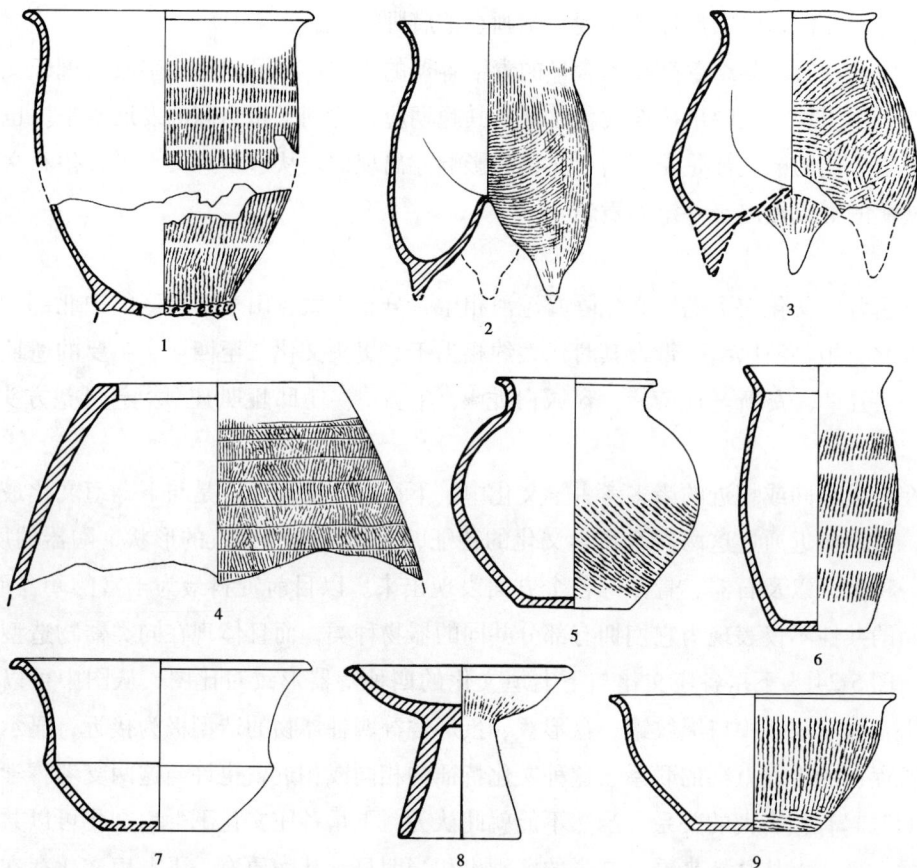

图 5-23　下岳各庄文化陶器

1. 甗（J1：447）　2、3. 鬲（H5：1、H7：1）　4. 蛋形瓮（T6⑤：7）　5. 小口鼓腹瓮（J1：259）　6. 罐（H2：9）　7. 双腹盆（H59：9）　8. 豆（J1：844）　9. 绳纹盆（H4：9）（1、5、8. 午方　2、4. 尧方头　3、9. 下岳各庄　6、7. 哑叭庄）

此外从文化因素分析的角度，亦可看出二文化的差别所在。下七垣文化中数量最多的是薄胎绳纹高锥足鬲、薄胎绳纹甗、圜底罐形鼎等该文化特有的因素，而下岳各庄文化则以侈沿旋断绳纹甗、高领或矮领鼓腹绳纹鬲、侈口绳纹深腹盆、束颈横绳纹盆等器物为其核心组成部分。此外，尽管由于地缘的关系或是文化传统的缘故，二文化中均含有岳石文化因素，但下七垣文化中尤其是其晚期存在大量的二里头文化因素不见于下岳各庄文化，而下岳各庄文化中所包含的夏家店下层文化因素也明显多于下七垣文化，显示出二者间所存在的深刻的文化差异。

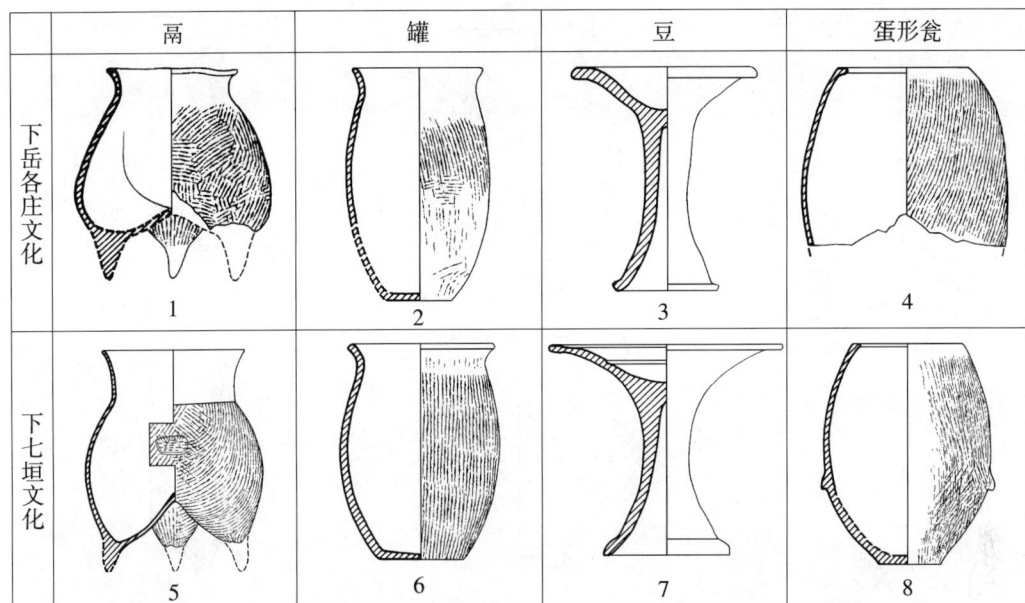

鬲	罐	豆	蛋形瓮

图 5-24　下岳各庄文化与下七垣文化陶器对比

1. 下岳各庄（H7：1）　　2. 午方（J1：247）　　3. 哑叭庄（T632a：1）　　4. 尧方头（T6⑤：7）　　5. 游邀
（H129：1）　6. 下七垣（T7③：954）　7. 何庄（T9②：2）　8. 何庄（T12②：1）

　　由下岳各庄文化往北越过拒马河，便可到达夏家店下层文化分布区。夏家店下层文化的中心区域在燕山南北一带，但其分布范围要大得多。据考古学家研究，西至宣化盆地，东达医巫闾山，北面可抵西喇木伦河，南临拒马河，均有此文化的遗址发现。据 ^{14}C测定，其年代在公元前 2000～前 1500 年之间①。

　　虽然与下岳各庄文化相比，夏家店下层文化与下七垣文化的关系要疏远得多，但仍表现出比其他考古学文化接近得多的特征。这种接近更多地可以从陶器组合方面体现出来。如二文化均以绳纹鬲、甗和深腹罐为最流行的炊器，且均有较多数量的宽沿盆、浅盘豆、蛋形瓮等器物，如均为分档、腹部饰有绳纹等。但二者的区别也相当明显，比如夏家店下层中较为多见的折腹盆、钵形鼎、圈足罐等在下七垣文化中绝无踪迹可寻，而下七垣文化中的很多器物也未能夏家店下层文化中出现。即便是二文化中均可见到的器形——如鬲、甗和深腹罐——其造型也还是各具特点，显示出不同地域所具有的不同文化传统（图 5-25）。值得注意的是，尽管这两支考古学文化隔下岳各庄文化相望，但并非完全隔绝，而是在发展过程中有着一定的联系，如在这两支考古学文化中存在一些形制上极为接近的器物，如橄榄形罐、侈口肥袋足鬲、腰部带有附加堆纹的锥足甗等（图 5-26），尽管数量不多，但二者之间相互的影响却可以于此得到验证。

---

①　《中国大百科全书·考古卷》，中国大百科全书出版社，1986 年，571 页。

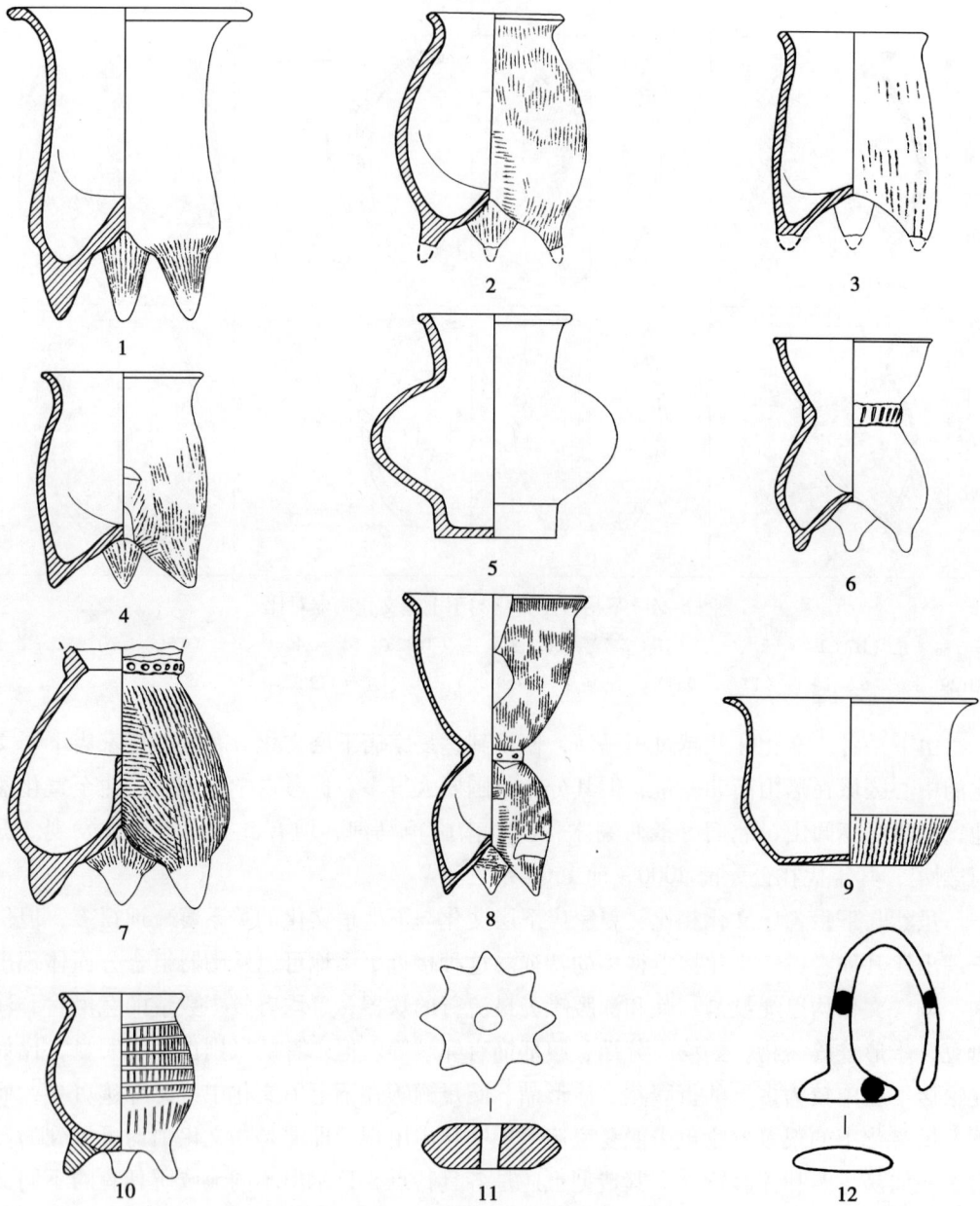

图 5-25　夏家店下层文化遗物

1～4. 鬲（H2：15、T2④：1、87H1：1）　5. 壶　6～8. 甗（H2：16、T1③：13、T17③：1）　9. 折腹盆

10. 鼎（T10③：1）　11. 纺轮（T2④）　12. 铜耳环（F4）（1.5. 密云凤凰山　2.8. 大厂大坨头

3.4.11.12. 蓟县张家园　6.10. 北票丰下　7. 赤峰药王庙　9. 平谷刘家河墓）

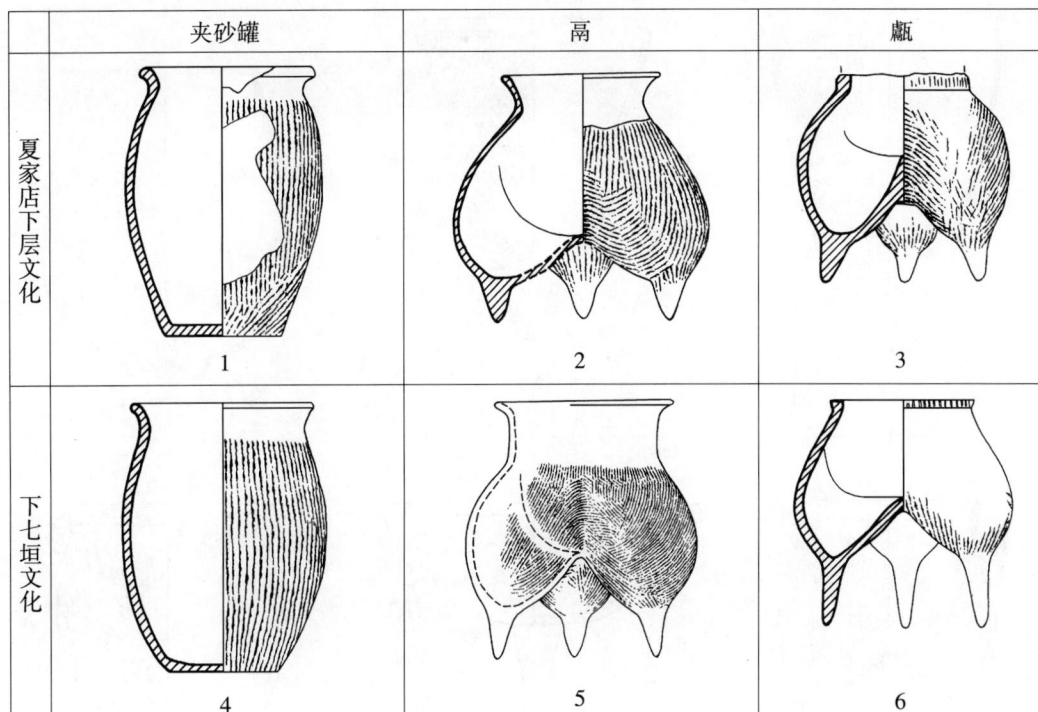

图 5-26　夏家店下层文化与下七垣文化陶器对比

1. 张家园（87F1：4）　　2. 三关（H2022：26）　　3. 丰下（T4②F1：1）　　4. 下七垣（T7③：954）　　5. 白燕（H98：176）　　6. 界段营（H8：1）

　　由下七垣文化分布区往西越过太行山，便可到达山西中南部。大约与下七垣文化同时，在这一地区分布着几支不同面貌的文化遗存，其中分布于晋南地区的是东下冯文化[①]。东下冯文化的遗址主要分布于山西西南部的汾水、浍水、涑水流域，其年代大致在公元前 19 世纪至公元前 16 世纪[②]。

　　东下冯文化拥有一批独具特色的陶器群，包括有较多数量的鬲、斝、甗以及卵形三足瓮、敛口三足瓮等（图 5-27）。

　　虽然与下七垣文化一样，炊具中均有相当数量的鬲和甗，但东下冯文化中还存在着为数不少的斝和圆腹罐，尤其是后者，造型极为别致和多变，除部分无耳外，多有单耳或双鋬，还有些是一耳一鋬。尽管东下冯文化与下七垣文化之间为太行山所阻隔，但文

<hr>

①　学术界一般将东下冯视为二里头文化的一个地方类型，即二里头文化东下冯类型，也有学者认为它是独立于二里头文化之外的另一支考古学文化，称之为东下冯文化（郑杰祥：《夏史初探》，中州古籍出版社，1988 年）。本文从后者。

②　中国社会科学院考古研究所等：《夏县东下冯》，文物出版社，1988 年，215 页。

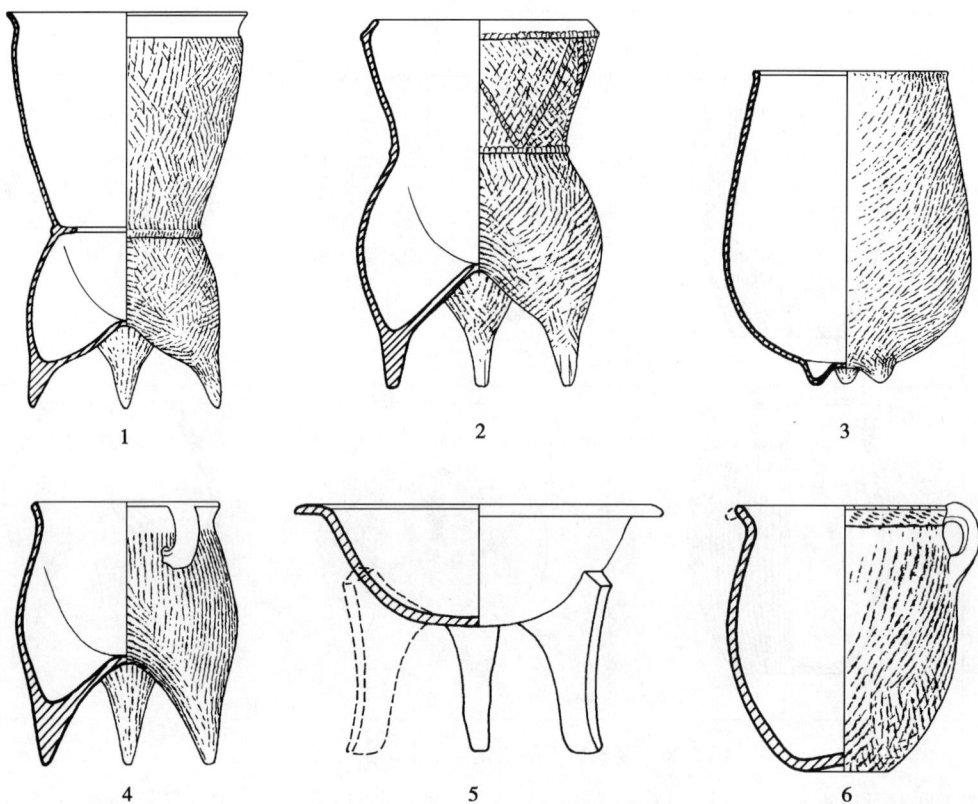

图 5-27　东下冯文化陶器

1. 甗（T261②b：3）　2. 斝（H535：15）　3. 三足瓮（H23：2）　4. 鬲（H41：40）　5. 鼎（M5：1）
6. 罐（H418：31）　（均夏县东下冯）

化间的交流与影响并没有被隔断。如在东下冯遗址中曾出土过具有下七垣文化特色的细绳纹鬲、甗和橄榄形罐，在下七垣文化的遗址中也发现过东下冯文化常见的圆腹罐、斝和小口尊等（图 5-28）。

在与下七垣文化几乎同时的所有的考古学文化中，没有哪种文化能像二里头文化那样对下七垣文化产生如此巨大的影响。勿庸讳言，二里头文化在当时诸文化中是占有地域最辽阔，同时也是发展程度最高的。然而与岳石文化一样，对它的认识也是经过了很长时间。

20 世纪 50 年代初以来，考古工作者在今河南省西部一带发掘出一种与中原龙山文化面貌不同的文化遗存，但直到 1959 年偃师二里头遗址开始发掘后，这类遗存方被确定为一种新的考古学文化而引起世人的注意，其后类似的遗存在豫西的许多地点陆续被

甗	鬲		斝	单耳罐
1	2	5		6
3	4	7		8

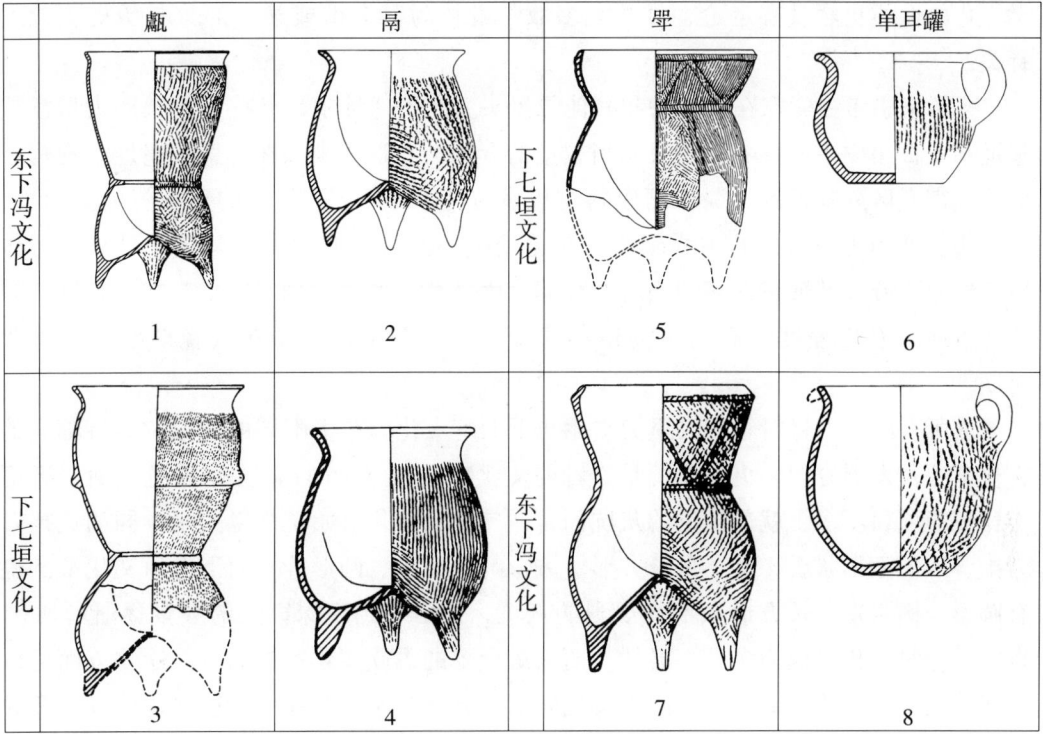

图 5-28　东下冯文化与下七垣文化陶器对比

1. 东下冯（T261②b∶3）　2. 东下冯（T5531∶3D∶3）　3. 葛庄（H02∶3）　4. 邯郸涧沟（T3（3A）∶226）

5. 宋窑（T12④∶340）　6. 南三歧（T12①∶4）　7. 东下冯（H535∶15）　8. 东下冯（H417∶47）

发现。这支考古学文化后来被定名为二里头文化[1]。据[14]C 测定，其绝对年代约在公元前 1880 ~ 前 1560 年之间[2]。在二里头遗址发掘开始后不久，负责发掘与研究的学者就将以该遗址为代表的二里头文化分为连续的四期，但直到今天为止，对于这支考古

----

[1]　夏鼐：《[14]C 测定年代与中国史前考古学》，《考古》1977 年 4 期。

[2]　夏商周断代工程专家组：《夏商周断代工程 1996 ~ 2000 年阶段成果报告》（简本），世界图书出版公司，2000 年，76 ~ 77 页。

学文化的性质仍然没有定论，尽管大多数学者认为其全部或某一部分与历史上的夏有关①。

多年来，考古学家在二里头和其他二里头文化的遗址中，已挖掘出数座大型宫殿基址和上百座中小型墓葬，以及相当数量的青铜器。近年来又在二里头遗址发现宫城城墙、宫殿区外围道路、绿松石废料坑以及夯土基址②。历年来的发掘资料显示出，二里头遗址当为该文化的中心聚落。在遗址中心区分布有大中型建筑基址、铸铜作坊、祭祀遗迹以及数量众多的同时期墓葬，因而众多的学者赞同二里头文化是这一时期北方地区发展程度最高的一支早期青铜文化，并承认至少在其晚期已进入文明时期③。

从所有已知的材料看，二里头文化与下七垣文化分布于不同的地域，具有不同的文化来源及发展方向，更重要的是二者的文化特征截然不同④。关于遗迹方面二者可资比较的项目不多。就最常见的灰坑而言，二里头文化自始至终以大小不同的浅窖穴为主，从平面形状看，有圆角长方形、方形、椭圆形、圆形等，而下七垣文化虽然也有圆形、椭圆形、长方形和不甚规则的灰坑，但由早到晚深窖穴的数量逐渐增加⑤，直到早商时期仍然极为多见，显然是商人最重要的民族文化特征之一。遗物方面可以陶器为例，就总体造型而言，两支文化间的差异极为明显，如下七垣文化的陶器多为平底器，而二里头文化最多见的是圜底器。就炊具而言，下七垣文化的居民习惯于使用鬲和甗这类三足器，而二里头文化的居民却更钟情于夹砂中口罐和鼎。此外，二里

---

① 到目前为止，考古学界对于二里头文化的分期和性质争议极大，但多将二里头文化的全部或其中某一期指认为夏文化。虽然二里头文化在分布地域上与夏王朝统治地域有重合之处，且发现有大型宫殿建筑基址和一批中型墓葬，以及青铜礼器、兵器和玉器，但迄今未发现有文字记录，此外，二里头文化的年代与夏纪年尚不能完全吻合，因而在目前的条件下将二里头文化径称为夏文化，即作为定论尚有证据不足之嫌，但仍不失为一种颇具可能性的解释（陈星灿等：《夏商周断代工程引起的网上讨论纪实》，《古代文明研究通讯》9 期，2001 年 6 月；朱凤瀚：《论中国考古学与历史学的关系》，《历史研究》2003 年 1 期）。所以以现有的资料只能说二里头文化尤其是其晚期最有可能是以夏族为主体的人群在特定时期所遗留。近年来新发现的宫城城墙、绿松石作坊、大型宫殿基址等，为这种说法提供了更多更为有利的证据。

② 中国社会科学院考古研究所二里头工作队：《河南偃师市二里头遗址宫城及宫殿区外围道路的勘察与发掘》，《考古》2004 年 11 期。

③ 认为二里头文化已进入文明时期的学者很多，主要有夏鼐、邹衡、李伯谦等先生。夏鼐先生在《中国文明的起源》一书中，将中国文明之源从殷墟追溯到二里岗以及二里头，明确说"二里头文化，至少它的晚期，是已达到了文明的阶段"（《夏鼐文集》，中国社科文献出版社，2000 年，410 页）。邹衡先生也承认"从二里头文化开始，中国古代进到一个新的时代——文明时代"（《中国文明的诞生》，《文物》1987 年 12 期）。李伯谦先生从青铜冶铸技术、墓葬与居址反映的贫富与阶级分化、大型宫殿建筑的兴建与专门青铜武器的使用等方面对二里头文化进行全面分析，认为二里头文化是"已经进入文明阶段的考古学文化"（《中国文明的起源与形成》，《华夏考古》1995 年 4 期）。

④ 李伯谦：《夏文化与先商文化关系探讨》，《中原文物》1991 年 1 期。

⑤ 邹衡：《试论夏文化》，《夏商周考古学论文集》，文物出版社，1980 年，135、118、119 页。

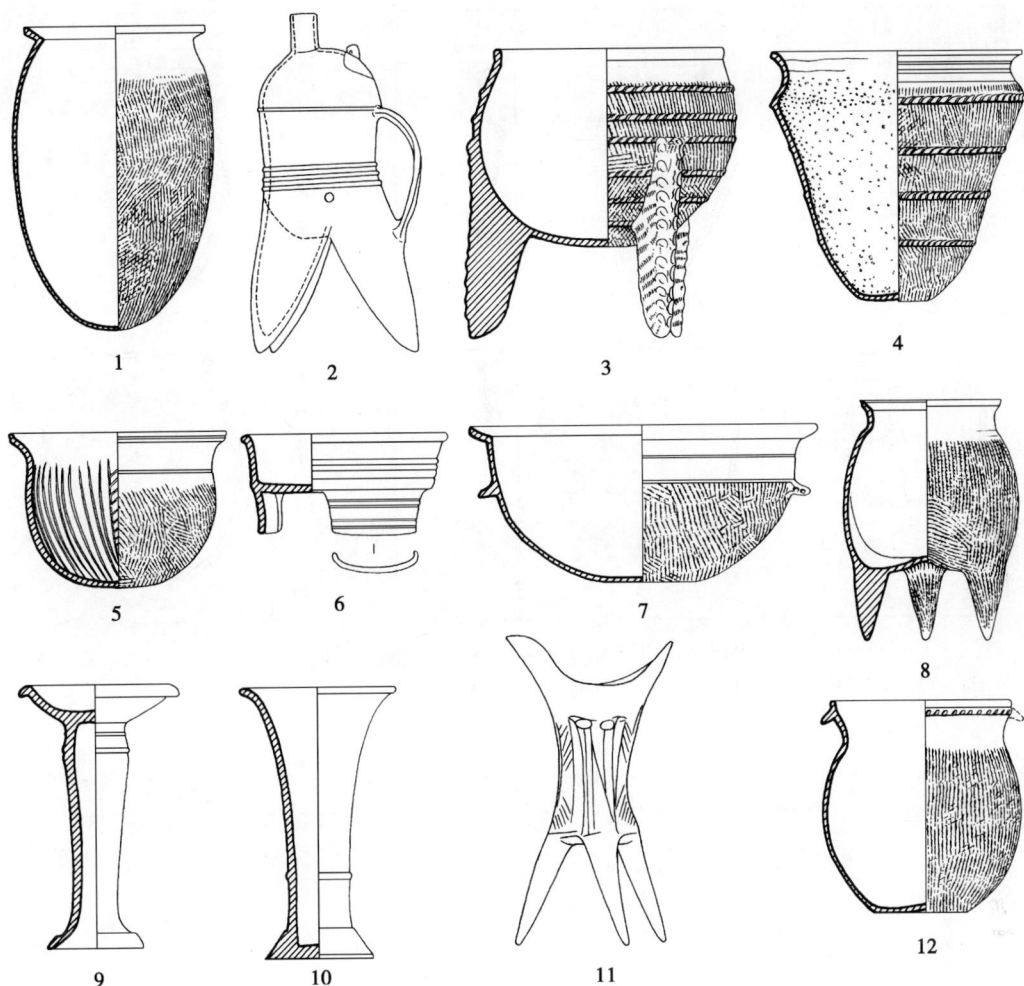

图 5-29 二里头文化陶器

1. 深腹罐（VH110：10） 2. 盉（Ⅳ M17：3） 3. 鼎（Ⅳ H77：39） 4. 大口尊（Ⅷ采：8） 5. 刻槽盆
（VH132：28） 6. 瓦足皿（VT113④：15） 7. 盆（Ⅳ H162：21） 8. 鬲（Ⅳ H57：98） 9. 豆（Ⅴ D2T1
⑥：2） 10. 觚（Ⅳ M18：3） 11. 爵（Ⅳ M14：5） 12. 罐（Ⅴ H129：12） （均二里头遗址）

头文化中还常见到瓦足皿、刻槽盆、大口尊、圜底盆以及觚、爵、盉等器物，而这些在
下七垣文化中几乎不见，反映了两种考古学文化截然不同的陶器制作传统（图 5-29）。

然而就是这样两种不同面貌的考古学文化，在各自独立发展的过程中，不可避免地会
受到对方的影响。这种影响在陶器上体现得最为突出。在属于下七垣文化早期的下七垣遗
址第四层和大寒南岗以及葛庄、宋窑等地，发现有腹部装饰着附加堆纹的侈口罐、平底罐
形鼎、瓦足皿、伞状纽器盖、大口尊、捏沿罐等，这些均为二里头文化最具特色的陶器。
而二里头遗址也不例外（图 5-30、5-31）。

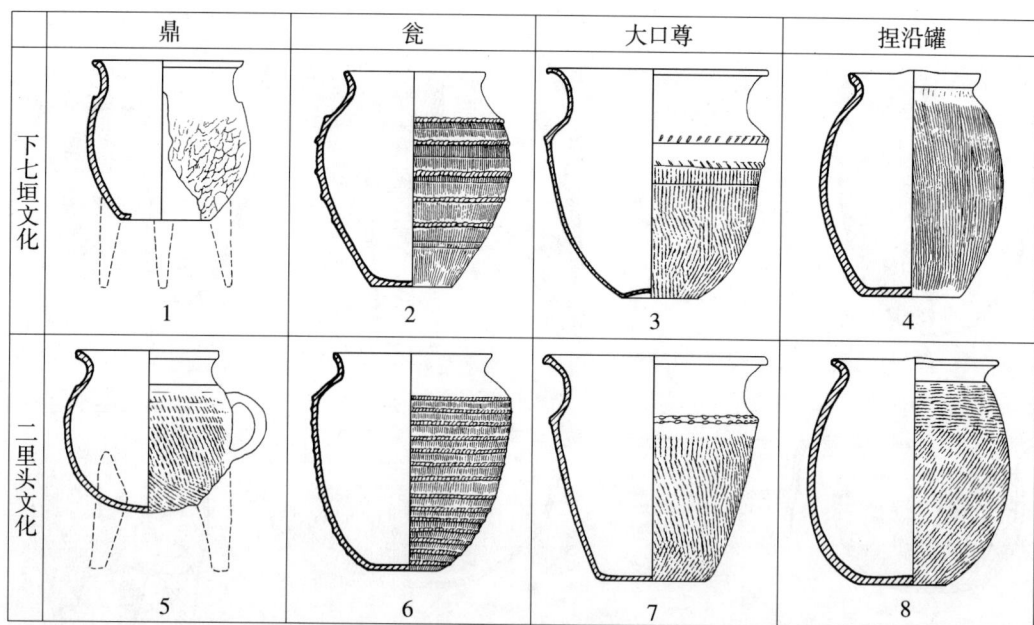

图 5-30　下七垣文化和二里头文化陶器对比

1. 下七垣（T7④：1334）　2. 下七垣（T7④：1260）　3. 宋窑（T14④：7）　4. 葛家庄（H2：11）　5. 二里头（ⅤH110：11）　6. 二里头（ⅤH249：8）　7. 二里头（ⅣH10：2）　8. 二里头（82ⅤT15⑨D：2）

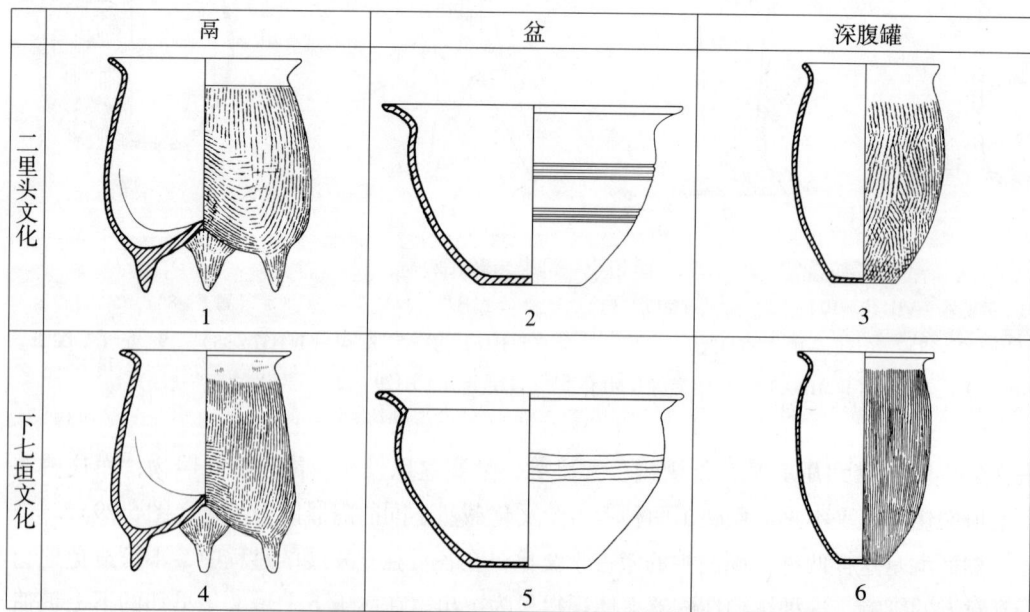

图 5-31　二里头文化和下七垣文化陶器对比

1. 二里头（ⅤH101：11）　2. 二里头（ⅥH10：2）　3. 二里头（ⅤH53：11）　4. 葛家庄（H03：4）　5. 葛家庄（H026：2）　6. 鹿台岗（H9：6）

"二里头四期陶器的质料、制法、种类和纹饰与第三期相似。平底器和三足器数量增加，圜底器减少，圈足器的数量变化不大。口沿以卷沿和侈口两种居多，折沿少见。罐类器腹部更为肥鼓，圜底明显减少。鬲的数量增多，器形趋于规范化。……本期新增加一部分平底器类，形态与下七垣类型陶器相似。"①

下七垣文化与二里头文化的交往并非仅限于陶器。近年来在郑州商城东北部发现了属于下七垣文化晚期的墓葬②，墓中出土有两件青铜容器，其中的铜鬲口沿外折，上有两个对称的半圆形竖耳，腹部较直，袋足瘦长，下有三圆锥形足尖，这种器形至今未见于二里头文化。而同墓出土的铜盉上有管状流，腰部微束，三袋足外撇，造型与二里头三期同类器极为近似。所有这些似乎说明下七垣文化在铜器铸造方面受到了二里头文化的强烈影响，但同时亦保持了自己独特的风格。

耐人寻味的是，下七垣文化中出现的二里头文化的因素多在其早期，而在二里头文化中，下七垣文化因素的大量涌入却集中在晚期。这种情况形成的原因，也许只能用文化的先进和强弱对于周边地区影响的不同来解释，即当一个考古学文化达到全盛之时，其对周边诸考古学文化的影响会远远大于周边文化的反馈，而当这支考古学文化以弱势姿态出现时，它更多的是吸收周边先进而强大的文化的影响。

二里头文化给予下七垣文化的并非只有这些。作为落后于二里头文化的下七垣文化的居民，在与二里头文化较量的过程中，学会了许多在当时较为先进的技术③，这些技术对其后该文化的发展产生了重大影响，甚至商人后来嗜酒之风的肇始也可追溯到二里头文化。正如有学者所言："商族在伐夏灭夏过程中，……吸收了大量夏文化因素，并与之逐步融合成为商文化的有机组成部分……"④

遗憾的是由于下七垣文化相关资料的欠缺，对于这种文化间影响的状况难以做出更接近于真实地还原。所幸的是，从下七垣文化的继承者——二里岗文化那里，仍可寻到二里头文化对商文化影响的踪迹。这种影响在城市规划方式和设计理念、建筑布局和技术、青铜器以及埋葬制度等方面均有呈现。

城市规划方式和设计理念 二里头遗址地处洛阳盆地，遗址海拔高度为119～121米。以东南部和东部为最高，最高处达121.5米，外围较低，为117～118米。遗址中心区位于遗址东南部至中部一带，中心区内分布有宫殿区、铸铜作坊、祭祀活动区和贵族聚居区。其中宫殿区位于东南部的地势较高处，外有面积达10万平方米的宫城城墙环绕在宫城周围，形成严密的防御体系。在其周围分布有若干中小型建筑基址，可能是

① 中国社会科学院考古研究所：《偃师二里头》，中国大百科全书出版社，1999年，389页。
② 河南省文物考古研究所：《郑州商城新发现的几座商墓》，《文物》2003年4期。
③ 李伯谦：《关于早期夏文化——从夏商周王朝更迭与考古学文化变迁的关系谈起》，《中原文物》2000年1期。
④ 李伯谦：《先商文化探索》，《纪念苏秉琦考古五十五年论文集》，文物出版社，1989年。

贵族聚居区。遗址南部有铸铜作坊、绿松石作坊，遗址北部和西北部一带分布着与宗教祭祀有关的建筑，一般居民区则位于海拔较低的西部和北部①。将宫殿区置于遗址最高处并在四周筑有围墙，其外再依次布置贵族聚居区、手工业作坊、一般居民区的作法，显然经过精心规划，体现出以居于大型宫殿中具有特殊身份之人群为中心的特点。这种城市规划方式和理念为后来的二里岗文化全盘吸收。

　　建筑布局和技术　　自二里头遗址发现至今，在该遗址发现的大型宫殿建筑基址已近10座，此外还有40余座中小型夯土基址②。其中资料公布最为详备的1号、2号基址均是由堂、庑、门、庭组合形成的一组完整而封闭的院落③。这些基址都是坐北朝南，其中主体建筑殿堂建于大型夯土台基之上，位居北部正中，规模宏伟，结构复杂。此外，在1号基址还发现有若干因举行祭祀仪式而遗留的祭祀坑。郑州商城、偃师商城等地发现的属于二里岗文化的大型宫殿基址，从总体布局到建筑方式以及建筑习俗，均与二里头文化极为类似④。以保存较好的偃师商城为例，经过发掘的4号、5号宫殿基址也是由堂、庑、门、庭等几大部分组成，主体建筑同样坐落于大型夯土台基之上，坐北朝南，殿堂体量高大⑤。

　　此外，商代宫殿建筑遵循统一的建筑规划轴线的做法亦肇始于二里头文化。二里头的1号和7号、2号和4号宫殿基址分别依同一条建筑轴线而建，显示出明确的中轴对称的建筑理念⑥。这一点亦为后来的二里岗文化所吸收。

　　青铜器　　迄今为止在二里头遗址发现的青铜器已逾百件⑦，种类包括容器、兵器、

---

① 许宏等：《二里头遗址聚落形态的初步考察》，《考古》2004 年 11 期。

② 许宏：《二里头遗址发现宫城城墙等重要遗存》，《中国文物报》2004 年 6 月 18 日。许宏：《二里头遗址考古新发现的学术意义》，《中国文物报》2004 年 9 月 17 日。许宏等：《二里头遗址聚落形态的初步考察》，《考古》2004 年 11 期。

③ 中国科学院考古研究所二里头工作队：《河南偃师二里头早商宫殿遗址发掘简报》，《考古》1974 年 4 期。中国社会科学院考古研究所二里头队：《河南偃师二里头二号宫殿遗址》，《考古》1983 年 3 期。2002 年春至 2003 年春在 2 号基址的南面又发现 4 号基址。尽管对于其南面存在状况尚不很清楚，但从已揭露出的北半部看，亦是"由主殿、东西庑及庭院组成的建筑"（中国社会科学院考古研究所二里头工作队：《河南偃师市二里头遗址 4 号夯土基址发掘简报》，《考古》2004 年 11 期）。

④ 在二里头 4 号宫殿发现之前，学界均以为二里头文化与二里岗文化在宫殿建筑单元的组合方式上并不是完全相同。具体而言，二里头 1 号、2 号宫殿的"主殿是被廊庑四面包围着的，主殿与廊庑之间不相连接"。而商代宫殿"主殿的后面没有廊庑，主殿的左右两侧却有耳庑连接到东庑、西庑"，直到发现二里头 4 号宫殿，才明白"商代宫殿主殿两侧耳庑的雏形"亦是源自二里头文化（杜金鹏：《偃师二里头遗址 4 号宫殿基址研究》，《文物》2005 年 6 期）。

⑤ 中国社会科学院考古研究所河南第二工作队：《1984 年春偃师尸乡沟商城宫殿遗址发掘简报》，《考古》1985 年 4 期。中国社会科学院考古研究所河南第二工作队：《河南偃师尸乡沟商城第五号宫殿基址发掘简报》，《考古》1988 年 2 期。

⑥ 许宏等：《二里头遗址聚落形态的初步考察》，《考古》2004 年 11 期。

⑦ 梁宏刚等人在《二里头遗址出土铜器研究综述》中说，"截至 2002 年，二里头遗址出土铜器约 200 件，公开发表有 117 件"（《中原文物》2004 年 1 期）。除此之外其他二里头文化的遗址亦出土有铜器近 50 件。

工具、乐器和饰品等。其中青铜容器有爵、斝、盉、鼎（可能还有瓠）等。这些容器中年代最早者可早到二里头三期，最晚者为二里头四期①。作为目前我国中原地区年代最早的青铜文化，二里头文化的铸铜技术虽然还带有某些原始性，但容器的相继发现、兵器的大量铸造以及镶嵌技术的成熟运用，在很大程度上反映出比同时期其他考古学文化较为进步的特征。

商人青铜工业的起步与发展和二里头文化的巨大影响是分不开的。这种影响表现在以下两个方面：

一是器物的造型和纹饰。二里岗文化早期的铜器如爵、斝、鼎等从外形上看，与二里头文化同类器物极为近似，而且外表的纹饰种类也与二里头文化基本相同（图5-32）。

二是墓葬出土的青铜礼器的组合。二里头文化三四期墓葬中，青铜器组合的形式以单爵为主，四期开始出现爵斝组合的形式。与此相类，二里岗下层墓葬中，最常见的青铜器组合也是单爵和爵斝的组合②。

埋葬制度　目前已发掘的二里头文化的墓葬数量已逾400座，由这些材料可清楚地看出其埋葬制度的特点所在。二里头文化的墓葬以长方形竖穴土坑墓为主，葬式以仰身直肢为多，随葬品以陶器为主，规模较大的墓葬还随葬有青铜器、玉器等奢侈品。这些特点与二里岗文化的埋葬制度大体相同。

除此之外，二里头文化的墓葬还有一些显著的特点。比如在大中型墓葬中有随葬青铜礼器的传统。据统计，二里头遗址的墓葬中共发现青铜器28件，其中有26件出土于大中型墓葬中，小墓仅有2件③。这些青铜器中，近一半为青铜容器。此外，二里头文化的墓葬流行在墓底铺设朱砂和随葬圆陶片的习俗。在资料报道较为详尽的属二里头文化的132座墓葬中④，有37座墓底铺设朱砂，21座墓中随葬有圆陶片，分别占墓葬总数的28％和16％。二里岗文化显然继承了这些传统。

然而商人对于二里头文化的这些较为先进的技术并非拿来就用，而是有所改变，有所发展，并在一定程度上保持了本民族的传统。

尽管二里岗文化在城市规划方式和建筑布局、建筑技术等方面与二里头文化极为近

---

① 中国社会科学院考古研究所二里头工作队：《1981年河南偃师二里头发掘简报》，《考古》1984年1期；《1982年秋偃师二里头遗址九区发掘简报》，《考古》1985年12期；《1984年秋河南偃师二里头遗址发现的几座墓葬》，《考古》1986年4期；《河南偃师二里头遗址发现新的铜器》，《考古》1991年12期；《1987年偃师二里头遗址墓葬发掘简报》，《考古》1992年4期。中国社会科学院考古研究所二里头队：《1980年秋河南偃师二里头遗址发掘简报》，《考古》1983年3期；《河南偃师二里头二号宫殿遗址》，《考古》1983年3期。中国社会科学院考古研究所：《偃师二里头》，中国大百科全书出版社，1999年。

② 朱凤瀚：《古代中国青铜器》，南开大学出版社，1995年，598～599页。

③ 郑若葵：《论二里头文化类型墓葬》，《华夏考古》1994年4期。

④ 此处数据采用郑若葵《论二里头文化类型墓葬》文后的统计表，但去除了东下冯遗址的材料。

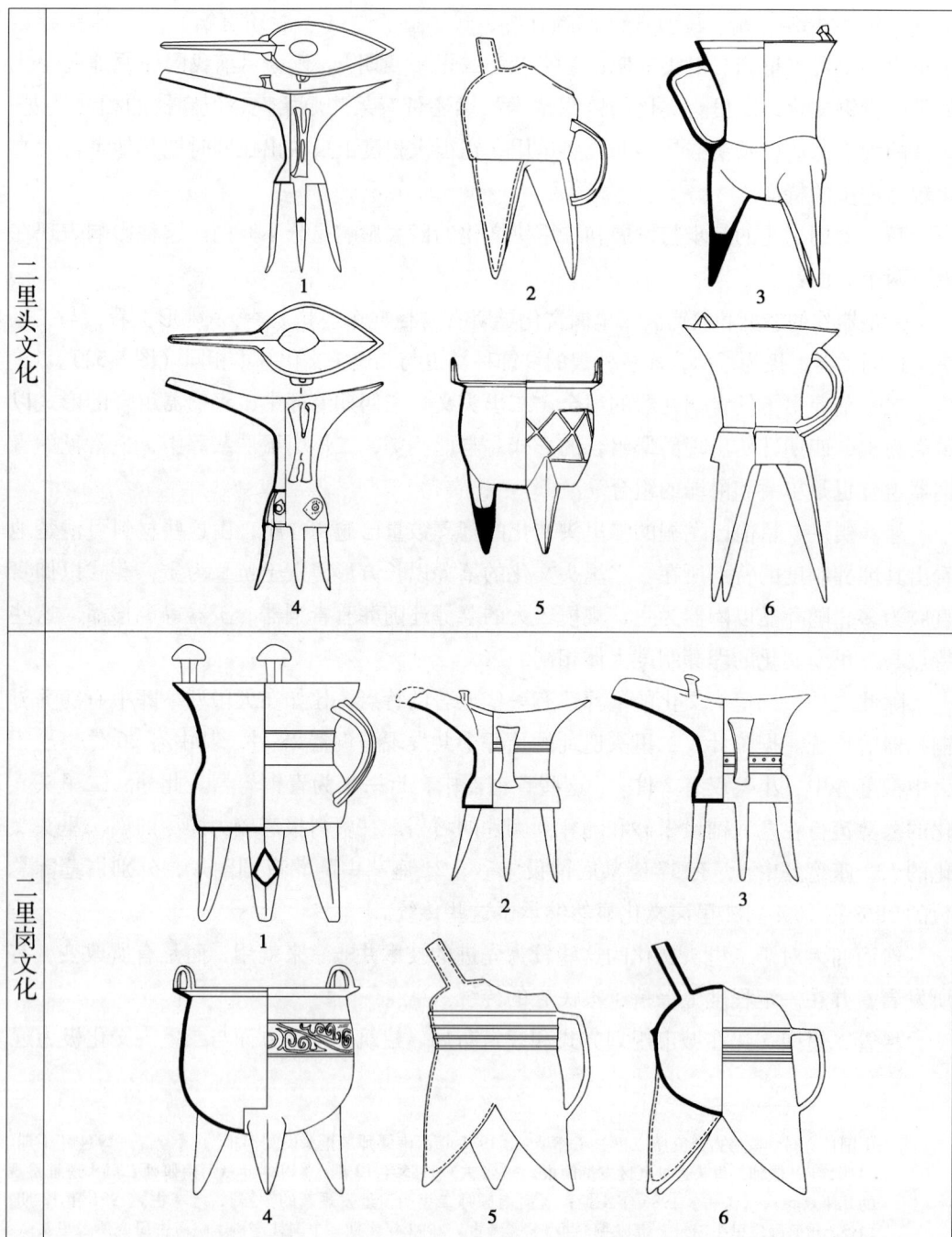

图 5-32　二里头文化与二里岗文化青铜容器对比

上　1. 爵（75ⅦM1：1）　2. 盉（86ⅡM1：1）　3. 斝（87ⅤM1：2）　4. 爵（80ⅢM2：2）　5. 鼎（87ⅤM1：1）　6. 斝（84ⅦM9：1）　下1. 斝（C8M32：1）　2. 爵（C8M7：2）　3. 爵（C8M7：3）　4. 鼎（C11M146：3）　5. 盉（C8YJM1：2）　6. 盉（郑博0059）

似，但亦有明显的差别。如二里岗文化的居民不但采纳了二里头文化在宫城外围以围墙的作法，而且在此基础上构筑了由内城、外城、壕沟等多重防御设施组成的防御体系。在建筑习俗方面，二里头文化的建筑偶见奠基遗留，但在二里岗文化及其后的殷墟文化中，奠基的习俗极为盛行，因此可以说，这种特殊的奠基习俗虽然是源自二里头文化，但商人对此大为发展，并最终使之成为商文化最有特色的部分之一。除此之外，二者还有一些根本的不同，比如建筑物的方向。以偃师商城为例，其小城的城垣、宫城以及宫殿、府库及其围墙，还有其他所有的房屋，朝向一律是坐北朝南而偏西，而距此不远的二里头遗址的建筑物均是坐北朝南而偏东，反映出二者文化传统的不同①。

就青铜器而言，尽管商人的铜器铸造是在二里头文化影响之下产生，但在其后的发展中，逐渐形成了自己的风格。比如在器物种类方面，二里岗文化显然要比二里头文化丰富得多，罍、卣、尊、鬲、簋、盘等新器形中相当大一部分是商人的独创。在器物外表的纹饰上，二里岗文化除继续沿用二里头文化常见的几何形纹样外，还将纹饰的题材扩大到自然界存在的动物以及幻想中的现实不存在的动物，创造出了极具特色的饕餮纹、夔龙纹等。在器类组合方面，由最早与二里头文化相同的单独爵的组合和爵斝的组合，发展到爵、斝、觚的组合和爵觚的组合，并进而形成了一套以觚爵（包括有鼎、铙等）数量的多少区分不同使用者身份的制度。

埋葬制度方面亦是如此。二里岗文化的墓葬虽然也流行以陶器为随葬品的做法，但其最常用的器物主要为鬲和盆，而二里头文化却是以圆腹罐和盉为多。即使是二者共有的器物，其造型特征亦不相同②。此外，二里岗文化的居民虽然继承了二里头文化以青铜礼器随葬的传统，并接受了以朱砂铺设于墓底以及在墓内放置圆陶片的习俗，但值得注意的是，二里岗文化中还存在着若干埋葬习俗并不见于或极少见于二里头文化，如在墓底挖筑腰坑③、盛行殉狗④等。

之所以做这样繁琐的考证，无非是想说明这样一个事实：在时代相同、地域邻近的人群之间，交往是无处不在的。在当时部族林立的太行山走廊及其周边地区，没有任何

---

① 杜金鹏：《偃师商城小城的发现及其意义》，《偃师商城初探》，中国社会科学出版社，2003 年，66 页。
② 刘绪：《从墓葬陶器分析二里头文化的性质及其与二里岗期商文化的关系》，《文物》1986 年 6 期。
③ 腰坑为二里岗文化以及后来的殷墟文化墓葬最主要的特征之一。目前对其起源并不甚清楚。二里头文化的墓葬一般无腰坑，在二里头遗址的一个小墓中曾发现过腰坑（中国社会科学院考古研究所二里头队：《1980 年秋河南偃师二里头遗址发掘简报》，《考古》1983 年 3 期），有学者以为可能此即商人腰坑之源，但杨锡璋先生认为，此坑位于墓室底部南侧，与商人的腰坑在死者腰下不同（《由墓葬制度看二里头文化的性质》，《殷都学刊》1987 年 3 期）。
④ 商人墓葬中多见殉狗现象。在二里头二号宫殿基址北面大墓填土中曾发现过装在红漆木匣中的狗骨架（中国社会科学院考古研究所二里头队：《河南偃师二里头二号宫殿基址》，《考古》1983 年 3 期），但有学者指出此俗源自东方（高广仁、邵望平：《中国史前时代的龟灵与犬牲》，《中国考古学研究——夏鼐先生考古五十年纪念论文集》，文物出版社，1986 年）。

一个人群可以游离于其他人群之外孤独地存在。在商人早期发展中，可以清晰地看到这种不同族群不同文化之间交往的印迹。其间有和平地相处，也有战争发生。商之始祖降生的神话，向我们展现了一幅不同族群之间通婚和相互影响的画卷，而商人与有易贸易的发生、与河伯和东方夷人的联盟等等，均是和平相处的例证。与和平相比，战争所带来的不同族群不同文化间的影响无疑要大得多。纵观商人早期发展的历史，有两次战争直接改写了其历史。其一是与王亥、王恒、上甲微前后两代人对有易的战争，其二是商汤灭夏。前者的胜利使得商人势力大为发展，并跻身于强国之列，而后者的成功则直接导致了商文明的诞生。

建国以前的商人，几百年来一直生存在太行山东麓走廊地区。太行山和黄河这样天然的屏障，为商人构筑了一个相对封闭和相对安全的地理环境，商人居于此处，不仅可以避免洪水的袭击，甚至可以阻隔来自东西两面部族的进攻。然而这样的走廊也有其明显的缺陷，即虽然其东西两面较为封闭，但南北两端却畅通无碍。自古以来这一地区便是北方民族南下和中原民族北上的通道，或者整个走廊地带就是北方与中原各部族争夺的战场。不仅如此，太行山尽管在一定程度上隔断了这一地区与山西中南部的交通，但山西境内诸民族还是可以通过河谷地带进入该地区，黄河的情况也大抵如此。因而，长期居于太行山东麓走廊地区的商人，为了生存需要，数百年来辗转迁徙于这一地区。但随着人口有大幅度地增长，耕地不足的问题日渐突出，而走廊以南广大的平原给了他们以无限的遐想空间——不论是从文化上，还是经济上——因而便有了南下之举。

不可否认，商人最初南下的动机，只是迫于生存环境变化的压力，只是出于对中原地区先进文化的倾慕，然而他们一旦踏上中原地区广袤的土地，便开始了其贪婪的征服历程。这一历程与公元前1300年左右亚述人侵入并称霸美索不达米亚地区的过程如出一辙，"他们征服越多，就越感到征服之必需，才能保住其已经获得的一切"①。但与亚述略有不同的是，他们最后的征服地是夏王朝。此外，商人不单单是一个黩武的民族，他们在一次次的战争中，汲取先进文化的营养，促进其文明的发育。葛、韦、顾、昆吾、夏这些族群或国家盘踞地点的占据不仅扩大了商人的版图，而且使商人与这些文化进行了卓有成效的接触。尤其是已进入文明阶段的夏，更是给予了商人以重大的影响。或者我们可以说，战争的因素促使了这种文明的繁荣，也促进了其传播。由于战争的胜利，掠夺的战利品反过来又刺激了其文明的发展。

这样商人在南北狭长达500千米的土地上，多次与多种拥有不同文化的人群进行全方位的接触，在每次接触中，都会吸收到有用的营养，这对于当时处于诸多小国林立状况中，文化和社会以及经济并不发达的商人来说，是一次次绝好的发展自己的机会，而

---

① 爱德华·麦克诺尔·伯恩斯：《世界文明史》第1册，商务印书馆，1987年，79页。

商人也恰好抓住了这些机会，博采众长，并进而形成了自己独特的文明，这种文明或者可以称作融合式文明。因而我们有理由说，商人之所以能够在众多部族中成长壮大，到最后灭夏取天下而代之，与各族的交往是其成功的关键之一。当然这样说并不是忽视商人自身内部的原因，事实上，无论外因如何强大，如果没有内因的反应，外因是不可能起到作用的，也就是说这些外因正是通过内因才发挥出了应有的作用。

第六章　结语

作为东亚地区自公元前 17 世纪至 11 世纪期间六百年左右最高文明代表的商文明，其形成经过了漫长的时间。上述各章对商文明形成相关问题包括商文明发生的时间、地域、形成过程、商文明的特点以及形成原因等进行了较为详尽的分析和论证。本章将对以上所论做一小结，并对商文明在世界文明中的地位以及商文明发生模式等问题进行探讨。

第一节　商文明的发生历程

商文明的形成经历了孕育、发生和发展三个时期。

所谓孕育期是指文明的诸项物化表征萌芽的时期。这一时期从商人初始发生到汤居亳之前。数百年间商人经历了远距离的迁徙，在经济、社会和文化诸方面均有长足的进步。

文明的发生期是指文明的物化表征发生的时期。这一时期商人由落后的简单社会一步步向复杂社会迈进，并终于进入文明社会。这一飞跃性的变化可以以"汤始居亳"，即亳作为政治和军事中心的出现为标志。或者可以更明确地说，亳都的出现，意味着商人已进入文明时期。

文明的发展期是指前一阶段发生的文明的诸项表征进一步发展与成熟的时期。如果说汤居亳是商文明形成过程中第一次巨变的话，那么商汤灭夏之后商文明的进一步形成和发展可视为第二次巨变。随着战争的结束和疆土的扩展，商人得到了一个较广阔的发展空间和较为稳定的环境，因而在早商初期文明阶段得到了较快的发展，文明的诸项表征进一步发展和成熟，并进而为晚商时期文明的持续繁荣奠定了基础。

由相关资料的分析，可以清楚地看出商人的社会形态由一个较为平等的简单社会向不平等的阶级社会过渡的轨迹。

在最初的平等社会里，商先公仅仅是扮演了族长的角色，在必要时行使较为有限的权力。当商人因种种原因不得不长途跋涉迁移其居住地点时，族长便充当了指挥者，负责选择迁居地并组织族众迁徙。

如果说商人的迁徙为其族长权力的增长提供了一种可能的话，那么与周边各部族的交往——包括和平和武力，尤其是后者——更为族长权力的扩充提供了最为合适的平台。在这种背景下，族长不仅具有行政组织权，更拥有了军事指挥权。随着商人的一次次迁徙，随着商人与周边部族交往的增多，尤其是随着商人先与有易、后与夏的多年战争，族长的权力日益膨胀。

与此相应，在这个过程中，其所统领的族众也发生了分化，部分人在迁徙中因辅佐族长而取得特殊的地位，同时在战争中立有功勋，并凭借着这种特殊的身份获得普通族众无法得到的财富，这样中上层贵族应运而生。随着族长权力的膨胀，随着中上层贵族的形成，一般族众的地位和拥有的财富、权力渐渐丧失，而沦为社会的下层。

当这种社会的分层愈来愈细时，一种新型的金字塔形的社会结构便建立了：位居塔尖的无疑是原来的族长——当然这时的族长已远非昔日的族长，而已被称做"王"了，仅居其下的是各层身份不同的贵族，广大的族众只能屈居塔底，尽管这部分族众人数最多，但却只拥有极小的财富，高居塔顶的王和各层贵族人数虽少，却依靠其特殊的权力掌握了整个社会绝大部分的财富。

这一切在考古资料上均有清楚地呈现：都城的出现使得广大的地域沦为农村，无疑都城垄断了整个社会大部分资源，居于其中的商王有权力组织大量的人力、物力和财力为其修筑城池；不同层次的建筑和墓葬显示着处于不同阶层的人群所拥有的财富的差别；青铜礼器的铸造从原料的开采，矿石的运输、冶炼，到铸造成形，非有相当大的权力和财力不能为之，因而可以成为区别不同的人群身份的标志；青铜兵器的广泛使用同样反映出握有重权的贵族武士阶层大量存在的事实；文字的出现和在一定范围内的运用，体现的是为商王和贵族服务的知识分子阶层的形成。

由此可以看出，文明的形成过程实际上是社会复杂化、社会分层加剧的过程。当一个社会的复杂化达到一定程度，当社会分化成若干阶层时，那么这个社会便由原来的"野蛮"时期进入了所谓的"文明"阶段。

第二节 促成商文明形成的基本因素

对于商文明得以形成的原因，前文第五章从自然环境和人文环境两方面已做过详尽地分析。就自然环境而言，在文明萌芽与初生时期，商人居住于太行山东麓走廊地区。黄河从走廊东面的河北平原蜿蜒流过，由于当时尚未筑堤，黄河在河北平原上频繁改道，致使平原上湖沼遍布、洼地连片，这样的环境显然不适于人类生存。而绵延达数百公里的太行山横亘于走廊之西，这就从自然环境上限制了商人往东西两面的发展，因而数百年来商人只能在狭窄的太行山走廊地区向北或向南迁徙流动。尽管商人的活动范围极其有限，但总体而言，太行山山麓的低山丘陵和山前平原地区土壤肥沃，适于种植谷物，此外走廊东侧的湖泊洼地中，生活着众多的水生动物，走廊西侧的太行山中又是野生动物的乐园，因而处于这种环境中的商人日渐发展壮大。然而距今 4000 年的时候中国北部广大地区的气候开始变冷变干，气温降低、降水锐减给农业生产带来了极大的影响。日益恶化的环境使得太行山东麓走廊地区不再适于居住，因而商人只能选择南下以求得生存。从这个意义上说，商文明之所以能够发生，与当时太行山东麓走廊地区并不十分适宜生存的自然环境有关。

尽管狭窄的走廊地区从某种程度上限制了商人势力的发展，但走廊地区独特的地理位置又使其成为不同文化交流与碰撞的核心地带。自古以来走廊地区便是北方民族南下和南方民族北上的通道，处于这一地带的商人与周边诸多部族，如岳石文化、夏家店下层文化、下岳各庄文化、东下冯文化、二里头文化的创造和使用者毗邻而居，不断受到这些考古学文化的影响。尤其是随着气候的干冷化以及夷夏纷争的开始，南下的商人在与夏人多年的战争中受到夏文明的冲击。所以优越的人文环境是商文明得以发生的原因之一。

虽然我们强调商文明之所以能够形成，与其所处的独特的自然地理环境和人文环境均有直接的关系，但相比较而言，自然地理环境只是为商文明的形成提供了某种可能，而人文环境则要重要得多。如果在商人文明化过程中，没有受到如此多的周边部族的影响，那么它有可能便无法进入文明社会，或者进入文明社会的脚步要缓慢得多。尤其要强调的是在商人社会发展过程中，已进入文明社会的二里头文化给予了它以极大的冲击。这种冲击所造成的影响不仅在先商文化晚期极为明显，而且在早商文化时期也仍然存在。在构成商文明最重要的物化表现特征中，包括青铜器的铸造、建筑布局和建筑技术、埋葬制度的确立等等均是受到二里头文化影响方才产生。从这个意义上可以说，二里头文化先进因素的冲击是商文明得以诞生的"导火索"。

当然更为重要的是，处于这种环境中的商人，在与不是很适宜生存的自然环境的挑战中，在与不同考古学文化的碰撞与融合中，博采众长，兼容并收，方才形成了自己独特的文明。

第三节　商文明的物化表现特征

通过对商人所创造的考古学文化的分析与梳理，我们可以归纳出这一文明在考古学上所表现出的物化特征。

从聚落结构看，至少存在着都城、地方中心和乡村等三级规模不同、功能各异、复杂程度不一的聚落。其中都城规模庞大，且总体布局经过仔细规划，在其周围有严密的防御设施。宫殿宗庙区位于城内的中心地带，普通居民区、墓葬区和手工作坊区环绕在其周围。地方中心在规模上不及都城的 1/30，但一样经过精心规划，墓葬区和居民区有严格的划分，且有随葬大量青铜器的中型墓葬以及规模较大的建筑。村落级聚落布局散乱，其内的建筑和墓葬多为小型。

从建筑规模看，不同规模的建筑依其位置、面积、结构、建筑方式的差异形成不同的等级。大型建筑建于高大的夯土台基之上，这些规模宏伟的建筑从选址到地基处理、置础、立柱、架梁、筑墙、盖顶，要经过多道工序。从结构看，成组分布的不同建筑具有不同的功用。中型建筑的修筑亦经过多道工序，但大多为单室或双室，面积较大型建筑为小。小型建筑多为半地穴和地穴式，也有部分为地面建筑，但多结构简单。

从埋葬制度看，大中小不同类型的墓葬在墓葬的位置、墓室的构造、葬具和随葬品等方面存在巨大的差异。大型墓数量最少，但面积最大，墓内有丰厚的随葬品陪葬，且多有殉人。小型墓数量最多，但面积狭小，墓内多无随葬品或仅有简单的陶器随葬。此外不同类别的墓葬位置安排亦有差别。

青铜礼器和兵器得到广泛使用，并成为区别处于不同地位的人群身份的象征。青铜礼器多出自墓葬，墓葬的规模越大，出土的青铜礼器的数量越多，器物也越精美。以酒器而论，觚爵的数量也与墓葬等级有直接关系，随葬觚爵数量越多，墓主等级越高。兵器的情况与此相类。

文字在一定范围内得到运用，这些文字系为王或王以外贵族占卜后由专人所刻，因而显示出其为上层贵族服务的特点。

中国早期文明是夏、商、周三个相对独立的民族共同体创造的，并各有其自身独特的特点和发展历程。这些文明所根植的土壤虽然有些微差异，但总体环境相近，这样由商文明中所归纳出的这些物化表现特征可能也存在于与其时代相近的其他考古学文化中，因而这些特征的析出可以为其他中国早期文明的探索提供有益的参考[①]。

第四节　商人早期活动地域和商文化的"基因"

本书重在探讨商文明发生的过程和发生的原因，但这种探讨必须以对商文化的充分研究作为基础。在对商文化本身研究的过程中，亦产生了一些新的认识。主要集中在商人早期活动地域的探寻和商文化基因的析出两个方面。

对于商人早期活动地域历来多有异说，其中不乏精辟之见。只从考古学上来说，下七垣文化是先商文化已得到越来越多的学者的赞同，然而对它的源头即更早的先商文化

---

① 朱凤瀚：《试论中国早期文明诸社会因素的物化表现》，《文物》2001 年 2 期。

却论者寥寥。存在于太原盆地和忻定盆地的以杏花村为代表的遗存，从文化特征上与下七垣文化极为接近，同时又有相应的文献资料支持，可能这类遗存即是先商文化的源头所在。

商文化核心"基因"的归纳是确定何种文化是商文化的基础，旧有的研究成果多侧重于某一方面的研究。本书的第二至第四章在吸收前人成果的基础上，对构成商文明的"基因"进行了近乎繁琐的考证。现于此处不避重复概列如下：

建筑多为长方形，方向多面南（准确地说是南偏西），在建筑过程中流行以牲或人奠基的习俗；

墓葬均为长方形竖穴土坑，墓内多有腰坑，并盛行殉狗、殉人，死者的头向以北为多（准确地说是北偏东），葬式以仰身直肢为主，有一定数量的俯身葬；

青铜礼器中以各式酒器数量为多，显示出尤重酒器的传统，青铜器外表的饕餮纹、夔龙纹和鸟纹极具特色；

拥有异于其他文化的造型独特的以鬲和甗为代表的陶器群，反映出独特的艺术取向；

祭祀方面广泛而大量地使用人牲；

存在一套完整而独特的占卜方式。

这些基因中有些原本是属于商人独有，如墓室内设腰坑、以北偏东或南偏西为正方向的方向观念等。有些则是来源于其他文化，如建筑过程中的奠基习俗、墓内殉狗的习俗、占卜以及重酒器的传统等，这些虽非商人独创，但被商人利用并加以发挥，并最终成为商文化最核心基因的一部分。

第五节　商文明在世界文明中的位置以及商文明发生模式的思考

世界上最早的文明于公元前 4000 年左右发源于底格里斯河和幼发拉底河流域，一般被称为美索不达米亚文明。大约其后不久，在尼罗河流域埃及文明相继产生。发端于公元前 3000 年的印度文明，到公元前 2500～前 2000 年之间达于鼎盛。大约在印度河流域文明繁荣了一千年之后，中国才开始出现高度的文明。

尽管在世界几大古代文明中，商文明的出现是比较晚的，"然而，当这个远东文化一旦出现，它就延续——并非没有变化和间断，但其主要特征不变——到现代 20 世纪。"[①] 与此形成鲜明对照的是，美索不达米亚文明和埃及文明虽然起源最早，但却消逝了。印度河文明也于公元前 1500 年左右退出历史舞台，其后这支文明便被湮没，直

---

① 爱德华·麦克诺尔·伯恩斯、菲利普·李·拉尔夫：《世界文明史》第 1 卷，商务印书馆，1995 年，173 页。

到上个世纪初考古学家才发掘出其遗迹。还有美洲的玛雅文明、阿兹特克文明和印加文明，虽然发生时间比商文明晚得多，但也一个个地消逝了。唯独在中国对于夏商周三代的史迹，不仅口耳相传，而且有丰富的考古学资料为证。就商而言，从晚商追溯到早商，甚至先商，尽管资料不很充足，但从文明初生到成熟的过程却可以如实地呈现。这一文明自初始至辉煌不能说一成不变，但其主要特征未变。当然文明的兴衰受多种因素的影响，在此我们无意探讨这些，只是想强调商文明与这几大文明相比，虽然它不是最早的，但却是有着自己特征的。这种特征首先便是其连续性，这一点上文已述及。其次，虽然商文明发生较晚，但它却是独立起源的，尽管在其发生过程中也受到过其他文明的影响，但这种影响对于商文明的发生所起的作用微乎其微。再者，商文明是极具影响力的文明。这种影响力表现在商文明一旦定格，即以中原为中心向外扩张。这种向周边地区的扩张以长江流域最为明显。许多证据表明，中国古代文明的许多特点在商时已经基本形成，从这个意义上说，商文明直接为后来中国古代文明的繁荣奠定了基础。

若以文明的产生方式对世界上几大古代文明进行分类，可将其分做大区域影响方式和小区域滚动方式。前者以苏美尔、埃及和印度文明最为典型，后者可以美洲文明和商文明作为代表。

所谓的大区域影响方式是指文明虽然是在一个个类似孤岛的环境中发生，然而却由于自然环境的关系，与外部存在着千丝万缕的联系，或者说在这种方式下形成的文明，尽管其初生地范围并不大，但影响却及于附近广大的地区，因而可以说是一个大的区域内的文明。如美索不达米亚文明形成之后，相继影响到很多地区。首先影响到的地区是埃及。埃及文明在很大程度上便是在其影响下才发生的。一般认为，使这两个文明的所在地发生联系并相互影响的地区有两个，一处在尼罗河与红海之间，那里有吸引苏美尔商人的金矿，另一处在黎巴嫩，那里有埃及人需要的木材。在以后的贸易过程中，埃及人了解到苏美尔文明，促进了其文明时代的到来[1]。其次是印度。印度河流域长期以来与美索不达米亚地区保持着来往，在美索不达米亚发现有公元前 2300 年的印度式石印章和其他器物，在波斯湾的巴林岛上还发现了一些别的印度河流域的产品，这表明巴林岛是美索不达米亚与印度河流域之间进行海运贸易的一个中间站[2]。

与以上的大区域影响方式相比，美洲文明和商文明采取了另一种方式。由于自然环境的制约，这两个地区不易受到两河流域等发源较早的文明的影响，然而由于种种原因，在这些地区新石器文化的基础上，也发展出了各自的文明。由于这些地区没有受到欧亚大陆其他古代文明的影响，是独自发展起来的，因而其发生模式可称之为小区域滚

① 斯塔夫里阿诺斯：《全球通史》，上海社会科学院出版社，1999 年，125 页。
② 斯塔夫里阿诺斯：《全球通史》，上海社会科学院出版社，1999 年，135 页。

动模式。为了说明这些，我们选择美洲的玛雅文明和商文明对这一模式进行分析。之所以在美洲几大文明中选择玛雅，是由于与其他文明相比，玛雅与商之间共同之处更多一些的缘故。

玛雅处于墨西哥中部，北部为墨西哥湾和加勒比海，南临太平洋，西端通过狭长的特万特佩克地峡与墨西哥中部高地相连，东抵洪都拉斯高原。按照玛雅的自然地理特征以及人类文化的区域性特点，一般的玛雅考古学家将其分为三个地区：北部干旱的尤卡坦半岛、中部雨林地区、南部高地和太平洋坡地。或分为南、北两大区，即玛雅高地和低地，二者的边界位于恰帕斯高地和维拉帕兹高地的边缘。低地地区大部分地区海拔低于1000米，高地大部分地区则高于1000米。高地主要生长着落叶林、混交林和松林，低地广阔的环境中则生长着雨林和灌木丛林①（图6-1）。

玛雅文明与商文明间存在着许多相似之处。二者间最相似的是普通工具，在陶器、建筑和普通装饰品等日常生活用品方面也有许多接近的因素②。造成二者相似的原因，曾经最盛行的说法是传播论，近年来有学者提出玛雅与商文明之间之所以具有这样多的相似性，与它们共同处于相同的太平洋底层，即相同的观念有关③，还有人用两种文化的基本生存方式和某些自然条件较为接近来解释④。

此外，玛雅文明与商文明一样，未与起源较早的两河、埃及文明有直接联系，也未与印度文明有关联，二者的文明均是在一个较为封闭的环境中形成的。当然在玛雅文明形成过程中，不排除与邻近地区的来往。今天墨西哥城东北的特奥蒂瓦坎自公元前后至7世纪是中美文化区的中心，玛雅文明的兴起与特奥蒂瓦坎文明有很大的关系，表现在特奥蒂瓦坎与蒂卡尔、科潘、卡米纳留尤等许多玛雅礼仪中心存在经济和文化联系，从雕刻、建筑、陶器和图像上普遍存在着特奥蒂瓦坎文明的影响⑤。然而这种影响并未在玛雅文明中占有主导地位，其直接证据是在特奥蒂瓦坎文明衰退之后，玛雅文明才真正进入鼎盛阶段，表现在许多大型建筑群的建造以及石碑崇拜的登峰造极⑥。商文明的发生过程与此类似，在初始发生之时，商文明受到二里头及周边文化的强烈影响，然而这种文明真正成熟是在摆脱这些影响之后。

尽管玛雅文明和商文明之间存在着众多的相似之处，然而二者之间的差异也同样明显。这些差异除了自然环境和地理位置之外，在文明的特征上也有体现。玛雅文明的大

① 诺曼·哈蒙德著，郑君雷译：《寻找玛雅文明》，浙江人民出版社，2000年，89页。
② 蒋祖棣：《玛雅与古代中国》，中国社会科学出版社，1993年，190页。
③ 张光直：《中国古代文明的环太平洋的底层》，《中国考古学论文集》，三联书店，1999年，357～369页。
④ 蒋祖棣：《玛雅与古代中国》，中国社会科学出版社，191页。
⑤ 诺曼·哈蒙德著，郑君雷译：《寻找玛雅文明》，浙江人民出版社，139页。
⑥ 诺曼·哈蒙德著，郑君雷译：《寻找玛雅文明》，浙江人民出版社，143页。

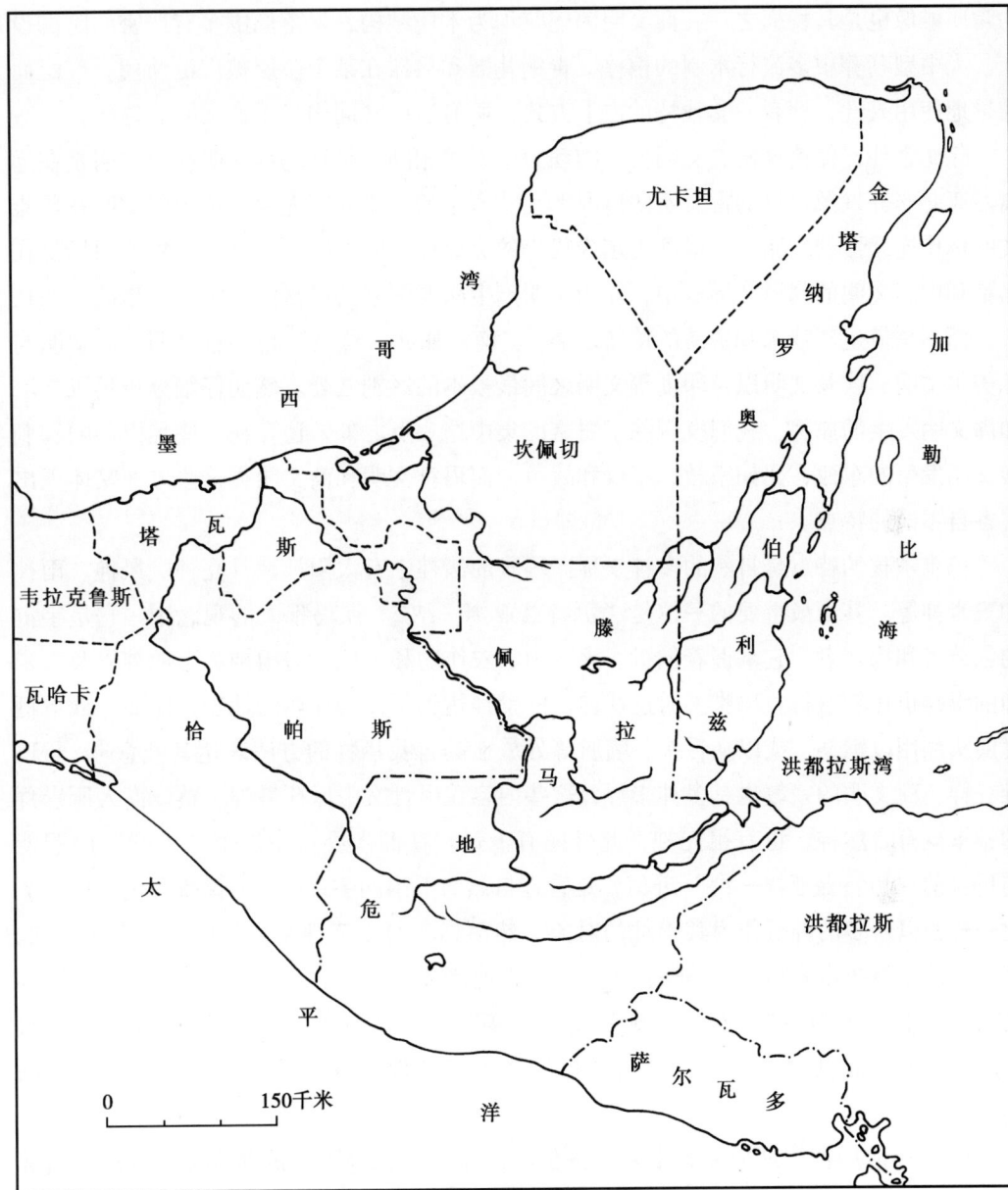

图 6-1　玛雅文化区的现代政治地理位置

（引自《玛雅与古代中国》25 页）

型建筑多为石质结构，建筑之前均有宗教性的石雕纪念碑，纪念碑的内容一般是人形、动物形及象形文字，它们多与玛雅神话有关。常见的墓葬一般为石结构的长方形竖穴墓，聚落多不设防，以大型神庙为中心，且在较长时间连续使用。此外与宗教观念有关的陶质雕像也是其特征之一。商文明的建筑均为木质结构，聚落周围多有严密的防御设施，大中型墓葬中多流行木制的棺椁，青铜礼器和兵器在某个阶层被广泛使用，广泛而大量地使用人性，拥有一套独特的占卜方式，所有这些共同构成了商文明的特征。

除此之外，促使这两支文明发生的动力也不尽相同，尽管玛雅文明和商文明是在远离西亚北非等发源较早的古文明的情况下独立产生的。张光直先生曾将中国文明和玛雅文明称作连续性的文明，与以苏美尔为代表的突破性文明相区别。其主要立论根据是在玛雅和中国文明的起源和形成中，作为文明产生必要因素的财富的集中，是借政治的秩序，而不是借生产技术和贸易的革新之类①。确实如此，这也正是玛雅文明、商文明与苏美尔文明、埃及文明以及印度等文明之间最根本的区别之处。然而仔细分析玛雅文明和商文明发生的原因，我们发现除了财富的集中这一点之外，还存在一些足以影响和刺激文明发生的东西，比如宗教、王权和战争，而玛雅文明和商文明在这些方面又体现出了各自不同的特点。

玛雅宗教的特点是自然的多神崇拜。玛雅的诸神中有太阳神、月亮神、风神、雨神和玉米神等。其中最重要的一位是"伊特兹亚姆—纳"。在玛雅人的观念中，它是宇宙的创造者和构建者，它掌握着创世、火、雨、农作物和土地。对雨神和土地神以及玉米神的崇拜也比较盛行。玛雅人对这些神祇的崇拜达到了极为狂热的地步，比如，砍下牺牲的头颅用以献祭，或以从舌头、嘴唇等处放血的自我牺牲的方法表达其诚意②。与玛雅一样，商文明的宗教也是多神崇拜，这些内容在甲骨文中保存最为完整。商人所崇拜的神祇既有自然神，也有祖先神，此外还有上帝。在商人心目中这个"上帝"的职能与玛雅的"伊特兹亚姆—纳"近似，是管理自然与下国的主宰③。尽管商文化与玛雅文化一样都以众多的神祇作为其崇拜的对象，然而二者对于诸神祈求的内容却判然有别。商人不论是祭祀祖先神，还是祭祀风、雨、土地诸神，甚至卜问上帝，其告祭的内容多是与农业生产有关的"令雨"、"令风"、"受年"等，这当然与商人本是农业民族有直接关系。但是除此之外，还有相当数量的请求诸神保佑商王统治、祈求战争胜利的内容。

1900 年前后德国地质专家卡尔·萨伯在玛雅高地记录下来的对土地之神的祈祷辞

---

① 张光直：《从商周青铜器谈文明和国家的起源》，《中国青铜时代》，468～483 页。
② 诺曼·哈蒙德著，郑君雷译：《寻找玛雅文明》，浙江人民出版社，279～295 页。
③ "这个至神上帝，主宰着大自然的风云雷雨，水涝干旱，决定着禾苗的生长，农产的收成。他处在天上，能降人城邑，作为灾害，因而辟建城邑，必先祈求上帝的许可。邻族入侵，殷人以为是帝令所为。出师征伐，必先卜帝是否授祐。帝虽在天上，但能降人间以福祥灾疾，能直接护祐或作孽于殷王。"胡厚宣：《殷卜辞中的上帝和王帝》，《历史研究》，1959 年 9、10 期）。关于上帝在商代宗教中的地位，也有学者认为尽管上帝拥有广泛的权能，但它不是商人的至上神和保护神（朱凤瀚：《商周时期的天神崇拜》，《中国社会科学》1993 年 4 期）。

也许可以帮助我们了解玛雅宗教的特质。

　　"我带给您的供品确实不多，对您的饮食也无甚裨益。但是不论是否如此，我所说的和我所想的是，啊，神啊，您是我的母亲，您是我的父亲。现在我要睡在您脚下，睡在您手下，您是山岳及河谷之主，您是树木之主，您是藤蔓之主。明天又是新的一天，明天又是艳阳高照，我却不知道将去往何方。谁是我的母亲？谁是我的父亲？只有您，神啊，您会照看我，您会保护我，在前行的每一步路上，在黑暗中的每时每刻，您将隐藏在每一处障碍后面，您将移走它们。您，神啊，您是我的主，您是所有高山河谷之主。"①

　　将祷辞内容与玛雅对诸神崇拜的内容相对照，便可看出在玛雅人的生活中，宗教的确占据了极为重要的地位。但他们对于诸神的祈求大多较为抽象和笼统。商人则与此不同。一方面，商人也是对自然界的诸神及祖先神极为崇拜，另一方面，尽管所拜诸神均有分工，但所祈求的内容却多集中于降雨、受年等等极具体的事项上，反映出商人宗教信仰的实用性与功利性。

　　然而玛雅文明与商文明的宗教之间的区别并不止于此。更为重要的是，宗教在两种文明中所处的地位以及在文明发生中所起的作用不同。

　　玛雅文明中最精美的大型建筑，其台基、阶梯、四壁、屋顶等均用石料砌成，建筑内部多有壁画，建筑之前有石雕纪念碑。从其结构和功用看，这些大型建筑只能是用于宗教礼仪活动的神庙建筑。石制大型建筑中最突出的是台基较高的金字塔形神庙。玛雅诸遗址中极为多见的陶质雕像多被认为是人形神像，这些雕像也与玛雅人的宗教观念有关。此外，玛雅艺术的主题也多与宗教有关。由此可见，在玛雅文明中，宗教占有极为重要的地位。

　　与此相比，商文明中宗教所占的分量要小得多。如商代建筑中尽管存在大型建筑，但这些建筑既是宗庙，又是寝宫。商文明最具特色的青铜礼器上的饕餮纹等纹样虽然也与宗教有关，但其意义更多的是巫觋通天的工具②。因而仅仅从考古学文化表现出来的特征看，在商文明中宗教所处的地位显然无法与玛雅相比。文献记载和甲骨文中反映出的事实也与此相类。尽管终商一代于祭祀极为重视，"国之大事，在祀与戎"，然而与王权相比，神权所占的比重要逊色得多。商王对于祭祀的确极为尽力，然而不论是祭祀祖先，或崇拜上帝诸神，其目的却是为了巩固其统治。从甲骨文记载的占卜内容来看，多是国之祸福、战争胜否等内容，由此看来，商人的宗教完全是为王权服务的。

　　此外，在两种文明发生过程中，宗教所起的作用也不尽相同。在玛雅文明形成中，

---

　　①　诺曼·哈蒙德著，郑君雷译：《寻找玛雅文明》，浙江人民出版社，285～286 页。

　　②　张光直：《中国古代艺术与政治——续论商周青铜器上的动物纹样》，《中国青铜时代》，455～467 页。

稳定的宗教系统起到了重要的作用。"在社会生产逐渐发展、人口不断增加、社会阶层日趋分化的情况下，玛雅上层集团利用宗教手段，实现了对全社会的统治。"① 而在商文明形成过程中，宗教却成为统治者控制和愚弄平民的工具，用来掩盖统治者扩张领土和强化王权的真正目的。商文明的建立者商汤在伐桀时曾不止一次地宣称，他之所以伐桀，是受了上天之命。如此以宗教为幌子，隐瞒其野心的举措昭然若揭。1976 年戴维·韦伯斯特在《美国人类学者》一文中曾如是说，所有早期史前政府的神权政治的发展方向，都是统治阶级通过运用宗教的外表，以维持他们获取生活资料的特权并合法地使用强制性制裁手段②。因而我们可以说，在商文明形成中，王权实是至为重要的一个原因。如果说玛雅文明的形成是依赖于稳定的宗教系统，实现了由简单社会向复杂社会的过渡，那么商文明则是上层统治者利用宗教手段获得了更大的权力，并以此为基础发起战争，最终引起了整个社会内部的巨大变化。从这个意义上说，玛雅文明的形成是一个渐变的过程，商文明则是采用了突变的方式。

再者，战争在两种文明发生中的作用也完全不同。与玛雅相比，商人是一个黩武的民族。玛雅人不尚武可以从以下各方面得到证明：玛雅的聚落一般没有墙和壕沟之类的防御设施，亦即其聚落是一种开放式的；玛雅的武器数量极少，仅有少量的石镞和石矛，而这二者同时亦可以作为狩猎工具使用；玛雅缺少金属兵器，等等。这些与玛雅社会中没有频繁的战争，人们缺少防御和进攻的意识有关。与此相比，商文明的聚落多设有严密的防御体系，从郑州商城到偃师商城，再到安阳殷墟，莫不如此。商人还拥有发达的青铜兵器系统，且有一批握有兵权的贵族。而商人之所以能迈进文明的大门，与一系列的战争紧密相关。因而战争是商文明形成的又一个原因。

综上所述，我们可以清楚地看出，尽管商与玛雅在文明发生方面有一些相似之处，如二者的文明均是在相对封闭的地理环境中发生，且拥有相似的财富集中的方式，但这两支文明发生的根本原因却全然不同。玛雅是以宗教为动力，促进了玛雅文化向文明的演进。而商则更多的是靠王权的壮大和战争的胜利，使其步入文明社会之列。这也许是在文明形成模式上，商文明所能带给世界文明的最大贡献。

---

① 蒋祖棣：《玛雅与古代中国》，中国社会科学出版社，49～86、189 页。
② 转引自乔纳森·哈斯著，罗林平等译：《史前国家的演进》，求实出版社，1988 年，68 页。

附　表

附表 1-1　殷墟文化分期及常规^{14}C 测年数据

分期	单位	样品	实验室编号	^{14}C 年代（BP）	拟合后日历年代（BC）
一期	三家庄 80ASJM1	人骨	ZK5586	3030±35	1370~1340（0.24） 1320~1260（0.76）
	洹北花园庄 T3③	兽骨	ZK5595	3039±42	1370~1260
	白家坟东南 M199	人骨	ZK5501	2920±35	1261~1239
二期	白家坟东南 M272	人骨	ZK5511	2964±33	1255~1200
	白家坟东南 M451	人骨	ZK5523	2994±37	1252~1209
	白家坟东南 M82	人骨	ZK5521	2908±32	1255~1235（0.52） 1215~1195（0.48）
三期	王裕口南 M389	人骨	ZK5578	2937±33	1190~1090
	王裕口南 M396	人骨	ZK5579	2962±35	1205~1125
	王裕口南 M395	人骨	ZK5581	2960±37	1205~1125
	王裕口南 M398	人骨	ZK5582	2888±35	1190~1180（0.10） 1150~1080（0.90）
	大司空村南 M1278	人骨	ZK5587	2856±35	1190~1180（0.01） 1130~1080（0.99）
	大司空村南 M1281	人骨	ZK5588	2956±35	1205~1125
	刘家庄北 M875	人骨	ZK5590	2935±35	1190~1090
	刘家庄北 M878	人骨	ZK5592a	2946±35	1200~1110
	白家坟西 M3	人骨	ZK5525	2882±37	1190~1180（0.10） 1150~1080（0.90）
	白家坟东南 M156	人骨	ZK5543	2983±34	1205~1125
	白家坟东南 M441	人骨	ZK5538	2954±37	1205~1120
	白家坟东南 M60	人骨	ZK5529	2951±35	1205~1110
	白家坟东南 M296	人骨	ZK5534	2870±35	1190~1180（0.07） 1130~1070（0.93）
四期	白家坟东南 M693	人骨	ZK5572	2942±35	1087~1045
	白家坟东南 M23	人骨	ZK5551	2912±31	1083~1041
	白家坟东南 M477	人骨	ZK5559	2900±35	1083~1038
	白家坟东南 M432	人骨	ZK5558	2892±33	1080~1036
	小屯西北地 75F11①	木炭	ZK358	2932±34	1085~1046

（引自《夏商周断代工程 1996~2000 年阶段成果报告》51~52 页）

附表 1-2　甲骨系列样品分期及 AMS 测年数据

分期			单位或著录	样品	实验室编号	¹⁴C 年代（BP）	拟合后日历年代（BC）
早于武丁			小屯东北地 T1H1：164	无字卜骨	SA99101	3105 ± 34	1338 – 1313
甲骨一期	武丁	武丁早	合集 20138	卜骨（＊组）	SA98169 – 2	3063 ± 34	1323 ~ 1287（0.93） 1278 ~ 1273（0.07）
			M99③：1	卜骨（午组）	SA98187	3039 ± 35	1319 ~ 1280
			屯南 H115	无字卜骨	SA98160	2977 ± 42	1314 ~ 1278
			屯南 G1	无字卜骨	SA98161	2994 ± 41	1315 ~ 1278
			花东 H3：707	无字卜骨	SA98162	2983 ± 55	1316 ~ 1278
		武丁中	合集 2140	卜骨（＊宾间类）	SA98173	3069 ± 53	1285 ~ 1255（0.75） 1240 ~ 1220（0.25）
			合集 302	卜骨（宾组）	SA98175	3051 ± 32	1285 ~ 1255（0.79） 1235 ~ 1220（0.21）
			合集 4122	卜骨（宾组）	SA98178	2991 ± 38	1280 ~ 1231
			合集 3013	卜骨（宾组）	SA98177	2985 ± 35	1285 ~ 1225
		武丁晚	合集 3089	卜骨（宾组）	SA98181	2989 ± 42	1255 ~ 1195
			妇好墓	骨器	SA99040 – 2	2945 ± 48	1260 ~ 1195
甲骨二期	祖庚		合集 1251	卜骨（宾三）	SA99094	3023 ± 32	1235 ~ 1210（0.51） 1205 ~ 1190（0.26） 1180 ~ 1165（0.23）
	祖甲		合集 27616	卜骨（无名组）	SA98218	2985 ± 32	1235 ~ 1185（0.76） 1180 ~ 1165（0.24）
甲骨三期	廪辛康丁		合集 27364	卜骨（无名组）	SA98210	2996 ± 44	1200 ~ 1185（0.18） 1180 ~ 1125（0.82）
			合集 28278	卜骨（无名组）	SA98219	3005 ± 32	1220 ~ 1210（0.04） 1200 ~ 1185（0.18） 1180 ~ 1150（0.53） 1145 ~ 1130（0.25）
甲骨四期	武乙文丁		H57：39 屯南 2281	卜骨（无名组）	SA98227 – 2	2961 ± 34	1170 ~ 1105（0.95） 1100 ~ 1090（0.05）
			屯南 H2	无字卜骨	SA98166	2913 ± 45	1160 ~ 1085
			M16：34 屯南 93564	卜骨（黄组）	SA98251	2921 ± 35	1160 ~ 1140（0.22） 1135 ~ 1085（0.78）
甲骨五期	帝乙帝辛		花南 H1：6	无字卜骨	SA98159	2956 ± 38	1100 ~ 1040（0.94） 1030 ~ 1020（0.06）
			合集 36512	卜骨（黄组）	SA99097p	2926 ± 33	1100 ~ 1020
			合集 35641	卜骨（黄组）	SA98253	2887 ± 39	1090 ~ 1000
			钢厂 M1713	羊肩胛骨	SA98167	2868 ± 48	1080 ~ 970（0.88） 960 ~ 920（0.12）

（引自《夏商周断代工程 1996 ~ 2000 年阶段成果报告》53 ~ 55 页）

附表 2-1　洛达庙类型晚期遗存和郑州商城分期及常规^{14}C 测年数据

分期		单位	样品	实验室编号	^{14}C 年代（BP）	拟合后日历年代（BC）
洛达庙类型晚期遗存		VI155G3	兽骨	XSZ142	3286±36	1680~1670（0.07） 1630~1540（0.93）
第一期	二里岗下层一期早	II T166G2	兽骨	ZK5371	3261±35	1580~1490
	二里岗下层一期晚	II T203H56	兽骨	ZK5373	3202±37	1518~1478
		II T159	兽骨	ZK5370	3174±41	1515~1480
第二期	二里岗下层二期	II T202H150	兽骨	ZK5369	3221±36	1474~1436
		II T202H60	兽骨	XSZ144	3184±35	1485~1425
		II T236H156	兽骨	XSZ147	3148±40	1485~1480（0.09） 1455~1415（0.91）
第三期	二里岗上层一期	II T201H69	兽骨	ZK5368	3130±34	1427~1392
		II T234H28	兽骨	XSZ145	3140±35	1429~1395
		II T234G2	兽骨	XSZ146	3138±37	1429~1393
		II T201G1	兽骨	XSZ141	3125±48	1429~1393
第四期	二里岗上层二期	98ZS②H12	木炭	ZK5353	3094±34	1390~1300（0.95） 1280~1260（0.05）
		98ZS②H12	兽骨	XSZ081	3061±37	1380~1260
		II T157H17	兽骨	ZK5372	3030±38	1370~1210
		II T201H2	兽骨	ZK5366	3136±34	1400~1370（0.33） 1340~1315（0.67）

（引自《夏商周断代工程 1996~2000 年阶段成果报告》63~64 页）

附表 2-2　洛达庙类型晚期遗存和郑州商城分期及 AMS 测年数据

分期		单位	样品	实验室编号	^{14}C 年代（BP）	拟合后日历年代（BC）
洛达庙类型晚期遗存		T232H231	骨头	SA99068	3385±38	1740~1630
		T232H230	木炭	SA99067	3320±56	1730~1720（0.02） 1690~1610（0.98）
		T155G3	骨头	SA99076	3293±48	1685~1645（0.60） 1640~1605（0.40）
		T232H233	木炭	SA99110	3291±35	1685~1645（0.55） 1640~1605（0.45）
第一期	二里岗下层一期早	T232 夯土 VII 下垫土	木炭	SA99066	3247±49	1600~1540（0.88） 1530~1515（0.12）
		T232 夯土VII	木炭	SA99070	3285±39	1600~1525
		C1H9：25	卜骨	SA99057	3288±47	1600~1530
		C1H9：43	骨匕	SA99061	3292±42	1595~1530
		T166G2	骨头	SA99074	3281±42	1600~1540（0.92） 1535~1525（0.08）
		T207 夯土墙	骨头	SA99078	3283±85	1600~1525
	二里岗下层一期晚	T232 夯土VI	木炭	SA99069	3281±65	1533~1497
		T203H56	骨头	SA99077	3243±40	1526~1496
		97XNH69	卜骨	SA99073	3219±35	1522~1496
第二期	二里岗下层二期	T233F1	骨头	SA99065	3272±34	1508~1489（0.61） 1479~1465（0.39）
		T236H160	骨头	SA99071	3185±45	1504~1471
第三期	二里岗上层一期	T234H8	骨头	SA99123	3263±40	1476~1446
		T233H19	骨头	SA99114	3225±32	1476~1444
		T234G3	骨头	SA99124	3152±48	1473~1436
第四期	二里岗上层二期	T157H17	骨头	SA99111	3189±35	1446~1419
		T157G1	骨头	SA99125	3153±36	1441~1415

（引自《夏商周断代工程 1996~2000 年阶段成果报告》64~65 页）

附表 2-3　偃师商城分期及常规 ^{14}C 测年数据

分期		单位	样品	实验室编号	^{14}C 年代（BP）	拟合后日历年代（BC）
第一期	一段	ⅦT28⑩	兽骨	ZK 5417	3220±36	1600~1565（0.67） 1525~1506（0.33）
		ⅦT28⑨	兽骨	ZK5416	3219±34	1600~1560（0.69） 1525~1505（0.31）
	二段	ⅦT28⑧	兽骨	ZK5424	3252±34	1532~1487
		小城T54G1	木炭	ZK5453	3258±36	1532~1487
		ⅦT0200H19	木炭	ZK5447	3150±37	1516~1486
第二期	三段	ⅣT32HG2	木炭	ZK5402	3237±37	1500~1461
		T0301H94	木炭	ZK5442	3158±48	1496~1464
	四段	ⅡT11M27	人骨	ZK5412	3207±31	1467~1429
		ⅡT11M31③	兽骨	ZK5421	3201±36	1466~1427
		ⅣT03H179	兽骨	ZK5403	3201±31	1464~1428
		ⅣT31H120	木炭	ZK5400	3191±48	1459~1412
		ⅡT11M27⑦a	兽骨	ZK5413	3183±40	1456~1412
		ⅦT28⑥	兽骨	ZK5415	3130±35	1434~1388
		ⅡT11M25	人骨	ZK5411	3120±32	1429~1387
第三期	五段	偃师商城路土①	木炭	ZK5452	3126±37	1405~1370（0.37） 1355~1350（0.04） 1340~1315（0.59）
		偃师商城G1	木炭	ZK5451	3053±34	1380~1260

（引自《夏商周断代工程 1996~2000 年阶段成果报告》67 页）

附表 2-4　偃师商城分期及 AMS 测年数据

分期		单位	样品	实验室编号	^{14}C 年代（BP）	拟合后日历年代（BC）
第一期	一段	ⅦT28⑩	骨头	SA00052	3190±55	1605~1540（0.94） 1525~1515（0.06）
		ⅦT28⑨	骨头	SA00053	3290±50	1605~1535
	二段	ⅣT53G2	骨头	SA99121	3220±35	1525~1489
		ⅦT28⑧	木炭	SA99117	3295±45	1565~1500
		J1D2T1009④G3	木炭	SA99013	3300±50	1565~1500
		ⅦT0301H99G10 西段	木炭	SA99012	3260±40	1555~1490
第二期	三段	ⅦT28⑦	骨头	SA99118	3230±45	1504~1460
		ⅣT54H180	木炭	SA99008	3210±45	1503~1460
	四段	ⅦT0502G9	木炭	SA99011	3245±35	1470~1436
		JVT54⑧	木炭	SA99006	3230±45	1469~1430
		ⅦT27－6A	骨头	SA99119	3110±40	1440~1400
第三期	五段	J1T0419Ch③	骨头	SA99122	3105±40	1425~1365（0.99） 1360~1350（0.01）
		JVT34④下	竹炭	SA99009	3100±40	1425~1365（0.95） 1360~1350（0.05）
		J1D2T0412H61	竹炭	SA99002	3030±60	1410~1350
		J1D2T0511H64	木炭	SA99005	3125±60	1430~1365

（引自《夏商周断代工程 1996~2000 年阶段成果报告》68 页）

附表2-5 小双桥、花园庄和东先贤遗址 AMS 测年数据

分期	单位	样品	实验室编号	^{14}C 年代（BP）	拟合后日历年代（BC）
商前期第四期	小双桥 IVH116③	骨头	SA99108	3095±37	1435~1412
商前期第五期（花园庄早段）	花园庄 98AHDH11	骨头	SA99138	3189±42	1422~1397
	花园庄 98AHDH13	骨头	SA99140	3167±39	1421~1395
	花园庄 98AHDH12	骨头	SA99139	3061±34	1409~1381
	花园庄 99AHDM10	人骨	SA99141	3108±38	1395~1365（0.54） 1360~1325（0.46）
	花园庄 98AHDT4⑤	骨头	SA99105	3083±35	1390~1330
	花园庄 98AHDH10	骨头	SA99137	3053±41	1382~1338
	东先贤 98XDT3H15	骨头	SA99083	3098±37	1395~1365（0.48） 1360~1325（0.52）
殷墟一期偏早（花园庄晚段）	花园庄 98AHDH6	骨头	SA99134	3088±37	1340~1290（0.80） 1280~1260（0.20）
	花园庄 98AHDH9	骨头	SA99136	3101±39	1340~1290（0.82） 1280~1260（0.18）
	花园庄 98AHDH5	骨头	SA99133	3083±38	1340~1290（0.77） 1280~1260（0.23）
	花园庄 98AHDH7	骨头	SA99135	3057±35	1340~1250（0.97） 1230~1220（0.03）

（引自《夏商周断代工程1996~2000年阶段成果报告》70~71页）

附表2-6 花园庄早段遗存常规 ^{14}C 测年数据

分期	单位	样品	实验室编号	^{14}C 年代（BP）	拟合后日历年代（BC）
商前期第五期（花园庄早段）	花园庄 98AHDT4⑥	兽骨	ZK5598	3224±37	1520~1445
	花园庄 98AHDT4⑤	兽骨	ZK5597	3124±36	1435~1380

（引自《夏商周断代工程1996~2000年阶段成果报告》71页）

参考文献

一　基本史料

（一）传世文献

班固：《汉书》，中华书局点校本，1962 年。

北京大学历史系：《论衡注释》，中华书局，1979 年。

陈奇猷：《吕氏春秋校释》，学林出版社，1984 年。

程俊英：《诗经译注》，上海古籍出版社，1985 年。

阮元：《十三经注疏》，中华书局影印本，1980 年。

刘向：《说苑疏证》，华东师大出版社，1985 年。

范晔：《后汉书》，中华书局点校本，1965 年。

方诗铭、王修龄：《古本竹书纪年辑证》，上海古籍出版社，1981 年。

高亨：《诗经今注》，上海古籍出版社，1980 年。

顾实：《穆天子传西征讲疏》，商务印书馆，1934 年。

何建章：《战国策注释》，中华书局，1990 年。

洪兴祖：《楚辞补注》，中华书局，1983 年。

黄怀信、张懋镕、田旭东：《逸周书汇校集注》，上海古籍出版社，1995 年。

黄怀信：《逸周书校补注译》，西北大学出版社，1996 年。

来可泓：《国语直解》，复旦大学出版社，2000 年。

乐史：《太平寰宇记》（丛书集成初编本），中华书局，1985 年。

黎翔风：《管子校注》，中华书局，2004 年。

李昉：《太平御览》，中华书局影印本，1960 年。

李吉甫：《元和郡县图志》，中华书局点校本，1983 年。

杨守敬、熊会贞：《水经注疏》，江苏古籍出版社，1989 年。

刘文典：《淮南鸿烈集解 》，中华书局，1989 年。

罗泌：《路史》，文渊阁四库全书本，上海古籍出版社，1987 年。

缪文远：《战国策考辨》，中华书局，1984 年。

司马迁：《史记》，中华书局点校本，1959 年。

宋衷注、秦嘉谟等辑：《世本八种》，商务印书馆，1957 年。

孙星衍：《尚书今古文注疏》，中华书局，1986 年。

孙诒让：《墨子间诂》，中华书局，1986 年。

王先谦：《汉书补注》，中华书局，1983 年。

王先谦：《荀子集解》，中华书局，1988 年。

魏收：《魏书》，中华书局点校本，1974 年。

杨伯峻：《春秋左传注》，中华书局，1981 年。

杨伯峻：《孟子译注》，中华书局，1984 年。

袁珂：《山海经校注》，上海古籍出版社，1980 年。

袁珂：《山海经校译》，上海古籍出版社，1985 年。

朱熹：《诗集传》，中华书局，1985 年。

朱熹：《楚辞集注》，上海古籍出版社，1979 年。

（二）考古学资料

1. 单本报告

国家文物局等：《晋中考古》，文物出版社，1998 年。

河北省文物研究所：《藁城台西商代遗址》，文物出版社，1985 年。

河南省文化局文物工作队：《郑州二里岗》，科学出版社，1959 年。

河南省文物研究所等：《登封王城岗与阳城》，文物出版社，1992 年。

河南省文物研究所：《郑州商城考古新发现与研究（1985～1992）》，中州古籍出版社，1993 年。

河南省文物考古研究所等：《郑州商代前期铜器窖藏》，科学出版社，1999 年。

河南省文物考古研究所：《郑州商城（1953～1985 年考古发掘报告）》，文物出版社，2001 年。

河南省文物考古研究所：《辉县孟庄》，中州古籍出版社，2003 年。

梁思永、高去寻：《侯家庄·1217 号墓》，南港（台北），1968 年。

石璋如：《小屯第一本，遗址的发现与发掘·乙编，殷墟建筑遗存》，历史语言研究所，南港（台北），1959 年。

夏商周断代工程专家组：《夏商周断代工程 1996～2000 年阶段成果报告》（简本），世界图书出版公司北京公司，2000 年。

忻州考古队：《忻州游邀考古》，科学出版社，2004 年。

郑州大学文博学院等：《豫东杞县发掘报告》，科学出版社，2000 年。

中国科学院考古研究所：《殷墟妇好墓》，文物出版社，1980 年。

中国历史博物馆考古部等：《垣曲商城（1985～1986 年度勘察报告)》，科学出版社，1996 年。

中国社会科学院考古研究所：《殷墟青铜器》，文物出版社，1985 年。

中国社会科学院考古研究所：《殷墟发掘报告（1958～1961)》，文物出版社，1987 年。

中国社会科学院考古研究所等：《夏县东下冯》，文物出版社，1988 年。

中国社会科学院考古研究所：《殷墟的发现与研究》，科学出版社，1994 年。

中国社会科学院考古研究所：《安阳殷墟郭家庄商代墓葬》，中国大百科全书出版社，1998 年。

中国社会科学院考古研究所：《偃师二里头》，中国大百科全书出版社，1999 年。

2. 报告或简报

安金槐：《关于郑州商代二里岗期陶器分期问题的再探讨》，《华夏考古》1988 年 4 期。

安金槐：《再论郑州商代青铜器窖藏坑的性质与年代》，《华夏考古》1997 年 1 期。

安阳市博物馆：《安阳大司空村殷代杀殉坑》，《考古》1978 年 1 期。

安阳市博物馆：《安阳铁西刘家庄南殷代墓葬发掘简报》，《中原文物》1986 年 3 期。

安阳市文物工作队：《殷墟戚家庄东 269 号墓》，《考古学报》1991 年 3 期。

安阳市文物工作队：《1983～1986 年安阳刘家庄殷代墓葬发掘报告》，《华夏考古》1997 年 2 期。

保北考古队：《河北省容城县白龙遗址试掘简报》，《文物春秋》1989 年 3 期。

保北考古队：《河北省容城县考古调查报告》，《文物春秋》1990 年 1 期。

北京大学、河北省文化局邯郸考古发掘队：《1957 年邯郸发掘简报》，《考古》1959 年 10 期。

北京大学考古专业商周组等：《晋豫鄂三省考古调查简报》，《文物》1982 年 7 期。

北京大学考古系商周组等：《菏泽安邱堌堆遗址发掘简报》，《文物》1987 年 11 期。

北京大学考古系商周组：《河南淇县宋窑遗址发掘报告》，《考古学集刊》第 10 集，地质出版社，1996 年。

北京大学考古系等：《河南夏邑清凉山遗址发掘报告》，《考古学研究》（4），科学出版社，2000 年。

蔡凤书：《济南大辛庄商代遗址的调查》，《考古》1973 年 5 期。

方辉：《山东大辛庄遗址发现殷墟时期甲骨卜辞》，《中国文物报》2003 年 4 月 18 日第 1 版。

郭宝钧：《一九五〇年春安阳武官村发掘报告》，《考古学报》第 5 册，1951 年。

邯郸地区文物保管所：《河北省永年县何庄遗址发掘简报》，《华夏考古》1992 年 4 期。

河北省文物管理委员会：《邢台曹演庄遗址发掘报告》，《考古学报》1958 年 4 期。

河北省文化局等：《1957 年邯郸发掘简报》，《考古》1959 年 10 期。

河北省文化局文物工作队：《河北邯郸涧沟村古遗址发掘简报》，《考古》1961 年 4 期。

河北省文化局文物工作队：《河北永年县台口村遗址发掘简报》，《考古》1962 年 12 期。

河北省文物管理处：《磁县界段营发掘简报》，《考古》1974 年 6 期。

河北省文物管理处：《磁县下潘汪遗址发掘报告》，《考古学报》1975 年 1 期。

河北省文物管理处：《河北省元氏县西张村的西周遗址和墓葬》，《考古》1979 年 1 期。

河北省文物管理处：《磁县下七垣遗址发掘报告》，《考古学报》1979 年 2 期。

河北省文物局第一期考古发掘领队培训班等：《河北邢台葛家庄遗址 1996 年发掘简报》，《河北省考古文集》（2），燕山出版社，2001 年。

河北省文物研究所等：《河北省任邱市哑叭庄遗址发掘报告》，《文物春秋》增刊，1992 年。

河北省文物研究所等：《武安赵窑遗址发掘报告》，《考古学报》1992 年 3 期。

河北省文物研究所：《河北邢台市葛家庄遗址北区 1998 年发掘简报》，《考古》2000 年 11 期。

河北省文物研究所等：《河北邯郸市峰峰矿区北羊台遗址发掘简报》，《考古》2001 年 2 期。

河北省文物研究所、保定市文物管理处：《河北定州市尧方头遗址发掘简报》，《考古》2004 年 9 期。

河北省文物研究所：《河北容城县午方新石器时代遗址试掘》，《考古学集刊》第 5 集，中国社会科学出版社，1987 年。

河北省文物研究所等：《河北定州市尧方头遗址发掘简报》，《考古》2004 年 9 期。

河南省博物馆：《郑州南关外商代遗址的发掘》，《考古学报》1973 年 1 期。

河南省博物馆：《郑州新出土的商代前期大铜鼎》，《文物》1975 年 6 期。

河南省文物工作队第一队：《郑州市白家庄商代墓葬发掘简报》，《文物参考资料》1955 年 10 期。

河南省文化局文物工作队第一队：《郑州商代遗址的发掘》，《考古学报》1957 年 1 期。

河南省博物馆等：《郑州商代城遗址发掘报告》，《文物资料丛刊》第 1 集，1977 年。

河南省文化局文物工作队：《河南安阳薛家庄殷代遗址、墓葬和唐墓发掘简报》，《考古通讯》1958 年 8 期。

河南省文化局文物工作队：《河南省新乡潞王坟商代遗址发掘报告》，《考古学报》1960 年 1 期。

河南文物工作队第一队：《郑州市白家庄商代墓葬发掘简报》，《文物参考资料》1955 年 10 期。

河南省文物研究所：《郑州北二七路新发现三座商墓》，《考古》1965 年 10 期。

河南省文物研究所等：《登封王城岗遗址的发掘》，《文物》1983 年 3 期。

河南省文物研究所等：《河南淮阳平粮台龙山文化城址试掘简报》，《文物》1983 年 3 期。

河南省文物研究所等：《郑州新发现商代窖藏青铜器》，《文物》1983 年 3 期。

河南省文物研究所：《郑州商代城内宫殿遗址区第一次发掘报告》，《文物》1983 年 4 期。

河南省文物研究所：《郑州商代二里岗期铸铜遗址》，《考古学集刊》第 6 集，科学出版社，1989 年。

河南省文物研究所：《河南鹿邑县栾台遗址发掘简报》，《华夏考古》1989 年 1 期。

河南省文物研究所：《郑州商城外夯土墙基的调查与试掘》，《中原文物》1991 年 1 期。

河南省文物研究所：《1992 年度郑州商城宫殿区考古发掘收获》，《郑州商城考古新发现与研究（1985～1992）》，中州古籍出版社，1993 年。

河南省文物研究所：《1995 年郑州小双桥遗址的发掘》，《华夏考古》1996 年 3 期。

河南省文物研究所：《郑州电力学校考古发掘报告》，《郑州商城考古新发现与研究（1985～1992）》，中州古籍出版社，1993 年。

河南省文物研究所：《郑州黄委会青年公寓考古发掘报告》，《郑州商城考古新发现与研究（1985～1992）》，中州古籍出版社，1993 年。

河南省文物研究所：《郑州三德里、花园新村考古发掘简报》，《郑州商城考古新发现与研究（1985～1992）》，中州古籍出版社，1993 年。

河南省文物研究所：《郑州小双桥遗址的调查与试掘》，《郑州商城考古新发现与研究（1985～1992）》，中州古籍出版社，1993 年。

河南省文物研究所等：《1995 年郑州小双桥遗址的发掘》，《华夏考古》1996 年 3 期。

河南省文物考古研究所等：《郑州南顺城街青铜器窖藏坑发掘简报》，《华夏考古》1998 年 3 期。

河南省文物考古研究所：《河南郑州商城宫殿区夯土墙 1998 年的发掘》，《考古》2000 年 2 期。

河南省文物考古研究所：《郑州商城北大街商代宫殿遗址的发掘与研究》，《文物》2002 年 3 期

河南省文物研究所：《郑州商城新发现的几座商墓》，《文物》2003 年 4 期。

河南省文物研究所：《郑州商代外郭城的调查与试掘》，《考古》2004 年 3 期。

湖北省博物馆：《盘龙城商代二里岗期的青铜器》，《文物》1976 年 2 期。

湖北省博物馆：《1963 年湖北黄陂盘龙城商代遗址的发掘》，《文物》1976 年 1 期。

湖北省博物馆等：《盘龙城 1974 年度田野考古纪要》，《文物》1976 年 2 期。

解希恭：《光社遗址调查试掘简报》，《文物》1962 年 4、5 期。

晋中考古队：《山西太谷白燕遗址第一地点发掘简报》，《文物》1989 年 3 期。

拒马河考古队：《河北易县涞水古遗址试掘报告》，《考古学报》1988 年 4 期。

李德保等：《焦作市发现一座古城》，《文物参考资料》1958 年 4 期。

李景聃：《豫东商丘永城调查及造律台黑孤堆曹桥三处小发掘》，《中国考古学报》第 2 册，1947 年。

马得志等：《1953 年安阳大司空村发掘报告》，《考古学报》1955 年第 9 册。

孟宪武：《安阳三家庄发现商代窖藏青铜器》，《考古》1985 年 12 期。

任相宏：《济南大辛庄龙山、商遗址调查》，《考古》1985 年 8 期。

山东大学东方考古学研究中心：《济南市大辛庄遗址出土商代甲骨文》，《考古》2003 年 6 期。

山东大学历史系考古专业等：《1984 年秋济南大辛庄遗址试掘述要》，《文物》1995 年 6 期。

山东省文物管理处：《济南大辛庄遗址试掘简报》，《考古》1959 年 4 期。

山东省文物管理处：《济南大辛庄商代遗址勘察纪要》，《文物》1959 年 11 期。

山西省考古研究所：《太原狄村、东太堡出土的陶器》，《考古与文物》1989 年 3 期。

石璋如：《河南安阳后岗的殷墓》，《历史语言研究所集刊》第 13 本，1948 年。

寿田：《太原光社新石器时代遗址的发现与遭遇》，《文物参考资料》1957 年 1 期。

唐云明：《河北邢台东先贤村商代遗址调查》，《考古》1959 年 2 期。

唐云明：《河北境内几处商代文化遗存记略》，《考古学集刊》第 2 集，中国社会科学出版社，1982 年。

武汉市博物馆：《1997～1998 年盘龙城发掘简报》，《江汉考古》1998 年 3 期。

忻州考古队：《山西忻州市游邀遗址发掘简报》，《考古》1989 年 4 期。

邢台东先贤考古队：《邢台东先贤商代遗址发掘报告》，《古代文明》第 I 卷，文物出版社，2002 年。

许宏：《二里头遗址发现宫城城墙等重要遗存》，《中国文物报》2004 年 6 月 18 日。

杨贵金等：《焦作市府城古城遗址调查报告》，《华夏考古》1994 年 1 期。

袁广阔、秦小丽：《河南焦作市府城遗址发掘简报》，《华夏考古》2000 年 2 期。

袁广阔、秦小丽：《河南焦作府城遗址发掘报告》，《考古学报》2000 年 4 期。

曾晓敏：《郑州黄河医院战国祭祀遗址》，《中国考古学年鉴（1986）》，文物出版社，1987 年。

张长寿、张光直：《河南商丘地区殷商文明调查发掘初步报告》，《考古》1997 年 4 期。

赵霞光：《郑州南关外商代遗址发掘简报》，《考古通讯》1958 年 2 期。

郑州大学历史与考古系等：《河南长垣宜丘遗址发掘简报》，《中原文物》2005 年 2 期。

郑州市博物馆：《郑州市铭功路西侧的两座商代墓》，《考古》1965 年 10 期。

郑州市文物工作组：《郑州市人民公园第 25 号商代墓葬清理简报》，《文物参考资料》1954 年 12 期。

郑州市文物考古研究所：《郑州市银建商贸城商代外夯土墙基发掘简报》，《华夏考古》2000 年 4 期。

郑州市文物考古研究所：《郑州市铭功路东商代遗址》，《考古》2002 年 9 期。

中国科学院考古研究所安阳发掘队：《1971 年安阳后岗发掘简报》，《考古》1972 年 3 期。

中国科学院考古研究所安阳发掘队：《1975 年安阳殷墟的新发现》，《考古》1976 年 4 期。

中国科学院考古研究所安阳工作队：《1972 年春安阳后岗发掘简报》，《考古》1972 年 5 期。

中国科学院考古研究所二里头工作队：《河南偃师二里头早商宫殿遗址发掘简报》，《考古》1974 年 4 期。

中国科学院考古研究所二里头工作队：《河南偃师二里头遗址三、八区发掘简报》，《考古》1975 年 5 期。

中国科学院考古研究所二里头工作队：《偃师二里头遗址新发现的铜器和玉器》，《考古》1976 年 4 期。

中国科学院考古研究所山东发掘队：《山东平阴县朱家桥殷代遗址》，《考古》1961 年 2 期。

中国社会科学考古研究所安阳发掘队：《1958 ~ 1959 年殷墟发掘简报》，《考古》1961 年 2 期。

中国社会科学考古研究所安阳发掘队：《1979 年安阳后岗遗址发掘报告》，《考古学报》1985 年 1 期。

中国社会科学考古研究所安阳工作队：《1980 ~ 1982 年安阳苗圃北地遗址发掘简报》，《考古》1986 年 2 期。

中国社会科学考古研究所安阳工作队：《1986 ~ 1987 年安阳花园庄南地发掘报告》，《考古学报》1992 年 1 期。

中国社会科学考古研究所安阳工作队：《安阳殷墟三家庄东的发掘》，《考古》1983 年 2 期。

中国社会科学院考古所安阳队：《洹北商城发现大型宫殿基址》，《中国文物报》2002 年 8 月 23 日。

中国社会科学院考古研究所：《河南偃师商城商代早期王室祭祀遗址》，《考古》2002 年 7 期。

中国社会科学院考古研究所安阳工作队：《1969 ~ 1977 年殷墟西区墓葬发掘报告》，《考古学报》1979 年 1 期。

中国社会科学院考古研究所安阳队：《1991 年安阳后岗殷墓的发掘》，《考古》1993 年 10 期。

中国社会科学院考古研究所安阳工作队：《1998 ~ 1999 年安阳洹北花园庄东地发掘报告》，《考古学集刊》第 15 集，文物出版社，2004 年。

中国社会科学院考古研究所安阳工作队：《安阳殷墟刘家庄北 1046 号墓》，《考古学集刊》第 15 集，文物出版社，2004 年。

中国社会科学院考古研究所安阳工作队：《安阳殷墟三家庄东的发掘》，《考古》1983 年 2 期。

中国社会科学院考古研究所安阳工作队：《安阳殷墟西区 1713 号墓的发掘》，《考古》1986 年 8 期。

中国社会科学院考古研究所安阳工作队：《河南安阳市花园庄 54 号商代墓葬》，《考古》2004 年 1 期。

中国社会科学院考古研究所安阳工作队：《河南安阳市洹北花园庄遗址 1997 年发掘简报》，《考古》1998 年 10 期。

中国社会科学院考古研究所安阳工作队：《河南安阳市洹北商城的勘察与试掘》，《考古》2003 年 5 期。

中国社会科学院考古研究所安阳工作队：《河南安阳市洹北商城宫殿区 1 号基址发掘简报》，《考古》2003 年 5 期。

中国社会科学院考古研究所二里头队：《1980 年秋河南偃师二里头遗址发掘简报》，《考古》1983 年 3 期。

中国社会科学院考古研究所二里头队：《河南偃师二里头二号宫殿遗址》，《考古》1983 年 3 期。

中国社会科学院考古研究所二里头工作队：《1981 年河南偃师二里头发掘简报》，《考古》1984 年 1 期。

中国社会科学院考古研究所二里头工作队：《1982 年秋偃师二里头遗址九区发掘简报》，《考古》1985 年 12 期。

中国社会科学院考古研究所二里头工作队：《1984 年秋河南偃师二里头遗址发现的几座墓葬》，《考古》1986 年 4 期。

中国社会科学院考古研究所二里头工作队：《1987 年偃师二里头遗址墓葬发掘简报》，《考古》1992 年 4 期。

中国社会科学院考古研究所二里头工作队：《河南偃师二里头遗址发现新的铜器》，《考古》1991 年 12 期。

中国社会科学院考古研究所二里头工作队：《河南偃师市二里头遗址 4 号夯土基址发掘简报》，《考古》2004 年 11 期。

中国社会科学院考古研究所二里头工作队：《河南偃师市二里头遗址宫城及宫殿区外围道路的勘察与发掘》，《考古》2004 年 11 期。

中国社会科学院考古研究所河南第二工作队：《1983 年秋季河南偃师商城发掘简报》，《考古》1984 年 10 期。

中国社会科学院考古研究所河南第二工作队：《河南偃师商城Ⅳ区 1996 年发掘简报》，《考古》1999 年 2 期。

中国社会科学院考古研究所河南第二工作队：《河南偃师商城东北隅发掘简报》，《考古》1998 年 6 期。

中国社会科学院考古研究所河南第二工作队：《河南偃师商城小城发掘简报》，《考古》1999 年 2 期。

中国社会科学院考古研究所河南第二工作队：《河南偃师尸乡沟商城第五号宫殿基址发掘简报》，《考古》1988 年 2 期。

中国社会科学院考古研究所河南第二工作队：《偃师商城第Ⅱ号建筑群遗址发掘简报》，《考古》1995 年 11 期。

中国社会科学院考古研究所河南二队：《1984 年春偃师城尸乡沟商城宫殿遗址发掘简报》，《考古》1985 年 4 期。

中国社会科学院考古研究所河南二队：《河南临汝煤山遗址发掘报告》，《考古学报》1982 年 4 期。

中国社会科学院考古研究所河南二队：《河南偃师商城宫城北部"大灰沟"发掘简报》，《考古》2000 年 7 期。

中国社会科学院考古研究所洛阳汉魏故城队：《偃师商城的初步勘探与发掘》，《考古》1984 年 6 期。

中国历史博物馆考古部等：《1988～1989 年山西垣曲古城南关商代城址发掘简报》，《文物》1997 年 10 期。

中国历史博物馆考古部等：《1991～1992 年山西垣曲商城发掘简报》，《文物》1997 年 12 期。

中美洹河流域考古队：《洹河流域区域考古研究初步报告》，《考古》1998 年 10 期。

周到、刘东亚：《1957 年秋安阳高楼庄殷代遗址的发掘》，《考古》1963 年 4 期。

淄博市文物局等：《山东桓台县史家遗址岳石文化木构架祭祀器物坑的发掘》，《考古》1997 年 11 期。

（三）　古文字

白川静：《金文通释》，白鹤美术馆，1964～1984 年。

陈梦家：《殷虚卜辞综述》，中华书局，1988 年。

岛邦男：《殷墟卜辞综类》，东京汲古书院，1971 年。

郭沫若：《甲骨文合集》，中华书局，1978～1982 年。

郭沫若：《两周金文辞大系图录考释》，科学出版社，1957 年。

郭沫若：《殷契粹编》，科学出版社，1965 年。

胡厚宣：《甲骨文合集材料来源表》，中国社会科学出版社，1999 年。

胡厚宣：《甲骨文合集释文》，中国社会科学出版社，1999 年。

李孝定：《甲骨文字集释》，历史语言研究所，南港（台北），1965 年。

罗振玉：《殷虚书契考释》，1915 年东方学会印本。

王襄：《簠室殷契类纂》，《王襄著作选集》，天津古籍出版社，2005 年。

杨树达：《积微居金文说》，中国科学院，1952 年。

姚孝遂：《殷虚甲骨刻辞类纂》，中华书局，1989 年。

姚孝遂：《殷虚甲骨刻辞摹释总集》，中华书局，1988 年。

张亚初：《殷周金文集成引得》，中华书局，2001 年。

中国社会科学院考古研究所：《殷周金文集成》，中华书局，1984～1994 年。

中国社会科学院考古研究所：《殷周金文集成释文》，香港中文大学，2001 年。

（四）　　民族学和民俗学

［奥］弗洛伊德著，杨庸一译：《图腾与禁忌》，中国民间文艺出版社，1986 年。

［美］威·哈维兰：《当代人类学》，上海人民出版社，1987 年。

［苏］Д·Е·海通著，何星亮译：《图腾崇拜》，上海文艺出版社，1993 年。

《思想战线》编辑部编：《西南少数民族风俗志》，中国民间文艺出版社，1981 年。

《中国少数民族社会历史调查资料丛刊》福建省编辑组编：《畲族社会历史调查》，福建人民出版社，1986 年。

岑家梧：《图腾艺术史》，学林出版社，1986 年。

广西壮族自治区编辑组：《广西瑶族社会历史调查》第 1 册，广西民族出版社，1984 年。

何星亮：《中国图腾文化》，中国社会科学出版社，1992 年。

吕宗力、栾保群：《中国民间诸神》，河北教育出版社，2001 年。

严汝娴、宋兆麟：《永宁纳西族的母系制》，云南人民出版社，1983 年。

云南省社会科学院楚雄彝族文化研究室编：《彝文文献译丛》第 2、3、6 辑。

张福三等:《原始人心目中的世界》, 云南民族出版社, 1986 年。

张有隽:《瑶族宗教论集》, 广西瑶族研究学会, 1986 年。

二　研究著作

Adams, R. McC. , *The Evolution of Urban Society*: *Early Mesopotamia and Prehispanic Mexico*, Chicago: Aldine Publishing Company, 1966.

Chang, Kwang – chih, *Shang Civilization*, Yale University Press, 1980.

Childe, V. G. , *Man Makes Himself*, New York: The New American Library of World Literature, 1951.

Childe, V. G. , *Social Evolution*, London: Watts, 1951.

Daniel, Glyn, *The First Civilizations*: *The Archaeology of their Origins*, London: Thames & Hudson, 1968.

Fried, Morton H. , *The Evolution of Political Society*: *An Essay in Political Anthropology*, New York: Random House, 1967.

Ho, Ping – ti, *The cradle of the East*: *an inquiry into the indigenous origins of techniques and ideas of Neolithic and early historic China*, Hong Kong, Chicago: The Chinese University of Hong Kong and the University of Chicago Press, 1976.

Jones, Grant D. & Kautz, Robert R. , *The Transition to Statehood in the New World*, Cambridge: Cambridge University Press, 1981.

Kraeling C. H. & Adams R. M. , *City Invincible*, Chicago: University of Chicago Press, 1960.

Loewe, Michael & Shaughnessy, Edward L. , *The Cambridge history of ancient China*, New York : Cambridge University Press, 1999.

Renfrew, Colin, *Before Civilization*: *The Radiocarbon Revolution and Prehistoric Europe*, London: Pimlico, 1999.

Renfrew, Colin, *The Emergence of Civilization*: *The Cyclades and the Aegean in the Third Millennium* B. C. London: Methuen, 1972.

Service, Elman R. , *Origins of the State and Civilization*: *The Process of Cultural Evolution*, New York: Norton, 1975.

Service, Elman R. , *Primitive Social Organization*, New York: Random House, 1962.

Sills, David L. , *International Encyclopedia of the Social Sciences*, New York: Macmillan, 1968.

Spencer, Herbert, *Principles of Sociology*, New York: D. Appleton and Company, 1892.

Spooner, Brian, *Population Growth*: *Anthropological Implications*, Cambridge, Mass. : The Messachusetts Institute of Technology Press, 1972.

Thomas, William L. *Man's Role in Changing the Face of the Earth*, Chicago: University of Chicago Press, 1956.

Tylor, Edward B. , *Anthropology*: *An introduction to the Study of Man and Civilization*, New York: D. Appleton and Company, 1898.

Ucko, Peter J. & Dimbleby, G. W. , *Man*, *Settlement and Urbanism. Proceedings of a meeting*, London University, London: Duckworth, 1972.

Willis, F. Roy. *World Civilizations*, Lexington, D. C. Heath and Company, 1987.

恩格斯:《家庭、私有制和国家的起源》,《马克思恩格斯选集》第 4 卷,人民出版社,1972 年。

[德] 奥斯瓦尔德·斯宾格勒著,齐世荣等译:《西方的没落》,商务印书馆,1963 年。

[法] 费尔南·布罗代尔著,肖昶等译:《文明史纲》,广西师范大学出版社,2005 年。

[美] 爱德华·麦克诺尔·伯恩斯、菲利普·李·拉尔夫著,罗经国等译:《世界文明史》,商务印书馆,1995 年。

[美] 菲利普·巴格比著,陈江岚译:《文化:历史的投影》,上海人民出版社,1987 年。

[美] 弗·卡特、汤姆·戴尔著,庄峻等译:《表土与人类文明》,中国环境科学出版社,1987 年。

[美] 卡尔·A·魏特夫著,徐式谷等译:《东方专制主义》,中国社会科学出版社,1989 年。

[美] 路易斯·亨利·摩尔根著,杨东莼等译:《古代社会》,商务印书馆,1977 年。

[美] 诺曼·哈蒙德著,郑君雷译:《寻找玛雅文明》,浙江人民出版社,2000 年。

[美] 乔纳森·哈斯著,罗林平等译:《史前国家的演进》,求实出版社,1988 年。

[美] 塞缪尔·亨廷顿著,周琪等译:《文明的冲突与世界秩序的重建》,新华出版社,1998 年。

[美] 斯塔夫里阿诺斯:《全球通史》,上海社会科学院出版社,1999 年。

[美] 威尔·杜兰:《世界文明史·文明的建立》,幼狮文化事业公司(台北),1972 年。

[日] 岸根卓郎著,王冠明等译:《文明论——文明兴衰的法则》,北京大学出版社,1992 年。

[日] 滨田耕作:《东亚文明の黎明》,东京刀江书院,1930 年。

[日] 福泽渝吉著,北京编译社译:《文明论概略》,商务印书馆,1982 年。

[日] 伊东俊太郎:《比较文明》,东京大学出版会,1985 年。

[苏] 瓦西里耶夫:《中国文明的起源问题》,文物出版社,1989 年。

[英] 汤因比、[日] 池田大作著,荀春生等译:《展望 21 世纪:汤因比与池田大作对话录》,国际文化出版社公司,1985 年。

[英] 汤因比著,曹未风等译:《历史研究》,上海人民出版社,1959~1964 年。

[英] 科林·伦福儒、保罗·巴恩著,中国社会科学院考古研究所译:《考古学:理论、方法与实践》,文物出版社,2004 年。

[英] 柴尔德著,周进楷译:《远古文化史》,群联出版社,1954 年。

北京大学历史系考古教研室商周组:《商周考古》,文物出版社,1979 年。

北京钢铁学院《中国古代冶金》编写组:《中国古代冶金》,文物出版社,1978 年。

岑仲勉:《黄河变迁史》,人民出版社,1957 年。

晁福林:《夏商西周的社会变迁》,北京师范大学出版社,1996 年。

晁福林:《先秦社会形态研究》,北京师范大学出版社,2003 年。

陈淳:《考古学理论》,复旦大学出版社,2004 年。

陈梦家:《尚书通论》,中华书局,1985 年。

陈旭:《夏商考古》,文物出版社,2001年。

陈遵妫:《中国古代天文学简史》,上海人民出版社,1955年。

丁山:《商周史料考证》,中华书局,1988年。

杜金鹏:《偃师商城初探》,中国社会科学出版社,2003年。

杜正胜:《古代社会与国家》,允晨文化实业股份有限公司(台北),1992年。

范文澜:《中国通史》,人民出版社,1978年。

顾炎武著、黄汝成集释:《日知录集释》,花山文艺出版社,1990年。

郭宝钧:《商周铜器群综合研究》,文物出版社,1981年。

郭沫若:《郭沫若全集·历史编》,人民出版社,1984年。

郭沫若:《中国史稿》,人民出版社,1976年

胡厚宣:《殷墟发掘》,学习生活出版社,1955年。

黄天树:《殷墟王卜辞的分类与断代》,文津出版社(台北),1991年。

翦伯赞:《中国史纲要》,人民出版社,1979年。

蒋祖棣:《玛雅与古代中国》,中国社会科学出版社,1993年。

金鹗:《求古录礼说》,清光绪刻本。

金其铭:《人地关系论》,江苏教育出版社,1993年。

黎虎:《夏商周史话》,北京出版社,1984年。

李伯谦:《中国青铜文化结构体系研究》,科学出版社,1998年。

李济:《安阳》,中国社会科学出版社,1990年。

李民等:《夏商周三族源流探索》,河南人民出版社,1998年。

李学勤、彭裕商:《殷墟甲骨分期研究》,上海古籍出版社,1996年。

李学勤:《殷代地理简论》,科学出版社,1959年。

李学勤:《走出疑古时代》,辽宁大学出版社,1997年。

李亚农:《殷代社会生活》,上海人民出版社,1959年。

李祖德、陈启能主编:《评魏特夫的〈东方专制主义〉》,中国社会科学出版社,1997年。

林惠祥:《中国民族史》,上海商务印书馆,1936年。

栾丰实:《东夷考古》,山东大学出版社,1996年。

彭裕商:《殷墟甲骨断代》,中国社会科学出版社,1994年。

裘锡圭:《中国出土古文献十讲》,复旦大学出版社,2004年。

曲英杰:《先秦都城复原研究》,黑龙江人民出版社,1997年。

阮炜:《文明的表现——对5000年人类文明的评估》,北京大学出版社,2001年。

施雅风等:《中国全新世大暖期气候与环境》,海洋出版社,1992年。

《世界上古史纲》编写组:《世界上古史纲》,人民出版社,1981年。

宋新潮:《殷商文化区域研究》,陕西人民出版社,1991年。

宋镇豪:《夏商社会生活史》,中国社会科学出版社,1994年。

宋镇豪:《中国风俗通史·夏商卷》,上海文艺出版社,2001年。

苏秉琦：《华人·龙的传人·中国人》，辽宁大学出版社，1994 年。

苏秉琦：《中国文明起源新探》，商务印书馆（香港），1997 年。

孙淼：《夏商史稿》，文物出版社，1987 年。

谭其骧：《长水集》，人民出版社，1987 年。

王国维：《观堂集林》，中华书局，1961 年。

王国维：《古史新证——王国维最后的讲义》，清华大学出版社，1994 年。

王立新：《早商文化研究》，高等教育出版社，1998 年。

王星光：《生态环境变迁与夏代的兴起探索》，科学出版社，2004 年。

王迅：《东夷文化与淮夷文化研究》，北京大学出版社，1994 年。

王宇信、杨升南：《甲骨学一百年》，北京社会科学文献出版社，1999 年。

王震中：《中国文明起源的比较研究》，陕西人民出版社，1994 年。

吴忱：《华北平原四万年来自然环境演变》，中国科学技术出版社，1992 年。

夏鼐：《中国文明的起源》，文物出版社，1985 年。

谢维扬：《中国早期国家》，浙江人民出版社，1995 年。

辛向阳、王鸿春：《文明的祈盼——影响人类的十大文明理论》，江西人民出版社，1998 年。

徐馨等：《全新世环境》，贵州人民出版社，1990 年。

许启贤：《世界文明论研究》，山东人民出版社，2001 年。

严文明、安田喜宪：《稻作、陶器和都市的起源》，文物出版社，2000 年。

杨树达：《积微居甲文说·卜辞琐记》，科学出版社，1954 年。

易建平：《部落联盟与酋邦》，社会科学文献出版社，2004 年。

俞正燮：《癸巳类稿》，商务印书馆，1957 年。

张光直、李光谟：《李济考古学论文选集》，文物出版社，1990 年。

张光直：《古代中国考古学》，辽宁教育出版社，2002 年。

张光直：《考古学专题六讲》，文物出版社，1986 年。

张光直：《商代文明》，北京工艺美术出版社，1999 年。

张光直：《中国考古学论文集》，三联书店，1999 年。

张光直：《中国青铜时代》，三联书店，1999 年。

张家诚：《中国气候总论》，气象出版社，1991 年。

张丕远：《中国历史气候变化》，山东科学技术出版社，1996 年。

郑杰祥：《商代地理概论》，中州古籍出版社，1994 年。

郑杰祥：《夏史初探》，中州古籍出版社，1988 年。

中国科学院考古研究所：《梁思永考古论文集》，科学出版社，1959 年。

中国科学院青藏高原综合科学考察队：《西藏冰川》，科学出版社，1986 年。

中国社会科学院考古研究所：《中国考古学·夏商卷》，中国社会科学出版社，2003 年。

朱凤瀚：《古代中国青铜器》，南开大学出版社，1995 年。

朱凤瀚：《商周家族形态研究》（增订本），天津古籍出版社，2004 年。

朱凤瀚:《先秦史研究概要》,天津教育出版社,1996 年。

朱彦民:《殷墟都城探论》,南开大学出版社,1999 年。

邹衡:《夏商周考古学论文集》,文物出版社,1980 年。

邹衡:《夏商周考古学论文集》(续集),科学出版社,1998 年。

三 研究论文

(一) 历史考古相关

Andersson, Johan G. , "An Early Chinese Culture", *Bulletin of the Geological survey of China*, no. 5 , 1923.

Bishop, Carl W. , "Beginnings of the Civilization in Eastern Asia", *Annual Report of the Smithsonian Institution*, 1939.

Harner, Michael J. , "Population Pressure and Social Evolution of Agriculturalists", *Southwestern Journal of Anthropology*, 26 , 1970.

Carneiro, Robert L. , "A Theory of the Origin of the State", *Science*, 169 , 1970.

Childe, V. G. , "The Urban Revolution", *Town Planning Review* vol. 21 , 1950.

Coe, Michael D. , "Social Typology and the Tropical Forest Civilizations", *Comparative Studies in Society and History*, Vol. 4 , 1961.

宫崎市定:《中国上代の都市国家とその墓地——商邑は何处にぁったが》及《补遗》,分见于《东洋史研究》1970 年 4 期和 1971 年 2、3 合期。

安金槐:《对于郑州商代南关外期遗存的再认识》,《华夏考古》1989 年 1 期。

安金槐:《关于郑州商代二里岗陶器分期问题的再探讨》,《华夏考古》1988 年 4 期。

安金槐:《试论商代"汤都亳"与"仲丁迁隞"》,《中原文物》1981 年特刊。

安金槐:《试论郑州新发现的殷商文化遗址》,《文物》1961 年 4、5 期。

安志敏:《试论文明的起源》,《考古》1987 年 5 期。

安志敏:《中国文明起源始于二里头文化——兼议多源说》,《寻根》1995 年 6 期。

卜昭文等:《辽西发现五千年前祭坛女神庙积石冢群址》,《光明日报》1986 年 7 月 25 日第 1 版。

蔡凤书:《关于大汶口文化时期社会性质的初步探讨》,《文史哲》1978 年 1 期。

曹兵武:《龙山时代的城与史前中国文化》,《中国史研究》1997 年 3 期。

曹桂岑:《我国何时进入文明时代》,《河洛文明论文集》,中州古籍出版社,1993 年。

陈昌远:《商族起源地望发微——兼论山西垣曲商城发现的意义》,《历史研究》1987 年 1 期。

陈淳:《文明与国家起源研究的理论问题》,《东南文化》2002 年 3 期。

陈淳:《中国国家起源研究的思考》,《史前月刊》2002 年 7 期。

陈淳:《中国文明与国家探源的思考》,《复旦学报》(社会科学版),2002 年 1 期。

陈淳:《资源、神权与文明的兴衰》,《东南文化》2000 年 5 期。

陈梦家：《解放后甲骨的新资料和整理研究》，《文物参考资料》1954 年 5 期。

陈星灿：《文明诸因素的起源与文明时代》，《考古》1987 年 5 期。

陈星灿等：《夏商周断代工程引起的网上讨论纪实》，《古代文明研究通讯》第 9 期，2001 年 6 月。

陈旭：《商代隞都探寻》，《郑州大学学报》1991 年 5 期。

陈旭：《豫东岳石文化与郑州商文化的关系》，《中州学刊》1994 年 4 期。

陈旭：《郑州商城宫殿基址的年代及其相关问题》，《中原文物》1985 年 2 期。

陈旭：《郑州商文化的发现与研究》，《中原文物》1983 年 3 期。

陈旭：《郑州小双桥商代遗址的年代与性质》，《中原文物》1995 年 1 期。

陈旭：《郑州小双桥商代遗址即隞都说》，《中原文物》1997 年 2 期。

戴志强、郭胜强：《试论帝乙帝辛时期殷都未迁——兼论朝歌在晚商的地位》，《全国商史学术讨论会论文集》，《殷都学刊》增刊，1985 年。

丁山：《由三代都邑论其民族文化》，《历史语言研究所集刊》第 5 本第 1 分，1935 年。

董作宾：《卜辞中的亳与商》，《大陆杂志》第 6 卷 1 期，1953 年。

董作宾：《读魏特夫商代卜辞中的气象记录》，《华西协和大学中国文化研究所集刊》第 3 卷 1～4 合刊，1942 年。

董作宾：《甲骨文断代研究例》，《历史语言研究所集刊外编第一种》，《庆祝蔡元培先生六十五岁论文集》，商务印书馆，1933 年。

董作宾：《再谈殷气候》，《华西协和大学中国文化研究所集刊》第 5 卷，1946 年。

杜金鹏：《洹北商城一号宫殿基址初步研究》，《文物》2004 年 5 期。

杜金鹏：《商汤伐桀之史实与其历史地理问题》，《史学月刊》1988 年 1 期。

杜金鹏：《偃师二里头遗址 4 号宫殿基址研究》，《文物》2005 年 6 期。

杜金鹏：《郑州南关外下层文化渊源及其相关问题》，《考古》1990 年 2 期。

杜金鹏：《郑州南关外中层文化遗存再认识》，《考古》2001 年 6 期。

杜正胜：《从考古资料论中原国家的起源及其早期的发展》，《历史语言研究所集刊》第 58 本第 1 分，1987 年。

杜正胜：《从三代墓葬看中原礼制的传承与创新——兼论与周边地区的关系》，《中国商文化国际学术讨论会论文集》，中国大百科全书出版社，1998 年。

段宏振：《邢墟考古简论》，《中国考古学跨世纪的回顾与前瞻——1999 年西陵国际学术研讨会文集》，科学出版社，2000 年。

方辉：《"南关外期"先商文化的来龙去脉及其对夏、商文化断限的启示》，《华夏文明》第 3 集，北京大学出版社，1992 年。

方辉：《岳石文化的分期与年代》，《考古》1998 年 4 期。

傅斯年：《夷夏东西说》，《庆祝蔡元培先生六十五岁论文集》（下），1935 年。

干志耿等：《商先起源于幽燕说的再考察》，《民族研究》1987 年 1 期。

干志耿等：《先商起源于幽燕说》，《历史研究》1985 年 5 期。

高广仁、邵望平：《中国史前时代的龟灵与犬牲》，《中国考古学研究》，文物出版社，1986 年。

高炜等：《偃师商城与夏商文化分界》，《考古》1998 年 10 期。

葛毅卿：《说滴》，《历史语言研究所集刊》第 7 本第 4 分，1939 年。

龚维英：《商的由来浅说》，《中学历史教学》1985 年 2 期。

龚维英：《我国上古"卵生文化"探索》，《云南社会科学》1987 年 3 期。

顾颉刚：《殷人自西徂东说》，《甲骨文与殷商史》第 3 辑，上海古籍出版社，1991 年。

顾颉刚等：《〈盘庚〉三篇校释译论》，《历史学》1979 年 2 期。

顾颉刚：《有仍国考》，《古史辨》（7）下，上海古籍出版社，1981 年。

郭宝钧：《记殷周殉人之史实》，《光明日报》1950 年 3 月 19 日第 3 版。

郭大顺：《辽河文明的提出与对传统史学的冲击》，《寻根》1995 年 6 期。

郭沫若：《读了〈殷周殉人之史实〉》，《奴隶制时代》，科学出版社，1956 年。

郭沫若：《评〈古史辩〉》，《古史辩》（7）下，上海古籍出版社，1982 年。

韩建业：《先商文化探源》，《中原文物》1998 年 2 期。

韩康信：《殷墟人骨性别年龄鉴定与俯身葬问题》，《中国商文化国际学术讨论会论文集》，中国大百
科全书出版社，1998 年。

何炳松：《中华民族起源之新神话》，《何炳松文集》第 2 卷，商务印书馆，1997 年。

何贤武：《从红山文化的最新发现看中国文明的起源》，《辽宁大学学报》1987 年 4 期。

胡方恕：《小屯并非殷都辨析》，《东北师大学报》1987 年 1 期。

胡厚宣：《八十五年甲骨文材料之再统计》，《史学月刊》1984 年 5 期。

胡厚宣：《卜辞中所见之殷代农业》，《甲骨学商史论丛》第 2 集，1934 年。

胡厚宣：《甲骨文中所见商族鸟图腾的新证据》，《文物》1977 年 2 期。

胡厚宣：《气候变迁与殷代气候之检讨》，《甲骨学商史论丛》第 2 集，1934 年。

胡厚宣：《殷卜辞中的上帝和王帝》，《历史研究》，1959 年 9、10 期。

胡厚宣：《中国奴隶社会的人殉和人祭》（下），《文物》1974 年 8 期。

黄盛璋：《〈孙膑兵法·擒庞涓〉篇释地》，《文物》1977 年 2 期。

黄展岳：《殷商墓葬中人殉人牲的再考察》，《考古》1983 年 10 期。

江林昌：《〈商颂〉与商汤之"亳"》，《历史研究》2000 年 5 期。

金景芳：《商文化起源于我国北方说》，《古史论集》，齐鲁书社，1982 年。

金景芳：《商文化起源于我国北方说》，《中华文史论丛》（7），上海古籍出版社，1978 年。

荆三林：《试论殷商源流》，《郑州大学学报》1986 年 2 期。

李伯谦：《对郑州商城的再认识》，《古代文明研究通讯》23 期，2004 年 12 月。

李伯谦：《关于早期夏文化——从夏商周王朝更迭与考古学文化变迁的关系谈起》，《中原文物》2000
年 1 期。

李伯谦：《夏文化与先商文化关系探讨》，《中原文物》1991 年 1 期。

李伯谦：《先商文化探索》，《纪念苏秉琦考古五十五年论文集》，文物出版社，1989 年。

李伯谦：《中国文明的起源与形成》，《华夏考古》1995 年 4 期。

李济：《俯身葬》，《安阳发掘报告》第 3 期，历史语言研究所，1931 年。

李济：《记小屯出土之青铜器》，《中国考古学报》第 3 册，1948 年。

李济：《中国上古史之重建工作及其问题》，《民主评论》第 5 卷 4 期，1954 年。

李济：《笄形八类及其文饰之演变》，《李济考古学论文集》，联经出版事业公司（台北），1977 年。

李济：《安阳的发现对谱写中国可考历史新的篇章的重要性》，《李济考古学论文集》，文物出版社，1990 年。

李济：《殷商时代的历史研究》，《李济考古学论文选集》，文物出版社，1990 年。

李济：《殷墟青铜器五种及其相关问题》，《李济考古学论文集》，文物出版社，1990 年。

李济：《中国考古报告集之一——城子崖发掘报告序》，《李济考古学论文选集》，文物出版社，1990 年。

李济：《中国文明的开始》，《安阳》，河北教育出版社，2000 年。

李经汉：《郑州二里岗期商文化相关问题讨论》，《中原文物》1983 年 3 期。

李鲁滕：《略论前掌大商代遗址群的文化属性和族属》，《华夏考古》1997 年 4 期。

李民：《关于商族的起源——从〈尧典〉说起》，《郑州大学学报》1984 年 1 期。

李民：《南亳、北亳与西亳的纠葛》，《全国商史学术讨论会论文集》年。

李民：《豫北是商族早期活动的历史舞台》，《殷都学刊》1984 年 2 期

李民：《〈尚书·立政〉"三亳阪尹"解》，《殷都学刊》1997 年 4 期。

李绍连：《建国以来商史研究综述》，《中州学刊》1986 年 4 期。

李绍连：《郑州商城与偃师商城双为"亳"》，《中州学刊》1994 年 2 期。

李维明：《"乇"辨》，《中原文物》2006 年 6 期。

李学勤：《论"妇好"墓的年代及有关问题》，《文物》1977 年 11 期。

李学勤等：《元氏青铜器与西周的邢国》，《考古》1979 年 1 期。

李学勤：《小屯南地甲骨与甲骨分期》，《文物》1981 年 5 期。

李学勤：《郑州二里岗字骨的研究》，《中国社会科学院历史研究所学刊》第 1 辑，北京社会科学文献出版社，2001 年。

梁宏刚：《二里头遗址出土铜器研究综述》，《中原文物》2004 年 1 期。

梁思永：《龙山文化——中国文明的史前期之一》，《考古学报》第 7 册，1954 年。

梁园东：《商人自契至汤八迁重考与商民族兴于东土驳议》，《东方杂志》第 30 卷 19 号，1933 年。

林沄：《关于中国早期国家形成的几个问题》，《吉林大学社会科学学报》1986 年 6 期。

林沄：《夏至战国中国北方长城地带游牧文化带的形成过程》，《燕京学报》2003 年 14 期。

蔺新建：《先商文化探源》，《北方文物》1985 年 2 期。

刘森森：《盘龙城外缘带状夯土遗迹的初步认识》，《武汉城市之根·商代盘龙城与武汉城市发展研讨会论文集》，武汉出版社，2002 年。

刘莘：《泛自然主义与历史神学——斯宾格勒勒与汤因比历史观念之比较》，《社会科学家》1994 年 1 期。

刘绪：《从墓葬陶器分析二里头文化的性质及其与二里岗期商文化的关系》，《文物》1986 年 6 期。

刘绪：《从夏代各部族的分布和相互关系看商族的起源地》，《史学月刊》1989 年 3 期。

刘绪：《论卫怀地区的夏商文化》，《纪念北京大学考古专业 30 周年论文集》，文物出版社，1990 年。

刘绪：《昭明之居与元氏铜器》，《三代文明研究》（1），科学出版社，1999 年。

刘绪等：《洹北花园庄遗址与河亶甲居相》，《文物世界》1999 年 4 期。

刘绪：《偃师商城——不准确的界标》，《中国文物报》2001 年 8 月 15 日。

刘一曼：《安阳殷墓青铜礼器组合的几个问题》，《考古学报》1995 年 4 期。

刘一曼：《安阳小屯西地的先商文化遗存》，《三代文明研究》（1），科学出版社，1999 年。

吕思勉：《自契至于成汤八迁考》，《吕思勉读史札记》，上海古籍出版社，1982 年。

栾丰实：《邹平县丁公新石器时代至汉代遗址》，《中国考古学年鉴》，文物出版社，1994 年。

栾丰实：《论岳石文化的来源》，《纪念城子崖发掘 60 周年国际讨论会文集》，齐鲁书社，1993 年。

栾丰实：《丁公龙山城址和龙山文字的发现及其意义》，《文史哲》1994 年 3 期。

栾丰实：《试论岳石文化与郑州地区早期商文化的关系——兼论商族起源问题》，《华夏考古》1994 年 4 期。

栾丰实：《岳石文化的分期和类型》，《海岱地区考古研究》，山东大学出版社，1997 年。

罗彬柯：《小议郑州南关外期商文化》，《中原文物》1982 年 2 期。

马得志：《我们对殷代俯身葬的看法》，《考古通讯》1956 年 6 期。

马建民：《亨廷顿的文明观和"文明范式"述评》，《世界民族》1996 年 1 期。

孟宪武：《殷墟南区墓葬发掘综述》，《中原文物》1986 年 3 期。

孟宪武：《谈殷墟俯身葬》，《中原文物》1992 年 3 期。

裴明相：《略谈郑州商代前期的骨刻文字》，《全国商史学术讨论会论文集》，《殷都学刊》增刊，1985 年。

彭金章、晓田：《试论河南偃师商城》，《全国商史学术讨论会论文集》，《殷都学刊》增刊，1985 年。

乔登云等：《邯郸境内的先商文化及其相关问题》，《三代文明研究》（1），科学出版社，1999 年。

秦文生：《殷墟非殷都考》，《郑州大学学报》1985 年 1 期。

秦文生：《殷墟非殷都再考》，《中原文物》1997 年 2 期。

仇祯：《关于郑州商代南关外期及其他》，《考古》1984 年 2 期。

任式楠：《中国史前城址考察》，《考古》1998 年 1 期。

沈勇：《保北地区夏代两种青铜文化之探讨》，《华夏考古》1991 年 3 期。

施之勉：《殷亳考辨》，《东方杂志》第 39 卷 4 号。

石璋如：《殷墟最近之重要发现附论小屯地层》，《中国考古学报》1947 年 2 期。

石璋如：《河南安阳后岗的殷墓》，《历史语言研究所集刊》第 13 本，1948 年。

石璋如：《殷代地上建筑复原之一例》，《"中央研究院"院刊》第 1 辑，台北，1954 年。

石璋如：《殷代地上建筑复原的第三例》，《考古人类学刊》第 39、40 合期。

石璋如：《河南安阳小屯的三组基址》，《大陆杂志》第 21 卷 1、2 期合刊，1960 年。

石璋如：《小屯丙组基址及有关的现象》，《历史语言研究所集刊外编第四种》（下册），1961 年。

石璋如：《殷代的夯土、版筑与一般建筑》，《历史语言研究所集刊》第 41 本第 1 分，1969 年。

宋豫秦：《夷夏商三种考古学文化交汇地域浅谈》，《中原文物》1992 年 1 期。

宋豫秦：《论杞县与郑州新发现的先商文化》，《中国商文化国际学术讨论会论文集》，中国大百科全书出版社，1998 年。

宋镇豪：《商代的王畿、四土与四至》，《南方文物》1994 年 1 期。

宋镇豪：《论商代的政治地理架构》，《中国社会科学院历史研究所学刊》（1），中国社会科学文献出版社，2001 年。

苏秉琦：《关于考古学文化的区系类型问题》，《苏秉琦考古学论述选集》，文物出版社，1984 年。

苏浩：《文明在国际关系中的冲突与合作——从亨廷顿的"文明冲突论"谈起》，《世界历史》1998 年 3 期。

孙飞：《论南亳与西亳》，《文物》1980 年 8 期。

孙华、赵清：《盘庚迁都地望辨》，《中原文物》1986 年 3 期。

孙淑芸等：《中国早期铜器的初步研究》，《考古学报》1981 年 3 期。

孙亚冰：《百年来甲骨文材料再统计》，《中国文物报》2003 年 5 月 9 日第 7 版。

索罗金：《汤因比的历史哲学》，《历史研究》（下），1964 年。

唐际根：《文明起源研究的核心问题与中国文明进程的基本估计》，《古代文明研究通讯》第 15 期，2002 年 12 月。

唐兰：《从河南郑州出土的商代前期青铜器谈起》，《文物》1973 年 7 期。

唐兰：《从大汶口文化的陶器文字看我国最早文化的年代》，《光明日报》1977 年 7 月 14 日第 3 版。

唐兰：《再谈大汶口文化的性质和大汶口陶器文字》，《光明日报》1978 年 2 月 23 日 3 版。

唐兰：《中国有六千多年的文明史——论大汶口文化是少昊文化》，《大公报在港复刊三十周年纪念论文集》，1978 年。

田昌五：《夏文化探索》，《文物》1981 年 5 期。

田昌五：《谈偃师商城的一些问题》，《全国商史学术讨论会论文集》，《殷都学刊》增刊，1985 年。

田昌五：《对中国文明起源的探索》，《殷都学刊》1986 年 4 期。

田昌五：《先商文化探索》，《华夏文明》第 3 集，北京大学出版社，1992 年。

田昌五、方辉：《"景亳之会"的考古学观察》，《夏商周文明研究》，中国文联出版社，1999 年。

田昌五：《重新审视汤居亳的若干问题》，《纪念殷墟甲骨文发现一百周年国际学术研讨会论文集》，社会科学文献出版社，2003 年。

田涛：《谈朝歌为殷纣帝都》，《全国商史学术讨论会论文集》，《殷都学刊》增刊，1985 年。

佟柱臣：《二里头文化和商周时代金属器代替石器料器的过程》，《中原文物》1983 年 2 期。

童恩正：《有关文明起源的几个问题》，《考古》1989 年 1 期。

王国维：《说殷》，《观堂集林》卷十二，中华书局，1959 年。

王国维：《殷卜辞中所见先公先王考》及《续考》，《观堂集林》卷九，中华书局，1959 年。

王健：《帝辛后期迁都朝歌殷墟试探》，《郑州大学学报》1988 年 2 期。

王立新、朱永刚：《下七垣文化探源》，《华夏考古》1995 年 4 期。

王明珂：《鄂尔多斯及其邻近地区专化游牧业的起源》，《历史语言研究所集刊》第 65 本第 2 分，1995 年。

王睿：《垣曲商城的年代及其相关问题》，《考古》1998 年 8 期。

王天玺：《多极世界和为贵——兼评亨廷顿"文明冲突论"》，《中国特色社会主义研究》1998 年 4 期。

王巍：《商代马车渊源蠡测》，《中国商文化国际学术讨论会论文集》，中国大百科全书出版社，1998 年。

王巍：《偃师商城考古新进展及其相关问题》，《青果集》，《吉林大学考古系建系十周年纪念文集》，知识出版社，1998 年。

王迅：《从商文化的分布看商都与商城》，《中原文物》1991 年 1 期。

王玉哲：《商族的来源地望试探》，《历史研究》1984 年 1 期。

王震中：《甲骨文亳邑新探》，《历史研究》2004 年 5 期。

卫聚贤：《殷人自江浙迁徙于河南》，《江苏研究》第 3 卷 5、6 期，1937 年。

魏峻：《下七垣文化的再认识》，《文物季刊》1999 年 2 期。

魏兴涛：《试论下七垣文化鹿台岗类型》，《考古》1999 年 5 期。

文雨：《洹北花园庄遗址与河亶甲居相》，《中国文物报》1998 年 11 月 25 日。

吴汝祚：《安阳大司空村的殷墓是否全属晚期》，《考古通讯》1958 年 3 期。

吴汝祚：《论老哈河、大凌河地区的文明起源》，《北方文物》1995 年 1 期。

吴晓筠：《关于中国马车起源问题研究的述评》，《古代文明研究》2001 年 11 期。

吴玉喜：《岳石文化地方类型初探——从郝家庄岳石遗存的发现谈起》，《考古学文化论集》（3）。文物出版社，1993 年。

五井直弘：《安阳殷墟的发现与研究》，《中原文物》1987 年 1 期。

夏鼐：《齐家期墓葬的发现及其年代之改订》，《中国考古学报》第 3 期，1948 年。

夏鼐：《^{14}C 测定年代与中国史前考古学》，《考古》1977 年 4 期。

夏鼐：《中国文明的起源》，《夏鼐文集》，中国社科文献出版社，2000 年。

辛迪：《先秦"四海"考辨》，待刊。

徐中舒：《殷人服象及象之南迁》，《历史语言研究所集刊》第 2 本第 1 分，1930 年。

徐中舒：《殷商史研究中的几个问题》，《四川大学学报》1979 年 2 期。

许宏：《二里头遗址考古新发现的学术意义》，《中国文物报》2004 年 9 月 17 日。

许宏等：《二里头遗址聚落形态的初步考察》，《考古》2004 年 11 期。

许顺湛：《中国最早的"两京制"——郑亳与西亳》，《中原文物》1996 年 2 期。

许倬云：《汉末至南北朝气候与民族移动的初步考察》，《许倬云自选集》，上海教出版社，2002 年。

严文明：《龙山文化与龙山时代》，《文物》1981 年 6 期。

严文明：《中国文明起源的探索》，《中原文物》1996 年 1 期。

严文明：《以考古学为基础，全方位研究古代文明》，《古代文明研究通讯》第 1 期，1999 年 5 月。

严文明：《东亚文明的黎明——中国文明起源的探索》，《农业发生与文明起源》，科学出版社，2000 年。

杨根、丁晓雷：《司母戊大鼎的合金成分及其铸造技术的初步研究》，《文物》1959 年 12 期。

杨泓：《商代的兵器与战车》，《中国商文化国际学术讨论会论文集》，中国大百科全书出版社，1998 年。

杨鸿勋：《从盘龙城商代宫殿遗址谈中国宫廷建筑发展的几个问题》，《文物》1976 年 2 期。

杨树达：《释滴》，《积微居甲文说》，1954 年。

杨锡璋：《从商代祭祀坑看商代奴隶社会的人牲》，《考古》1977 年 1 期。

杨锡璋：《商代的墓地制度》，《考古》1983 年 10 期。

杨锡璋、杨宝成：《殷代青铜礼器的分期与组合》，《殷墟青铜器》，文物出版社，1985 年。

杨锡璋：《由墓葬制度看二里头文化的性质》，《殷都学刊》1987 年 3 期。

杨锡璋：《殷人尊东北方位》，《庆祝苏秉琦考古五十五年论文集》，文物出版社，1989 年。

杨锡璋：《中国文明座谈会纪要》，《考古》1989 年 12 期。

杨锡璋：《殷墟的年代及性质问题》，《中原文物》1991 年 1 期。

杨锡璋：《关于藁城台西商代遗址的分期问题》，《中国考古学论丛——中国社会科学院考古研究所建所四十年纪念》，科学出版社，1993 年。

杨锡璋等：《盘庚迁殷地点蠡测》，《中原文物》2000 年 1 期。

杨晓能：《早期有铭青铜器的新资料》，《考古》2004 年 7 期。

杨育彬：《关于郑州商城的两个争论问题》，《中原文物》1982 年 4 期。

姚政：《论商族的起源》，《南充师专学报》1987 年 1 期。

易建平：《弗里德的政治社会演进学说》，《古代文明研究通讯》第 16 期，2000 年 3 月。

殷玮璋：《关于中国古代都市遗址问题的研究》，《光明日报》1985 年 4 月 8 日。

俞伟超：《中国古代都城规划的发展阶段性》，《文物》1985 年 2 期。

俞伟超、汤惠生：《图腾制与人类历史的起点》，《中国历史博物馆馆刊》1995 年 1 期。

袁广阔：《关于郑州商城夯土基址的年代问题》，《中原文物考古研究》，大象出版社，2003 年。

袁广阔：《郑州商城与偃师商城关系的考古学观察》，《郑州大学学报》2004 年 1 期。

袁广阔、曾晓敏：《论郑州商城内城和外郭城的关系》，《考古》2004 年 3 期。

张博泉：《关于殷人的起源地问题》，《史学集刊》，1981 年 10 期。

张长寿：《殷商时代的青铜容器》，《考古学报》1979 年 3 期。

张翠莲：《太行山东麓地区夏时期考古学文化浅析》，《三代文明研究》（1），科学出版社，1999 年。

张翠莲：《试论豫东东部地区的岳石文化遗存》，《考古与文物》2001 年 3 期。

张光直：《中国相互作用圈与文明的形成》，《庆祝苏秉琦考古五十五年论文集》，文物出版社，1989 年。

张光直：《古代世界的商文明》，《中原文物》1994 年 4 期。

张光直：《从商周青铜器谈文明与国家的起源》，《中国青铜时代》，三联书店，1999 年。

张光直：《从夏商周三代考古论及三代关系与中国古代国家的形成》，《中国青铜时代》，三联书店，1999 年。

张光直：《关于中国初期"城市"这个概念》，《中国青铜时代》，三联书店，1999 年。

张光直：《连续与破裂：一个文明起源新说的草稿》，《中国青铜时代》，三联书店，1999 年。

张光直：《商城与商王朝的起源及其早期文化》，《中国青铜时代》，三联书店，1999 年。

张光直：《商名试释》，《中国青铜时代》，三联书店，1999 年。

张光直：殷商文明起源研究上的一个关键问题》，《中国青铜时代》，三联书店，1999 年。

张光直：《中国古代文明的环太平洋的底层》，《中国考古学论文集》，三联书店，1999 年。

张光直：《中国古代艺术与政治——续论商周青铜器上的动物纹样》，《中国青铜时代》，三联书店，1999 年。

张光直：《论"中国文明的起源"》，《文物》2004 年 1 期。

张国硕：《殷墟城墙商榷》，《殷都学刊》1989 年 2 期。

张国硕：《郑州商城与偃师商城并为亳都说》，《考古与文物》1996 年 1 期。

张立东：《论辉卫文化》，《考古学集刊》第 10 集，地质出版社，1996 年。

张天曦：《简论斯宾格勒的文化形态学艺术观》，《晋阳学刊》1999 年 6 期。

张维华：《汤都四迁刍议》，《中原文物》1993 年 3 期。

张孝光：《殷墟青铜器的装饰艺术》，《殷墟青铜器》，文物出版社，1985 年。

张学海：《城子崖遗址又有重大发现，龙山岳石周代城址重见天日》，《中国文物报》1990 年 7 月 26 日。

张学海：《章丘县城子崖古遗址》，《中国考古学年鉴（1991）》，文物出版社，1992 年。

张学海：《城子崖与中国文明》，《纪念城子崖遗址发掘六十周年国际学术讨论会文集》，齐鲁书社，1993 年。

张忠培等：《夏家店下层文化研究》，《考古学文化论集》（1），文物出版社，1987 年。

张忠培：《中国古代的文化与文明》，《考古与文物》2001 年 1 期。

张忠培：《中国文明形成的考古学研究》，《故宫博物院院刊》2000 年 2 期。

张忠培：《中国古代文明的形成》，《中国考古学九十年代的思考》，文物出版社，2005 年。

赵光贤：《关于殷代俯身葬问题的一点意见》，《考古通讯》1956 年 6 期。

赵芝荃等：《偃师尸乡沟商代早期城址》，《中国考古学会第五次年会论文集》，文物出版社，1988 年。

郑光：《试论二里头商代早期文化》，《中国考古学会第四次年会论文集》，文物出版社，1985 年。

郑光：《二里头遗址与夏文化》，《华夏文明》第 1 集，北京大学出版社，1987 年。

郑光：《二里头遗址与中国古代史》，《北京社会科学》1987 年 1 期。

郑光：《二里头遗址的性质与年代》，《考古与文物》1988 年 1 期。

郑光：《夏商文化是二元还是一元：探索夏文化的关键之二》，《考古与文物》2000 年第 3 期。

郑杰祥：《商汤都亳考》，《中国史研究》1980 年 4 期。

郑杰祥：《卜辞所见亳地考》，《中原文物》1983 年 4 期。

郑杰祥：《关于偃师商城的年代和性质问题》，《中原文物》1984 年 4 期。

郑若葵：《论二里头文化类型墓葬》，《华夏考古》1994 年 4 期。

郑振香、陈志达：《论妇好墓对殷墟文化和卜辞断代的意义》，《考古》1981 年 6 期。

郑振香、陈志达：《殷墟青铜的分期与年代》，《殷墟青铜器》，文物出版社，1985 年。

郑振香：《论殷墟文化分期及其相关问题》，《中国考古学研究》，文物出版社，1986 年。

郑振香：《殷墟发掘六十年概述》，《考古》1988 年 10 期。

中国文明起源和早期国家形态研讨会秘书组：《中国文明起源和早期国家形态研讨会发言摘要》，《考古》2001 年 2 期。

朱凤瀚：《商周时期的天神崇拜》，《中国社会科学》1993 年 4 期。

朱凤瀚：《近百年来的殷墟甲骨文研究》，《历史研究》1997 年 1 期。

朱凤瀚：《试论中国早期文明诸社会因素的物化表现》，《文物》2001 年 2 期。

朱凤瀚：《论中国考古学与历史学的关系》，《历史研究》2003 年 1 期。

朱彦民：《殷墟城墙问题之我见》，《殷都学刊》1998 年 1 期。

朱彦民：《商族迁徙试论》，《中国社会历史评论》第 2 辑，天津古籍出版社，1999 年。

朱彦民：《商汤"景亳"地望及其他》，《中国历史地理论丛》第 17 卷第 2 辑，2002 年 6 月。

邹衡：《试论殷墟文化分期》，《北京大学学报》1964 年 5 期。

邹衡：《郑州商城即汤都亳说》，《文物》1978 年 2 期。

邹衡：《论汤都郑亳及其前后的迁徙》，《夏商周考古学论文集》，文物出版社，1980 年。

邹衡：《试论夏文化》，《夏商周考古学论文集》，文物出版社，1980 年。

邹衡：《夏文化分布区域内有关夏人传说的地望考》，《夏商周考古学论文集》，文物出版社，1980 年。

邹衡：《论菏泽（曹州）地区的岳石文化》，《文物与考古论集》，文物出版社，1987 年。

邹衡：《中国文明的诞生》，《文物》1987 年 12 期。

邹衡：《综述夏商四都之年代和性质》，《殷都学刊》1988 年 1 期。

邹衡：《综述早商亳都之地望》，《夏商周考古学论文集》（续集），科学出版社，1998 年。

邹衡：《内黄商都考略》，《中原文物》1992 年 3 期。

邹衡：《郑州小双桥商代遗址敝（嚣）都说辑补》，《考古与文物》1998 年 4 期。

（二）自然科学

安芷生等：《最近 2 万年中国古环境变迁的初步研究》，《黄土、第四纪地质、全球变化》第 2 集，1990 年。

陈发虎等：《青海湖南岸全新世黄土剖面、气候信息及湖面升降探讨》，《地理科学》第 11 卷，1991 年 1 期。

方修琦：《4000～3500aB. P. 我国的环境突变事件研究》，《地学前缘》1997 年 4 期。

方修琦等：《降温事件：4.3kaBP 岱海老虎山文化中断的可能原因》，《人文地理》第 13 卷 1 期，1998 年。

方修琦：《从农业气候条件看我国北方原始农业的衰落与农牧交错带的形成》，《自然资源学报》1999 年第 14 卷 3 期。

高尚玉等：《全新世大暖期的中国沙漠》，《中国全新世大暖期气候与环境》，海洋出版社，1992 年。

何元庆等：《冰芯与其他记录所揭示的中国全新世大暖期变化特征》，《冰川冻土》第 25 卷 1 期，

2003 年。

洪雪晴：《全新世低温事件及海面波动》，《中国近海及沿海地区第四纪进程与事件》，海洋出版社，1989 年。

计宏祥：《中国全新世大暖期哺乳动物与气候波动》，《海洋地质与第四纪地质》第 16 卷 1 期，1996 年 3 月。

孔昭宸等：《中国北方全新世大暖期植物群的古气候波动》，《中国全新世大暖期气候与环境》，海洋出版社，1992 年。

黎兴国：《从我国四不象鹿化石的时间分布看全新世气候变化特点》，《第一次全国 ^{14}C 学术会议文集》，地质出版社，1984 年。

刘金陵：《长白山区孤山屯沼泽地 13000 年以来的植物和气候变化》，《古生物学报》第 8 卷 4 期，1989 年。

施少华等：《中原地区晚全新世以来的环境变化》，《地理学报》第 47 卷 2 期，1992 年。

施少华：《中国全新世高温期中的气候突变事件及其对人类的影响》，《海洋地质与第四纪地质》第 13 卷 4 期，1993 年。

施雅风等：《中国气候和海面变化及其趋势和影响的初步研究》，《地球科学进展》第 6 卷第 4 期，1991 年。

施雅风等：《中国全新世大暖期气候与环境的基本特征》，《中国全新世大暖期气候与环境》，海洋出版社，1992 年。

施雅风等：《中国全新世大暖期的气候波动与重要事件》，《中国科学》B 辑，1992 年 12 期。

宋豫秦等：《河南偃师市二里头遗址的环境信息》，《考古》2002 年 12 期。

谭其骧：《西汉以前的黄河下游河道》，《历史地理》创刊号，上海人民出版社，1981 年。

王邨等：《近五千余年来我国中原地区气候在年降水量方面的变迁》，《中国科学》B 辑，1987 年 1 期。

王富葆：《青藏高原全新世气候及环境基本特征》，《中国全新世大暖期气候与环境》，海洋出版社，1992 年。

王强等：《十五万年来渤海西、南岸平原海岸线变迁》，《中国海平面变化》，海洋出版社，1986 年。

王苏民：《末次冰期以来岱海环境变化与古气候》，《第四纪研究》1990 年 3 期。

王苏民等：《内蒙古岱海湖泊环境变化与东南季风强弱关系》，《中国科学》B 辑，1991 年 7 期。

王苏民：《全新世气候变化的湖泊记录》，《中国全新世大暖期气候与环境》，海洋出版社，1992 年。

王巍：《公元前 2000 年前后我国大范围文化变化原因探讨》，《考古》2004 年 1 期。

吴忱、许清海：《从卫星图像看海河平原洼淀的形成与演变》，《黄淮海平原水域动态演变遥感分析》，科学出版社，1988 年。

吴忱：《古河道与古水文——兼谈海河平原古洪水》，《华北平原古河道研究论文集》，中国科学技术出版社，1991 年。

吴忱：《华北平原古河道的形成研究》，《中国科学》B 辑，1991 年 2 期。

吴忱等：《华北地区晚全新世初期环境变化分析》，《地理与地理信息科学》第 19 卷 2 期，2003 年。

吴文祥、刘东生：《4000a B. P. 前后降温事件与中华文明的诞生》，《第四纪研究》第 21 卷 5 期，2001 年。

徐馨：《中国东部全新世自然环境演变》，《贵州地质》第 6 卷 3 期，1989 年。

许清海等：《白洋淀地区全新世以来植被演替和气候变化初探》，《植物生态学与地植物学学报》第 12 卷 2 期，1988 年。

许靖华：《太阳、气候、饥荒与民族大迁移》，《中国科学》D 辑，第 28 卷 4 期，1998 年。

许清海等：《孢粉分析定量重建燕山地区 5000 年来的气候变化》，《地理科学》第 24 卷 3 期，2004 年。

杨怀仁、赵英时等：《中国东部晚更新世以来的海面升降运动与气候变化》，《第四纪冰川与第四纪地质论文集》（2），地质出版社，1985 年。

殷春敏等：《全新世华北平原古洪水》，《北京师范大学学报》（自然科学版）第 37 卷 2 期，2001 年。

张兰生等：《我国北方农牧交错带的环境演变》，《地学前缘》1997 年 4 期。

赵叔松、赵希涛：《中国晚第四纪海平面变化研究的进展》，《中国海平面变化》，海洋出版社，1986 年。

赵希涛：《渤海湾西岸全新世海岸线变迁》，《华北断块区的形成与发展》，科学出版社，1985 年。

赵希涛等：《江苏庆丰剖面全新世地层及其环境变迁与海面变化的反映》，《中国科学》B 辑，1991 年 9 期。

中国科学院贵阳地球化学研究所：《天然放射性碳年代测定报告之二》，《地球化学》1974 年 1 期。

周昆叔：《环境考古问题》，《环境考古研究》第 1 辑，科学出版社，1991 年。

周昆叔：《塑造现今地质地理环境的划时代事件——2500 年来气候变凉干及其影响》，《环境考古研究》第 1 辑，科学出版社，1991 年。

周昆叔：《中国北方河谷平原区三万年来植被史梗概》，《第一次全国 [14]C 学术会议文集》，科学出版社，1984 年。

竺可桢：《中国近五千年来气候变迁的初步研究》，《考古学报》1972 年 1 期。

邹逸麟：《历史时期华北大平原湖沼变迁述略》，《历史地理》第 5 辑，上海人民出版社，1987 年。

后　记

这部书稿是在博士论文的基础上修改而成的。

对于商文化的最初兴趣源自大学时代的发掘实习。1985 年尚在西北大学历史系考古专业学习的我参加了西安老牛坡遗址的发掘。这是一个商代晚期的遗址，也是我第一次参加的田野考古发掘。白天顶着炎炎烈日在风景如画的灞河台地上看方，晚上就着昏暗的灯光翻阅商周考古的笔记和相关书籍。距安阳千里之外的老牛坡，于晚商时竟在文化上表现出与商文化中心区惊人的一致，确实让我激动而又好奇。

抱着想一探究竟的幼稚想法，在报考硕士研究生时，选择了以商周考古作为未来的主攻方向。读研的三年中，多次随导师李伯谦先生去郑州、洛阳、新乡、安阳等地观摩，1988 年暑期淇县宋爻遗址的整理及其后夏邑清凉山遗址的发掘，使我再一次与商代遗存不期而遇。如果说宋爻遗址出土遗物的分类、拼对及统计令我初次对作为商文化源头之一的辉卫型遗存有所接触的话，那么在距商丘不远的夏邑清凉山遗址为期半年的发掘及其后长达一年的整理，使得我再次近距离触摸到大量的商代晚期遗存。清凉山遗址虽在文化面貌上有着自己的特征，但与安阳存在不少惊人的相似之处。因而当时考虑最多的问题是，如此繁荣而强大的商文明是如何发展起来，并对周边地区产生如此巨大影响的。然而当时选择在商丘做调查和发掘工作，最主要的目的却是对商人起源问题进行探索。未曾料到的是，相当于商人立国之前这一时期，此地竟然是岳石文化分布区。其实在此之前，在距夏邑不远的鹿邑栾台便已发现岳石文化遗存，然而在商丘地区这却是第一次。后来的硕士论文便以此为题，对豫东地区的岳石文化做了探讨。遗憾的是对于商文化诸多问题并未正面涉及。

1990 年在通过硕士论文答辩后，我来到河北师范学院历史系工作。脱离田野工作令我失去了通过古代遗存与古人神交的机会，但也因此有了充裕的时间读书和思考。当时选择以商周考古作为研究方向时，便已深知它的不易，非得做到考古学资料和文献资料的紧密结合不可。如果说三年的硕士生涯使我在考古学上有了一个较为扎实的起点的话，那么随着时间的流逝，我越来越感觉到文献功底的薄弱。在断断续续跟随沈长云先生学习了一段时间之后，终于在 2001 年下决心接着读书。适逢朱凤瀚先生在北大历史系招收先秦史方向的博士生，这年秋天我有幸成为朱门弟子，重又踏进了燕园。

　　当朱先生提议以《商文明的形成》作为论文题目时，我欣喜不已却又惴惴不安。欣喜的是，困扰多年的心结终于有了打开的可能，但不安的是，以我的能力是否能驾驭这一题目。毕竟这方面的成果太多了。尤其是张光直先生的《商文明》一书，是综合所有能搜集到的一切材料，采用全新的方法撰写出的具有里程碑式的商史著作。在与朱先生数次讨论后，思路逐渐变得清晰。论文的重点不是对商文化进行全景式的扫描，而是进行切片式的探究，即通过对世所公认的晚商文明的观察分析，归纳出其文明化的特征，并向上追溯，寻找文明的源头所在。这是论文的主线。而在整个研究过程中，研究对象的认定是不容回避却又十分重要的问题，因而有必要对商自身文化的发展谱系进行分析。为达到这一目的，必须从晚商文化中归纳商文化的独有特点，即民族文化特征，在此基础上前溯至早商和先商时期，保证研究的对象是商人所创造的文化而非其他。这是论文的另一条主线。这两条主线中，对商人本身文化特征的归纳与商文化发展序列的探索为研究的基石，对其文明化程度的考察为研究的主要目的。

　　其实在论文最初设计时，正处于国内外尤其是国内学术界对文明起源及相关问题的研究如火如荼之时。尽管学者们对于中国古代文明发生的时间、途径、原因以及中国古代文明的特点等进行了多方位的研究，然而由于种种原因，所得结论分歧甚大。在这种情况下，通过对商文明发生历程的研究，为中国古代文明的探索提供具体的借鉴，便不失为一种可行的尝试。

　　这对资质愚钝的我来说的确是个很难的题目。写作过程中无数次走到山穷水尽之处，想着退却和放弃，而屡屡于苦苦摸索之后终于寻到丁点光亮时，又欣喜莫名。几年的时光就这样在难以用语言述说的痛苦与愉悦的交织中缓缓流过。

　　夏鼐先生曾将考古学和历史学比作车之两轮、鸟之两翼。我有幸于十几年前师从李伯谦先生学习商周考古，更有幸在将近不惑之年之时从朱凤瀚先生学习先秦历史。这篇论文便是将考古学与历史学资料相结合，并吸收其他学科有关研究成果的习作。

　　论文的写作始终得到导师朱凤瀚先生的精心指导，从论文题目的选定，到章节结构的安排，以至于遣词用句，朱先生无微不至，多次耐心教诲。尤其让我感动的是，论文曾随着朱先生多次在北京和天津之间往返，甚至有几次随朱先生漂洋过海到欧洲和美洲。每每看到朱先生红笔批阅过的论文，心中总是五味杂陈，为能遇到这样的老师而幸运，同时为自己的天性驽钝又不好用功而深感惭愧。

　　论文的写作也得到了我的硕士生导师李伯谦先生的悉心指教。虽然这三年是在历史系读书，但承蒙先生不弃常常混迹于考古系学子之中，跟他们一起上课、讨论甚至外出参观。从论文的开题报告，到预答辩、正式答辩以至于最后修改，李先生始终关心并鼓励着我。论文写就之后，又使之忝居震旦文明研究丛书之列，深为感谢。

　　在论文写作及其后的预答辩和答辩过程中，刘绪、孙华、岳庆平、晁福林、王巍、王冠英等诸位先生多次提出修改意见。论文在材料和观点上还得到宋镇豪、沈长云、陈雍先生的精心指正。此外就自然环境变迁等问题亦曾向孔昭宸、许清海、李月丛等先生讨教，多获教益。在芝加哥大学攻读博士学位的张立东和林鹄分别帮我核对英文原文和翻译内容提要，辛迪、郑子良、詹缘端、陈絜、刘源、李纲、李建军、王力之、张明东、梁云、史卫、王赞红、庞玥、程倩、侯蕾等同学和好友也给予过相当多的帮助，在此一并致谢。

　　书稿中的插图大多选自考古发掘报告或学者的著述，由于印刷质量不一，相当一部分图片不甚清晰，因而出版时为了便于阅读，请河北省文物考古研究所的任涛先生对对大部分插图进行了清绘。文物出版社的编辑杨冠华先生为本书能够顺利出版付出了艰辛的劳动。

　　由于时间关系以及本人的功力所限，书稿中肯定存在不少疏漏甚至错误之处，祈请同行赐正。

2008 年夏日

Abstract

Although the civilization of the Yellow River valley of China emerged only after the earliest Mesopotamian civilization had bloomed for around 2000 years, there was almost no interruption once this civilization came into being, and therefore the studies of ancient Chinese civilization have always been emphasized by Chinese and international scholars. Nevertheless, a critical review of this field reveals that most scholars adopt a macrohistorical perspective to discuss the origins, regions and dates of initial formation, and model of formation of ancient Chinese civilization. Without detailed case study, the debate is still far from the consensus.

The Shang civilization, which existed in East Asia from 17 to 11 centuries BC, is not only the earliest civilization with contemporary written records, but also the earliest civilization in East Asia. The analysis of the formation process of this civilization could contribute to understanding the uniqueness and formation model of Chinese civilization, and further to comprehending the formation model of worldwide ancient civilizations. This dissertation discusses the process, causes, and model of the formation of the Shang civilization, based on rich archaeological evidence, combined with historical records, and evidence from ethnography, folklore, paleobotany, paleozoology, paleoclimatology and anthropology.

The dissertation is composed of four sections. The first section consists of a critical review of theories of civilization and studies related with my topic on which my argument is based, an introduction of the significance of the study of the Shang civilization, and a dissertation of the main themes and methods of this dissertation. The second section is dedicated to identifying the genealogy of the Shang civilization archaeologically, and at the same time to discussing the formation and development of the Shang civilization historically. The third section discusses the causes of the formation of the Shang civilizations from the perspectives of natural and social environments. The final section concludes with the formation model of the Shang civilization and the significance of the Shang civilization in the worldwide civilizations.

Through a comprehensive analysis, the author argues that the Shang civilization had come into being at least during the late proto – Shang period, and after the development of the early

Shang period, arrived at the height of splendour during the late Shang period. The Shang civilization emerged in the corridor region at the eastern foot of the Taihang Mountain, and this special natural environment influenced deeply the formation of the Shang civilization. Moreover, the Shang learned substantively from the advanced cultures during the exchange and conflicts with different cultures in the neighbouring regions, and positively promoted the formation of their own unique civilization.

Among the worldwide ancient civilizations, the formation model of the Shang civilization is different from those of the Sumerian, Egyptian, Crete and Indian civilizations of the old world, but shares some similarities with the Maya civilization of the new world. The Shang and the Maya civilizations both came into being independently in a relatively enclosed environment, with no or very limited influences from other civilizations. The formation model of the Shang civilization represents another model different from that of the Western civilizations. Because this civilization was embedded deeply in the native cultural contexts, and at the same time could appreciate different cultures in the neighbouring regions, this civilization showed a strong vitality. However, the formation model of the Shang civilization is not identical with that of the Maya civilization. Thus, it could be regarded as one of the basic types in the history of world civilizations, and its significance could never be overestimated.